Vicens Vives
Educació Secundària

Berta Cardona 4rtD

Aula3D

LLiL 4

LLENGUA CATALANA i LITERATURA

J. M. Castellà Lidon
Professor Titular d'Universitat de Filologia Catalana (coordinador)

M. Duran Mateu
Professor d'IES de Llengua catalana i literatura

C. M. Fauró Sànchez
Professor de Llengua catalana i literatura

A. Freixes Gonzàlez
Catedràtic d'IES de Llengua catalana i literatura i Professor associat de la Universitat de Barcelona

A. Nogueras Hernàndez
Lingüista i lexicògrafa

R. Soler Piera
Professora d'IES de Llengua catalana i literatura

Com és aquest llibre

ENTRADA

Cada tema presenta un tipus de text.

Continguts del tema.

Introducció al tipus de text que es treballarà al tema.

Activitats introductòries per practicar l'estratègia lectora.

LECTURA

Lectura del tipus de text que es treballa. **Competència en comprensió lectora.**

Les activitats de comprensió lectora estan graduades segons els tres processos mentals establerts per PISA.

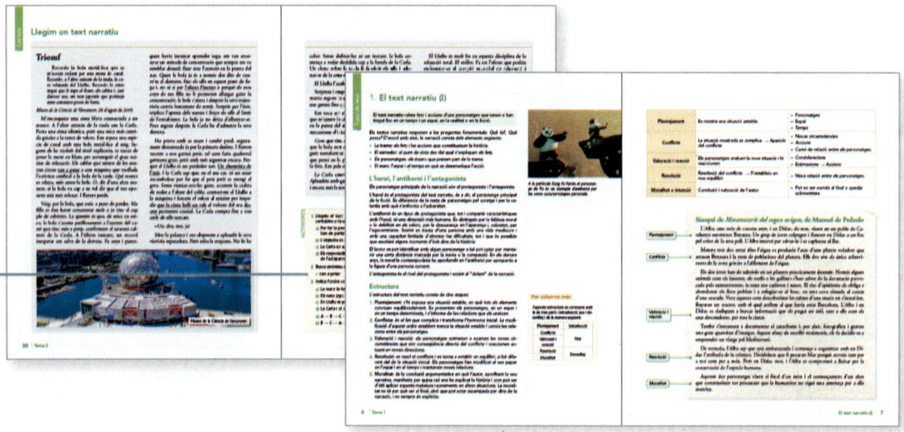

TIPUS DE TEXT

Definició i característiques. **Competència en expressió escrita.**

■ lectura literal ■ lectura inferencial ■ lectura reflexiva o valorativa

COMUNICACIÓ ORAL

Treball d'expressió i comprensió oral. **Competència en comunicació oral.**

Estratègies per parlar en públic.

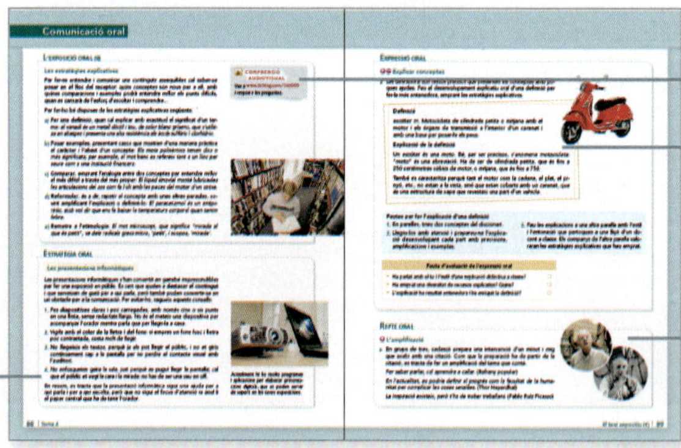

Comprensió audiovisual (amb enllaç TICHING).

Pràctica d'expressió oral sobre el tipus de text estudiat.

Repte oral: activitat per guanyar fluïdesa verbal.

ESTUDI DE LA LLENGUA

Enllaç TICHING per complementar la informació o les activitats.

Morfosintaxi Lèxic Ortografia

L'estudi de la llengua té tres blocs: morfosintaxi, lèxic i ortografia. Hi ha moltes activitats variades.

SOCIOLINGÜÍSTICA

S'hi tracten aspectes de la sociolingüística i la diversitat lingüística. **Competència actitudinal i plurilingüe**.

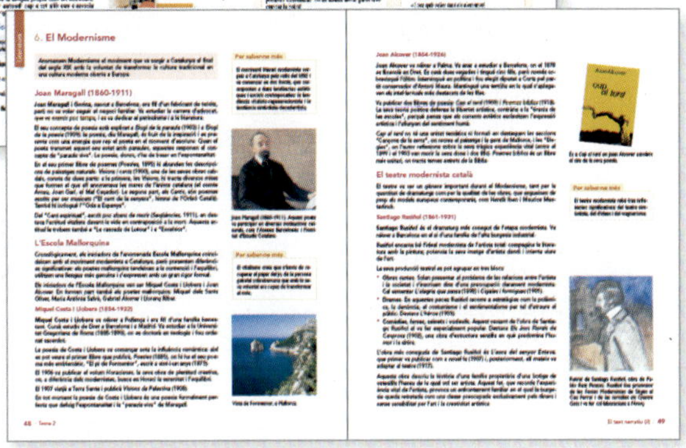

LITERATURA

Introducció a la literatura catalana des de la Renaixença amb textos escollits per fomentar el gust per la literatura. **Competència literària**.

APLIQUEM

Projecte per aplicar tot el que s'ha après i treballar les diverses **competències**.

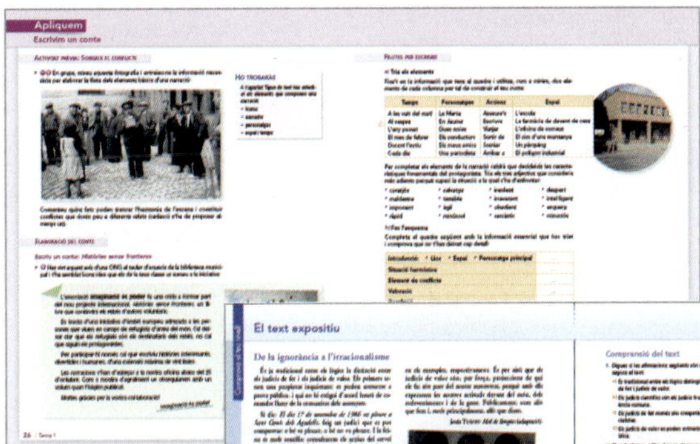

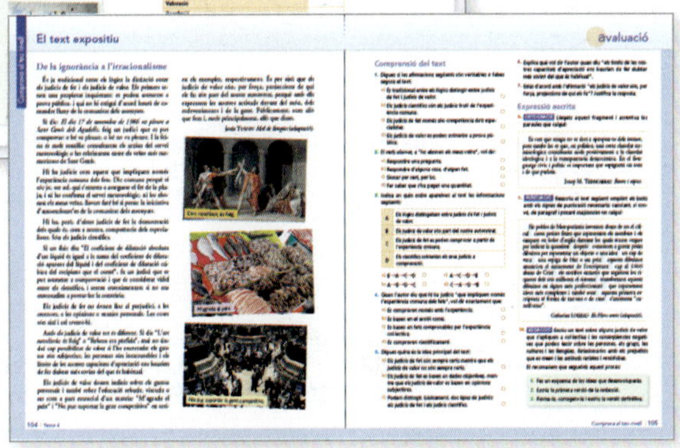

AVALUACIÓ

Avaluació continuada basada en la comprensió lectora d'un text. Hi ha activitats de les tres tipologies establertes per PISA. Segueix el model de l'avaluació diagnòstica de la Generalitat.

Aquest llibre està concebut per integrar l'aprenentatge de les **competències de l'àmbit lingüístic**, és a dir, les dimensions de comprensió lectora i multimèdia, expressió escrita i multimèdia, comunicació oral, literària i actitudinal i plurilingüe. Ara bé, les activitats integren també les altres **competències bàsiques** que s'han de desenvolupar al llarg de l'ensenyament secundari obligatori.

En aquests casos, ho indiquem així:

- Aprendre a aprendre
- Artística i cultural
- Tractament de la informació i competència digital
- Autonomia i iniciativa personal
- Coneixement i interacció amb el món físic
- Social i ciutadana

Totes les activitats s'han de fer en un quadern a part. Els buits inclosos a les activitats sols són indicatius i tenen una finalitat didàctica.

Índex

1 El text narratiu (I)

Què dius que ha passat?

Continguts

Per començar

Les narracions de ficció ens permeten experimentar una vida imaginària i, sovint, ens arriben als sentiments. En una narració és important no deixar-se cap detall del que ha ocorregut, de com ha passat, on, quan, amb quines persones... És fonamental poder connectar amb la curiositat de l'ànima del lector.

A continuació tens un fragment d'una història impactant que convida a seguir-la llegint per saber què passarà amb tots els personatges que hi participen.

Per amor a un home

Amb tot, l'amor que Buck sentia per Thornton semblava créixer cada cop més. Únicament ell entre tots els homes podia posar un fardell al llom de Buck als viatges estivals. Res no era excessiu per a Buck si Thornton li ho manava.

Un dia (s'havien repartit els guanys de la venda del rai i havien marxat a Dawson cap a les fonts del Tanana) els homes i els gossos seien al cim d'un cingle que queia vertical damunt un pla de roca pelada, uns cent metres més avall. John Thornton seia a prop del caire, i Buck al seu costat. A Thornton se li va acudir una idea esbojarrada, i va reclamar l'atenció de Hans i Pete perquè observessin l'experiment que tenia al cap.

–Salta, Buck –va manar-li mentre assenyalava l'abisme amb el braç. Un instant després, agafava Buck al caire mateix, mentre Hans i Pete els tibaven endarrere per salvar-los.

–És extraordinari –va dir Pete, un cop va haver passat tot i va recuperar la parla.

Thornton va moure el cap.

–No, és magnífic i també terrible. Sabeu?, de vegades m'espanta.

Jack LONDON: *La crida salvatge.*

A **El protagonista de la història, Buck, és un gos. Què t'ho ha fet pensar?**

B **Què seria capaç de fer Buck com a prova de fidelitat i entrega al seu amo?**

C **Com reaccionaries si tu fossis testimoni d'un fet semblant? I què sentiries si fossis Thornton?**

D **Què vol dir la frase "Sabeu?, de vegades m'espanta"?**

L'Hedera Helix

No heu experimentat mai la tendresa que poden desvetllar les petites atencions? Jo sí, i me n'he hagut de penedir sempre.

Triant un exemple qualsevol se m'acudeix el que em va passar amb una amiga. En una ocasió em va preparar un dels plats que m'agradaven més, i al final de l'àpat va allargar-me un paquet que contenia una corbata arrogant. Sí, ja sé que el qualificatiu causa estupor, però em vaig passar setmanes cercant-ne d'altres, i, després de tot, aquest és el que em va semblar bo. El que succeí fou que no celebrava cap festa meva, i, per molt que em dolgui confessar-ho, la delicadesa d'ella m'entendrí.

L'endemà me'n vaig anar al mercat de flors. La nit abans havia dedicat hores a triar obsequis que anessin bé, i, per molt que costi de creure, la resolució darrera fou en el sentit de comprar una planta grimpadora, perquè la meva amiga tenia un jardí interior, amb un dels quatre vents limitat per una paret que em desplaïa. Recònditament, la idea era mostrar sol·licitud i al mateix temps conspirar contra el mur, que moriria ofegat per l'herba.

Els meus coneguts ja saben que sóc pacient en les coses que mereixen paciència, però que en els altres casos acostumo a portar pressa. En el cas de la planta em va semblar des del principi que no hi podia perdre el temps, i ho vaig dir així al venedor, que em va ensenyar la seva mercaderia.

–Aquí en teniu una que creix en tants dies.

–Ui, no! La que desitjo ha d'ésser més ràpida.

–Aquella de l'extrem triga la meitat.

–Encara és massa.

El florista em va mirar durant una estona, i després afirmà que allò constituïa una demanda especial ("rara", em demanà que li permetés de dir).

–Tinc el que voleu –digué el comerciant–. Però la llei em priva de vendre aquesta mena de plantes sense que el client accepti la plena responsabilitat de la compra. Si esteu disposat a signar uns papers...

Jo ho estava, és clar, i vaig omplir uns formularis oficials. Després, el venedor hi sembrà llavors i em va demanar que em fixés en la superfície de la terra, la qual començà a inflar-se en dos o tres llocs i s'obrí en esclats minúsculs per a donar sortida a uns quants brots de color verd.

–Això és el que vull. Quin nom té?

–Oh, és una variant poc coneguda de l'Hedera Helix.

Convinguérem el preu i, abans d'anar-me'n, aquell home em digué que, si vivia lluny, seria bo que no m'entretingués pel camí.

Fora del mercat, hi havia un home que ballava. Me l'estava mirant, quan vaig sentir que l'heura m'arribava al rostre, i creixia fent una bonior de vol d'abelles que em produí alarma.

Aleshores em vingueren ganes de contractar un taxi, però els taxistes –amb l'instint sinistre que és tan seu– s'adonaven del que m'ocorria i fixaven tarifes elevades. Irritat, vaig canviar d'idea.

Recordo que, en passar per davant d'una catedral, la planta em va impossibilitar els braços. Jo no aguantava el test amb les mans, sinó que el sostenien les fulles que se m'anaven adherint al cos. De totes maneres era igual, perquè el test va resistir menys que no pas jo: s'esquerdà de sota i sortiren les arrels, que començaren a resseguir-me les cames per buscar la terra amb avidesa.

Poc abans d'arribar a la casa, els rebrots em van privar tant de moviments, que havia d'avançar fent salts amb els peus junts. Quan ja era gairebé a la porta, les arrels arribaren a terra i s'hi van clavar, convertint-me en una mata d'herba. Un manyoc de tiges es va dividir sota la meva barba, pujà la meitat per cada galta i en arribar al cap s'uní novament i va trenar-se, de manera que em va serrar de dents i no podia emetre cap so.

A través de les clarianes que deixaven les fulles, esbatanava la mirada, que era l'única cosa que podia fer. Imagineu-vos el meu estat d'esperit en descobrir la meva amiga que tornava a casa, després de la seva hora de compres. Ella va veure la inusitada capa de verd, i m'identificà per la corbata (que sobresortia de la planta). Va acostar-se'm, em va amenaçar amorosament amb una mà i servint-se d'aquella veu dolça que m'enamorava tant digué:

–Baixa de l'arbre! No veus que ja no tens edat per a aquestes coses?

Pere CALDERS: *Cròniques de la veritat oculta* (adaptació).

ACTIVITATS

1. Contesta aquestes preguntes sobre el text:

- Quina sensació li provoca el regal al protagonista?
- Li resulta fàcil decidir què regalarà a l'amiga?
- Què passa amb el test?

2. Digues a què fa referència el pronom *en* en l'oració: "em vaig passar setmanes cercant-ne d'altres, i, després de tot, aquest és el que em va semblar bo."

3. Explica el significat de les paraules subratllades al text:

- arrogant
- grimpadora
- bonior

4. Relaciona la informació de les dues columnes i després ordena les frases d'acord amb el text:

a) El protagonista rep	– un plat que li agrada.
b) L'amiga li prepara	– completament del cos del protagonista.
c) El protagonista vol	– un regal.
d) La planta s'apodera	– comprar una planta.

5. Fes un resum del text (màxim cinc línies).

6. Creus que el protagonista segueix el consell que li dona el venedor abans de sortir de la botiga? Quines són les conseqüències del seu comportament?

7. Torna a llegir la breu descripció que fa dels taxistes. Quina finalitat persegueix aquesta descripció?

8. Com t'imagines l'aspecte del protagonista quan explica que "havia d'avançar fent salts amb els peus junts"? Descriu-lo amb cinc adjectius.

9. Quins recursos fa servir l'autor per explicar la rapidesa amb què creix la planta? En quins dels cinc sentits es basen les descripcions?

10. Torna a llegir el passatge del text que apareix subratllat i digues quina relació té amb el final del conte.

11. El narrador, quan ens explica aquesta anècdota, què vol demostrar? Fixa't en la relació entre el primer paràgraf i el final del conte.

12. El protagonista confessa que en alguns casos pot ser pacient, però en d'altres és molt impacient. Tu com el definiries en aquest cas? Fes un breu retrat psicològic del protagonista.

1. El text narratiu (I)

El **text narratiu** relata fets i accions d'uns personatges que tenen o han tingut lloc en un temps i un espai, en la realitat o en la ficció.

Els textos narratius responen a les preguntes fonamentals: *Què fa?*, *Què passa?* D'acord amb això, la narració consta dels elements següents:

- La **trama**: els fets i les accions que constitueixen la història.
- El **narrador**: la mirada des de la qual s'expliquen els fets.
- Els **personatges**: els éssers que prenen part de la trama.
- El **marc**: l'espai i el temps en què es desenvolupa l'acció.

A la pel·lícula *Kung Fu Panda*, el personatge de Po és un exemple d'antiheroi per les seves característiques personals.

L'heroi, l'antagonista i l'antiheroi

Els personatges principals de la narració són el protagonista i l'antagonista.

L'**heroi** és el protagonista del text narratiu, és a dir, el personatge principal de la ficció. Es diferencia de la resta de personatges pel coratge i per la valentia amb què s'enfronta a l'adversitat. Fa accions per fer el bé per fer el bé (i millorar) de les persones i salvar gent. Altruista (no egoista)

L'**antagonista** és el rival del protagonista i sovint el "dolent" de la narració.

L'**antiheroi** és un tipus de protagonista que, tot i compartir característiques amb l'heroi, té una dimensió més humana. Es distingeix per la feblesa moral o la debilitat en els valors, per la descurança en l'aparença i, sobretot, per l'egocentrisme. Sovint es tracta d'una persona amb una vida mediocre i amb una capacitat limitada d'afrontar les dificultats, tot i que és possible que assoleixi alguns moments d'èxit dins de la història.

El lector es pot identificar amb algun personatge o bé pot optar per mantenir una certa distància marcada per la ironia o la compassió. En les darreres dècades, la novel·la contemporània ha aprofundit en l'antiheroi per apropar-lo a la figura d'una persona corrent.

Estructura

L'estructura del text narratiu consta de cinc etapes (no sempre explícites):

1. **Plantejament**: s'hi exposa una situació estable, en què tots els elements conviuen equilibradament. Es presenten els personatges, en un espai i en un temps determinats, i s'informa de les relacions que els uneixen.
2. **Conflicte**: és el fet que complica i transforma l'harmonia inicial. La modificació d'aquest ordre establert trenca la situació estable i canvia les relacions entre els personatges.
3. **Valoració i reacció**: els personatges sotmeten a examen les noves circumstàncies, que són conseqüència directa del conflicte, i reaccionen actuant en noves direccions.
4. **Resolució**: es resol el conflicte i es torna a establir un equilibri, si bé diferent del de la situació inicial. Els personatges han modificat el seu paper en l'espai i en el temps i mantenen noves relacions.
5. **Moralitat**: és la conclusió argumentativa en què l'autor, aprofitant la veu narrativa, manifesta per quina raó ens ha explicat la història i com pot ser d'útil aplicar aquests mateixos raonaments en altres situacions. La moralitat no té per què ser al final, sinó que pot estar escampada per dins de la narració, i no sempre és explícita.

Per saber-ne més

Aquesta estructura es correspon amb la de tres parts (introducció, nus i desenllaç) de la manera següent:

Plantejament	Introducció
Conflicte	Nus
Valoració i reacció	
Resolució	Desenllaç
Moralitat	

Plantejament	Es mostra una situació estable.	– Personatges – Espai – Temps
Conflicte	La situació mostrada es complica. → Aparició del conflicte.	– Noves circumstàncies – Accions – Canvi de relació entre els personatges.
Valoració i reacció	Els personatges avaluen la nova situació i hi reaccionen.	– Consideracions – Estimacions → Accions
Resolució	Resolució del conflicte. → S'estableix un nou equilibri.	– Nova relació entre els personatges.
Moralitat o intenció	Conclusió i valoració de l'autor.	– Pot no ser només al final o quedar sobreentesa.

Sinopsi de *Mecanoscrit del segon origen*, de Manuel de Pedrolo

Plantejament

L'Alba, una noia de catorze anys, i en Dídac, de nou, viuen en un poble de Catalunya anomenat Benaura. Un grup de joves colpegen i llancen en Dídac a un llac pel color de la seva pell. L'Alba intervé per salvar-lo i es capbussa al llac.

Conflicte

Mentre tots dos són dins de l'aigua, es produeix l'atac d'uns platets voladors que arrasen Benaura i la resta de poblacions del planeta. Ells dos són els únics supervivents de la zona gràcies a l'aïllament de l'aigua.

Els dos joves han de subsistir en un planeta pràcticament destruït. Només alguns animals com els insectes, els ocells o les gallines s'han salvat de la devastació provocada pels extraterrestres, la resta són cadàvers i runes. El risc d'epidèmia els obliga a abandonar els llocs poblats i a refugiar-se al bosc, en una cova situada al costat d'una cascada. Vora aquesta cova descobreixen les ruïnes d'una masia on s'instal·len. Reparen un tractor, amb el qual arriben al que havia estat Barcelona. L'Alba i en Dídac es dediquen a buscar informació que els pugui ser útil, tant a ells com als seus descendents, per tota la ciutat.

Valoració i reacció

També s'interessen a documentar el cataclisme i, per això, fotografien i enregistren una gran quantitat d'imatges. Aquest afany de recollir testimonis, fa que es decideixin a emprendre un viatge pel Mediterrani.

Resolució

De tornada, l'Alba sap que està embarassada i comença a organitzar amb en Dídac l'arribada de la criatura. Decideixen que li posaran Mar perquè serveix tant per a noi com per a noia. Però en Dídac mor, i l'Alba es compromet a lluitar per la conservació de l'espècie humana.

Moralitat

Aquests dos personatges viuen el final d'un món i el començament d'un altre que construeixen tot procurant que la humanitat no sigui una amenaça per a ella mateixa.

El desplaçament temporal

La necessitat d'una ordenació cronològica dels fets determina que el **temps** sigui l'eina bàsica per estructurar la narració, tant per seguir-lo com per alterar-lo. Sovint trobem relats en què aquest ordre s'ha modificat.

Un dels mecanismes més utilitzats és el **salt temporal** cap endarrere o cap endavant, en què el narrador o un dels personatges recorda o avança una situació cronològicament desplaçada respecte al temps narratiu principal.

En altres casos, el narrador pot optar per començar pel final, és a dir, per la situació posterior al conflicte o, fins i tot, a la resolució. També pot intercalar accions del present i del passat al llarg del desenvolupament de l'acció.

Per saber-ne més

El salt enrere és el que en anglès s'anomena *flash-back* i el podem trobar al cinema i a les novel·les.

En aquell emplaçament érem tres, va continuar la Lise, i una nit, una nit d'un temporal de neu, amb el gel que s'incrustava als finestrals de la cúpula de l'observatori, vaig tenir una idea, era una idea absurda, i no sé per què la hi explico. Expliqui-me-la, Lise, vaig dir, m'agradaria que me l'expliqués. Era una idea completament folla, va dir, jo enviava missatges modulats i vaig buscar una modulació que tenia al cor, vaig triar un codi que m'era estimat, el vaig traduir a la modulació matemàtica i el vaig enviar. Va somriure el seu somrís absent i va repetir: era una follia.

Antonio TABUCCHI: *Per a Isabel.*

Quan es modifica l'ordre dels esdeveniments, s'han de facilitar al lector les eines necessàries per reconstruir la història i així comprendre bé l'ordre cronològic dels fets. El recurs de l'alteració de l'ordre no pot dur a la confusió, sinó que ha de servir per oferir matisos i punts de vista diversos sobre el que ha ocorregut.

ACTIVITATS

13. Fixa't en com és el comportament del protagonista d'aquest fragment del conte "Monovolum". Creus que és un heroi o un antiheroi?

Vau parlar del monovolum i el veí va confiar-te que estudiava la possibilitat de comprar-se'n un. Malgrat que la notícia et va doldre, vas fer el cor fort. N'estaves molt satisfet, del monovolum, i ell ho sabia per la manera com n'havíeu parlat. Alhora, eres conscient que no t'agradaria veure models idèntics al teu arrenglerats al pàrquing com a l'aparador d'un concessionari. Part de la satisfacció que senties es basava precisament en el fet que ningú del teu entorn no en tenia, ni cap company de feina, ni cap soci del bufet, ni cap familiar, ni, sobretot, cap veí.

Sergi PÀMIES: *Si menges una llimona sense fer ganyotes.*

14. Llegeix aquest text, extreu-ne els fets que s'hi narren i assaja d'ordenar-los cronològicament:

A la meva cartera vaig trobar un carnet amb fotografia d'un abonament que caducava l'últim dia de l'any: vaig arrencar la fotografia, la vaig col·locar al medalló i vaig demanar al botiguer que me l'emboliqués ben embolicat, de regal. En tornar a casa, la Judit em va obrir la porta. Li vaig deixar el paquet a les mans. Ben aviat vaig sortir de viatge a l'estranger, no vaig posar els peus a casa durant una colla d'anys; molt més tard vaig assabentar-me que ella havia dut el medalló d'ençà que l'hi havia donat, penjat al coll amb una cinta lila, i no se l'havia tret mai, llevat per rentar-se o quan calia canviar la cinta gastada.

Sándor MÁRAI: *La dona justa.*

15. Llegeix el següent fragment i, a continuació, respon a les preguntes:

> Tot va començar amb aquella taronja. Fa unes quantes nits, mentre sopava a casa de la primera amiga que vaig fer a Venècia, després d'haver menjat pasta i una amanida, vaig allargar la mà per agafar una taronja.
>
> Amb ulls horroritzats, la Roberta va dir:
>
> –No te la penses menjar, oi?
>
> Amb el meu domini subtil dels matisos de la llengua italiana, vaig preguntar:
>
> –Eh?
>
> –La taronja –va dir ella assenyalant la fruita ofensiva amb un dit tremolós–. No te la deus voler menjar...
>
> Em vaig preguntar si devia estar podrida, o si és que potser era l'última. Però no, no semblava que es tractés de res d'això, o sigui que li vaig demanar:
>
> –Per què no?
>
> Donna LEON: "Non mangiare, ti fa male", dins de *Sense Brunetti.*

– A quina part de l'estructura narrativa creus que correspon?

– D'acord amb el text i el títol, quin deu ser el tema de la narració?

16. Llegeix aquesta sinopsi de la novel·la *Els bessons congelats* d'Andreu Martín, indica quin fragment correspon a cada part i digues si en falta alguna:

a) Plantejament
b) Conflicte
c) Valoració i reacció
d) Resolució
e) Moralitat

> El Flanagan ja té dinou anys i per pagar-se els estudis de Criminologia accepta un cas que l'intriga molt: una dona de Valldenàs, un poble d'alta muntanya, ha trobat dos bessons morts i congelats enmig d'un bosc. Abans que arribi la policia, però, els bessons desapareixen misteriosament. I el gran ressò mediàtic del cas ha omplert el poble d'estudiosos de l'esoterisme i de les abduccions extraterrestres.
>
> Quan el Flanagan comença a fer preguntes, de seguida s'adona que l'alcalde, la policia local i altres persones sospitoses es comporten d'una manera massa estranya... El Flanagan es llança de cap a investigar!

17. Completa els fragments següents amb una situació que inclogui un salt temporal:

– La Txell va entrar a la botiga buscant un regal per a en Martí, sabia que aquell era un bon lloc per trobar alguna cosa que li agradés ....

– Es va bellugar a la cadira, era una situació incòmoda, no li agradava gens que la Paula li parlés d'aquella manera ....

– Saps? Avui m'he trobat amb en Marcel, feia molt de temps que no el veia! ....

– En Jordi ha anat tot el matí amunt i avall, avui és festa i hi ha una gentada al carrer. De sobte, aquella olor ....

18. Escriu tres textos narratius breus a partir de les dades del quadre següent que segueixin les diverses estructures:

Trama	Personatges	Temps	Espai
Rodatge d'una pel·lícula	Alumnes de 4t A	Una tarda de setembre	Una platja
Partit de bàsquet	Dos companys de classe	Al matí	Un poliesportiu
Incendi	Un grup de joves de 15 anys	Mitja hora	Un centre comercial

a) Desenllaç → plantejament → conflicte → valoració → moralitat

b) Plantejament → conflicte → valoració → desenllaç → moralitat

c) Moralitat → plantejament → desenllaç → conflicte → valoració

Abans de posar-te a escriure, reflexiona sobre la informació que tens i fes un esquema amb els elements que necessites.

La narració oral (I)

Explicar històries

La narració és el tipus de text que més atrau els humans, perquè connecta amb el nostre desig natural de fabulació, de conèixer experiències d'altres persones, viscudes o inventades, i sentir com si les estiguéssim vivint nosaltres en aquell moment.

La narració és un viatge que ens transporta a un altre lloc, un altre temps i una altra vida.

Així, quan fem una narració oral és important crear un clima especial que faci possible que els oients entrin en la ficció. El millor contacontes no és qui més històries sap, sinó qui més ens hi sap fer entrar, seguint pautes com les següents:

- Has d'estar convençut de l'interès de la història que expliques i, a partir d'aquest **convenciment**, presentar-la establint una relació de **complicitat** amb l'auditori.
- Empra la veu per expressar els **contrastos entonatius** de suavitat i energia, segons el moment de la trama.
- Acompanya-ho amb la **il·luminació** adequada, algun objecte, so, **música** suau...
- No facis grans moviments amb les **mans** o el **cos**, perquè criden molt l'atenció i l'aparten de les teves paraules, però reserva'n algun per al moment just.
- Aprèn-te l'argument, però no memoritzis tots els detalls. Deixa **fluir** la narració improvisant, inventant-te coses sobre la marxa.
- Explica una història clara, sense complicacions, que arribi aviat a l'emoció: una narració oral no és una novel·la i tens molt menys temps per arribar al receptor.

COMPRENSIÓ AUDIOVISUAL

Ves a www.tiching.com/745906 i respon a les preguntes.

Estratègia oral

Vèncer la inseguretat i superar els nervis

Un dels problemes més habituals per parlar en públic és el nerviosisme que provoca l'actuació davant la mirada atenta d'un auditori.

Aquesta tensió té també la seva **part positiva**, ja que estimula l'atenció i la preparació, però en una mesura excessiva et pot fer passar una mala estona. El camí de superació d'aquest problema és l'anomenada "Triple P": personalitat, planificació i pràctica.

Un aspecte molt important és la teva reacció en públic quan comets un error o et quedes en blanc. Si et passa això, no t'ensorris, no és una catàstrofe. Dona't temps, consulta tranquil·lament el teu guió i, sempre, **reprèn el discurs**. Si la resta va bé, per als oients aquest moment quedarà en una anècdota o s'oblidarà.

Triple P

Personalitat	Coneix-te a tu mateix i treballa l'autoestima.
Planificació	Prepara a fons els temes i planifica bé les teves intervencions.
Pràctica	Parla sovint en públic, assaja, enregistra't i avalua't.

Expressió oral

Contar una història

▶ Explica una narració a classe com un bon contador de contes. Per fer-ho, segueix aquests passos:

Pautes per contar la història

1. Llegeix diverses narracions breus d'una antologia (contes, llegendes, faules, etc.) i tria la que trobis més interessant –sobretot, t'ha d'agradar molt a tu.
2. Tingues en compte la llargària del conte, segons el temps de què disposes.
3. Fes-te un esquema amb la trama essencial del conte i explica-te'l diverses vegades a tu mateix i a un grup reduït de companys. La condició és que has de fer-te'l ben teu.
4. No el memoritzis paraula per paraula. De fet, pots variar-ne detalls cada vegada que l'expliquis, sempre que mantinguis la trama principal.
5. Assaja la posada en escena (gestualitat, moviment per l'espai, il·luminació, so, etc.). Tingues en compte, però, que han de ser només suports, perquè el contador de contes es basa sobretot en la paraula.
6. Explica el conte establint una relació humana sincera amb el teu públic: els estàs explicant una història perquè a tu t'agrada i vols que la coneguin.
7. Gaudeix fent-ho. És un joc compartit amb els oients en què els regales també una part de tu.

És important que preparis bé la teva intervenció i que triïs amb cura tots els recursos.

Pauta d'avaluació de l'expressió oral	
• Ha explicat la narració amb desimboltura i sense la rigidesa de la memorització literal?	☐
• Ha creat amb l'entonació, la gestualitat, l'espai i altres recursos el clima necessari per entrar dins de la història?	☐
• La narració ha estat interessant? Ha estat ben triada?	☐

Repte oral

La cadena

▶ Formeu grups de cinc o sis i expliqueu-vos successivament l'un a l'altre una anècdota. El qui escolta anirà prenent nota del que li han explicat i ho transmetrà al següent de la cadena.

El repte consistex a ser ben fidel al que t'han explicat perquè, al final, les versions del primer i del darrer de la cadena siguin com més properes millor.

2. Els verbs irregulars

Definició i característiques

Els **verbs irregulars** són els verbs que no segueixen els models de conjugació habituals, és a dir, que no segueixen els paradigmes propis de la primera, la segona i la tercera conjugació.

@ Amplia a la xarxa...

Per saber més sobre els verbs irregulars, entra a: www.tiching.com/97788

Quins són els verbs irregulars?

La majoria de verbs irregulars són de la segona conjugació; a la primera conjugació només són irregulars *anar* i *estar*. Gairebé tots els verbs de la tercera conjugació són regulars.

En els verbs, podem distingir tres tipus d'irregularitats: les irregularitats **ortogràfiques**, les irregularitats **fonètiques** i les irregularitats **morfològiques**.

Verbs amb irregularitats ortogràfiques

Són verbs que experimenten canvis gràfics que no afecten la pronúncia, sinó que responen a les normes ortogràfiques i, per tant, en realitat no són pròpiament irregulars. Hi ha tres tipus de verbs que es troben en aquest cas:

- Els verbs amb un canvi consonàntic en el lexema o arrel en contacte amb una ***e*** o una ***i***:

  c → **qu**: *pico, pica, piquem, piquessin...*

  ç → **c**: *començava, començarien, comences, comenci...*

  j → **g**: *pujaria, pujat, puges, pugis...*

  g → **gu**: *pagarem, pagant, pagues, paguis...*
- Els verbs acabats en *-iar, -uar, -ear* i *-oar* (*copiar, acariciar, actuar, accentuar, crear, lloar...*), que incorporen una dièresi en el present de subjuntiu (*acariciïs, accentuïs, actuï, creïs, lloïs*) per indicar que no hi ha diftong.
- Els verbs acabats en *-uir*, que porten dièresi per indicar que no hi ha diftong (*conduïm, conduïa, conduït...*), llevat de quatre temps: infinitiu, gerundi, futur i condicional (*conduir, conduint, conduiré, conduiria*).

Verbs amb irregularitats fonètiques

Són verbs que tenen un canvi vocàlic en el lexema que sí que afecta la pronúncia en alguns parlars occidentals (i de manera general, l'ortografia). Hi ha dos grups de verbs amb aquestes irregularitats:

- Els verbs *collir, cosir, escopir, sortir* i *tossir* canvien la **o** del lexema per ***u*** quan el lexema és tònic: *cull, cus, surtis...*
- Els verbs *poder* i *voler* canvien la **o** del lexema per ***u*** en les formes (àtones i tòniques) del present de subjuntiu i l'imperatiu (*pugui, puguem, vulgueu...*) i en la 1a persona del singular del present d'indicatiu (*puc, vull...*).

Verbs amb irregularitats morfològiques

Són verbs que afegeixen sons entre el lexema i la terminació per facilitar-ne la pronúncia, o que experimenten canvis consonàntics al lexema. En el primer cas parlem de verbs amb **irregularitats eufòniques** i en el segon, de verbs amb **doble lexema** i verbs amb **lexema velar**.

Verbs amb irregularitats eufòniques

Els **verbs amb irregularitats eufòniques** tenen un so, que pot ser ***e*** o ***d***, afegit al lexema d'algunes formes verbals per facilitar-ne la pronúncia:

- Els verbs de la 2a i 3a conjugació amb el lexema acabat en *-s*, *-c*, *-x* o *-g* (*tossir*, *tòrcer*, *cruixir*, *fugir*) afegeixen ***e*** entre el lexema i la ***s*** de la terminació de la 2a persona del singular del present d'indicatiu: *tuss**e**s*, *torc**e**s*, *cruix**e**s*, *fug**e**s* (compareu-ho amb *vols* de *voler* i *bulls* de *bullir*).
- Els verbs amb l'infinitiu acabat en *-ldre* i *-ndre*, i els verbs *tenir*, *valer*, *venir* i *voler* afegeixen ***d*** entre el lexema i la terminació en el futur i el condicional: *cal**d**rà*, *ven**d**rien*, *tin**d**rem*, *val**d**ria*, *vin**d**ran*, *vol**d**ríeu*...

Per saber-ne més

Eufònic significa 'que sona bé', del grec *eu* = 'bé' i *fonos* = 'so'.

Les irregularitats eufòniques han sorgit perquè els mots siguin més fàcils de pronunciar i sonin millor.

Verbs amb doble lexema

Els **verbs amb doble lexema** tenen un lexema per a uns determinats temps verbals i un altre lexema diferent per a uns altres temps. Són els verbs *anar*, *ser*, *jeure*, *treure*, *péixer* i *néixer*:

- *anar* té el lexema *va-* per a la 1a, 2a, 3a persona del singular i la 3a del plural del present d'indicatiu (*vaig*, *vas*...), del present de subjuntiu (*vagi*, *vagis*...) i de l'imperatiu (*ves*...). Té el lexema *an-* per a la resta de persones i temps (*anirem*, *anaven*, *aneu*...).
- *jeure*, *treure*, *péixer* i *néixer* tenen el lexema amb ***e*** (*jeu-*, *treu-*, *peix-*, *neix-*) i ***a*** (*jau-*, *trau-*, *paix-*, *naix-*): s'escriuen amb ***a*** les formes en què aquesta vocal és àtona (*jaiem*, *naixien*...) i s'escriuen amb ***a*** o ***e*** la resta de formes segons la pronúncia geogràfica (*jec*, *jac*, *néixer*, *nàixer*...).

Verbs amb lexema velar

Els **verbs amb lexema velar** són verbs de la 2a i 3a conjugació en què la 1a persona del singular del present d'indicatiu no acaba en ***o***, sinó que afegeixen al lexema el so velar ***c***, que es transforma en ***g(u)*** en altres temps.

N'hi ha cinc tipus diferents. El primer inclou els verbs acabats en *-ldre*, *-ler* i *-ndre* com ara *resoldre*, *valer* o *entendre*:

Per saber-ne més

Hi ha qui considera que tenen dos o tres lexemes els verbs amb lexema velar: cada lexema serveix per construir unes determinades formes.

Formes amb lexema velaritzat		Formes amb *d* afegida al lexema		Formes amb lexema pur	
1a pers. sg. present d'indicatiu	*resolc*, *valc*, *entenc*	infinitiu	*resoldre*, *valdre* o *valer*, *entendre*	present d'indicatiu (tret de la 1a pers. sg.)	*resols*, *valem*, *entén*...
passat simple	*resolgué*, *valgué*, *entengueres*...	futur	*resoldré*, *valdràs*, *entendràs*...	imperfet d'indicatiu	*resolia*, *valia*, *entenies*...
present subjuntiu	*resolgui*, *valgui*, *entenguis*...				
imperfet subjuntiu	*resolgués*, *valgués*, *entenguessis*...	condicional	*resoldria*, *valdria*, *entendries*...	2a pers. sg. imperatiu	*resol*, *val*, *entén*
3a pers. sg., 1a i 3a pers. pl. imperatiu	*resolgui*, *valguin*, *entenguem*...			gerundi	*resolent*, *valent*, *entenent*
El participi d'aquests verbs és molt irregular: *resolt*, *valgut*, *entès*...					

2. Els verbs irregulars

En el segon grup es troben els verbs acabats en *-èixer*, com ara *conèixer* o bé *aparèixer*.

Els verbs d'aquest grup es caracteritzen pel fet de tenir dues formes diferents, una forma amb el lexema velaritzat i una altra que conserva el lexema pur:

Formes amb lexema velaritzat		Formes amb lexema pur	
1a pers. sg. present d'indicatiu	*conec, aparec*	present d'indicatiu (tret de la 1a pers. sg.)	*coneixes, apareix...*
passat simple	*coneguí, aparegueres...*	imperfet d'indicatiu	*coneixia, apareixies...*
present subjuntiu	*conegui, apareguis...*	futur	*coneixeré, apareixeràs...*
imperfet subjuntiu	*conegués, apareguessis...*	condicional	*coneixeria, apareixeries...*
		2a pers. sg. imperatiu	*coneix, apareix*
3a pers. sg., 1a i 3a pers. pl. imperatiu	*conegui, apareguem...*	infinitiu	*conèixer, aparèixer*
participi	*conegut, aparegut*	gerundi	*coneixent, apareixent*

Al present d'indicatiu es barregen les formes amb lexema velaritzat i pur: *jo conec* però *tu coneixes*.

FEM-HO AIXÍ

Els participis dels verbs del segon i tercer grup sempre es formen a partir de l'arrel velaritzada.

Els verbs del tercer, el quart i el cinquè grup –que veurem a continuació– es caracteritzen pel fet de tenir un diftong a l'arrel. La ***u*** d'aquest diftong pot transformar-se en ***v*** en alguns casos, pot perdre's o també pot transformar-se en ***i***.

En el tercer grup, doncs, els verbs canvien la ***u*** del diftong del lexema per ***v***, tal com succeeix amb *beure* o *moure*:

Formes amb lexema velaritzat		Formes amb una v al lexema		Formes amb lexema pur	
1a pers. sg. present d'indicatiu	*bec, moc*	1a i 2a pers. pl. present d'indicatiu	*bevem, moveu...*	2a i 3a pers. sg. i 3a pers. pl. present d'indicatiu	*beus, beu, mouen...*
passat simple	*beguí, mogueres...*	imperfet d'indicatiu	*bevia, movies...*	futur	*beuré, mouràs...*
present subjuntiu	*begui, moguis...*				
imperfet subjuntiu	*begués, moguessis...*	2a pers. pl. imperatiu	*beveu, moveu*	condicional	*beuria, mouries...*
3a pers. sg., 1a i 3a pers. pl. imperatiu	*begui, moguem...*	gerundi	*bevent, movent*	2a pers. sg. imperatiu	*beu, mou*
participi	*begut, mogut*			infinitiu	*beure, moure*

El quart grup inclou els verbs que perden la ***u*** del diftong del lexema, com és el cas de *coure* o *complaure*:

Formes amb lexema velaritzat		**Formes amb pèrdua de *u* al lexema**		**Formes amb lexema pur**	
1a pers. sg. present d'indicatiu	*coc, complac*	1a i 2a pers. pl. present d'indicatiu	*coem, complaeu...*	2a i 3a pers. sg. i 3a pers. pl. present d'indicatiu	*cous, complaus...*
passat simple	*coguí, complagueres...*	imperfet d'indicatiu	*coïa, complaïa...*	futur	*couré, complauràs...*
present subjuntiu	*cogui, complaguis...*			condicional	*couria, complauries...*
imperfet subjuntiu	*cogués, complaguessis...*	2a pers. pl. imperatiu	*coeu, complaeu*	2a pers. sg. imperatiu	*cou, complau*
3a pers. sg., 1a i 3a pers. pl. imperatiu	*cogui, complaguem...*	gerundi	*coent, complaent*	infinitiu	*coure, complaure*
El participi d'aquests verbs és molt irregular: *cuit, complagut...*					

Finalment, el cinquè grup inclou els verbs que canvien la ***u*** del diftong del seu lexema per ***i***. En aquesta categoria es troben els casos de verbs com *caure* o *seure*:

Formes amb lexema velaritzat (sovint amb una *i* al lexema)		**Formes amb una *i* al lexema**		**Formes amb lexema pur**	
1a pers. sg. present d'indicatiu	*caic, sec*	1a i 2a pers. pl. present d'indicatiu	*caiem, seieu...*	2a i 3a pers. sg. i 3a pers. pl. present d'indicatiu	*caus, seu...*
passat simple	*caiguí, segueres...*	imperfet d'indicatiu	*queia, seies...*	futur	*cauré, seuràs...*
present subjuntiu	*caigui, seguis...*			condicional	*cauria, seuria...*
imperfet subjuntiu	*caigués, seguessis...*	2a pers. pl. imperatiu	*caieu, seieu*	2a pers. sg. imperatiu	*cau, seu*
3a pers. sg., 1a i 3a pers. pl. imperatiu	*caigui, seguem...*	gerundi	*caient, seient*	infinitiu	*caure, seure*
El participi d'aquests verbs sovint es fa amb l'arrel velaritzada: *caigut, segut...* No obstant això, s'ha d'anar amb compte amb casos com *vist, tret...*					

ACTIVITATS

pg 12

19. Indica si les formes verbals següents presenten irregularitats ortogràfiques, fonètiques o morfològiques:

- cuses
- bevent
- mareges
- lluïa
- comenceu
- reconegut
- subscrivissis
- afegeixes
- vulguis
- resolgueu
- veiessis
- traurem

20. Escriu una forma verbal d'aquests verbs que presenti alguna irregularitat ortogràfica:

- ajaçar
- pagar
- airejar
- explicar
- jugar
- abraçar
- apedaçar
- xafardejar
- abonyegar

21. Escriu el present de subjuntiu dels verbs *ampliar* i *habituar*.

22. Completa aquestes formes verbals amb *o* o *u*:

- c...llirà
- p...guem
- t...sses
- c...sissin
- p...guis
- t...ssia
- v...ldran
- s...rtien
- esc...p
- p...guéssiu
- s...rtint
- v...lguessis

23. Escriu els participis dels verbs següents i agrupa'ls segons la terminació. Si cal, consulta el diccionari o un repertori de verbs conjugats:

- admetre
- absoldre
- omplir
- caure
- mantenir
- recloure
- confondre
- establir
- refondre
- dependre
- resoldre
- compondre
- complir
- incloure
- prometre
- merèixer
- encendre
- empènyer

24. Escriu els infinitius corresponents a les formes verbals següents:

- movia
- omès
- tinguin
- rompessis
- percebut
- restringit
- comprenc
- nasqueren
- entesos

25. Conjuga l'imperfet de subjuntiu de *seure*, *viure*, *treure* i *contradir*.

26. La primera persona del singular del present de *voler* és *vull*. Justifica per què *voler* és un verb amb lexema velar.

27. Conjuga l'imperfet d'indicatiu de *riure* i indica quina irregularitat hi detectes. A banda d'aquesta irregularitat, a quin grup de verbs irregulars l'inclouries? Per què?

28. Conjuga l'imperfet d'indicatiu de *caure* i indica quines irregularitats hi detectes.

29. Completa les oracions següents amb les formes verbals indicades entre parèntesis:

- Aquesta pintura ... (*valer*, 3a pers. sg. futur) molts diners d'aquí a uns anys.
- Si ... (*moldre*, 2a pers. sg. present indicatiu) el cafè just abans de fer-lo és molt més saborós.
- Uns matemàtics ja ... (*resoldre*, 3a pers. pl. passat simple) aquest mateix problema fa anys.
- No em consta que ... (*conèixer*, 3a pers. sg. present subjuntiu) aquesta ciutat.
- Quan arribeu a la font, estic segur que ... (*beure*, 2a pers. pl. futur) un glop d'aigua.
- Compraria aquest formatge si abans me'n ... (*donar*, 3a pers. pl. imperfet subjuntiu) una mostra per tastar-lo.
- ... (*recollir*, 2a pers. sg. imperatiu) la roba i posa-la per rentar.
- Si ... (*caure*, 1a pers. sg. present indicatiu) ja em recolliràs de terra.
- Als reis absolutistes els ... (*plaure*, 3a pers. sg. imperfet indicatiu) que tota la cort els acompanyés a tot arreu i els ... (*riure*, 3a pers. sg. imperfet subjuntiu) les gràcies.

30. A-A Indica si les formes verbals subratllades són correctes o incorrectes. Si són incorrectes, justifica per què i digues quina seria la forma correcta:

- Estigues tranquil, que tot anirà bé.
- No sabia que coneixessis el cosí de la Maria.
- Espero que en aquest estanc venin sobres apaïsats.
- S'han vengut totes les entrades del concert en deu minuts.
- Va anar ben just que no caiguéssim pel desnivell.
- A la cimera debateixen sobre mesures per pal·liar el canvi climàtic.
- Feia molta calor i ens vam passar l'excursió bevent aigua.
- No coneixo cap altra versió d'aquesta cançó.
- L'ha fotografiat caiguent de la cadira.
- Begueu tant com vulgueu.

31. Els verbs *fer*, *haver* i *estar* són irregulars. Analitza i justifica si es poden incloure en alguna de les classificacions estudiades en aquest tema.

3. La jardineria

Un tema recurrent a moltes narracions és la presència de jardins i plantes domèstiques –això sí, una mica menys invasives que l'*Hedera Helix* del conte de Pere Calders.

La jardineria té un vocabulari propi que inclou els noms de les plantes, els dels estris i atuells necessaris, i un bon nombre de verbs per a les accions que cal fer per tenir-ne cura.

32. Classifica les paraules següents, pròpies del lèxic de floristes i jardiners, segons el grup al qual pertanyen:

- florista
- torreta
- àmfora
- rampí
- planter
- cubeta
- escocell
- jardiner
- tisora de podar
- regadora
- hivernacle
- paisatgista
- jardinera
- aixadell
- plantació
- plantador
- càvec
- llavor
- viver
- aixada
- branca
- gerro
- cistell
- rasclet
- pic
- fulla
- tija
- flor
- test
- fruit
- pala
- arrel

Parts d'una planta	Eines	Tipus de recipients	Espais de jardineria	Professionals
...	...	...	...	...

33. Llegeix les definicions següents i escriu la paraula de l'exercici anterior a la qual es refereixen:

a) Construcció amb coberta i parets on es conreen plantes en condicions favorables. hivernacle

b) Persona que ven flors. florista

c) Clot que es fa entorn de les soques dels arbres de les vies públiques perquè retingui l'aigua de les regades. escocell

d) Eina que consisteix en un mànec llarg amb un travesser en un dels extrems, proveït de puntes de fusta o de ferro, que serveix per arreplegar la palla, l'herba segada, etc., i també per gratar la terra. rasclet

e) Gra que dona naixença a una planta. llavor

f) Eina emprada per plantar i trasplantar. plantador

34. Col·loca els verbs de la llista següent a les frases que hi ha a continuació:

- esporgar
- regar
- fertilitzar
- sembrar
- compostar
- adobar
- desherbar
- trasplantar
- esqueixar

– L'hivern és el millor temps per ... les branques dels arbres.

– Abans de ... les llavors, cal ... i ... la terra.

– Femar és una manera d'...: es fa amb fems.

– Just després de ... una planta cal ...-la amb aigua abundant.

– ... és una tècnica delicada: cal seguir bé les fibres de l'esqueix.

– Les restes orgàniques s'aprofiten per ....

35. **Escriu** El protagonista d'un relat que estàs escrivint vol posar plantes al balcó o a la terrassa de casa. Escriu un paràgraf de la narració en què el protagonista pensa com fer-ho i un segon paràgraf en què especifica com ho fa:

- **1r paràgraf: Com fer-ho.** Explica els pensaments del personatge mentre va decidint com ornamentarà el seu balcó: busca imatges, pren-ne idees, i indica detalladament la distribució dels diferents recipients (testos o torretes, jardineres...) i les plantes que hi col·locarà.
- **2n paràgraf: Com ho fa.** Concreta algunes de les operacions que segueix i les eines que utilitza per omplir de plantes el seu balcó. Per acabar, valora estèticament com ha quedat.

4. Les grafies *a*/*e* en posició àtona

En el català oriental, quan la **a** i la **e** estan en posició àtona tenen un altre so, el so de la **vocal neutra**. És per això que dubtem quan les hem d'escriure.

Les grafies *a*/*e* en els substantius

- Els noms **masculins** solen acabar en **-e** i els **femenins**, en **-a**.

Excepcions

- Noms masculins acabats en -**a**:
  -**a**: *el dia*, *el planeta*, *el mapa*...
  -**arca**: *el monarca*...
  -**ma**: *el dogma*, *el drama*...
- Noms femenins acabats en -**e**: *la barbàrie*, *la classe*, *la higiene*, *la mare*, *la sèrie*, *la torre*...

- Hi ha substantius invariables pel que fa al gènere:

Acaben en	
-**ta**: *gimnasta, profeta*...	-**ista**: *taxista, estilista*...
-**cida**: *homicida*...	-**aire**: *boletaire*...

- Els noms masculins i femenins acabats en **-e** o **-a** fan el plural en **-es**.

Les grafies *a*/*e* en els adjectius

Adjectius de dues terminacions

- Els adjectius que en masculí acaben en **-e**, fan el femení en **-a** i el plural en **-es**: *esquerre*, *esquerra*, *esquerres*; *tendre*, *tendra*, *tendres*.

Adjectius d'una terminació

- Hi ha adjectius invariables pel que fa al gènere:

Acaben en	
-**e**: *alegre, cèlebre, jove*...	-**ne**: *solemne*...
-**ble**: *terrible*...	-**aire**: *xerraire*...
-**me**: *inerme*...	-**ista**: *altruista*...

Les grafies *a*/*e* en els verbs

- La vocal àtona a final de paraula és una **a**: *escolta*, *treballava*, *cantaria*...
- La vocal àtona a final de paraula seguida d'una consonant o dins de diftong és una **e**: *escolten*, *treballàvem*, *cantaries*, *escoltàveu*, *cantàveu*...

Excepcions

- Els infinitius de la 2a conjugació acabats en **-re**: *batre*, *cabre*...
- Dels verbs *córrer*, *venir*, *obrir* i *omplir* (i compostos), les formes verbals *corre*, *vine*, *obre*, *omple*.

Atenció!

Hi ha casos en què cal consultar el diccionari.

Per saber-ne més

A l'interior de substantiu, adjectiu o verb s'escriu una **e** o una **a** d'acord amb un altre mot de la mateixa família en què aquesta vocal sigui tònica:

teulada → *teula* (**e** tònica); *fredolic* → *fred* (**e** tònica); *demanem* → *demana* (**a** tònica).

Les vocals **e** i **a** àtones també se solen mantenir a l'arrel de paraules de la mateixa família: *m**e**ravella* → *m**e**ravellós*; *el**e**fant* → *el**e**fantet*.

Per saber-ne més

Hi ha verbs amb doble arrel: *jeure*/*jaure*, *néixer*/*nàixer*, *treure*/*traure*.

Quan la vocal de l'arrel és àtona s'escriu **a**: *jaurà*, *naixeria*, *traus*...

La vocal neutra àtona en les formes del verb *fer* s'escriu amb **a**: *faré*, *faria*, *farem*, *faríem*...

ACTIVITATS

36. Completa les paraules següents i relaciona-les amb el seu significat:

- ass . . mblea
- . . mparar
- . . nyorar
- mer . . vella
- m . . lenconia
- mon . . stir
- orf . .
- s . . rgent
- . . rnís

- Menor que ha perdut el pare o la mare. → . . .
- Trobar a faltar. → . . .
- Tristesa vaga, ombrívola, duradora. → . . .
- Edifici destinat a habitatge d'una comunitat de monjos o monges. → . . .
- Cosa que colpeix d'admiració per les seves qualitats. → . . .
- Substància que serveix per modificar materials, com ara fustes o tintes, per donar-los més brillantor o d'altres qualitats. → . . .
- Posar algú sota la nostra protecció. → . . .
- Aplec de persones congregades per deliberar, legislar, prendre acords. → . . .
- Militar que té el grau inferior entre els suboficials de l'exèrcit. → . . .

37. Completa aquest quadre amb les formes verbals adequades:

	Néixer	Treure	Jeure
1a persona del futur	. . .	trauré	jauré
Gerundi	naixent	. . .	. . .
Participi	. . .	tret	. . .
1a persona plural del present d'indicatiu	naixem	. . .	. . .

38. Completa la sèrie amb paraules de la mateixa família:

- ambaixada, . . . , . . .
- assassí, . . . , . . .
- avaria, . . . , . . .
- avantatjar, . . . , . . .

39. Completa aquestes frases amb la forma adequada dels adjectius que es proposen:

- tendre
- golafre
- feble
- terrible
- amable
- còmode
- fresc
- verd
- xerraire

- La carn, perquè quedi . . . i sucosa, s'ha de coure a una temperatura molt alta.
- La Caterina, de petita, era molt . . . . Ara, en canvi, s'ha tornat molt primmirada amb el menjar.
- Aquestes llibretes . . . són les que utilitza en Miquel a classe de matemàtiques.
- Es veu d'una hora lluny que aquesta butaca no és gens . . . .
- Maria, hauries de menjar més fruita . . . i deixar el menjar envasat, si no vols continuar . . . .
- En Martí es va aixecar amb un mal de coll . . . que li impedia parlar.
- La noia d'aquella parada és molt . . . i atenta amb els clients.
- La Marta és una noia molt . . . , li agrada parlar amb les amigues.

40. Completa aquests sintagmes amb la forma adequada de l'adjectiu proposat:

- cafè soluble → substància . . .
- passeig ample → carretera . . .
- monument il·lustre → escultura . . .
- beuratge imbevible → poció . . .
- quantitat exacta → compte . . .
- informe favorable → resolució . . .
- acte solemne → conferència . . .

41. Corregeix els errors d'aquestes oracions:

- Quan jeieu al sofà us aclapara la malenconia i la nostàlgia.
- Aquella jove boletaire va fer un viatge a Sardenya ben saludabla.
- L'informa de la policia indica que l'animal extraviat és ferotge.
- Laia, pots entrar a la sala lliurament, no t'hem de donar permís d'accés.
- Els cotxes que porten el pasticida circulen silenciosament per les pistas forestals.
- La guia diu que les pinturas barrocas pertanyen a un noble alemany.

5. La Renaixença. Poesia, teatre i narrativa

La Renaixença

Durant la segona meitat del segle XVIII i la primera del segle XIX s'estengué per tot Europa un moviment cultural que va comportar grans canvis: el **Romanticisme**.

L'artista romàntic s'interessa pel passat del seu poble, i lluita per la recuperació de llengües i cultures que foren esplendoroses a l'Edat Mitjana.

A Catalunya l'esperit del Romanticisme va donar com a fruit la **Renaixença**, nom amb què es coneix el moviment de recuperació de la cultura i la literatura en català. En aquest procés, va ser igualment decisiu el suport de la burgesia, que es va comprometre amb la tasca de donar continuïtat a la identitat pròpia.

Se sol fixar l'inici de la Renaixença l'any 1833. És l'any de la publicació de "La pàtria", de Bonaventura Carles Aribau, al diari *El Vapor*. En aquest poema l'autor recorda el paisatge de la seva infantesa a Catalunya i reivindica el passat gloriós del poble català i de la seva llengua i literatura.

Per saber-ne més

El **Romanticisme** propugnava la superioritat de l'artista, que estava dotat d'una sensibilitat especial. Però aquesta sensibilitat el feia a la vegada un ésser incomprès, allunyat dels valors materials que predominaven en la societat.

La poesia

La Renaixença va començar amb el gènere poètic, que comptava amb una estructura organitzada com la dels Jocs Florals. El teatre i la novel·la van sorgir posteriorment.

Jacint Verdaguer (1845-1902)

Vida

Jacint Verdaguer és el gran poeta de la Renaixença. Va néixer a Folgueroles (Osona) el 1845, al si d'una família modesta de pagesos. L'any 1870 va ser ordenat sacerdot i durant cinc anys fou capellà de la Compañía Trasatlántica del marquès de Comillas.

Després esdevingué capellà particular del marquès de Comillas, cosa que li permeté dedicar-se plenament a la literatura. Durant aquests anys visqué tensions amb les autoritats eclesiàstiques, que l'acusaven de practicar exorcismes i de dilapidar la fortuna del marquès. Envellit prematurament, es traslladà a Vallvidrera, al costat de Barcelona, on va morir el 1902.

Retrat idealitzat de Jacint Verdaguer fet per Marià de Picó l'any 1870.

Obra

Jacint Verdaguer va escriure prosa i poesia. Com a prosista és autor de *Dietari d'un pelegrí a Terra Santa* i *En defensa pròpia*, recull d'articles publicats a la premsa arran del seu enfrontament amb la jerarquia eclesiàstica.

Com a poeta, la seva obra es classifica en:

- **Poesia lírica**. És essencialment de temàtica patriòtica i religiosa, amb obres com *Idil·lis i cants místics* (1879), *Pàtria* (1888), *Flors del Calvari* (1896), *Montserrat* (1898) i *Aires del Montseny* (1901). És una poesia clara i entenedora que va connectar amb els desitjos i anhels del poble.
- **Poesia èpica**: *L'Atlàntida* (1877) i *Canigó* (1886). Són les dues grans obres de Verdaguer. *L'Atlàntida* narra l'enfonsament del continent dels atlants, la recerca d'Hesperis per Hèrcules i el naixement d'Espanya. Està dividida en deu cants. *Canigó* narra èpicament els orígens llegendaris de Catalunya. Està dividit en dotze cants i un epíleg ("Los dos campanars").

@ Amplia a la xarxa...

Per escoltar un fragment de *Canigó* recitat per Gerard Quintana ves a: www.tiching.com/745713

Verdaguer és un poeta d'una importància cabdal. Reuneix les tendències intel·lectual i popular que es donen en la Renaixença i les sintetitza. Recull tota una sèrie de material popular (entre el qual hi ha una llengua riquíssima) i el sap elevar a categoria literària.

@ **Amplia a la xarxa...**

Per escoltar un poema de Verdaguer ves a: www.tiching.com/745714

Com viatger al cim d'una pujada
d'on obira sa terra somniada,
aquí el bon vell sospira de dolçor;
i veent-la verdejar hermosa i bella,
passeja els ulls, enamorat, per ella,
rejovenit sentint volar-hi el cor.

Colom mira l'Atlàntic sense mida,
com si hi sentís alguna veu que el crida;
com si, de genis, monstres i gegants
entremig dels fantasmes vagarosos,
obiràs d'una verge els ulls verdosos,
verdosos com les ones i amargants.

Jacint VERDAGUER: Inici del cant desè, "La nova Hespèria", dins de *L'Atlàntida*.

El teatre

El teatre va ser el darrer gènere a triomfar del moviment romàntic. Va ser **Victor Hugo** qui el va donar a conèixer a França.

A Catalunya i als altres territoris de parla catalana només s'hi representaven, en la llengua pròpia, peces de teatre menors, com sainets i entremesos. No va ser fins al darrer quart del segle que alguns autors es van decidir a escriure tragèdies i drames romàntics en català.

Frederic Soler (1839-1895)

Frederic Soler va néixer a Barcelona el 1839 i hi va morir el 1895.

De ben jove Frederic Soler, que més endavant va adoptar el pseudònim de *Serafí Pitarra*, ja organitzava representacions en un teatret que havia muntat al taller de fuster del seu pare. Més tard aquestes representacions les va anomenar "tallers" de teatre, que posaven en escena en pisos llogats.

Frederic Soler va crear el grup La Gata amb els seus amics; per això les obres que representaven les anomenaven "gatades", que eren paròdies del teatre romàntic, com *El castell dels tres dragons* (1865) i *Els herois i les grandeses* (1866). Més endavant abandonà el pseudònim i es dedicà principalment a escriure drames romàntics (*Les joies de la Roser*, 1866) i drames rurals (*El ferrer del tall*, 1874).

Frederic Soler

Àngel Guimerà (1845-1924)

Vida

Fill de pare català i de mare canària, va néixer a Canàries, a Santa Cruz de Tenerife, el 1845, quan els seus pares encara no s'havien casat. Aquestes circumstàncies van marcar la seva vida i la seva obra. El 1853, a vuit anys, va anar al Vendrell amb la seva mare, on el seu pare els esperava. Al Vendrell va conèixer la llengua i la cultura del país.

Va participar en la fundació de la revista *La Renaixensa*, de la qual va ser director. Activista del catalanisme polític, va ser una de les personalitats més notables de la Catalunya del seu temps. Va morir a Barcelona el 1924.

Àngel Guimerà

Obra i etapes

Àngel Guimerà va començar la seva carrera teatral escrivint **drames romàntics** en vers: *Gal·la Placídia* (1879) i *Judith de Welp* (1883), totes dues obres de tema històric. La següent és una història d'amor impossible entre cultures enfrontades arran de l'expulsió dels moriscos, *Mar i cel* (1888).

La segona etapa es considera **realista** i està constituïda per les seves obres més importants i més representades, encara avui, i que el van consolidar com un gran dramaturg de nivell europeu. Entre les més conegudes esmentem *En Pólvora* (1893), *Maria Rosa* (1894), *La festa del blat* (1896), *Terra baixa* (1897) i *La filla del mar* (1900). Són obres de caire realista escrites ja en prosa. El conflicte bàsic de totes és la possessió amorosa, que comporta sempre un desenllaç tràgic, amb elements com el poder econòmic i la discriminació cultural i social.

Les obres de la tercera etapa no van tenir tant èxit: estan influïdes pel **corrent modernista** i el realisme decadent. La gran obra d'aquest període i una de les millors de l'autor és *L'aranya* (1906).

El fet d'haver nascut fora de Catalunya i de pares que encara no estaven casats ajuda a entendre la temàtica general del teatre de Guimerà: hi sovintegen els personatges afectats pel seu naixement irregular i els mestissos.

Per saber-ne més

Guimerà idealitza la natura i la contraposa a la civilització: creu en la bondat humana, que és corrompuda per la civilització. El personatge Manelic de *Terra baixa* representa les virtuts de l'home que ha crescut enmig de la natura i s'enfronta amb una societat egoista i corrompuda.

La narrativa

Al segle XIX, seguint l'impuls de la Renaixença, la narrativa catalana s'anà recuperant. Va ser un procés lent, però al final del segle trobem ja una situació normalitzada, amb la figura imponent de Narcís Oller, el narrador més important de la literatura catalana del segle XIX.

En el procés de recuperació de la novel·la catalana hi va tenir molta importància el coneixement de l'obra dels autors que van conrear la novel·la històrica de caire romàntic, com Walter Scott i Antoni de Bofarull, que va escriure *L'orfeneta de Menargues* o *Catalunya agonitzant* (1862). I també dels autors que van conrear el gènere costumista, com Emili Vilanova, o la novel·la realista, com Dolors Montserdà, Josep Pin i Soler, Carles Bosc de la Trinxeria i Marià Vayreda. Tots van contribuir a fer possible l'empremta profunda que Oller deixà al final del segle.

Per saber-ne més

A tot Europa l'evolució de la novel·la segueix la voluntat i els gustos del públic burgès, complagut amb la realitat social que està vivint, amb una revolució industrial que li dona poder i diners. En aquest marc es desenvolupa el **Realisme**, un corrent artístic que en la novel·la presenta els fets de manera que pugui semblar una història real.

El Naturalisme

El XIX fou un segle de grans avenços en el camp de la ciència: l'ésser humà deixa de ser vist a través del filtre de la superstició i els científics inicien un camí d'investigació. La naturalesa i el comportament humà són estudiats i analitzats des de tots els angles de la ciència, amb la mateixa objectivitat i interès amb què s'observa un microorganisme amb un microscopi, i amb la mirada en els aspectes més sòrdids i malaltissos de la naturalesa humana.

Darwin / Determinisme] determina l'evolució o adaptació de l'espècie

Émile Zola

A la segona meitat del segle un autor francès, **Émile Zola**, concebé la novel·la com una aportació més a l'estudi del comportament de les persones. De la mateixa manera que a un metge només li interessen les persones malaltes –deia Zola–, a un autor literari només li han d'importar personatges problemàtics, d'una enorme complexitat interior. Aquesta nova manera d'enfocar la novel·la va donar nom a un nou moviment: el **Naturalisme**.

Per saber-ne més

Al segle XIX s'elaboraren les teories sobre l'**evolucionisme**, el **positivisme** i el **determinisme**, com la teoria sobre l'origen de les espècies de Charles Darwin, que van posar en qüestió els mites que donaven una explicació religiosa a la creació i al desenvolupament de la nostra espècie.

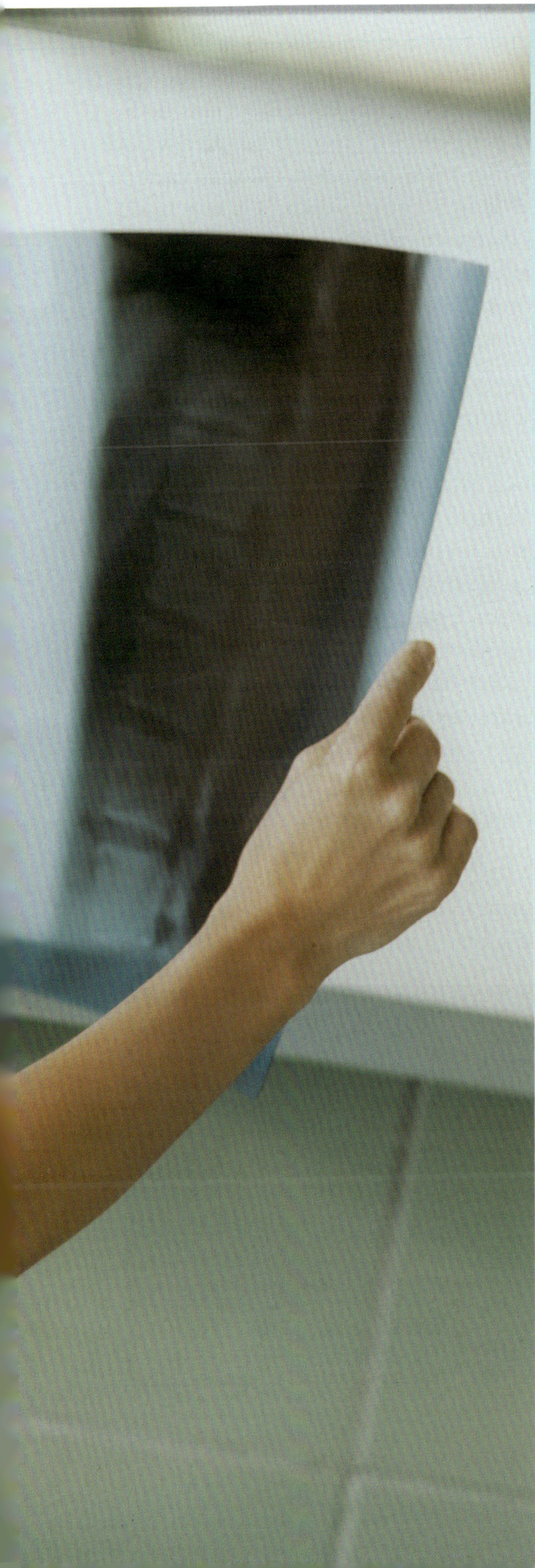

Per començar

Per relatar un esdeveniment, hem de triar una veu que expliqui els fets des d'un punt de vista determinat, segons el nostre objectiu comunicatiu. A més, el narrador molts cops afegeix les paraules d'una altra persona dins del discurs. Aquestes paraules es poden inserir en discurs directe o indirecte. La tria del narrador i el joc del discurs directe i indirecte són recursos fonamentals en la narració.

Abril del 2009

Dia 21

Camisola

Quan avui he sortit de l'hospital, fresc com una rosa, me n'he anat amb dues satisfaccions. Una, la d'haver-me alliberat, finalment, d'una bronquitis impertinent que feia mesos que no em volia deixar en pau, però que aquest cop s'ha hagut de resignar a buscar un altre hoste. Tant de bo no el trobi. La segona satisfacció era d'una altra mena. Resulta que en aquest petit hospital de Lanzarote, segur que el lector se'n sorprendrà, hi treballen ni més ni menys que disset o divuit infermers procedents de Portugal, de la província del Minho, la majoria. També resulta que, abans de deixar l'hospital, m'han hagut de fer una radiografia de tòrax perquè quedés degudament documentat que el pacient, com s'acostuma a dir, està sa i estalvi. Jo portava el que avui en diem un jersei, per això el que m'he tret i he deixat al damunt de la cadira era un jersei. L'infermer, portuguès de Felgueiras, havia de comprovar que les plaques havien sortit tècnicament bé i m'ha dit que mentrestant m'esperés en un compartiment del costat. Ha dit: "Seran només dos minuts, després li dono la camisola". Crec que m'he estremit. Fa uns trenta anys, o potser més, que no sento aquesta paraula, i aquí a Lanzarote, a dos mil quilòmetres de la pàtria, un jove infermer de Felgueiras, sense ni saber-ho, m'estava dient que la llengua portuguesa encara existeix. Beneïda bronquitis.

José SARAMAGO: *L'últim quadern* (adaptació).

A **Quina informació se'ns dona del narrador i l'infermer?**

B **A quin element del text es refereix el pronom *el* en l'expressió "Tant de bo no <u>el</u> trobi"?**

C **Estableix les tres parts bàsiques del text fixant-te en la informació.**

D **Resumeix en tres línies com a màxim l'anècdota que se'ns explica.**

Llegim un text narratiu

Triomf

Recordo la bola metàl·lica que se m'acosta rodant per una mena de canal. Recordo, a l'altre extrem de la taula, la cara relaxada del Llullu. Recordo la cinta negra que li tapa el front, els cables i, just darrere seu, un nen japonès que potineja unes estranyes peces de fusta.

Museu de la Ciència de Vancouver, 28 d'agost de 2005

M'encasqueto una cinta blava connectada a un sensor. A l'altre extrem de la taula seu la Carla. Porta una cinta idèntica, però una mica més cenyida gràcies a la tanca de velcro. Ens separa una espècie de canal amb una bola metàl·lica al mig. Segons els he traduït del rètol explicatiu, es tracta de posar la ment en blanc per aconseguir el grau màxim de relaxació. Els cables que surten de les nostres cintes van a petar a una màquina que trasllada l'activitat cerebral a la bola de la taula. Qui menys es relaxa, més atreu la bola. O, dit d'una altra manera, si la bola va cap a tu vol dir que el teu oponent està més relaxat. I llavors perds.

Veig, per la bola, que estic a punt de perdre. Ma filla es deu haver concentrat molt o jo tinc el cap ple de cabòries. La qüestió és que, de mica en mica, la bola s'acosta perillosament a l'extrem del camí que tinc més a prop, confirmant el tarannà calmós de la Carla. A l'últim instant, un record inesperat em salva de la derrota. Fa anys i panys, quan havia intentat aprendre ioga, em van ensenyar un mètode de concentració que sempre em va semblar absurd: fixar tota l'atenció en la punta del nas. Quan la bola ja és a només dos dits de caure'm al damunt, fixo els ulls en aquest punt de fuga i, no sé si per l'efecte Pinotxo o perquè els nou anys de ma filla no li permeten allargar gaire la concentració, la bola s'atura i després la seva trajectòria canvia lentament de sentit. Sorprès per l'èxit, triplico l'aposta dels nassos i forço els ulls al límit de l'estrabisme. La bola ja no deixa d'allunyar-se. Pocs segons després, la Carla ha d'admetre la seva derrota.

Ho prova amb sa mare i també perd, segurament destarotada ja per la primera desfeta. I llavors recorre a son germà petit, tal com faria qualsevol germana gran, però amb més seguretat encara. Perquè el Llullu és un perdedor nat. Un absentista de l'èxit. I la Carla sap que, en el seu cas, ni un atzar rocambolesc pot fer que el peix petit es mengi el gros. Sense rumiar-nos-ho gaire, acostem la cadira de rodes a l'abast del cable, connectem el Llullu a la màquina i forcem el velcro al màxim per impedir que la cinta balli un vals al voltant del seu discret perímetre cranial. La Carla compta fins a tres amb els ulls tancats.

–Un, dos, tres, ja!

Moc la palanca i ens disposem a aplaudir la seva victòria reparadora. Però salta la sorpresa. No hi ha

Museu de la Ciència de Vancouver.

Narcís Oller (1846-1930)

Narcís Oller va néixer a Valls, encara que ben aviat es traslladà a Barcelona, on feu de procurador dels tribunals. Va pertànyer a la burgesia mitjana, classe que retratà perfectament.

Fou, al segle XIX, l'autor que podem considerar més realista, però la seva obra no pot ser analitzada prescindint del Naturalisme, que tant el va impressionar. Per això va fer novel·les seguint les pautes d'Émile Zola, encara que aquest autor no va considerar mai Oller plenament naturalista. L'autor francès li retreia que es compadís dels seus propis personatges i que acabés les seves obres amb una mena de lliçó moral. Aquest fet pot explicar-se en part per la vigència, encara, a Catalunya, de l'esperit romàntic, que impregnava totes les obres d'un cert sentimentalisme.

Narcís Oller

Narcís Oller es donà a conèixer amb *La Papallona* (1882), una novel·la que ja impactà el públic català. Zola mateix en va lloar l'enorme capacitat de crear els ambients i la psicologia dels personatges. Després va publicar *L'Escanyapobres* (1884), una novel·la en què només apareixen personatges deshumanitzats, moguts per passions malaltisses. Gràcies a aquest recurs, Oller pot evitar de compadir-se'n; per això és l'obra més naturalista de l'autor.

En la resta de la seva producció, a cavall del segle XIX i el XX, hi destaquen tres títols cabdals en la novel·lística catalana moderna:

- *La febre d'or*, del 1890-1892, és l'obra més extensa i hi reflecteix el període anomenat de la "febre d'or", en què moltes famílies barcelonines es van enriquir gràcies sobretot a la borsa.
- *La bogeria*, del 1899, es pot considerar una obra plenament naturalista, perquè fa del determinisme la temàtica de la novel·la, aplicat a la psicologia del personatge principal, Daniel Serrallonga.
- *Pilar Prim*, del 1906, que presenta el cas d'una vídua que no es pot tornar a casar perquè, si ho fes, perdria tota la fortuna del marit, és ja una novel·la més de caire psicològic i es fixa molt més en les sensacions i les experiències interiors dels personatges.

En aquestes obres Narcís Oller se'ns mostra com un autor amb una capacitat indiscutible en el traç psicològic dels personatges, fins al punt que es pot considerar un precursor de la novel·la psicològica en català.

@ Amplia a la xarxa...

Per conèixer més bé la vida i l'obra de Narcís Oller ves a: www.tiching.com/745715

ACTIVITATS

42. Llegeix el poema "Pobresa" de Jacint Verdaguer. Fa referència a algun episodi de la vida de l'autor?

Tot ho he perdut, lo nom i la riquesa,
les corones de llor que he somniat;
me diu germà la rònega pobresa,
s'avergonyeix de mi la vanitat.
Tirí per la finestra ma fortuna
veient millor fortuna esdevenir:
quan llançava les coses d'una a una,
les ales me sentia alleugerir.
Me vingué amb la pobresa la bonança;
perdent los béns, també en perdia el jou;
si de res jo sentia la recança,
me deia Déu: "De mi no en tindràs prou?"

43. Llegeix aquest fragment i contesta les preguntes:

> Morí; i, de la despulla del cos sa ànima salva,
> vers l'esbart de ses filles, les plèiades, volà
> dret als aurífics porxes endomassats de l'alba,
> des d'a on, condolides, allarguen-li la mà.
>
> Sanglotejant les altres aguaiten la coloma,
> amunt, amunt, tan d'hora pujar-se'ls-en al cel;
> aprés, a l'esboirar-se de llàgrimes la broma
> que l'encortina, veuen parpellejar un estel.
>
> És Hèsper, que a l'Aurora badar sol les parpelles
> ans d'aclucar les seves son ull enlluernat;
> i, al vespre, apar que sembre de voliors d'estrelles
> lo cel, seguint lo ròssec del sol ja tramuntat.

a) A quina obra et sembla que pertany?

b) Com és el llenguatge de l'obra? És èpic o líric?

44. Què eren els "tallers" de teatre? Quin autor es va fer famós en aquests "tallers"? Amb quin pseudònim es va fer conèixer?

45. Explica les etapes de l'obra dramàtica d'Àngel Guimerà i esmenta una o dues obres de cadascuna:

- Primera etapa (1879-1890): la tragèdia romàntica.
- Segona etapa (1891-1900): la introducció dels corrents realistes.
- Tercera etapa (1901-1921): la conversió modernista i últimes obres.

46. Llegeix aquest passatge de *Mar i cel*, d'Àngel Guimerà, i contesta les preguntes centrades en el protagonista de l'obra, Saïd:

> SAÏD: Mon pare era moresc, amor sentia
> a una noia cristiana, i s'uní amb ella
> fingint sa conversió; dels dos vaig nàixer.
> Apar un Jesuset, la mare em deia.
> Sembla una hurí d'hermós, feia mon pare.
> I amb sos petons creixia, en tan confosos
> versículs del Coran i de la Bíblia,
> despertant i dormint barbotejava.
> Ma casa era un jardí de prop València:
> flors a l'entorn; pertot; fins dintre l'ànima
> de mos pares amants quanta ventura!
> Ella veia a Jesús; ell al Profeta;
> i tan feliços eren, que semblava
> com si haguessin fet pau en l'altra vida,
> per tant amor atrets, Crist i Mahoma.

a) Saïd és un personatge mestís? Per què?

b) Són freqüents en Guimerà els personatges mestissos? Per què?

c) Creus que aquest passatge il·lustra l'ideal de la bondat humana?

47. Per grups, busqueu informació sobre Émile Zola i la seva proposta literària. Feu-ne una breu exposició oral a la classe.

48. Relaciona aquestes característiques amb cada tipus de narrativa:

- novel·la realista (R)
- novel·la naturalista (N)

a) Interès preferent per personatges problemàtics. ▢

b) Escriptura d'històries que s'assemblin a la realitat. ▢

c) Estudi científic del comportament dels éssers humans. ▢

d) Satisfacció dels interessos de la classe burgesa, presentant-li la realitat social que viu. ▢

e) Aplicació a la novel·la de teories científiques pròpies de la biologia, la psicologia o la sociologia de l'època. ▢

49. Llegeix aquest passatge de *La bogeria*, de Narcís Oller, i contesta les preguntes:

> En Giberga l'ha qualificat de boig en converses; en Giberga va dar un dictamen en aquest sentit en l'expedient d'incapacitat...
>
> Oh!, no ho dubtis: jo no sé si hi ha lesió, com en Giberga suposa, o si no n'hi ha; les causes de les malalties mentals (l'etiologia, que ell en diu) les tindran o no, els metges, conegudes... potser sí: jo no ho sé pas; però a mi em sembla que no pot ser; que és un misteri tan gran, tan insondable com el de l'essència i funcionament de la raó mateixa. I quan jo considero això i penso que dintre tot ordre misteriós la major precaució és poca, m'escruixeixo de veure com, savis i ignorants, venim tractant els cervells fluixos. Quantes vegades no m'he penedit del que tu i jo, criatures encara i per criatures que fóssim, vam fer al pobre Daniel a la Ciutadella! No ens tocarà també una part de culpa en el desastre de què em parles?
>
> Narcís OLLER: *La bogeria.*

a) Quina mena d'estudi fa el personatge?

b) Hi ha algun mot científic al text? A quin lèxic d'especialitat pertany?

Un fragment de l'epíleg del poema *Canigó* de Jacint Verdaguer

Aquestes estrofes estan extretes de "Los dos campanars", l'epíleg del poema èpic *Canigó*, de Jacint Verdaguer.

En aquest epíleg el campanar de Sant Martí del Canigó i el de Sant Miquel de Cuixà mantenen un malenconiós diàleg en què rememoren les antigues èpoques glorioses de Catalunya.

Los dos campanars

Com dos gegants d'una legió sagrada
sols encara hi ha drets dos campanars:
són los monjos darrers de l'encontrada,
que ans de partir, per última vegada,
contemplen l'enderroc de sos altars. (...)

Una nit fosca al seu germà parlava
lo de Cuixà: –Doncs que has perdut la veu?
Alguna hora a ton cant me desvetllava
i ma veu a la teva entrelligava
cada matí per beneir a Déu.

–Campanes ja no tinc –li responia
lo ferreny campanar de Sant Martí–.
Oh!, qui pogués tornar-me-les un dia!
Per tocar a morts pels monjos les voldria;
per tocar a morts pels monjos i per mi. (...)

Així un vespre els dos cloquers[1] parlaven;
mes, l'endemà al matí, al sortir lo sol,
recomençant los càntics que ells acaben,
los tudons amb l'heurera[2] conversaven,
amb l'estrella del dia el rossinyol.

Somrigué la muntanya engallardida
com si estrenàs son verdejant mantell;
mostrà's com núvia de joiells guarnida;
i de ses mil congestes la florida
blanca esbandí com taronger novell.

Lo que un segle bastí l'altre ho aterra,
mes resta sempre el monument de Déu;
i la tempesta, el torb[3], l'odi i la guerra
al Canigó no el tiraran a terra,
no esbrancaran l'altívol Pirineu.

1. **cloquers:** campanars.
2. **heurera:** heura.
3. **torb:** vent fort del Pirineu.

A dalt, monestir de Sant Martí del Canigó; a baix, monestir de Sant Miquel de Cuixà.

- Busca informació d'on estan situats els monestirs de Sant Martí del Canigó i de Sant Miquel de Cuixà i el massís del Canigó.
- Explica el significat d'aquestes expressions que surten al poema:
  - "sols encara hi ha drets dos campanars"
  - "al seu germà parlava"
  - "la florida / blanca esbandí com taronger novell"
  - "Lo que un segle bastí l'altre ho aterra"
- Relaciona aquests tres versos amb la figura retòrica que els correspon:
  - a) "Somrigué la muntanya engallardida"
  - b) "Doncs que has perdut la veu?"
  - c) "són els monjos darrers de l'encontrada"
    - metàfora
    - personificació
    - interrogació retòrica
- Quin és el sentit de la darrera estrofa? Explica-ho en poques línies.

Apliquem

Escrivim un conte

Activitat prèvia: Sorgeix el conflicte

▶ En grups, mireu aquesta fotografia i extraieu-ne la informació necessària per elaborar la llista dels elements bàsics d'una narració:

Comenteu quins fets poden trencar l'harmonia de l'escena i constituir conflictes que donin peu a diferents relats (cadascú n'ha de proposar almenys un).

Ho trobaràs

A l'apartat **Tipus de text** has estudiat els elements que componen una narració:

- trama
- narrador
- personatges
- espai i temps

Elaboració del conte

Escriu un conte: *Històries sense fronteres*

▶ Has vist aquest avís d'una ONG al tauler d'anuncis de la biblioteca municipal i t'ha semblat bona idea que els de la teva classe us sumeu a la iniciativa:

L'associació **Imaginació és poder** fa una crida a formar part del nou projecte internacional, *Històries sense fronteres*, un llibre que contindrà els relats d'autors voluntaris.

Es tracta d'una iniciativa d'àmbit europeu adreçada a les persones que viuen en camps de refugiats d'arreu del món. Cal deixar clar que els refugiats són els destinataris dels relats, no cal que siguin els protagonistes.

Per participar-hi només cal que escriviu històries interessants, divertides i humanes, d'una extensió màxima de vint línies.

Les narracions s'han d'adreçar a la nostra oficina abans del 25 d'octubre. Com a mostra d'agraïment us obsequiarem amb un volum quan l'hàgim publicat.

Moltes gràcies per la vostra col·laboració!

Imaginació és poder

Pautes per escriure

a) Tria els elements

Fixa't en la informació que tens al quadre i utilitza, com a mínim, dos elements de cada columna per tal de construir el teu conte:

Temps	Personatges	Accions	Espai
A les vuit del matí	La Marta	Asseure's	L'escola
Al vespre	En Jaume	Escriure	La farmàcia de davant de casa
L'any passat	Dues noies	Viatjar	L'oficina de correus
El mes de febrer	Els conductors	Sortir de	El cim d'una muntanya
Durant l'estiu	Els meus amics	Somiar	Un pàrquing
Cada dia	Una periodista	Arribar a	El polígon industrial

Per completar els elements de la narració caldrà que decideixis les característiques fonamentals del protagonista. Tria els tres adjectius que consideris més adients perquè superi la situació a la qual s'ha d'enfrontar:

- coratjós
- maldestre
- imponent
- ràpid
- salvatge
- temible
- àgil
- minúscul
- insolent
- irreverent
- obedient
- sarcàstic
- despert
- intel·ligent
- esquerp
- minuciós

b) Fes l'esquema

Completa el quadre següent amb la informació essencial que has triat i comprova que no t'has deixat cap detall:

Introducció: • **Lloc** • **Espai** • **Personatge principal**	...
Situació harmònica	...
Element de conflicte	...
Valoració	...
Resolució	...
Situació final	...
Moralitat	...

c) Redacta i revisa

Recorda que hauràs de seguir els passos següents:

1. Escriu el conte.
2. Rellegeix-lo i assegura't que hi has inclòs tota la informació rellevant.
3. Para atenció a l'estil i a la cohesió textual.
4. Corregeix les errades gramaticals i ortogràfiques.
5. Passa el teu conte en net per llegir-lo davant de la classe i comprovar que funciona.

2 El text narratiu (II)

Què dius que ha passat?

Continguts

color. Sense dubtar-ho ni un instant, la bola comença a rodar decidida cap a la banda de la Carla. Un clonc sobre la taula li fa obrir els ulls i adonar-se de la crua realitat.

El Llullu l'acaba de guanyar, i sense pal·liatius.

Sorpresa i empipada, s'inventa una regla sobre la marxa segons la qual ara tots hem de jugar contra son germà fins que algú el guanyi.

Em toca ser el primer contendent, de manera que m'ajusto la cinta i em disposo a concentrar-me en la punta del nas. Ara és la Carla qui acciona el mecanisme d'inici.

Com que tinc els ulls oberts m'adono de seguida que la bola surt disparada cap a mi, com si m'hagués transformat en un imant enorme. Tant se val que pensi en la punta del nas com en la punta de la fava. Em pela en menys de tres segons.

La Carla canvia el seu greuge per entusiasme. Aplaudeix amb ganes la segona victòria de son germà i encara més la tercera, quan també pela la seva mare.

El Llullu és molt bo en aquesta disciplina de la relaxació total. El millor. Fa tot l'efecte que podria enfrontar-se al campió mundial de relaxació i igualment el guanyaria. La seva capacitat per mantenir inactiu el cervell sembla infinita.

Mentre sa mare el fotografia del dret i del revés amb la cinta al cap, la Carla i jo el proclamem campió mundial de relaxació, dropo major del regne i d'altres títols que ens inventem a crits a la sala de jocs d'enginys del museu de la ciència de Vancouver.

Sobta observar-lo arrepapat al tron rodant mentre, al seu voltant, un munt de nens japonesos s'espremen el cervell per resoldre tot de jocs d'enginy. Una joiosa paradoxa fa que el Llullu sigui imbatible en una disciplina valorada com un joc d'enginy. Des que es va fundar aquest magnífic museu de la ciència, poques vegades el deu haver visitat algú capaç de reduir l'activitat cerebral a un nivell tan baix.

Màrius SERRA: *Quiet.*

ACTIVITATS

1. Llegeix el text i digues si aquestes afirmacions són veritables o falses:

a) Per fer la prova d'enginy, els personatges han de portar una cinta al voltant del coll. ▢

b) L'objectiu és aconseguir relaxar-se al màxim. ▢

c) La Carla no aconsegueix vèncer el seu pare. ▢

d) Els responsables del museu se sorprenen de l'aclaparadora victòria d'en Llullu. ▢

2. Busca sinònims d'aquestes paraules del text:

- van a petar
- discret
- arrepapat

3. Indica l'ordre correcte d'aquestes frases al text:

a) La mare fa fotos al vencedor de la competició.

b) Els nens japonesos intenten resoldre altres jocs.

c) En Llullu és proclamat campió.

d) La Carla i el pare decideixen competir.

a) A → B → C → D ▢ c) D → B → C → A ▢

b) B → C → A → D ▢ d) D → A → C → B ▢

4. Fes un resum del text de cinc línies com a màxim.

5. Quin és el significat de les expressions següents?

a) "efecte Pinotxo" b) "que la cinta balli un vals"

6. Busca informació sobre el llibre *Quiet*. Què has esbrinat sobre en Llullu?

7. Aleshores, per què en Llullu és "un absentista de l'èxit"?

8. Descriu la psicologia de la Carla i en Llullu fent servir algun dels adjectius següents:

- decidit
- introvertit
- absent
- qualificat
- imprevisible
- rialler
- valent
- temerari
- generós

9. Per què ens explica l'autor aquesta anècdota?

10. En el cas d'haver assistit a aquesta competició, hi hauries participat? Què creus que hauria passat?

11. Quins pensaments i sensacions et transmet aquest text? Escriu-los en tres línies.

1. El text narratiu (II)

Els tipus de narrador

Un mateix esdeveniment pot ser relatat des de diferents perspectives. El **punt de vista** que triem per explicar un fet l'aproxima o l'allunya del lector.

Segons el punt de vista des d'on s'explica la història podem diferenciar entre **narrador extern**, que observa els fets sense participar-hi, i **narrador intern**, que forma part de la història, bé com a protagonista, bé com a testimoni.

Els contacontes narren històries davant el públic.

El narrador extern

- El **narrador omniscient** és capaç d'adoptar una perspectiva àmplia i completa de la història. Coneix tots els fets passats, presents i futurs. A més, sap quines circumstàncies condicionen les accions i les decisions dels personatges, és a dir, domina tota la informació i controla l'acció.

> Va travessar la plaça per aconseguir una bona posició de partida. Sabia bé que tots els advertiments d'Alvarado eren certs, la cerimònia durava molt poc i la gent s'amuntegava tan sobtadament que resultava impossible remuntar posicions entre la multitud.
>
> Joanjo GARCIA: *Tota la terra és de vidre.*

- El **narrador observador** només transmet la informació que veu o sent. Com que necessita ser testimoni dels fets que narra, no pot gestionar informació dels personatges, com ara els seus sentiments, si no els verbalitzen.
- El **narrador editor** ens explica els fets a partir d'un escrit que diu que ha trobat i expressa la seva opinió.

El narrador intern

- El **narrador protagonista** és el responsable de la història. Fa servir la primera persona i es pot expressar amb el monòleg interior.

> Poc temps després, quan varen començar els insults i els plets de la meva família, l'home no va dir res del canvi de llibreta. Hauria quedat com un babau si s'hagués sabut que jo l'havia enganyat.
>
> Maria Antònia OLIVER: *Joana E.*

- El **narrador testimoni** és un personatge secundari que ens explica els fets des de la seva perspectiva, amb marques de subjectivitat i interpretacions dels fets.

> El meu amo rebia sovint encàrrecs del nostre senyor rei perquè li procuràs falcons de la millor espècie i adobats a la manera que només ell sabia fer-ho. El mateix any que jo vaig nàixer li havia tramés a la cort de Nàpols, per mà del falconer Adam Llopis, dos munterins que, segons diuen, el nostre senyor molt aprecià.
>
> Eduard MIRA: *Escacs de mort.*

Miniatura que representa un falconer a cavall.

ACTIVITATS

12. Llegeix els textos que tens a continuació i indica quin tipus de narrador s'hi ha utilitzat:

A D'un salt entrava en un vagó mig segon abans que la porta es tanqués, d'un salt em plantava a l'andana quan el tren encara estava en marxa, fugides sorolloses pels passadissos, canvis bruscos de direcció; tenia por de veritat.

Daniel PENNAC: *Quin un, en Kamo.*

protagonista, 1a persona ✓

B Chris va pujar al cotxe, i l'home va engegar i va arrencar. El motor era mortalment silenciós. El cotxe estava tan ben insonoritzat que Chris va sentir-se totalment allunyat de la resta del món, es movien pels carrers dins d'una bombolla aïllada i climatitzada.

Philip PULLMAN: *La papallona tatuada* (adaptació).

~~observador~~, omniscient ✓

C Vaig sortir a coberta enfadat, pensant que tot allò era molta feina i que potser encara estava a temps de baixar i de deixar-ho córrer. A tocar de l'escala, en Markus i el capità encara parlaven, i vaig tornar a tenir la desagradable sensació, tot i que no podia sentir-los, que discutien, que de fet seguien discutint com quan havia arribat a peu del vaixell amb la meva mare, feia ben bé mitja hora, i buscàvem algú que ens digués què havia de fer i per on havia de pujar.

Maria Mercè ROCA: *Kenitra* (adaptació).

testimoni ✓

D Aquests són els escrits de l'avi. No n'he tocat res. Només m'he limitat a corregir-ne algunes qüestions ortogràfiques i sintàctiques. Ben poca cosa. La qual cosa no deixa de ser sorprenent si tenim en compte que havia après a escriure la llengua catalana tan allunyat dels ambients culturals propis i propicis.

Enric LARREULA: *Terres verges* (adaptació).

editor ✓

E Alberto Montani, pastisser, declara que va ser dels primers a pujar escales amunt. Va sentir les veus. La veu greu era la d'un francès. Va entendre alguns mots. Qui parlava semblava renyar. De la veu aguda no va distingir les paraules. Parlava de pressa i agitadament. Creu que era la veu d'un rus. Corrobora el testimoni general. És italià i mai no ha enraonat amb un rus.

Edgar Allan POE: "Els assassinats de la Rue Morgue" dins de *El gat negre i altres relats.*

~~omniscient~~ observador

13. Llegeix aquest text i digues a quin tipus d'informació fan referència les parts destacades en cursiva. Després, indica si es tracta d'un narrador omniscient o observador: Omniscient, perquè t'explica les seves emocions ✓

A les dotze i mitja en punt va arribar a la bifurcació del rierol. *Estava satisfet* de la velocitat que havia assolit. Si la mantenia, seria amb els companys a les sis. Es va descordar la jaqueta i la camisa i en va treure el menjar. Aquella acció no li va costar més d'un quart de minut i, això no obstant, *en aquell instant l'entumiment* es va apoderar dels seus dits desabrigats.

No es va posar la manyopla de nou, sinó que es va colpejar els dits una dotzena de vegades contra la cama. Llavors va seure a dinar en un tronc cobert de neu. *El dolor que havia sentit* en colpejar-se els dits sobre la cama va cessar tan ràpidament que el va sorprendre.

Jack LONDON: *Els aventurers de l'Àrtic.*

14. Llegeix el fragment i subratlla les parts que es refereixen a la psicologia del personatge. De quin tipus de narrador es tracta? Omniscient

El violinista començà, sol, el tema lent i ritmat de la melodia; l'arquet es movia, segur, aviat s'hi ajuntà l'acompanyament del violoncel, molt simple. S'hi havia rumiat molt, sobre quina peça triaria, i al capdavall es decidí pel tema amb variacions de la "Follia", d'Arcangelo Corelli, en la versió d'Hubert Léonard, que se sabia de cor: només que, en comptes de piano o clavicèmbal, ell arranjà el baix per al violoncel. S'avenien amb justesa, havia fet bé de triar una obra que destaqués sobretot tots els sons del violí, amb lluïment però sense acrobàcies arriscades. [...]

L'acompanyament callà: havia d'acabar el violí tot sol i ho va fer amb suavitat i plenitud. L'artista tenia els ulls tancats i així romanien encara quan la vibració emmudí. Ara –pensà, en un llampec– vindria el xàfec d'aplaudiments que l'havia acompanyat des del seu primer concert, als dotze anys. Ara en tenia vint-i-sis.

Maria Àngels ANGLADA: *El violí d'Auschwitz* (adaptació).

observador - fora història
testimoni - dins història

Els diàlegs

Les seqüències conversacionals permeten mostrar les relacions que es produeixen entre tots els personatges i com reaccionen davant el conflicte. Els diàlegs els podem reproduir sobretot en l'**estil directe** i l'**estil indirecte**. També hi trobem l'**estil indirecte lliure**, que barreja els dos anteriors.

- En el **discurs directe**, la veu del narrador no afegeix ni esborra els matisos. Els diàlegs es reflecteixen tal com han tingut lloc.

> –Però com podria ser això? –va preguntar la mare–. Com podrien ser els mateixos?
>
> –No ho sé, però ho eren. Els vaig veure. Vaig sentir el que deien.
>
> John CONNOLLY: *Els amants.*

- En el **discurs indirecte** s'explica aproximadament el que han dit els personatges a través de la veu del narrador, que pot afegir valoracions.

  En aquest tipus de discurs s'utilitzen verbs introductoris (*dir, afegir, comentar, explicar, opinar*...) i es canvien els temps verbals o les referències als espais per marcar la distància amb el moment de l'enunciació.

> Li vaig proposar deixar aquella casa, d'acomiadar-se, de buscar un pretext, una excusa qualsevol, no ho sé, que havia de tornar a casa seva, i que m'esperés en alguna banda.
>
> Sándor MARAI: *La dona justa.*

- En el **discurs indirecte lliure** el narrador incorpora la veu dels personatges en la seva intervenció i, per aconseguir-ho, suprimeix els verbs de locució (*dir, creure, demanar*...) i, a més, hi introdueix marques subjectives.

> En Molins, confús, va deixar la carta sobre la taula i es tornà a mirar la fotografia: un individu agafat d'esquena. Era una curiositat. O no; potser era quelcom més, una pista.
>
> Manuel de PEDROLO: "El premi literari", dins de *Joc d'asos.*

- El **monòleg interior** té una relació directa amb el narrador protagonista. S'hi reprodueix el pensament d'un personatge de manera directa, és a dir, el locutor s'adreça a ell mateix dins del text.

> De sobte vaig pensar que m'anirien bé unes fotos per a l'esbós de la historieta. Com no havia caigut en això? Hauria de trobar alguna fotografia bona d'arxiu i, si finalment aconseguia l'entrevista amb el músic xilè, una instantània d'ell per inspirar-me en algun personatge. Hauria de demanar una càmera i fer-la jo mateix...
>
> Feliu VENTURA: *Com un record d'infantesa* (adaptació).

ACTIVITATS

15. En aquest text les intervencions dels personatges ens arriben en estil indirecte. Transforma-les per crear un diàleg en estil directe:

> Una tarda que Emma i el seu pare van visitar el senyor i la senyora Weston, Emma i Frank van proposar celebrar una festa allí, a Randalls, amb el mateix grup de persones que havien assistit a la festa dels Cole. La seva proposta va tenir èxit i la senyora Weston va acceptar de bona gana tocar el piano a l'hora del ball. I Frank va fer de seguida la llista femenina de les assistents, que serien cinc: la senyoreta Woodhouse, la senyoreta Harriet i la senyoreta Fairfax i les dues senyoretes Cox. Però el senyor Weston també hi volia invitar una família de cosins seus i una altra família de vells coneguts i això va fer que el grup augmentés fins al punt d'arribar a ser més de deu parelles. Però com que l'espai del qual es disposava no era prou gran, es va parlar de la possibilitat que la gent ballés al passadís, entre les dues sales. Però el senyor Woodhouse va exclamar que seria una imprudència perquè la gent es podria refredar per culpa del corrent d'aire.
>
> Jane AUSTEN: *Emma.*

16. Llegeix aquest text i passa les intervencions dels personatges d'estil directe a estil indirecte:

> –Què hi ha Vidal? Com ha anat la tornada?
>
> –Bé, molt bé. Escolta, tu, en Rodergues m'ha dit que et preguntés si ja has enviat el comprovant.
>
> –Quin comprovant?
>
> –El de l'ingrés, home.
>
> –Però no vàrem pas quedar així...
>
> –Doncs ara resulta que l'ocell el vol, el comprovant...
>
> –És perillós.
>
> –Digue'm, com a mínim, el número del compte corrent.
>
> Jaume FUSTER: *De mica en mica s'omple la pica.*

Després, indica quins d'aquests canvis has hagut de fer:

- Introduir les oracions amb verbs de locució.
- Eliminar connectors oracionals.
- Canviar els temps verbals.
- Afegir/suprimir signes d'exclamació i interrogació.

17. Construeix un diàleg en estil directe en què es desenvolupi una d'aquestes situacions:

a) L'Andrea té una bicicleta nova. La utilitzarà els caps de setmana per sortir amb la colla de ciclistes del barri. A més, podrà apuntar-se al viatge que organitza el club ciclista a Escòcia.

Parla amb un company de 1r d'ESO.

b) En Ferran i la Carme acaben de comprar les entrades per anar a un concert de música. Han estat una bona estona a la cua, però finalment les han aconseguides. El concert és divendres. Hi aniran plegats després de passar una estona al gimnàs.

Parlen amb la germana gran d'en Ferran.

c) La Berta i en Carles s'han trobat a l'autobús. La Berta torna de classe de piano. En Carles acompanya el germà petit a una festa d'aniversari. Es coneixen de tota la vida, perquè estiuegen al mateix bloc d'apartaments.

18. Fes un breu monòleg interior a partir dels fets que et presentem:

> Imagina que acabes de descobrir que no pots sortir de l'institut. Ningú no s'ha adonat que encara ets al gimnàs després de classe i han tancat les portes.

Has d'explicar la situació, els teus pensaments i tot el procés que seguiràs per aconseguir que algú et vingui a ajudar.

Per dissenyar la forma del teu text narratiu i decidir com ho faràs, tria una d'aquestes opcions:

- Davant d'aquesta situació, quina actitud creus que adoptaràs?

  a) nerviosa ☐ b) pacient ☐ c) decidida ☐

- Quin és el personatge que t'ajudarà a resoldre el conflicte?

  a) Un professor ☐

  b) Un transeünt ☐

  c) La policia ☐

- Quina estructura seguiràs per escriure el monòleg?

  a) Valoració → conflicte → resolució → situació inicial

  b) Situació inicial → conflicte → valoració → resolució

  c) Resolució → conflicte → situació inicial → valoració

La narració oral (II)

Narrar per captar l'atenció

La narració té, com hem vist, interès per ella mateixa i, per tant, capta l'atenció de l'auditori. Per això, és habitual que hi hagi **recursos narratius inserits** en les explicacions i les argumentacions.

La narració permet esponjar el discurs oral i crear **espais de distensió** enmig de períodes més densos. A més a més, pot servir per presentar idees complexes d'una manera senzilla. A continuació veurem dos tipus de narracions breus que tenen aquestes característiques: l'anècdota i la faula.

COMPRENSIÓ AUDIOVISUAL

Ves a www.tiching.com/745907 i fes les activitats que se't proposen.

L'anècdota

Una anècdota és una **experiència personal**, viscuda per qui parla o per una altra persona, que resulta curiosa perquè s'hi expliquen fets insòlits, extraordinaris o còmics.

És un recurs poderós de captació i convé col·locar-ne estratègicament en els discursos, especialment si són llargs. Situada al principi del discurs, l'anècdota és una manera atractiva de començar.

La faula

Una faula és una narració breu que **té animals com a protagonistes** i implica un ensenyament moral. Els animals que hi intervenen es comporten com si fossin persones per posar de manifest les virtuts i els errors humans.

Les faules són antecessores dels actuals films i sèries de dibuixos animats basats en animals. Hi ha faules cèlebres com la de la llebre i la tortuga, el lleó i el ratolí, la guineu i el corb, etc.

Estratègia oral

Saber escoltar (I)

Parlar i escoltar són dues cares de la mateixa moneda. En l'activitat diària, acadèmica i professional, dediquem molt temps a escoltar el que es diu en les classes, reunions i els mitjans de comunicació.

La **comprensió oral**, al contrari del que podria semblar, no és una habilitat passiva, i inclou diverses subhabilitats, moltes de comunes amb la lectura:

- Anticipar i llançar hipòtesis sobre el que es dirà.
- Anotar i classificar la informació.
- Sintetitzar les idees essencials.
- Ser crític i posicionar-se respecte del que s'ha sentit.

D'altra banda, per escoltar bé és important **evitar les distraccions**. La capacitat humana de processament auditiu és molt més ràpida que la d'articulació de la llengua. Com que l'oïda va més de pressa que la parla, és fàcil despistar-se i posar-se a pensar en altres coses. Una bona atenció és la primera condició per escoltar bé.

Expressió oral

Introduir una idea amb una narració

▸ Fes la introducció d'una exposició o una argumentació emprant una narració que situï el tema que es tractarà. Una mateixa narració et pot servir per a molts temes.

Exemple

En una ocasió la tortuga va acceptar el repte d'una llebre per veure qui arribava abans a la meta en una cursa. I, com sabeu, l'excessiva confiança de la llebre li va fer perdre l'aposta: la tortuga va superar la gran velocitat de la seva contrincant amb tenacitat i constància.

Opció a) De la mateixa manera, una dieta alimentària sana no es fa menjant productes integrals i bevent molta aigua durant una setmana, sinó amb el canvi dels hàbits en el dia a dia, amb constància i regularitat...

Opció b) De la mateixa manera, la nostra campanya de recollida d'aliments s'ha de basar en les accions constants de cada setmana...

Pautes per introduir idees amb anècdotes

1. Feu grups de tres i trieu una anècdota, faula, petita història, etc.
2. Practiqueu l'explicació de la narració triada, per fer-vos-la ben vostra.
3. Poseu-la en relació amb un argument de la llista següent o amb altres que vosaltres penseu:
   - L'hora de tornar a casa els caps de setmana ha de ser pactada entre pares i fills.
   - Les begudes ensucrades debiliten l'esportista.
   - Una botiga ha de tenir roba de totes mides.
   - Els Jocs Olímpics actuals són un gran negoci allunyat de l'esperit de l'esport.
   - La demagògia i la corrupció són el verí de la democràcia.
4. Presenteu finalment la narració fent cadascú la transició cap a un tema diferent.

Pauta d'avaluació de l'expressió oral	
• Ha explicat la narració amb desimboltura?	▢
• Ha relacionat bé la narració introductòria amb la idea de l'exposició o l'argumentació?	▢
• La narració ha estat interessant i ha captat la vostra atenció?	▢

Repte oral

La narració continuada

▸ Formeu grups de sis i trieu l'inici d'una narració com: "*Era una vegada un país que tenia un rei caçador...*". A partir d'aquest començament, cada membre continuarà la narració amb tres o quatre frases improvisades seguint un fil coherent i contribuint al desenvolupament de la narració.

Enregistreu la narració i, finalment, analitzeu si ha sortit ben travada o a quins llocs ha grinyolat la coherència del relat.

2. L'oració

Els tipus d'oracions

Les oracions es poden classificar amb diversos criteris:

- Segons si poden tenir subjecte o no: oracions personals i impersonals, i les personals poden ser actives i passives.
- Segons si atribueixen qualitats o expressen accions: oracions atributives i predicatives.
- Segons si tenen un verb en forma personal o més d'un: oracions simples i compostes.
- Segons la intenció de la persona que parla: oracions enunciatives, interrogatives, exclamatives, imperatives i desideratives.

Les oracions personals i les oracions impersonals

Les **oracions personals** són les que tenen un subjecte:

- *La capitana de l'equip ha recollit el trofeu.*
  S

El subjecte d'aquestes oracions pot ser **explícit** o **elidit**:

- **Explícit**, quan s'expressa clarament a l'oració:
  - *Els botiguers guarneixen els aparadors.*
    S
- **Elidit**, quan no s'expressa perquè se sobreentén:
  - *Ø Guarneixen els aparadors.*
    S

I pel que fa al paper que hi desenvolupa, el subjecte pot ser agent o pacient, segons si l'oració personal és **activa** o **passiva**:

- **Agent**, quan fa l'acció. És el subjecte de les oracions actives:
  - *Els botiguers guarniran aviat els aparadors.*
    S
- **Pacient**, quan rep l'acció. És el subjecte de les oracions passives, que concorda amb el verb, però no fa cap acció:
  - *Els aparadors seran guarnits aviat pels botiguers.*
    S

La capitana de l'equip és el subjecte, és a dir, és qui realitza l'acció del verb i concorda amb ell en gènere i nombre.

Les **oracions impersonals** són les que no tenen subjecte: *Plou, Hi havia molta gent a l'estadi, Fa fred...*

Atenció!

- L'oració amb subjecte elidit no és impersonal, perquè té subjecte, encara que no s'expressi perquè s'ha omès:
  - *(Ells) Van de bòlit.*

  Les impersonals, en canvi, no poden tenir subjecte de cap manera:
  - *Ø Neva molt.*

Les oracions atributives i les oracions predicatives

Les **oracions atributives** tenen un verb copulatiu i atribueixen una qualitat al subjecte:

- *Aquest pastís és deliciós.*
  v. copulatiu

Les **oracions predicatives** tenen un verb predicatiu i presenten l'acció que fa el subjecte:

- *L'Eloi ha perdut el mòbil.*
  v. predicatiu

Les oracions simples i les oracions compostes

Les **oracions simples** tenen un sol verb (que pot ser simple, un temps compost o una forma perifràstica):

- *L'escriptor signarà exemplars de la seva novel·la.*
  v.
- *A l'excursió hi haurà de venir tothom.*
  v.

Les **oracions compostes** tenen més d'un verb:

- *L'escriptor que ha guanyat el premi signarà exemplars de la seva novel·la.*
  v. v.

Les oracions enunciatives, interrogatives, exclamatives, imperatives i desideratives

Les oracions **enunciatives** informen objectivament d'un fet i tenen el verb sempre conjugat en mode indicatiu:

- *Dilluns comencen les vacances.*
- *L'astronomia és la ciència que estudia els astres.*

Les oracions **interrogatives** demanen informació sobre un fet:

- *Comencen dilluns, les vacances?*

- Segons la manera com es planteja la pregunta, poden ser **directes** (quan tota l'oració és una pregunta i porta un signe d'interrogació) o **indirectes** (quan només una part és una pregunta i no porta signe d'interrogació):
  - *Qui vindrà a sopar aquest vespre?* (interrogativa directa)
  - *Voldria saber qui vindrà a sopar aquest vespre.* (interrogativa indirecta)
- Segons la informació que es requereix amb la pregunta plantejada, poden ser **totals** (la resposta és *sí* o *no*) o **parcials** (la resposta és més extensa):
  - *Vols venir a sopar?* (interrogativa total)
  - *Quan serà la propera festa?* (interrogativa parcial)

Les oracions **exclamatives** expressen emocions sobre un fet, sovint sorpresa, admiració o alegria:

- *Dilluns comencen les vacances!*

Les oracions **imperatives** expressen una ordre, una recomanació o una sol·licitud d'ajuda:

- *Afanya't!*
- *Ves-hi d'hora.*

Les oracions **desideratives** expressen un desig i tenen el verb conjugat en subjuntiu:

- *Voldria que et llegissis el seu article.*
- *Tant de bo que aprovi aquest examen!*

FEM-HO AIXÍ

Totes aquestes cinc modalitats poden ser **afirmatives** o **negatives**:

- *No t'agrada la roba de colors vius?* (interrogativa negativa)
- *No vull que vagis a dormir tard.* (desiderativa negativa)

FEM-HO AIXÍ

Les oracions imperatives afirmatives es construeixen amb un verb en mode imperatiu; les negatives, amb un verb en present de subjuntiu:

- *Corre!* (imperatiu)
- *No corris.* (present de subjuntiu)

ACTIVITATS

19. Fixa't en l'exemple i indica si aquestes oracions són simples o compostes, atributives o predicatives, i actives o passives:

EXEMPLE: *L'estudi s'ha acabat bé i ha estat presentat a la direcció.* → oració composta, amb dues oracions predicatives, una de les quals és activa, i l'altra, passiva.

- He deixat les factures al calaix de dalt de la calaixera blava de l'entrada.
- Aquesta tertúlia sembla més aviat una olla de grills.
- La trobada castellera ha estat un èxit i ha reunit les quatre colles més importants.
- Els usuaris han reclamat la devolució de l'import del bitllet, però la companyia no ha atès les seves queixes.
- Recomana'm algun llibre que hagis llegit.
- L'organització ha anunciat que tots dos atletes han estat desqualificats.
- La nova vacuna estarà enllestida quan s'hagin superat les proves de laboratori.
- La inversió en recerca d'aquesta companyia ha estat superada per la de la companyia rival.

20. Llegeix aquest text i busca-hi les oracions indicades a continuació:

El senyor Robert Mifflin havia arreglat l'interior del carro amb molta gràcia. Les rodes eren sobrepassades per les dues bandes per l'estructura del furgó i, si bé això li donava un aire de feixuguesa, també guanyava espai per a les prestatgeries.

A una banda hi tenia una petita estufa d'oli, una taula plegable i una llitera d'aspecte agradable sobre la qual hi havia una mena de calaixera on vaig suposar que desava la roba i coses així; a l'altra banda hi havia més prestatges, una tauleta i una butaca de vímet. Si li haguessin preguntat si hi havia algun centímetre d'espai que no servís per a alguna cosa, la resposta hauria estat no.

El sostre elevat permetia estar-se dret al passadís central del furgó i hi havia una petita finestra corredissa que s'obria al pescant. En conjunt, tot era un artefacte molt polit.

Christopher MORLEY: *La llibreria ambulant* (adaptació).

- Una oració amb el subjecte explícit.
- Una oració amb el subjecte elidit.
- Una oració amb el subjecte agent.
- Una oració amb el subjecte pacient.
- Una oració impersonal.
- Una oració copulativa.
- Una oració predicativa.
- Una oració simple.
- Una oració composta.
- Una oració enunciativa.

21. Escriu oracions que tinguin aquestes característiques:

- Una oració personal.
- Una oració composta amb una copulativa i una altra predicativa.
- Una oració simple que contingui una forma perifràstica.
- Una oració simple, predicativa i passiva.
- Una oració composta en què l'oració principal sigui predicativa.
- Una oració interrogativa parcial.
- Una oració composta amb una interrogativa indirecta.

22. Indica la modalitat actual de cada oració i reescriu-la en la modalitat que s'indica:

- M'ajudes a parar taula? → imperativa
- Quina gentada que hi ha al cine! → enunciativa
- Doneu-nos un cop de mà. → interrogativa
- Plou. → desiderativa
- Saps si avui era l'últim dia per portar el justificant? → exclamativa
- No entén l'argument de l'obra. → interrogativa
- Sempre es vanten dels diners que tenen. → exclamativa
- Així perdi la cursa! → enunciativa

23. Transforma cadascuna d'aquestes oracions enunciatives en una oració interrogativa, una d'exclamativa, una d'imperativa i una altra de desiderativa:

- En Marc sempre és puntual.
- La Rosalia estudia Psicologia.
- Els polítics arriben a un acord.
- El locutor fa callar el tertulià.
- Els dos partits signen un acord de govern.

3. Les funcions sintàctiques

La funció sintàctica és el paper que desenvolupa cada sintagma dins l'estructura d'una oració amb relació als altres sintagmes. Aquestes funcions són:

El subjecte

El subjecte (S) és l'element de l'oració que concorda en persona i nombre amb el verb. Assumeix una acció o un procés expressat pel verb.

El subjecte pot tenir aquestes estructures:

- **Sintagma nominal** (SN): *Els pagesos adoben els camps.*
- **Pronom tònic**: *Tu t'hauràs de decidir aviat.*
- **Oració subordinada**: *Li agrada que plogui.*
- **Infinitiu**: *Caminar és un exercici molt sa.*

El complement del nom

El complement del nom (CN) és la paraula o el conjunt de paraules que completen o modifiquen el significat d'un nom.

El complement del nom pot tenir aquestes estructures:

- **Sintagma nominal** (SN): *Un camió cisterna.*
- **Adjectiu**: *Un carrer empedrat.*
- **Sintagma preposicional** (SPrep): *Un jersei de llana.*
- **Oració subordinada**: *La novel·la que m'he llegit.*

L'atribut

L'atribut (Atr) és el complement d'un verb copulatiu i expressa una qualitat o un estat del subjecte.

L'atribut pot tenir aquestes estructures:

- **Sintagma adjectival**: *La fruita és fresca.*
- **Sintagma nominal** (SN): *La pel·lícula és un drama.*
- **Sintagma preposicional** (SPrep): *El rellotge sembla de fireta.*
- **Sintagma adverbial**: *Aquesta novel·la està bé.*
- **Infinitiu**: *La seva ambició és descansar.*
- **Oració subordinada**: *Sembla que no hi toqui.*

El complement directe

El complement directe (CD) és el complement sense preposició que completa el sentit d'un verb transitiu.

El complement directe pot tenir aquestes estructures:

- **Sintagma nominal** (SN): *Subratllaré el text.*
- **Infinitiu**: *Intenten dibuixar amb el peu.*
- **Oració subordinada**: *Es pensa que ho sap tot.*

Per saber-ne més

Tots els sintagmes depenen els uns dels altres i cadascun contribueix al sentit complet de l'oració.

Atenció!

Recorda que molts dels complements del verb (CD, CI, CC...) poden ser substituïts per un pronom feble. En aquests casos, el pronom fa la funció del complement que substitueix.

El complement indirecte

El complement indirecte (CI) és el complement que indica qui és el destinatari de l'acció d'un verb.

El complement indirecte pot tenir aquestes estructures:

- **Sintagma preposicional** (SPrep): *Envia un missatge al grup.*
- **Oració subordinada**: *El jurat ha donat un diploma a qui s'ha presentat al concurs.*

El complement circumstancial

El complement circumstancial (CC) és el complement que indica una circumstància de l'acció d'un verb. Pot ser de lloc, de temps, de manera, d'instrument, de companyia o de quantitat.

El complement circumstancial pot tenir aquestes estructures:

- **Adverbi o locució adverbial**: *Soparem tard.*
- **Sintagma nominal** (SN): *Truca'm la setmana vinent.*
- **Sintagma preposicional** (SPrep): *Ha reaccionat amb tranquil·litat.*
- **Oració subordinada**: *T'avisaré quan estigui.*

El complement de règim verbal

El complement de règim verbal (CRV) és el complement exigit pel verb i introduït per una preposició (*a*, *de*, *en*, *amb*, *per*) que completa el sentit del verb.

El complement de règim verbal pot tenir aquestes estructures:

- **Sintagma preposicional** (SPrep): *Ja s'han acostumat al barri nou.*
- **Infinitiu** (amb preposició): *No t'oblidis d'apagar el mòbil.*
- **Oració subordinada**: *S'estranyen que la deixin venir tota sola.*

El complement predicatiu

El complement predicatiu (CPred) és el complement d'un verb predicatiu que complementa a la vegada el verb i el subjecte (S) o el verb i el complement directe (CD).

El complement predicatiu pot tenir aquestes estructures:

- **Sintagma nominal** (SN): *Designaran l'Ona responsable de l'àrea.*
- **Adjectiu o participi**: *Han arribat cansats de l'excursió.*
- **Sintagma preposicional** (SPrep): *Em volen d'acompanyant.*
- **Oració subordinada**: *L'han pres pel que no és.*

El complement predicatiu recorda sovint la funció que fa l'atribut (Atr), però la diferència és que acompanya un verb predicatiu mentre que l'atribut exigeix un verb copulatiu.

FEM-HO AIXÍ

Si el complement predicatiu és un adjectiu, ha de concordar amb el subjecte o complement directe en gènere i nombre.

24. Indica la funció sintàctica dels elements subratllats. Si hi ha complements circumstancials, indica de quin tipus són:

- S'ha pensat que no et trobaves bé.
- M'estranya que no contesti ningú.
- Riure és terapèutic.
- No m'he fixat en la lletra petita del contracte.
- No m'he fixat en la lletra petita del contracte.
- Se sent culpable de tot el que ha passat.
- Sempre condueix amb el navegador connectat.
- Equilibrarem el prestatge amb un nivell.
- Les peces de construcció són de plàstic.
- Uns i altres ja s'han desdit de la promesa.
- Lamentem profundament l'escàndol que han provocat.

25. Completa cada oració amb el complement i l'estructura indicats:

- L'ajut es destina ... (CI → oració subordinada).
- Confiem ... (CRV → SPrep).
- Vivim al carrer ... (CN → SN).
- Suposo ... (CD → oració subordinada).
- El seu objectiu és ... (Atr → infinitiu).
- Es riu ... (CRV → oració).
- Ha estudiat ... (CC manera → adverbi) per a aquest examen.
- Ens veurem ... (CC temps → SN).
- S'ha acomiadat ... (CRV → SPrep).
- Els empleats s'afanyen ... (CRV → infinitiu).

26. Indica quina funció fa el complement subratllat. A continuació, canvia l'estructura del complement per l'alternativa proposada i fes els canvis necessaris a l'oració principal:

- M'agraden les plantes. → infinitiu
- En Jordi no m'ha explicat la veritat. → oració subordinada
- Avisaran per carta tots els concursants. → oració subordinada
- Ens hem fet socis del club. → adjectiu.
- Tenien interès en la seva opinió. → oració subordinada
- S'oposen que els facin un port. → SPrep
- Avisaran en el moment oportú. → oració subordinada

27. Escriu oracions amb aquestes estructures:

a) S (pronom tònic) + verb + Atr (adjectiu).
b) verb + CD (SN) + CN (SPrep) + CI (SPrep).
c) verb + CD (SN) + CI (SPrep) + CC (oració subordinada).
d) S (SN) + verb + CPred (adjectiu) + CC (SPrep).
e) S (SN) + verb + CRV (oració subordinada).
f) S (infinitiu) + verb + Atr (adjectiu).
g) S (SN) + verb + CPred (adjectiu) + CC (SPrep) + CC (oració subordinada).

28. Llegeix el text i busca-hi els complements indicats:

> Vam baixar del Puig del Gegant amb recança però ben proveïts. Gosost ens havia proporcionat sengles mules, a Poncet i a mi, i una euga a Roger. I havia decidit, finalment, que Guiós, el monjo roget que ens havia acondüit del Monestir de la Serra al Monestir del Pla, ens menés pels camins de l'Illa de les Tres Taronges fins allí On Acaba la Terra.
>
> Dúiem, a més, fardells de menjar i roba d'abric i consells a balquena per tal de defugir les partides de soldats del rei que assolaven el Pla fins que Eina de Pau estigués esmolada de bell nou i Roger pogués emprendre definitivament la seva missió de retrobar l'Estendard.
>
> Jaume FUSTER: *L'illa de les Tres Taronges* (adaptació).

- Un CN format per un SPrep.
- Un CN format per una oració subordinada.
- Un CC format per un adverbi.
- Un CC format per un SPrep.
- Un CD format per un SN.
- Un CD format per una oració subordinada.
- Un atribut format per un SN.

29. Digues quins complements formen aquestes locucions i l'estructura que presenten. Després, busca'n el significat i construeix una oració amb cadascuna:

- Tenir la paella pel mànec.
- Sentir ploure.
- Perdre's un llençol a cada bugada.
- Mirar contra el govern.
- Anar amb el cor a la mà.
- Tenir els ulls al clatell.

4. La derivació (I)

La derivació és un procés que permet formar nous mots mitjançant l'adjunció d'un **afix** a una **arrel** (que també s'anomena **radical** o **lexema**). El conjunt de tots els mots formats per derivació d'una arrel comuna rep el nom de **família de mots**.

Segons la posició que ocupen els afixos respecte de l'arrel, es classifiquen en:

- **Prefixos**, quan van davant de l'arrel: ***des**-ferr-ar*
- **Sufixos**, quan van al darrere: *ferr-**er***
- **Infixos**, quan van entre l'arrel i el sufix: *ferr-**et**-er*

Els sufixos

La derivació amb sufixos és el procediment més productiu en la formació de paraules noves. Els sufixos, a més de modificar el significat de la paraula primitiva, poden canviar-ne la categoria gramatical en el pas a la paraula derivada. Vegem-ne alguns exemples:

- **nom**: nom → nom (*full* → *full**et***); nom → adjectiu (*pèl* → *pel**ut***)...
- **adjectiu**: adjectiu → nom (*trist* → *trist**esa***); adjectiu → verb (*verd* → *verd**ejar***)...
- **verb**: verb → nom (*abraçar* → *abraç**ada***); verb → adjectiu (*salar* → *sal**at***)...

Els sufixos solen agrupar-se pel significat que donen als mots que formen. Alguns dels més freqüents són els següents:

Significat	Sufixos	Exemples
Ofici	-er/-era -ista -aire -ant -dor/-dora -à/-ana -ent/-enta	*forn**er**/forn**era*** *flor**ista*** *drap**aire*** *cant**ant*** *verema**dor**/verema**dora*** *capit**à**/capit**ana*** *depend**ent**/depend**enta***
Activitat o lloc	-eria	*fust**eria**, pap**ereria***
Corrent ideològic/ Seguidor del corrent	-isme -ista	*marx**isme*** *marx**ista***
Col·lectiu	-ada -am -ar	*gent**ada*** *ein**am*** *besti**ar***
Qualitat/Estat	-esa -ia -or	*trist**esa*** *valent**ia*** *dolç**or***
Instrument	-all -dor/-dora -et	*vent**all*** *cola**dor**, rega**dora*** *xiul**et***

Gentada és un derivat del mot *gent* i fa referència a la concurrència d'un gran nombre de persones.

Per saber-ne més

La major part dels sufixos desplacen l'accent o la síl·laba tònica al nou mot derivat: l'accent de *cafè*, per exemple, cau en la síl·laba que conté la vocal *e* de l'arrel, però en els derivats *cafeter / cafetera* i *cafeteria* la síl·laba tònica es troba en el sufix.

Els sufixos gentilicis

Els **gentilicis** són els mots amb què es designen les persones, els animals i els objectes segons el lloc de procedència i tant poden ser noms com adjectius. La majoria són mots derivats d'un topònim (nom de lloc), com per exemple, *sitgetà* → natural de Sitges o *islandès* → natural d'Islàndia.

Els habitants de Tortosa són *tortosins*.

Els sufixos valoratius

Els sufixos valoratius són els **diminutius**, que sovint inclouen una valoració afectiva, i els **augmentatius**, que freqüentment també aporten una valoració despectiva. Generalment no canvien la categoria gramatical del mot:

- Els diminutius més freqüents són -**et**/-**eta** i -**ó**/-**ona**: *petit* → *petit**et**/pe**titeta*** i *petit**ó**/petit**ona***.
- Els augmentatius més habituals són ***-às/-assa***, ***-ot/-ota***, ***-arro/-arra***: *gegant* → *gegant**às**/gegant**assa***, *gegant**ot**/gegant**ota*** i *gegant**arro**/gegant**arra***.

Un cas diferent d'augmentatius són els anomenats superlatius, que només afecten els adjectius i es formen amb el sufix -**íssim**/-**íssima** i amb el sufix culte -**èrrim**/-**èrrima**: *petit* → *petit**íssim***, *petit**íssima***; *míser* → *mis**èrrim***, *mis**èrrima***.

ACTIVITATS

30. Indica el canvi de categoria gramatical dels derivats següents en relació amb la paraula primitiva:

EXEMPLE: vell → vellesa: adjectiu → nom

- blanc → blanquejar: ⇒ adj - verb
- ferro → ferrós: ... ⇒ nom - adj
- gel → gelar: ... ⇒ nom - verb
- gratar → gratada: ⇒ verb - nom
- laminar → laminat: ⇒ verb - adj

31. Classifica els derivats per sufixació al quadre:

- sabater
- pastisseria
- programador
- colomar
- carnisseria
- malgratenc
- mallorquí
- peixateria
- barcelonina
- fustam
- venedora
- cadiraire
- viatjant
- bellverenc
- bugaderia
- català
- artista
- taxista
- ferreria
- vigatana
- bigam
- fornada
- alzinar
- graellada

Ofici	Gentilici	Activitat o lloc	Col·lectiu
...	...	...	...

32. Escriu tres derivats per sufixació de cadascuna de les paraules primitives següents:

- taula → ...
- mar → ...
- llum → ...
- foc → ...
- pas → ...
- cotxe → ...

33. Escriu un diminutiu i un augmentatiu per a cadascun dels mots primitius següents:

Primitiu	Diminutiu	Augmentatiu
casa	...	...
cendrer	...	...
llop	...	...
mare	...	...
nas	...	...

34. Relaciona els superlatius cultes següents amb el seu significat:

a) paupèrrim – molt fèrtil
b) misèrrim – molt cèlebre
c) libèrrim – molt pobre
d) celebèrrim – molt lliure
e) ubèrrim – molt míser

5. Les grafies *o*/ *u* en posició àtona

En el català oriental la ***o*** i la ***u*** en posició àtona sonen igual, com una ***u***. És per això que en aquesta posició es pot dubtar a l'hora d'escriure-les. Per saber quina vocal hem d'escriure poden ser útils les normes següents:

Atenció!

Si et cal consulta el diccionari.

La *o* i la *u* en posició àtona

- A final de paraula molts noms i adjectius masculins s'escriuen amb ***o***: *piano*, *mico*, *casino*...

  Excepcions: *ritu*, *continu*, *individu*...

  Aquests mots acabats en ***o*** o en ***u*** fan el plural afegint una ***-s***: *pianos*, *micos*, *ritus*, *individus*...

- El plural dels noms i adjectius acabats en ***sc***, ***st***, ***xt***, ***ig*** es fa afegint ***-s*** o ***-os***. I el plural dels noms i adjectius acabats en ***s***, ***ç***, ***tx***, ***x***, ***ix*** és amb ***-os***:

  cas → *casos* | *test* → *tests*, *testos*
  casc → *cascs*, *cascos* | *context* → *contexts*, *contextos*
  braç → *braços* | *coix* → *coixos*
  cartutx → *cartutxos* | *passeig* → *passeigs*, *passejos*
  complex → *complexos* | *lleig* → *lleigs*, *lletjos*

- En els verbs *collir*, *cosir*, *escopir*, *sortir*, *tossir* (i derivats) escrivim:

  -u- quan la vocal de l'arrel és tònica: *cull*, *cuso*, *escups*, *surt*, *tussen*...

  -o- quan la vocal de l'arrel és àtona: *colliria*, *cosirà*, *escopim*, *sortireu*...

- En els verbs ***poder*** i ***voler*** les vocals àtones de les diverses formes verbals s'escriuen amb ***o***: *pogués*, *volgués*...

  Però el present de subjuntiu i l'imperatiu s'escriuen amb ***u***:

Present de subjuntiu		Imperatiu	
poder	*voler*	*poder*	*voler*
pugui	*vulgui*		
puguis	*vulguis*	*pugues*	*vulgues*
pugui	*vulgui*	*pugui*	*vulgui*
puguem	*vulguem*	*puguem*	*vulguem*
pugueu	*vulgueu*	*pugueu*	*vulgueu*
puguin	*vulguin*	*puguin*	*vulguin*

- Generalment a l'interior de mot una paraula s'escriu amb ***o*** o amb ***u*** segons les paraules de la mateixa família en què aquesta vocal és tònica:

  ploraven → *plorar* | *muntar* → *munta*
  pontet → *pont* | *puntet* → *punt*

- Els pseudoderivats s'escriuen amb una ***u*** tot i que altres mots de la mateixa família s'escriguin amb ***o***:

Mot primitiu amb *o* → pseudoderivat amb *u*	
home → *humà*, *humanitat*	*moc* → *mucosa*
dolç → *edulcorar*	*corba* → *curvatura*
nodrir → *nutrició*	*boca* → *bucal*
títol → *titular*	*jove* → *juvenil*

Per saber-ne més

Els noms que s'escriuen amb ***-us*** a final de mot són invariables, tenen la mateixa forma per al singular i el plural: *globus*, *virus*, *fetus*...

Per saber-ne més

Fixa't en el canvi que es produeix en els mots següents en fer el plural amb ***-os***:

assaig → *assajos*; *boig* → *bojos*; *estoig* → *estotjos*; *desig* → *desitjos*.

"Els vegetals són un aliment nutritiu". *Nutritiu* és un pseudoderivat, un mot que prové directament del llatí i no del mot primitiu català "*nodrir*".

35. Completa les paraules següents i després escriu-ne el plural:

- vir...s → ...
- j...glar → ...
- escrúp...l → ...
- capít...l → ...
- fet...s → ...
- tip...s → ...
- tit...lar → ...
- glob...s → ...
- jue... → ...
- gripa... → ...
- eucalipt...s → ...
- individ... → ...
- h...me → ...
- h...mà → ...

36. Canvia el nombre dels sintagmes següents:

– text ambigu
– tipus europeus
– lloro empordanès
– pallassos morenos
– recurs superflu
– ímpetu continu

37. Completa el quadre amb les formes de cada verb:

Infinitiu	1a persona del plural del futur d'indicatiu	1a persona del singular del present de subjuntiu	2a persona del singular de l'imperatiu
sortir	...	...	...
cosir	...	...	...
tossir	...	...	...
collir	...	...	...
poder	...	...	...
voler	...	...	...

38. Completa aquestes frases amb la forma adequada del verb entre parèntesis:

– La farmacèutica diu que si em prenc aquest xarop no ... (*tossir*) més.
– En Josep mira com els treballadors ... (*cosir*) els botons a les jaquetes.
– El dentista li va demanar que ... (*escopir*) el colutori.
– Si em ... (*poder*) explicar com es fa aquest exercici, t'ho agrairia moltíssim.
– El que ...(*voler*) en Joan era molt difícil d'aconseguir en aquell país.
– Així que l'Anna ... (*sortir*) de la dutxa, començarem a sopar.
– Li va dir: "Carles, ... (*escollir*) el rellotge que més t'agradi!"

39. Completa els mots primitius i els pseudoderivats i relaciona'ls al quadern. Després, indica quins canvis s'hi han produït:

Primitiu	Pseudoderivat	Canvis
b...ca	j...venil	...
c...rba	cons...lar	...
d...lç	d...lcificar	...
v...lcà	ins...rgent	...
còns...l	c...rvatura	...
j...ventut	v...lcanisme	...
s...rgir	b...cal	...

40. Completa aquestes paraules amb ***o*** o ***u***:

- at...rdir
- b...fetada
- trofe...
- f...noll
- t...rment
- pènd...l
- caca...s
- t...mbar
- s...spir
- corre...s
- t...rrons
- desm...ntar

41. Completa cada espai buit del text següent amb una ***o*** o una ***u***:

Aquest article es tit...la "Història d'una b...fanda perd...da", però, ben mirat, no v...ll parlar de la b...fanda, sinó de l'enreno... que ha desfermat la cerca desesperada que en vaig fer per les xarxes. Perquè m'ha em...cionat de veure que centenars de persones que no c...nec de res han v...lgut d...nar-me un cop de mà, m'han desitjat sort i m'han d...nat ànims. Gent que no sap res de mi. Per poca sang que tinguis, això et commo... .

Desc...neguts que diuen: "Vinga, va, b...squem-la, entre tots segur que la tr...bem." L'Aitor, que m'escriu un c...rreu dient que li he rem...gut molts rec...rds. I el Nil, que diu que al restaurant on treballa n'hi han deixat una. Primera p...ssible pista! Però no hi pos... gaires esperances, el bar no és en el rec...rregut que vaig fer. Hores després me n'envia una fot... . No, no és la meva.

Bel ZABALLA: "Història d'una bufanda perduda" (adaptació), *Vilaweb*, 4 de desembre de 2015.

42. Completa amb ***o*** o amb ***u*** les paraules següents. Digues per quin motiu hi has posat l'una o l'altra:

- s...car
- ...brir
- m...rir
- c...mprar
- v...lgués
- m...ntar
- p...tet
- t...bet
- s...par
- p...gués
- despatx...s
- basc...s
- v...lgueu
- v...ll
- sin...s

6. El Modernisme

Anomenem **Modernisme** el moviment que va sorgir a Catalunya al final del segle XIX amb la voluntat de transformar la cultura tradicional en una cultura moderna oberta a Europa.

Joan Maragall (1860-1911)

Joan Maragall i Gorina, nascut a Barcelona, era fill d'un fabricant de teixits, però no va voler seguir el negoci familiar. Va estudiar la carrera d'advocat, que va exercir poc temps, i es va dedicar al periodisme i a la literatura.

El seu concepte de poesia està explicat a *Elogi de la paraula* (1903) i a *Elogi de la poesia* (1909): la poesia, diu Maragall, és fruit de la inspiració i es presenta com una energia que rep el poeta en el moment d'escriure. Quan el poeta transmet aquest seu estat amb paraules, aquestes responen al concepte de "paraula viva". La poesia, doncs, s'ha de basar en l'espontaneïtat.

En el seu primer llibre de poemes (*Poesies*, 1895) hi abunden les descripcions de paisatges naturals. *Visions i cants* (1900), una de les seves obres cabdals, consta de dues parts: a la primera, les *Visions*, hi tracta diversos mites que formen el que ell anomenava les mares de l'ànima catalana (el comte Arnau, Joan Garí, el Mal Caçador). La segona part, els *Cants*, són poemes escrits per ser musicats ("El cant de la senyera", himne de l'Orfeó Català). També hi inclogué l'"Oda a Espanya".

Del "Cant espiritual", escrit poc abans de morir (*Seqüències*, 1911), en destaca l'actitud vitalista davant la vida en contraposició a la mort. Aquesta actitud la trobem també a "La cascada de Lutour" i a "Excelsior".

Per saber-ne més

El moviment literari modernista va sorgir a Catalunya pels volts del 1892 i va començar en dos fronts, que corresponien a dues tendències estètiques i socials contraposades: la tendència vitalista-regeneracionista i la tendència simbolista-decadentista.

Joan Maragall (1860-1911). Aquest poeta va participar en diverses institucions culturals, com l'Ateneu Barcelonès i l'Institut d'Estudis Catalans.

L'Escola Mallorquina

Cronològicament, els iniciadors de l'anomenada **Escola Mallorquina** coincideixen amb el moviment modernista a Catalunya, però presenten diferències significatives: els poetes mallorquins tendeixen a la contenció i l'equilibri, utilitzen una llengua més genuïna i s'expressen amb un gran rigor formal.

Els iniciadors de l'Escola Mallorquina van ser Miquel Costa i Llobera i Joan Alcover. En formen part també els poetes mallorquins: Miquel dels Sants Oliver, Maria Antònia Salvà i Llorenç Riber.

Miquel Costa i Llobera (1854-1922)

Miquel Costa i Llobera va néixer a Pollença i era fill d'una família benestant. Cursà estudis de Dret a Barcelona i a Madrid. Va estudiar a la Universitat Gregoriana de Roma (1885-1890), on es doctorà en teologia i fou ordenat sacerdot.

La poesia de Costa i Llobera va començar sota la influència romàntica: així es pot veure al primer llibre que publicà, *Poesies* (1885), on hi ha el seu poema més emblemàtic, "El pi de Formentor", escrit als vint-i-un anys (1875).

El 1906 va publicar el volum *Horacianes*, la seva obra de plenitud creativa, on, a diferència dels modernistes, busca en Horaci la serenitat i l'equilibri.

El 1907 viatjà a Terra Santa i publicà *Visions de Palestina* (1908).

En tot moment, la poesia de Costa i Llobera és una poesia formalment perfecta que defuig l'espontaneïtat i la "paraula viva" de Maragall.

Per saber-ne més

El vitalisme creia que s'havia de recuperar el paper del jo, de la persona gairebé sobrehumana que amb la seva voluntat era capaç de transformar el món.

Vista de Formentor, a Mallorca.

Joan Alcover (1854-1926)

Joan Alcover va néixer a Palma. Va anar a estudiar a Barcelona, on el 1878 es llicencià en Dret. Es casà dues vegades i tingué cinc fills, però només el sobrevisqué l'últim. Intervingué en política i fou elegit diputat a Corts pel partit conservador d'Antoni Maura. Mantingué una tertúlia en la qual s'aplegaven els intel·lectuals més destacats de les Illes.

Va publicar dos llibres de poesia: *Cap al tard* (1909) i *Poemes bíblics* (1918). La seva teoria poètica defensa la llibertat artística, contrària a la "tirania de les escoles", perquè pensa que els corrents estètics esclavitzen l'expressió artística i l'allunyen del sentiment humà.

Cap al tard no té una unitat temàtica ni formal: en destaquen les seccions "Cançons de la serra", on recrea el paisatge i la gent de Mallorca, i les "Elegies", on l'autor reflexiona sobre la seva tràgica experiència vital (entre el 1899 i el 1903 van morir la seva dona i dos fills). *Poemes bíblics* és un llibre més unitari, on tracta temes extrets de la Bíblia.

És a *Cap al tard* on Joan Alcover assoleix el cim de la seva poesia.

El teatre modernista català

El teatre va ser un gènere important durant el Modernisme, tant per la quantitat de dramaturgs com per la qualitat de les obres, que segueixen de prop els models europeus contemporanis, com el noruec Henrik Ibsen i el belga Maurice Maeterlinck.

Per saber-ne més

El teatre modernista rebé tres influències significatives: el teatre simbolista, el d'idees i el wagnerisme.

Santiago Rusiñol (1861-1931)

Santiago Rusiñol és el dramaturg més conegut de l'etapa modernista. Va néixer a Barcelona en el si d'una família de l'alta burgesia industrial.

Rusiñol encarna bé l'ideal modernista de l'artista total: compagina la literatura amb la pintura; potencia la seva imatge d'artista dandi i intenta viure de l'art.

La seva producció teatral es pot agrupar en tres blocs:

- **Obres curtes**. Solen presentar el problema de les relacions entre l'artista i la societat i s'inscriuen dins d'una preocupació clarament modernista. Cal esmentar *L'alegria que passa* (1898) i *Cigales i formigues* (1901).
- **Drames**. En aquestes peces Rusiñol recorre a estratègies com la polèmica, la denúncia, el costumisme i el sentimentalisme per tal d'atraure el públic. Hi destaca *L'hèroe* (1903).
- **Comèdies**, **farses**, **sainets** i **vodevils**. Aquest vessant de l'obra de Santiago Rusiñol el va fer especialment popular. Hi destaca *Els Jocs Florals de Canprosa* (1902), una obra d'estructura senzilla en què predomina l'humor i la sàtira.

L'obra més coneguda de Santiago Rusiñol és ***L'auca del senyor Esteve***, que primer va publicar com a novel·la (1907) i, posteriorment, ell mateix va adaptar al teatre (1917).

Aquesta obra descriu la història d'una família propietària d'una botiga de vetesifils, l'hereu de la qual vol ser artista. Aquest fet, que recorda l'experiència vital de l'artista, provoca un enfrontament familiar en el qual el senyor Esteve representa una classe social preocupada exclusivament pels diners i sense sensibilitat per a l'art i la creativitat artística.

Retrat de Santiago Rusiñol, obra de Pablo Ruiz Picasso. Rusiñol fou promotor de les Festes Modernistes de Sitges al Cau Ferrat i de les tertúlies als Quatre Gats.

Adrià Gual (1872-1943)

Adrià Gual, nascut a Barcelona, fou el fundador d'una agrupació dramàtica, el Teatre Íntim (1898), i va ser director d'una escola de teatre, l'Escola Catalana d'Art Dramàtic (1913).

L'obra de Gual està influenciada pel teatre simbolista de Maeterlinck. A *Nocturn. Andante morat* (1895), per exemple, busca la relació entre els tons musicals i els colors, que desenvolupa per mitjà del sentiment amorós dels protagonistes.

Per saber-ne més

Adrià Gual també va escriure teatre social (*Els pobres menestrals*, 1904) i comèdia (*La comèdia extraordinària de l'home que va perdre el temps*, 1914).

Ignasi Iglésias (1871-1928)

Ignasi Iglésias va néixer a Sant Andreu de Palomar. D'origen humil, s'interessà pels problemes de la classe obrera i els va reflectir a les seves obres.

Autor de gran èxit durant la seva època més fructífera, el seu teatre està molt influït pel d'Ibsen. Les seves obres més combatives es van continuar representant durant dècades en els cercles de teatre d'afeccionats. Cal destacar *El cor del poble* (1902) i *Els vells* (1903).

Joan Puig i Ferreter (1882-1956)

Joan Puig i Ferreter va néixer a la Selva del Camp. El 1899 es va traslladar a Barcelona i més tard, entre el 1903 i el 1905, viatjà per França, experiència que va descriure a *Camins de França* (1934).

A *Aigües encantades* (1907), Puig i Ferreter presenta uns personatges vitalistes que s'enfronten a una societat immobilista, tancada i ignorant, dintre d'uns postulats clarament modernistes. Una altra obra important és *La dama enamorada* (1908), en què planteja un conflicte amorós.

Joan Puig i Ferreter amb la seva filla.

La novel·la modernista

La novel·la modernista catalana adopta alguns elements del realisme i del naturalisme, com ara la descripció minuciosa dels paisatges o la presentació acurada dels fets. Però també incorpora elements romàntics, simbolistes o decadentistes. Es defineix, sobretot, per aquestes característiques:

- **El ruralisme**. La majoria de novel·les modernistes estan ambientades en el món rural i en escenaris muntanyencs, com *Els sots feréstecs* o *Solitud*.
- **L'enfrontament entre els intel·lectuals i la societat**. Els modernistes creien que el triomf de l'intel·lectual sobre la societat en comportaria la modernització. Però la realitat és que la societat acaba engolint l'intel·lectual amb la seva mediocritat.
- **El decadentisme**. Aquest corrent s'interessa més per presentar l'efecte que la realitat produeix sobre l'artista que no pas per la descripció objectiva d'aquesta.

Raimon Casellas (1855-1910)

Raimon Casellas va néixer a Barcelona i fou el primer novel·lista que es considera modernista.

L'obra més important de Casellas és *Els sots feréstecs* (1901), que simbolitza el fracàs de l'artista en el seu afany de canviar la societat. S'hi explica la història de mossèn Llàtzer, un capellà que ha estat enviat a la parròquia rural de Montmany, que vol modernitzar donant vida espiritual als feligresos.

Per saber-ne més

Per al Modernisme, la natura té un caràcter feréstec i produeix éssers primitius. El món rural és un símbol d'endarreriment contra el qual s'ha de lluitar.

Víctor Català (1869-1966)

Víctor Català (pseudònim de Caterina Albert) va néixer a l'Escala en una família de propietaris rurals. La seva vida transcorregué entre Barcelona i l'Escala, on es dedicà a l'administració de les propietats, la pintura i la literatura.

Les seves obres solen presentar una societat rural i primitiva: *Drames rurals* (1902), *Ombrívoles* (1904), *Caires vius* (1907) i, sobretot, la seva gran novel·la, *Solitud* (1905). *Solitud* se centra en l'anàlisi dels sentiments d'una dona, la Mila, insatisfeta amb la convivència amb el seu marit, un home gandul i abúlic.

Prudenci Bertrana (1867-1941)

Prudenci Bertrana, nascut a Tordera i fill de propietaris rurals, és autor de *Proses bàrbares* (1911) i *Jo! Memòries d'un metge filòsof* (1925).

L'obra més emblemàtica de Prudenci Bertrana és *Josafat* (1906). Aquesta obra narra la relació amorosa entre el campaner d'una catedral, Josafat, home primitiu i salvatge, i una prostituta, Fineta. *Josafat* remet al mite de la bella i la bèstia.

@ Amplia a la xarxa...

Llegeix a www.tiching.com/75548 l'apartat de biografia de Caterina Albert i digues per què creus que escrivia amb el pseudònim de Víctor Català.

ACTIVITATS

43. Digues alguna característica de cada un dels autors que has estudiat en aquest apartat de literatura.

44. Dels autors estudiats en aquest tema, n'hi ha dos que reflexionen sobre el concepte de poesia.

Quins autors són i què en diuen?

45. Llegeix el poema i contesta les preguntes:

La relíquia

Faune mutilat,
brollador eixut,
jardí desolat
de ma joventut...
Sembla que era ahir
que dins el misteri de l'ombra florida,
tombats a la molsa,
passàvem les hores millors de la vida.
De l'aigua sentíem la música dolça,
dintre la piscina guaitàvem els peixos,
collíem poncelles, caçàvem bestioles,
i ens fèiem esqueixos,
muntant a la branca de les atzeroles. (...)

Joan ALCOVER

– Fes-ne l'anàlisi mètrica.
– Quin és el tema del poema?

46. Joan Maragall va escriure aquest poema a la mort d'un cunyat seu de 21 anys. Llegeix-lo i contesta les preguntes:

En la mort d'un jove

Te'n vas anar amb aquell ponent dolcíssim...
Caigueres, lluitador, al marxar a la lluita.
Somreies a la força dels teus muscles
i glaties per guerres i corones,
i tot de cop t'has esllanguit per terra
amb els ulls admirats...
Ai, la Mort, i que n'ets d'embellidora!
Aquell teu primer vel, quan el llançares
damunt de l'hèroe en flor, tots somriguérem
sota els plors estroncats, que una serena
va començar a regnar en el pit i el rostre
del moribund. L'alè anava i venia
suaument emperesit, fins que esperàrem...
I no tornà... Llavores esclataven
més alts els plors al Cel... Ell ja no hi era...
Pro a fora, al camp, era un ponent dolcíssim...

Joan MARAGALL

– El text és una mostra del vitalisme de Maragall. Per què?
– El "ponent dolcíssim" es refereix al cicle de la vida? Explica-ho.

47. Llegeix aquest fragment del poema "Defalliment" de Costa i Llobera i contesta les preguntes:

Com la llarga acompanyada
d'un mort, que passa endolada,
tot callant,
així mes hores perdudes,
també endolades i mudes,
van passant.

Passen iguals que es confonen;
dins un abisme s'afonen
de tristor:
d'allà sortiran un dia
per mostrar-te, ànima mia,
sa buidor. (...)

- Fes l'anàlisi mètrica del poema. Quina importància hi tenen els encavalcaments?
- Explica quin et sembla que és el tema del poema. Quins mots hi ha als versos trisíl·labs? Quin efecte provoquen?

48. Llegeix aquest fragment de *L'auca del senyor Esteve* i contesta les preguntes:

ESTEVE: Lo que a mi em sembla és que ja hi perdo el cap, i la paciència, i els cinc sentits.

PINTOR PRIMER: És que pensa que pintar un rètol de la transcendència que té aquest es pot fer amb brotxes de segona? I el pintar un Marcurio, amb l'enclusa, el mall, la roda dentada, i la colmena laboriosa, d'estil factura, que es creu que tot això no és res?

ESTEVE: Però si ja fa sis dies.

PINTOR PRIMER: La Puntu-à. Lletra per dia; i en falta una sense la torna de "fundada", i "el mil vuit-cents trenta".

ESTEVE: Jo em feriré, ja m'ho veig venir.

PINTOR PRIMER: Sàpiga que he après a fer rètols a Itàlia. La terra de l'art! I que no sóc d'aquells que fan feina tant si estan inspirats com no. Jo, quan tinc mandra, no treballo. Tal com l'hi dic: que no treballo.

Santiago RUSIÑOL: *L'auca del senyor Esteve* (adaptació).

- Quines classes socials representen els personatges? Per què la relació entre aquestes dues classes és forçosament conflictiva? Com és el ritme de feina del pintor? Quina és l'actitud de cadascun davant la vida? Explica-ho.

49. Escriu el nom de l'autor a què es refereixen aquestes afirmacions:

- Tracta el mite de la bella i la bèstia: ...
- Busca la relació entre la música i els colors: ...
- En la seva obra més important, el drama d'un capellà simbolitza el paper de l'artista en la societat: ...
- En la seva producció dramàtica, s'interessa pels problemes de la classe obrera: ...
- Analitza els sentiments d'una dona en el marc d'una societat primitiva i passiva: ...
- Presenta els problemes entre l'artista i la societat: ...

50. Compara els arguments de les novel·les modernistes *Els sots feréstecs* i *Solitud*. Si et cal, busca informació a Internet.

51. Llegeix el fragment que tens a continuació i contesta les preguntes:

AMAT: Calla! Prou! Les dones a la cuina i no a discutir!

CECÍLIA: Sí... veieu...? La mare ja tremola veient-vos enfadat. En lloc d'inspirar amor, feu por... Aquesta és l'autoritat dels homes, dins de casa. Però la mare no em donarà la raó a mi..., no pot. L'heu dominada, l'heu reduïda a res... Una dona no és res amb homes com vosaltres... Ens mateu l'ànima, som dolentes...

JULIANA: Filla, no ens diguis aquestes coses... No ens vinguis a donar lliçons... Nosaltres...

CECÍLIA: Vosaltres, tant el pare com vós, me creieu dolenta. Esteu previnguts contra mi perquè vull viure a la meva manera... perquè quan veig la raó la dic. No compreneu que la dona pugui arribar un dia a ser alguna cosa... Les dones sou les primeres en anar contra vosaltres amb la vostra submissió a pares i marits...

Joan PUIG i FERRETER: *Aigües encantades* (adaptació).

- Quin conflicte es planteja en el text? N'hi ha altres mostres durant el Modernisme? Com és presentada la Cecília? Quins altres personatges modernistes tenen una actitud similar?

Dos textos modernistes

El poema "Excelsior" és un advertiment a l'esperit perquè no cedeixi davant el conformisme, que fugi de la còmoda seguretat de la "terra immoble" (que no es mou). Fixa't en el simbolisme que hi té el mar.

Els seguidors del simbolisme s'enfronten a la societat i no els interessa descriure la realitat sensible sinó suggerir per mitjà de símbols allò que és inabastable amb els sentits.

Excelsior

Vigila, esperit, vigila,
no perdis mai el teu nord,
no et deixis dur a la tranquil·la
aigua mansa de cap port.

Gira, gira els ulls en l'aire,
no miris les platges roïns,
dóna el front en el gran aire,
sempre, sempre mar endins.

Sempre amb les veles suspeses,
del cel al mar transparent,
sempre entorn aigües esteses
que es moguin eternament.

Fuig-ne de la terra immoble,
fuig dels horitzons mesquins:
sempre al mar, al gran mar noble;
sempre, sempre mar endins.

Fora terres, fora platja,
oblida't de ton regrés:
no s'acaba el teu viatge,
no s'acabarà mai més...

Joan MARAGALL

- Fes l'estudi mètric del poema.
- Cita fragments del poema que denotin que s'inscriu en el simbolisme.
- Què representa el port segons tu? I el mar? I la terra? I la vela?

Els sots feréstecs és una novel·la modernista que està ambientada en el món rural i muntanyenc.

Els sots feréstecs

Les quatre cases que hi havia per allí escampades acabaven de fer més feréstec, més solitari, aquell desert enclotat. A l'altra banda de l'Uià, amb prou feines s'hi endevinaven les molsoses parets de la Rovira, quasi del tot amagades entre la soca d'un alzinar atapeït; allí, al lluny, s'entreveien les casetes de can Pere Mestre i de can Pugna, arrupides al peu de la cinglera, com mortes de por; enllà, enllà, dessota el Castell dels Moros, quasi no es reparava el casalot enrunat del Romaní, tot decantat de gairell, igual que si pesés figues, aclaparat pels tropells i per l'edat.

Raimon CASELLAS: *Els sots feréstecs.*

- Cita alguns fragments que denotin que per al Modernisme la natura té un caràcter feréstec.
- En aquest fragment hi ha alguna metàfora? I alguna personificació?

El text narratiu (II)

El naixement d'una corredora d'Ultra Trail

Tres minuts per a la sortida!
¡Tres minutos para la salida!
Three minutes to go!

A la plaça Porxada de Bagà sovint s'hi fan mercats i fires. Però avui, 1 d'octubre del 2011, la plaça és plena a vessar d'ultrafondistes. Uns miren a terra, uns altres xerren o fan saltirons. Els moments previs a la sortida de la *Cavalls del Vent* es viuen inevitablement amb una certa tensió. Tinc el cor a punt d'esclatar d'impaciència. Tot i que estic enmig de la gentada, em sento un gra de sorra en el desert.

Fa just un any també era a la plaça, era una espectadora més que contemplava l'espectacle amb un cafè a la mà. Qui m'havia de dir que avui seria al mateix lloc i a la mateixa hora, amb les sabatilles ben cordades, la motxilla i un dorsal enganxat amb imperdibles a la samarreta!

Dos minuts per a la sortida!
¡Dos minutos para la salida!
Two minutes to go!

D'aquí a dos minuts començarà la festa. Emprendré un viatge de vuitanta-cinc quilòmetres amb 6 098 metres de desnivell positiu que enllaça vuit refugis del parc natural del Cadí-Moixeró.

La cursa genera molta expectació. Em sorprèn la quantitat de gent que s'ha llevat d'hora per veure la sortida. Estic una mica nerviosa, sort que al costat hi tinc en Toni. A primera línia hi ha els corredors que es jugaran el podi, els que surten a les revistes i a qui tothom vol fer fotos i entrevistes... Nosaltres estem força més enrere, gairebé al centre de la plaça.

–No m'agradaria estar a la pell d'un corredor d'elit! Imagina't la pressió que deuen tenir en aquests moments! –li dic a cau d'orella perquè em senti, Déu n'hi do el xivarri que hi ha.

–L'any vinent hi seràs tu, a la sortida d'elit! –em respon–. I t'entrevistaran... I aniràs a la selecció, ja ho veuràs –i jo, com que no me'l crec, li dic:

–Au va, home, va!

Un minut per a la sortida!
¡Un minuto para la salida!
One minute to go!

La plaça tremola, com si un cor gegant bategués sota el terra empedrat. I se'm posa la pell de gallina. A tothom li deu passar, oi? És un minut que transcorre dins d'un temps que sembla que s'hagi aturat. És el minut més màgic que he viscut mai. Per megafonia sona una música que no oblidaré: la banda sonora de *L'últim dels mohicans.*

En Toni no perd el somriure. No se'l veu gens nerviós i em repeteix:

–Tu no t'embalis, que ens coneixem, eh! Enganxa't a mi i no oblidis que anem a acabar la cursa.

Jo respiro fondo i li dic que sí, que m'enganxaré a ell i sortiré a acabar la cursa. L'emoció em dilata les venes.

Per fi se sent el tret de sortida. Pum! És un instant fascinant, fins i tot una llàgrima d'emoció em llisca per la galta. Fa un dia magnífic i començo la cursa de la meva vida, el viatge que canviarà la meva manera de viure l'esport. Encara no sé que estic a punt de convertir-me en una depredadora de quilòmetres, que d'aquí a poc descobriré dins meu una fam de competició insaciable.

Núria PICAS: *Córrer per ser lliure* (adaptació).

Núria Picas en plena cursa.

Comprensió del text

1. Llegeix aquestes afirmacions i digues si són veritables o falses:

   a) La protagonista fa anys que participa en aquesta cursa. ▢

   b) Corre amb en Toni i amb un grup d'amics. ▢

   c) La *Cavalls del Vent* és un esdeveniment en el qual participa molta gent. ▢

   d) La protagonista no voldria ocupar el lloc dels esportistes d'elit. ▢

   e) Aquesta cursa serà un punt d'inflexió en la seva vida d'esportista. ▢

2. Indica quin és l'ordre en què apareixen al text les frases següents:

A	És el minut més màgic que he viscut mai.
B	Per fi se sent el tret de sortida. Pum! És un instant fascinant.
C	Tinc el cor a punt d'esclatar d'impaciència.
D	La cursa genera molta expectació.

   a) A→B→D→C ▢ c) A→C→D→B ▢

   b) B→A→C→D ▢ d) C→D→A→B ▢

3. Digues sinònims de "la festa" i "el xivarri" que s'adiguin al significat que adopten aquests mots en el text.

4. A qui fa referència el pronom *li* en aquesta frase del text: "I jo, com que no me'l crec, li dic".

5. L'afirmació "em sento un gra de sorra en el desert" significa que se sent:

   a) protagonista ▢ c) insignificant ▢

   b) acalorada ▢ d) assedegada ▢

6. Quines expressions fa servir la protagonista per descriure els sentiments de l'últim minut abans de començar a córrer?

7. Resumeix el contingut del text (cinc línies com a màxim).

8. Explica amb les teves paraules què vol dir en Toni quan afirma que tots dos han de sortir "a acabar la cursa".

9. Núria Picas ens explica com va ser la seva primera *Cavalls del vent*. S'organitza algun esdeveniment (esportiu, cultural...) destacat a la teva localitat o comarca? Explica com és i si hi has participat o t'agradaria fer-ho.

10. Creus que aquest text pot animar algú a fer esport? Per què? Raona la teva resposta.

Expressió escrita

11. **ORTOGRAFIA** Completa les paraules d'aquest text escrivint la vocal o vocals que calguin en l'espai buit:

> En Quimet, quan jo li explicav... el que ...m deia la senyora Enriqueta, dei... que val...a més que ...s cuidés ella, que ja tenia prou feina a t...rrar castany...s. La mar... d'en Quimet va dir que si f...iem un c...lomar, no sab...em pas els diners que tot plegat ens c...staria. No s... qui ens va ac...nsellar que f...ssim una rec...-llida d'ortig...s, que les f...ssim ass...car a paquets penjats al sostr... i que, ben trinxad...s, les barreg...ssim amb pa m...llat i les don...ssim als c...loms; que això els d...naria una gran força i farien ous amb c...lom a dintr....
>
> Mercè RODOREDA: *La plaça del Diamant.*

12. **PUNTUACIÓ** Escriu el signe de puntuació que correspongui a cada buit:

> Amarrats als molls o bé ancorats port enllà ▢ solia haver-hi prop d'una vintena de vaixells baleners, entre dotzenes de naus més modestes ▢ sobretot balandres i goletes, que duien mercaderies a l'illa o se les emportaven. Cada moll era un laberint d'àncores ▢ calderes per fondre greix ▢ vergues, barrils d'oli..., atapeït de mariners, estibadors, menestrals. Una mena de carros de cavalls ▢ de dues rodes ▢ que en deien calesses, anaven tot el dia amunt i avall ▢
>
> Per a Thomas Nickerson ▢ aquestes escenes ja eren cosa de tota la vida. De la façana costanera ▢ la mainada de Nantucket sempre n'havia fet el seu terreny d'esbarjo ▢
>
> Nathaniel PHILBRICK: *Dins el cor del mar.*

13. **REDACCIÓ** Escriu un text narratiu breu per continuar una història que comença així:

   Plovia, era tard, la Marta havia decidit que es quedaria desperta fins tard perquè havia de...

   Et recomanem que segueixis aquest procés:

   1. Pensa quin tipus de personatges hi haurà dins el teu relat.
   2. Decideix l'espai i el temps en què transcorren els fets que expliques.
   3. Fes una primera versió de la narració, revisa-la i, a continuació, escriu la versió definitiva de la teva història.

3 El text expositiu (I)

El coneixement a l'abast de tothom

Continguts

Per començar

Una exposició és l'explicació clara i organitzada d'un tema perquè pugui ser entès amb facilitat. Es tracta d'un tipus de text que trobem constantment en el nostre entorn quan algú vol fer entendre un contingut. Per això, és el més habitual a l'ensenyament, ja que ofereix informació de manera didàctica, per ajudar els estudiants a construir el coneixement.

Mister Hyde al formiguer

L'estrany cas del pugó vampir

La cooperació és indispensable per a la vida. Les cèl·lules que componen el nostre cos i el de tots els animals, plantes i fongs troben el seu origen en diversos esdeveniments de fusió cooperativa (endosimbiosi) entre cèl·lules primitives, fa uns 2 000 milions d'anys. Tots i cadascun dels organismes multicel·lulars que trepitgen, neden o volen en aquest planeta, des dels diminuts àcars que s'alimenten de la pols que ens envolta a la colossal balena blava, són (som) resultat de la cooperació i integració entre cèl·lules que, originàriament, eren ens individuals de vida lliure. La més divertida de les formes de reproducció, la reproducció sexual, sorgeix també de la cooperació entre els sexes, i la pol·linització d'aproximadament el 90 % de les plantes amb flor, de la qual depenen els nostres ecosistemes, descansa sobre la cooperació entre plantes i distintes espècies d'insectes. En definitiva, les grans transicions evolutives, les societats animals i els nostres ecosistemes tal com els coneixem es fonamenten tots en l'existència de cooperació. No obstant això, en un món dominat per una competència feroç per la supervivència i la reproducció, l'existència de cooperació és, en si mateix, paradoxal, i la pregunta "per què cooperen els animals?" ressona avui amb més força que mai en biologia.

Pau CARAZO i David MARTÍNEZ: *Mètode* 87, tardor 2015.

- **A** **Quina és la idea principal d'aquest text? A les últimes línies el contingut fa un gir: quina és la idea nova que incorpora? Quin connector assenyala el gir?**
- **B** **Quin tipus de text creus que és? Què t'ho indica?**
- **C** **On podries trobar publicat aquest text?**
- **D** **Aquest fragment és l'inici d'un text més llarg. Quina relació creus que podrà tenir el títol amb aquesta introducció?**

Llegim un text expositiu

Què és la física quàntica?

Des de temps immemorials, l'ésser humà ha sentit la necessitat de comprendre l'univers. La cúspide d'aquesta cerca, en el camp de la física actual, s'organitza al voltant de dues grans teories: la quàntica i la relativitat.

Si la relativitat ens descriu el món macroscòpic i els moviments de les galàxies, la teoria quàntica ens revela la conducta enigmàtica dels àtoms i els seus minúsculs constituents, els maons que formen tot allò que ens envolta... i, fins i tot, nosaltres mateixos.

Quan, a començament del segle XX, la comunitat científica va començar a endinsar-se en el món de la física quàntica, va descobrir que aquestes partícules diminutes es regien per unes regles molt diferents de les que estem acostumats a veure en la nostra vida diària. Sovint fan coses que ens semblen impossibles: una partícula pot aparèixer del no-res, estar en dos llocs al mateix temps, comportar-se com una ona o com un corpuscle segons com la *mirem*, travessar parets, compartir "connexions fantasmals" (en paraules d'Einstein) malgrat estar separades, i moltes altres extravagàncies.

Els físics d'un segle enrere tenien una visió ordenada del cosmos, com si fos un mecanisme de rellotgeria ben precís. Per això, en endinsar-se en aquest món enigmàtic format per partícules diminutes, van patir una crisi i es van preguntar: "Com és possible que l'univers es comporti d'una manera tan esbojarrada i caòtica?".

La nova física els convidava a desafiar les seves creences i a replantejar-se preguntes de gran bellesa intel·lectual: Existeix una realitat única i objectiva? La lluna continua allà dalt, quan no la mirem? A Einstein li agradava pensar que sí. Seguim un guió determinat en la nostra existència, o l'escrivim a mesura que anem vivint?

Per molt que la física quàntica continuï inquietant aquell que pretengui comprendre-la de manera racional, el seu radi d'acció supera el terreny abstracte i allunyat de les idees. Podríem cometre l'error de pensar que la credibilitat d'aquesta ciència és dubtosa i que està basada únicament en especulacions. Però el fet és que la teoria quàntica és la més precisa que ha fet servir mai la ciència. A dia d'avui no es coneix cap experiment que la desmenteixi ni cap predicció fallida.

En realitat, aquesta ciència ha passat a formar part del nostre dia a dia. Més d'una tercera part de la nostra economia depèn actualment de la física quàntica i de les coses que en sabem. Quan escalfem el got de llet al microones al matí; quan les portes

del supermercat se'ns obren automàticament; quan fem servir el televisor, l'ordinador, el telèfon mòbil, els lectors làser, etc., estem utilitzant la tecnologia quàntica, encara que no en siguem conscients.

Davant de la teoria quàntica, tenim dues opcions:

1. "Calcular i callar" per obtenir tota classe d'avenços tecnològics.
2. Atrevir-nos a interpretar allò que l'univers i la matèria ens proven de dir.

Si optem per la primera, no experimentarem la confusió inquietant en la qual desemboquen la física quàntica i les seves paradoxes. Però si volem anar més enllà de les equacions, per submergir-nos en els misteris provocadors del món quàntic, travessarem les fronteres de la física per endinsar-nos en el territori de la filosofia, inclosa la metafísica –etimològicament: "més enllà de la física".

Sonia FERNÁNDEZ-VIDAL: *Esmorzar amb partícules.* (adaptació).

ACTIVITATS

1. Per a què serveixen la quàntica i la relativitat?

a) Per explicar els temps immemorials. ▢
b) Per explicar el món que ens envolta. ▢
c) Per explicar la física actual. ▢
d) Per poder comprendre l'univers. ▢

2. Què no descriu la teoria quàntica?

a) El moviment de les galàxies. ▢
b) La conducta dels àtoms. ▢
c) La conducta dels constituents dels àtoms. ▢
d) Les regles que regeixen la conducta dels àtoms i els seus constituents. ▢

3. Què es van trobar els físics quan van endinsar-se en el món dels àtoms i les seves partícules?

4. Què et sembla que vol dir que una partícula pot comportar-se de maneres diferents "segons com la *mirem*"?

a) Que les partícules es comporten de maneres diferents només si les mirem. ▢
b) Que l'estat d'ànim que tinguem quan mirem les partícules influeix en aquestes partícules. ▢
c) Que les condicions del moment en què mirem les partícules influeixen en el seu comportament. ▢
d) Que a les partícules no els agrada de ser observades i es comporten caòticament quan les mirem. ▢

5. Quina mena de crisi van patir els físics quan van començar a estudiar la realitat des del punt de vista de la teoria quàntica? Per què?

6. Què implica l'actitud "calcular i callar" que podem tenir amb la teoria quàntica?

a) Calcular què en podem treure sense comunicar-ho a ningú. ▢
b) Calcular en silenci els guanys que podem tenir. ▢
c) Seguir fent els càlculs necessaris per avançar en la recerca sense interpretar el que descobrim. ▢
d) Seguir fent els càlculs necessaris per avançar en la recerca sense comunicar els avenços a ningú. ▢

7. Què és una paradoxa?

a) Una afirmació que és falsa. ▢
b) Una afirmació que aparentment és contradictòria. ▢
c) Una afirmació que és sorprenent. ▢
d) Un problema que no té una solució clara. ▢

8. Explica què planteja la pregunta "existeix una realitat única i objectiva?". Posa exemples per fer més entenedora l'explicació.

9. T'has plantejat mai qüestions sobre l'univers i el món que ens envolta? Has pensat mai si hi ha alguna realitat que existeix, però no la podem percebre? Sabies que la física quàntica planteja l'existència de més de tres dimensions i de diverses realitats paral·leles que creen mons diferents? Parleu-ne a classe.

10. Els físics diuen que quan la teoria quàntica sigui més coneguda causarà una revolució com la que va causar, per exemple, en el seu moment la teoria que la Terra és rodona i gira a l'entorn del Sol o la teoria mecanicista de Newton. Per què et sembla que serà així? Si convé, busca'n informació i parleu-ne a classe.

1. El text expositiu (I)

Definició i característiques

Els **textos expositius** expliquen idees o temes d'una manera clara, ordenada i progressiva perquè els lectors puguin entrendre'ls i ampliar el seu coneixement. Són els textos que trobem en llibres de text, articles de divulgació, llibres científics, llibres d'història, etc.

Aquests textos volen ser completament objectius i no emeten judicis sobre les idees o temes de què tracten, simplement n'exposen les característiques. Per tant, no pretenen influir en el receptor sinó informar-lo.

El llenguatge dels textos expositius

El llenguatge és directe i neutre, amb un lèxic clar i una sintaxi senzilla. Per garantir al màxim una presentació objectiva es recorre a:

- Un **llenguatge estàndard** amb ús de **terminologia** (termes específics) per evitar ambigüitats i garantir la claredat i la precisió.
- **Substantivacions** (noms derivats de verbs) per sintetitzar i concretar la informació.
- **Adjectius neutres i imprescindibles** que contribueixen a la claredat i la precisió del text. En cap cas no s'hi utilitzen adjectius amb finalitat estètica ni adjectius que aportin emotivitat o subjectivitat al text.
- **Hiperònims** i **hipònims**, **sinònims** i mots de la **mateixa família** per garantir la cohesió lèxica.
- Verbs en **present d'indicatiu** amb valor atemporal: *és*, *té*, *inclou*...
- Oracions **enunciatives**.
- Oracions en **3a persona** (l'emissor no és present al text i no hi ha pronoms personals ni determinants possessius de 1a persona).
- El verb **ser**, preferentment.
- **Connectors** per establir relacions lògiques i concretar determinats aspectes. Solen ser d'ordenació, explicatius o de reformulació, exemplificació, causals, consecutius o finals.

Els elements jerarquitzadors i els elements gràfics

En aquest tipus de text sovint es recorre a recursos jerarquitzadors, com ara títols, subtítols, guions, sagnats, numeracions, etc., per exposar la informació de forma ordenada i jerarquitzada.

La voluntat de fer entenedors aquests textos motiva que també es pugui recórrer a elements gràfics (com ara imatges, gràfics, taules o esquemes) o jugar amb la tipografia (ús de negreta, cursiva...).

> En la decoració ceràmica grega d'àmfores, plats i vasos es poden distingir tres grans períodes:
>
> 1. *Ceràmica geomètrica* (segles X-VIII a.C.), etapa en què s'enriqueix la decoració micènica anterior amb **sanefes** geomètriques i lineals d'un gran dinamisme. A partir del segle VIII a.C. es representa la figura humana.

Per saber-ne més

La **terminologia** és el conjunt dels termes (paraules i locucions) que es fan servir en un àmbit determinat.

Els **termes** es caracteritzen per tenir un sol significat (no són polisèmics) i són definits dins de l'àmbit d'una ciència.

Pots trobar terminologia en català de tots els àmbits al web del Termcat.

Per saber-ne més

El caràcter eminentment didàctic dels textos expositius fa que sovint recorrin a procediments d'ampliació informativa, com ara exemples, aclariments o reformulacions.

2. ***Ceràmica arcaica*** (segles VII-V a.C.), període en què la figura humana està representada amb més detallisme. Té dues fases:

a) La ceràmica de **figures negres** sobre fons vermell (ceràmica àtica), en què es representen sobretot escenes dels poemes d'Homer.

b) La ceràmica de **figures vermelles** sobre fons negre, decorada amb escenes quotidianes, molt realistes i detallades.

3. ***Ceràmica clàssica*** (segle V a.C.), etapa en què domina la decoració de **figures vermelles** sobre fons negre. La figura ocupa tot l'espai compositiu i les escenes són més pròximes a la pintura.

Per saber-ne més

Els textos expositius també poden recórrer a **citacions** per donar un to objectiu al text: és una manera de deixar clar que l'explicació no és una opinió de l'autor sinó que es basa en estudis i afirmacions de persones amb prou autoritat sobre la matèria:

Segons la coneguda expressió de Heidegger: "Les paraules són pous d'aigua a la recerca de la qual el dir perfora la terra".

Marina GARCÉS: *Filosofía inacabada* (traducció).

La llum no és més que una ona electromagnètica (una oscil·lació en els camps elèctrics i magnètics que es propaguen per l'espai). Quan aquestes ones incideixen en les nostres retines, només si oscil·len a un ritme d'entre 400 i 780 bilions de vegades per segon seran capaces de produir un senyal en els nostres cons i bastons que arribarà fins al nostre cervell fent-nos "veure-hi". Per això, d'aquest rang de freqüències en diem "espectre visible".

Fernando BALLESTEROS i Alberto FERNÁNDEZ TORRES: "Els colors de l'Univers", *Mètode* 84, hivern 2014/15 (adaptació).

Ones de ràdio	Microones	Llum infraroja	Visible	Llum ultraviolada	Raigs X	Raigs gamma
10^{-1}	10^{-2} 10^{-3}	10^{-4} 10^{-5} 10^{-6}		10^{-7}	10^{-8} 10^{-9}	10^{-10}
MÉS LLARGA			Longitud d'ona (metres)			MÉS CURTA
1 Giga Hz		1 Tera Hz		1 Peta Hz		1 Exa Hz
			Freqüència (hertzs)			

Al gràfic, rangs de freqüències i de longituds d'ona de l'espectre electromagnètic, des de les ones de ràdio, menys energètiques, fins als raigs gamma, més energètics, passant per la regió visible de l'espectre.

ACTIVITATS

11. Llegeix aquests dos textos i indica quin és expositiu. Justifica la resposta:

A El monologuista es va asseure al tamboret amb parsimònia, gestionant cada moviment amb una cadència calculada. El seu domini de l'escena era absolut. Va començar a parlar només quan la incomoditat del públic davant el seu silenci era evident.

B Una narració sempre busca la complicitat del lector. L'escriptor no es limita a narrar fets, sinó que també busca d'implicar el lector i provocar-li alguna emoció. Per això dona al text alguna tonalitat que provoqui la valoració de la història llegida.

12. Llegeix aquest text i subratlla'n la terminologia:

Els bacteris de l'àcid làctic formen part de la microbiota habitual de plantes, animals i aliments fermentats. En individus adults, s'estima que els lactobacils representen l'1 % de la població microbiana del tub digestiu. El desenvolupament de la microbiota intestinal sembla un factor important per al desenvolupament de la fisiologia i anatomia intestinal i, més tard, del sistema immunitari que protegeix contra al·lèrgies i desordres inflamatoris o autoimmunitaris en etapes posteriors del desenvolupament de l'hoste.

R. GUERRERO, M. BERLANGA i C. PUCHE: "Probiòtics i prebiòtics: la salut per dins", *Mètode* 87, tardor 2015 (adaptació).

13. Llegeix aquest text, descriu els elements característics del llenguatge dels textos expositius indicats a continuació i busca'n exemples:

> Una xarxa neuronal està formada per processadors interconnectats entre si que fan una transferència mútua de valors anomenats activacions.
>
> Cada processador rep unes activacions (activacions d'entrada) i, a partir d'aquestes, genera un valor de sortida (activació de sortida) que, al seu torn, transfereix a uns altres processadors que té connectats.
>
> Per analogia amb les xarxes biològiques es dóna el nom de sinapsi a les interconnexions, i de neurones als processadors que formen els nodes de la xarxa de processadors, que rep el nom de xarxa neuronal.
>
> Miquel BARCELÓ: *La intel·ligència artificial* (adaptació).

a) Terminologia

b) Substantivacions

c) Adjectius

d) Tipus d'oracions

14. Indica totes les característiques del text de la lectura que fan que sigui un text expositiu. Posa exemples de cada característica.

15. Estructura el text expositiu següent en els apartats necessaris i fes-hi els canvis tipogràfics (negretes, cursives...) convenients:

> Tendències artístiques del segle XVII. En la pintura del segle XVII hi ha cinc tendències: classicista, naturalista, realista, academicista i barroca. Classicista. Representa un corrent contrari als excessos del manierisme i té el màxim representant en Aníbal Carracci. Naturalista. És el corrent artístic que agafa com a model la realitat vulgar i hi aplica temes històrics o religiosos del passat. El màxim representant és Caravaggio, que va revolucionar la teoria artística amb la llum artificial. Realista. Pren com a model la realitat observable i tangible: la pintura reflecteix, a través dels seus temes festius, natures mortes i paisatges, la societat burgesa de l'època. En són representants Rembrandt i Vermeer. Academicista. Sorgeix a la França de Lluís XIV de la mà de Le Brun i és un moviment eclectista i monòton. Barroca. Té com a màxim representant Rubens, que aposta pel predomini del color sobre el dibuix i tota mena de composicions (obertes, unitàries, complexes o en profunditat).

16. Llegeix el text següent i canvia els connectors subratllats per altres d'equivalents:

> Cada dia actuem, a cada instant produïm efectes al nostre entorn. Però molt sovint no en som conscients, d'aquests efectes. Igualment, oblidem què ens ha engendrat, què ens fa viure o ens transforma, perquè hi ha massa causes i massa raons que contribueixen a la nostra existència. Vivim com en un gran joc de dòmino, en una tirallonga molt complexa en la qual res no passa sense raó, res no té lloc sense conseqüències, i, on tot, al capdavall, està relacionat. Tots depenem d'accions dels altres, fins al punt que de vegades ens preguntem on és la nostra llibertat.
>
> Oscar BRENIFIER i Jacques DESPRÉS: *El llibre dels grans contraris filosòfics* (adaptació).

17. Escriu un text sobre el Tiranosaure Rex a partir de les idees següents:

- Gran predador.
- Grandària considerable, cap i mandíbula grans.
- Tíbies i fèmurs llargs → podia caminar molta estona i córrer a gambades de 3,75 metres.
- Velocitat de desplaçament → 28-40 km/h.
- Vivia uns 30 anys.
- Càlcul de l'edat: es talla un os i es compten els cercles que hi ha a l'interior (cada cercle = un any).
- Caçador, carronyaire o totes dues coses.
- Si era caçador → pell de color discret. Si era carronyaire → pell de colors vius.

18. Converteix aquest esquema en un text expositiu. Busca informació sobre els conceptes indicats per proveir de contingut el text:

Indústria química (indústria que elabora productes de la química)

- orgànica
  - hidrocarburs
  - plàstics i resines
  - fibres sintètiques orgàniques
  - pintures i vernissos
  - paper
- inorgànica
  - sabons i detergents
  - tints
  - fibres sintètiques inorgàniques
  - indústria farmacèutica
  - fertilitzants inorgànics

Atles bàsic de tecnologia

La didàctica dels textos expositius

La prioritat didàctica dels textos expositius fa que el llenguatge amb què s'escriuen s'adapti al públic lector a qui s'adrecen. Així, un mateix concepte es pot exposar o explicar de diverses maneres, amb la terminologia i la sintaxi més adequades a l'edat i els coneixements dels receptors:

"Una oració és un grup de paraules ben ordenades perquè tinguin un significat." (Llibre de 3r de primària).

"Una oració és un conjunt de paraules que forma una unitat de sentit i que s'estructura al voltant d'un predicat i un subjecte." (Llibre de 3r d'ESO).

"Les oracions són construccions estructurades per un sintagma nominal i un sintagma verbal i, en moltes llengües, presenten una cohesió molt forta gràcies als mecanismes de la concordança, les condicions de l'ordre i un patró d'entonació característic." (Jesús TUSON: *Introducció a la lingüística*).

Per això, a l'hora d'escriure un text expositiu, és molt important tenir-ne clar el destinatari a fi d'adaptar-hi la complexitat i aconseguir, així, que sigui entenedor per a cada públic.

ACTIVITATS

19. Llegeix aquests textos expositius i indica a quin públic s'adrecen:

A Les galàxies són agrupacions de milions o milers de milions d'estrelles.

Les més properes a nosaltres són el Petit i el Gran Núvol de Magallanes, a una distància d'uns 190 000 anys llum. Són galàxies petites, una de les quals s'allunya de nosaltres i l'altra, s'acosta.

La nebulosa d'Andròmeda és a més de dos milions d'anys llum, però avança cap a nosaltres.

B Dins la quimiobiogènesi s'estudia la possibilitat que alguna característica de la bioquímica terrestre pogués derivar de la cosmoquímica.

En aquesta cerca d'una possible relació entre la matèria orgànica i la bioquímica dels meteorits destaca l'asimetria molecular.

La quiralitat, del grec χειρ, és una propietat dels objectes que poden existir en dues formes que són imatges especulars l'una de l'altra però no es poden superposar.

20. Reescriu aquest text expositiu en un text comprensible per a un nen d'uns deu anys:

Els asteroides són objectes rocosos que orbiten en formació lliure en una franja entre Mart i Júpiter. A les il·lustracions, sempre se'ls mostra com si estiguessin en una jungla, però de fet el sistema solar és un lloc força espaiós i un asteroide normalment estarà a uns 1 500 000 000 de quilòmetres del seu veí més proper.

Ningú no sap quants asteroides hi ha voltant per l'espai, però es calcula que la xifra no deu baixar dels mil milions. Es creu que podrien haver arribat a ser planetes si l'atracció gravitatòria de Júpiter no els hagués impedit ajuntar-se.

El primer asteroide que es va detectar va ser Ceres, el 1801. Feia gairebé 1 000 km d'ample. El 1991 l'asteroide 1991 BA va lliscar pel nostre costat a una distància de 160 000 km. En termes còsmics, l'equivalent a una bala que travessés una màniga sense tocar el braç.

Bill BRYSON: *Una història realment breu de gairebé tot.*

21. Escriu un text expositiu sobre les característiques dels textos expositius.

Comunicació oral

L'EXPOSICIÓ ORAL (I)

Explicar-te amb claredat

Fer explicacions orals és una activitat important en la vida acadèmica i professional: en moltes feines arriba un dia en què has de prendre la paraula en una reunió o davant d'un públic per presentar un informe o un projecte. I en algunes feines, ho has de fer cada dia.

COMPRENSIÓ AUDIOVISUAL

Ves a www.tiching.com/745908 i respon a les preguntes.

Els consells bàsics per fer una bona exposició oral són els següents:

a) **Prepara't a fons** el tema i planifica amb detall l'exposició.

b) Estableix amb precisió la **idea central** de l'exposició i recorda-la sovint per evitar la dispersió.

c) Organitza tot el contingut en **agrupacions ordenades d'idees** i focalitza't en una idea a cada pas.

d) Aporta exemples, dades, estadístiques, casos reals, que donin **credibilitat** a la teva explicació.

e) Fes evident l'ordre lògic de les idees a través de connectors com *en primer lloc*, *per tant*, *en conseqüència*, *per acabar*, etc.

f) Posa **èmfasi en les paraules clau** de l'exposició, elevant una mica la veu, fent una pausa, etc.

g) **Controla el temps** de la intervenció: no t'excedeixis i tampoc no cansis l'auditori dient que estàs acabant i no fent-ho.

h) Conclou la teva intervenció **recapitulant** els punts principals de l'exposició.

És important que el temps sigui l'adequat per a l'exposició: no t'allarguis gaire per no acabar perdent l'atenció de l'auditori.

ESTRATÈGIA ORAL

Saber escoltar (II)

Escoltar bé és fonamental per poder aprendre a classe, en una conferència o en un lloc de treball. Molts malentesos no es produeixen perquè el parlant s'hagi explicat malament, sinó perquè **l'oient no ha prestat l'atenció** que calia.

Per escoltar bé cal sobretot **focalitzar**, centrar l'atenció en el que t'estan dient i **evitar el pensament lateral** sobre altres qüestions. Els consells que tens a continuació es basen en aquests principis:

a) **Descarta l'anàlisi** del parlant, la roba, els gestos, l'entonació: centra't en el contingut.

b) **No prejutgis** el que dirà a partir del que ja saps o suposes de les creences del parlant: escolta bé què diu realment.

c) **Reserva la teva valoració** per al final, perquè les teves idees poden alterar el que t'estan dient: concentra't en les seves opinions, no en les teves.

Per escoltar bé, has de centrar-te en el que et diuen i no en els teus pensaments.

Expressió oral

Les paraules invisibles

▸ Per fer l'exposició, primer repartiu entre els oients un **esquema buit** de l'estructura que seguireu. Els companys hauran d'omplir-la durant l'exposició i al final es comprovarà si ha estat adequada a l'esquema i si els qui escoltaven l'han entesa bé.

▸ **Exemple**

- El canvi climàtic
  - Causes
    - Naturals → cicles
    - Humanes → contaminació
  - Situació actual
    - Escalfament
    - Desertització
    - Catàstrofes
  - Accions de futur
    - Reducció emissions CO_2
    - Eliminació gasos efecte hivernacle

Pautes per a l'exposició de les paraules invisibles

1. Prepareu una breu exposició amb els procediments que coneixeu: recollida d'informació, estructuració, tria de recursos, dades, exemples…
2. Quan la tingueu preparada, feu un esquema del cos de l'exposició (introducció i conclusió a part), com el de l'exemple.
3. A continuació, buideu l'esquema i repartiu-lo a tot el públic.
4. Feu l'exposició i els companys que escolten hauran d'anar omplint l'esquema buit.
5. En acabat, repartiu o mostreu l'esquema ple i compareu-lo amb els que han fet els companys. Si l'explicació oral no ha seguit prou bé l'esquema, la majoria no l'haurà omplert bé.
6. També heu d'analitzar si hi ha hagut algun error per no haver escoltat bé.

Pauta d'avaluació de l'expressió oral	
• Ha fet l'exposició amb claredat i emprant bons recursos explicatius?	☐
• Ha indicat bé els apartats per reflectir l'estructura de l'exposició?	☐
• Els oients han escoltat amb atenció i han reproduït bé l'estructura?	☐

Repte oral

La ruleta 2×4

▸ Es tracta d'explicar un tema durant dos minuts amb un temps de preparació de només quatre minuts. Ha de ser un tema de la vida quotidiana, sobre el qual no t'esperaries haver de fer mai una exposició.

Cadascú escriu el títol de dos o tres temes, cada tema en un paper. Es dobleguen i es posen tots en una bossa (millor encara si podeu posar-los en una roda amb forma de ruleta) i n'aneu agafant un a l'atzar.

Teniu quatre minuts per preparar una breu exposició que ha de tenir, això sí, una petita introducció i, sobretot, una conclusió (no es pot acabar dient "i ja està"). Algú us avisarà quan estigueu al minut amb 40 segons.

Fem-ho així

L'exposició ha de tractar temes quotidians com ara:

- Les xarxes socials
- Les rebaixes
- La bicicleta de muntanya
- La dieta sana
- Les sabatilles esportives

2. Els pronoms febles (I)

Els pronoms de 3a persona del singular

Segons la funció que facin dins l'oració, els pronoms de 3a persona prenen les formes següents:

Funció	Singular				
CD	el	la	es	ho	en
CI	li		es		

Combinació de pronoms de 3a persona del singular

Quan els pronoms febles de 3a persona del singular es combinen entre si i amb altres pronoms dins de l'oració, les formes que en resulten són les següents:

	Combinació de dos pronoms febles de 3a persona del singular				
	el	**la**	**es**	**ho**	**en**
li	l'hi	la hi	se li	li ho	li'n li n'
es	se'l se l'	se la		s'ho	se'n se n'

Com veiem, en la combinació de pronoms de 3a persona, es pot distingir entre les combinacions amb el pronom *li* (que segueixen l'estructura CD + CI) i les combinacions amb el pronom *es*, pròpies dels verbs pronominals.

Combinació del pronom de CI *li* amb els pronoms de CD de 3a persona del singular

Convé tenir en compte que, en el cas del pronom *li*, hi ha força diferències entre la manera com el combinem col·loquialment en la parla i la que estableix la normativa.

D'acord amb la normativa, existeixen dues possibilitats a l'hora de combinar-lo amb els pronoms de complement directe:

- El pronom *li* combinat amb els pronoms de complement directe *el* o *la* es transforma en la forma *hi* i també canvia l'ordre habitual dels pronoms (que és CI + CD):
  - *El president va entregar el premi honorífic al soci més antic.* →
    CD CI
    El president l'hi va entregar.
    CD + CI
  - *La bibliotecària ha recomanat aquesta novel·la a la Judit.* →
    CD CI
    La bibliotecària la hi ha recomanat.
    CD CI

@ Amplia a la xarxa...

Ves a www.tiching.com/745027 i podràs consultar dubtes concrets sobre la combinació de dos pronoms de 3a persona.

Ho trobaràs

El pronom *li* també es transforma en *hi* en combinació amb els pronoms de complement directe en plural *els*, *les*, tal com veurem al **tema 4**.

La combinació *la hi* no sempre coincideix amb la forma que s'utilitza col·loquiament, sinó que se sol fer la reducció següent, que no és la que estableix la normativa:

- *La bibliotecària ha recomanat aquesta novel·la a la Judit.* → (aquesta novel·la: CD; a la Judit: CI)
- *La bibliotecària l'hi ha recomanat.* (l'hi: CD + CI)

• El pronom *li* combinat amb els pronoms *en* i *ho* té dues solucions possibles. En la primera no canvia de forma i tampoc no inverteix l'ordre habitual dels pronoms:

- *Donarà un parell de consells a la Marina.* → *Li'n donarà un parell.* (un parell de consells: CD; a la Marina: CI; Li'n: CI CD)
- *El professor explica tot el que entra a l'examen a la nova alumna.* → (tot el que entra a l'examen: CD; a la nova alumna: CI)

  El professor li ho explica. (li ho: CI CD)

En la segona, es fan les reduccions següents:

- *Donarà un parell de consells a la Marina.* → *N'hi donarà un parell.* (un parell de consells: CD; a la Marina: CI; N'hi: CD + CI)
- *El professor explica tot el que entra a l'examen a la nova alumna.* → (tot el que entra a l'examen: CD; a la nova alumna: CI)

  El professor l'hi explica. (l'hi: CD + CI)

Segons la normativa, totes dues solucions són acceptables, però en registres formals és més habitual la forma amb *li*.

Combinació de *li* amb pronoms de CD de 1a o 2a persona

El pronom *li* combinat amb un pronom de 1a o 2a persona de CD (*em*, *ens*, *et*, *us*) també es transforma en *hi* i inverteix l'ordre habitual dels pronoms, de manera que les combinacions resultants són *m'hi*, *ens hi*, *t'hi*, *us hi*:

- *Em van adreçar a l'encarregat.* → *M'hi van adreçar.* (Em: CD; a l'encarregat: CI; M'hi: CD CI)
- *Ens van adreçar a l'encarregat.* → *Ens hi van adreçar.* (Ens: CD; a l'encarregat: CI; Ens hi: CD CI)
- *Et van adreçar a l'encarregat.* → *T'hi van adreçar.* (Et: CD; a l'encarregat: CI; T'hi: CD CI)
- *Us van adreçar a l'encarregat.* → *Us hi van adreçar.* (Us: CD; a l'encarregat: CI; Us hi: CD CI)

Combinacions del pronom *es*

El pronom *es* sempre precedeix els altres pronoms, tant de CD com de CI:

- *Es pren la xocolata molt calenta.* → *Se la pren molt calenta.* (la xocolata: CD; la: CD)
- *Es va pensar que li prenien el pèl.* → *S'ho va pensar.* (que li prenien el pèl: CD; ho: CD)
- *En Marcel va presentar-se a la directora.* → *En Marcel se li va presentar.* (a la directora: CI; li: CI)

FEM-HO AIXÍ

Tot i que sonin igual, no hem de confondre el pronom *li* amb la combinació *l'hi*: *li* substitueix un CI (*li dona un regal*), i *l'hi*, un CD i un CI (*l'hi dona*). També trobem aquesta forma en la combinació CI i CC.

A l'exemple *El professor l'hi explica* la combinació de pronoms és la que es faria servir en un registre informal.

FEM-HO AIXÍ

De la mateixa manera, els pronoms de 1a i 2a persona també precedeixen els altres pronoms:

Em vaig acabar la capsa de bombons de l'Ona. → *Me li vaig acabar la capsa de bombons.*

ACTIVITATS

22. Indica la funció sintàctica dels complements subratllats i reescriu les oracions substituint-los pel pronom o els pronoms corresponents:

- Prepara el sopar a la mare.
- Prepara el sopar a la mare.
- Prepara el sopar a la mare.
- Enviarem la postal a l'Enric.
- Enviarem la postal a l'Enric.
- Enviarem la postal a l'Enric.
- Demanes dos justificants a l'encarregada?
- Demanes dos justificants a l'encarregada?
- Demanes dos justificants a l'encarregada?
- Sempre recomana el que llegeix a la seva germana.
- Sempre recomana el que llegeix a la seva germana.
- Sempre recomana el que llegeix a la seva germana.

23. Reescriu les oracions substituint tots els complements pels pronoms corresponents:

- L'Oriol detalla l'incident a en Martí.
- Ens presentarem nosaltres mateixos a la directora.
- Regalaré amulets de la sort a la clientela.
- Et recomanaran a l'encarregat.
- Compraràs un regal per a l'àvia?
- El director ha cridat l'atenció a l'actriu.

24. Substitueix els pronoms per complements que siguin equivalents:

- Canta-l'hi.
- Explica-li-ho.
- Li n'agafarem quatre.
- Sempre que va a Londres la hi compra.
- Veurem la cara que fa quan li ho digui.

25. Escriu *li* o *l'hi*:

- No expliquis el secret a la teva cosina. Si ... expliques, ja no confiaran més en tu.
- No expliquis el secret a la teva cosina. Si ... expliques alguna cosa, ja no confiaran més en tu.
- Saps per què han retirat el títol al campió? ... han retirat perquè ha comès una infracció greu.
- Saps per què han retirat el títol al campió? No ... han retirat res, només li han tret punts del carnet.
- Crec que et deixarà el mòbil si ... demanes per poca estona.
- Crec que et deixarà el mòbil si ... demanes el vell.

26. Escriu quina és la combinació de pronoms correcta en cada cas:

- Si li demana diners, ja veuràs com ... (*li'n*, *l'hi*, *li ho*) donarà.
- Has dit a l'Alba que avui no hi ha entrenament? No, encara no ... (*li n'*, *n'hi*, *li ho*) he dit.
- Ha comprat el cotxe a la teva cosina? Sí, ... (*li n'*, *l'hi*, *li ho*) ha comprat.
- Saps si ja ha fet la còpia de la clau a en Bernat? Suposo que ja ... (*l'hi*, *la hi*, *li n'*) ha fet.
- Agafa aigua i dona-... (*la hi*, *l'hi*, *li'n*).
- Si no presentes avui el treball al tutor, ... (*li'n*, *l'hi*, *li ho*) hauràs de presentar demà sense falta.

27. Reescriu les oracions següents posant els pronoms darrere el verb:

- No la hi vol donar de cap de les maneres.
- Li'n van arribar només dues.
- L'hi van enviar a casa seva.
- L'hi vas donar, el número de telèfon?
- S'ho vol pensar abans de decidir res.

28. Canvia cada combinació de pronoms per una altra equivalent i indica'n el registre, formal o informal:

- Si vol quatre caramels, dona-n'hi.
- La camisa? Ja l'hi vaig planxar ahir.
- De verdura n'hi comprarem a l'Anna, que en ven de biològica.
- L'hi va penjar amb desgana, la medalla.
- Tu vols saber la veritat, però ja l'hi vaig dir al Nil i no penso repetir-te-la.
- De jocs, n'hi regalaré dos.
- Que calia tancar la porta amb clau, ja l'hi vaig recordar jo abans-d'ahir.
- Ja l'hi has explicat? Han arribat els cosins de Bèlgica.

29. Substitueix els complements subratllats pel pronom corresponent i fes la combinació de pronoms necessària en cada cas:

- La teva companya nova no s'ha cregut això que li has explicat.
- Es menjarà la coca, tot i que no li agrada.
- L'Alícia es va asseure a la cadira d'en Pere.
- La Laia va adreçar-se a la representant sindical.
- S'ha pres iogurts caducats tota la vida.
- Es mira el company amb cert recel.

3. La ciència

La biologia, la física, l'arqueologia, les ciències de la salut, la intel·ligència artificial, la història de l'art, la filosofia, la química, la paleontologia, l'astronomia... Els textos expositius de tots els temes són manifestacions del coneixement que la humanitat ha anat acumulant al llarg de la seva història. I tots tenen el seu lèxic específic.

Els mots específics de la ciència són termes que es defineixen amb molta precisió, perquè la comunicació entre els experts pugui funcionar amb exactitud i sense malentesos.

30. Escriu el nom de la ciència que correspon a cada definició:

- paleontologia
- astronomia
- física
- història de l'art
- arqueologia
- biologia

a) Ciència que estudia els éssers vivents.

b) Ciència que estudia la posició, els moviments, la natura, l'estructura i l'evolució, individual o col·lectiva, de tots els cossos celestes.

c) Ciència que estudia els fenòmens de la natura, dels més elementals als més complicats.

d) Mètode científic per elaborar història que utilitza com a documents qualsevol mena de vestigis materials que ha deixat l'ésser humà.

e) Estudi de les antiguitats prehistòriques.

f) Branca de les ciències socials que estudia l'evolució de l'art a través del temps.

31. Els mots següents corresponen a dibuixos que apareixen a la il·lustració. Indica per a cadascun l'àrea d'investigació científica, art o coneixement en què és emprat:

- telescopi
- globus terraqüi
- cartabó
- microscopi
- paleta de pintor
- lupa
- nota musical
- calculadora
- regle
- matràs
- estris d'escriptura
- cub

32. A continuació tens una sèrie de paraules i expressions que pertanyen al lèxic de dues ciències: la paleontologia i la neurologia. Col·loca-les correctament al fragment científic que els pertoca:

- dinosaures
- sinapsis
- sistema nerviós
- aviaris
- neurotransmissor
- fòssils
- tiranosaures
- neurones
- formacions geològiques
- biològics
- Cretaci
- circuits

Les ... químiques permeten a les ... formar ... dins del ... ... central. Són crucials per als processos ... que determinen la percepció i el pensament. Una neurona allibera un ... a la sinapsi que connecta amb una altra neurona.

El Tiranosaure Rex és un dels ... més cèlebres. Visqué al que actualment és l'oest de Nord-Amèrica, amb una distribució molt més ampla que altres .... S'han trobat ... de tiranosaure en una varietat de ... ... que daten dels últims tres milions d'anys del període .... Fou un dels últims dinosaures no ... a existir.

33. **Escriu** Tria un tema que puguis tractar científicament, elabora un guió seguint l'esquema del text expositiu i explica'l a classe:

- **1r paràgraf: Introducció.** Fes una presentació explicant per què has triat aquest tema.
- **2n paràgraf: Desenvolupament.** Exposa'l tenint en compte el contingut del que vols explicar.
- **3r paràgraf: Conclusió.** Extreu unes conclusions del contingut explicat.

4. La síl·laba, el diftong i el hiat

La síl·laba

Una **síl·laba** consisteix en un o més sons que es pronuncien en un sol cop de veu. Pot ser tònica o àtona: *ca-sa, ar-bre, groc, des-patx*...

Hi ha paraules monosil·làbiques que són àtones, per exemple, els articles, les preposicions, els pronoms febles i algunes conjuncions: *el, la, a, amb, em, us, i, o*... I paraules que tenen dues síl·labes tòniques com els mots compostos i els adverbis acabats en *-ment*: ***o**bream**po**lles, eco**nò**mica**ment***...

El mot *allau* conté un diftong decreixent.

El diftong

Un **diftong** consisteix en dues vocals contigües que formen part d'una mateixa síl·laba. Una de les dues vocals ha de ser una **i** o una **u**.

Els diftongs poden ser **creixents** o **decreixents**.

Diftongs creixents

- La **i** o la **u** en primera posició:

g + u + vocal	q + u + vocal
gua: *g**ua**ita*	qua: *q**ua**dre*
güe: *aig**üe**ra*	qüe: *conseq**üè**ncia*
güi: *ling**üí**stica*	qüi: *aq**üí**fer*
guo: *aig**uó**s*	quo: *q**uo**cient*

Diftongs decreixents

- La **i** o la **u** en segona posició:

vocal + i	vocal + u
ai: *esc**ai**re*	au: *escl**au***
ei: *rem**ei***	eu: ***eu**ropea*
ii: *estud**ii*** (balear)	iu: *d**iu**menge*
oi: *cof**oi***	ou: *s**ou***
ui: *c**ui**ro*	uu: *ll**uu***

Per saber-ne més

Són diftongs creixents aquells en què la ***i*** o la ***u*** és a principi de mot: ***io**ga, **io**gurt, **ie**n, **ua**di*...

Quan la ***i*** o la ***u*** són entre dues vocals també formen un diftong creixent amb la vocal que les segueix: *jo**ia**, no**ia**, ma**ia**, pe**ue**t*...

Atenció!

Els diftongs ***ii*** i ***uu*** són poc freqüents i se solen pronunciar com una sola vocal llarga.

El hiat

Un **hiat** consisteix en dues vocals contigües que es pronuncien en síl·labes separades. Per tant, no formen diftong.

- Són hiats la ***i*** i la ***u*** seguides de **a**, **e**, **o**: *Ma-r**i-a**, d**i-a**, cò-p**i-a**, d**u-e**l*...
- Són hiats els grups de dues vocals en els quals la segona vocal és una ***i*** o una ***u*** tònica, que porta accent o dièresi: *v**e-í**, v**e-ï**-na, r**a-ï**m, s**u-í**s*...
- En els mots que porten un prefix acabat en vocal es forma un hiat quan el primitiu comença per vocal: *c**o-i**n-ci-dir, an-t**i-i**n-fla-ma-to-ri*...

Atenció!

La pronúncia de formes com *canvia*, *tenia* o *estudia* es fa amb la tonicitat a la ***i***, per tant, amb hiat.

ACTIVITATS

34. Classifica aquestes paraules segons el nombre de síl·labes que tenen:

- fruit
- traïdora
- arraulir
- creure
- raïm
- feies
- cua
- mai
- obeïssis
- coincidir
- qualitat
- aquàtic
- camineu
- proveïdor
- veí

1 síl·laba	2 síl·labes	3 síl·labes	4 síl·labes
...	...	...	...

35. Separa les síl·labes de les paraules següents i classifica-les segons si contenen un diftong o un hiat:

- taula
- ràdio
- caure
- trauràs
- Maria
- dia
- tria
- triumvirat
- bou
- peu
- baieta
- joiós
- història
- conscient
- peuet

Diftong	Hiat
...	...

36. Classifica aquestes paraules segons el tipus de diftong que contenen:

- pasqua
- ateu
- equador
- caiguda
- feudalisme
- servei
- quaranta
- quocient
- aquós
- aqüífer
- quota
- joia

Diftong creixent	Diftong decreixent
...	...

37. Completa les frases següents amb les vocals que hi manquen. Després classifica les paraules que has completat segons si el grup de vocals forma un diftong creixent, un diftong decreixent o un hiat:

- La portav...u del sindicat va sortir de la re...nió amb un somr...ure tri...mfant.
- S'ha acabat l'a...g...a de la gerra, demana'n més.
- El jugador d'hoqu...i feu un llançament que va provocar una gran ovació.
- Agafeu q...alsevol de les peces que hi ha a terra, per favor.
- L'a...re condicionat de l'oficina fa tres d...es que està espatllat.
- La capsa conten...a totes les claus del pala....
- La Laura estud...a cada dijous fins a dos quarts de deu.
- En Pau cre...a que vindries a la trobada.

Diftong creixent	Diftong decreixent	Hiat
...	...	...

38. Completa cada frase amb una de les paraules que et proposem. Tingues en compte que hauràs de fer les transformacions pertinents:

- cloure
- remei
- desmai
- reduir
- heroi
- atapeir

- He trobat una llista exhaustiva d'herbes ... en una pàgina de botànica.
- L'... del conte era valenta i coratjosa.
- Els correfocs ... les festes majors quan jo era petit.
- El capità del vaixell es va ... a causa de la falta d'oxigen a la cabina de comandament.
- La gent s'... davant la finestreta per comprar les darreres entrades per a l'espectacle.
- Vivien en un espai molt ....

39. Classifica les formes verbals al quadre i indica-hi amb una creu si contenen un hiat o un diftong. Després, escriu de quin temps verbal es tracta:

- estudia
- canvia
- creia
- retenia
- veia
- desfeia
- s'asseia
- asseuria
- comprenia
- faria
- finia
- temia

Forma verbal	Diftong	Hiat	Temps verbal
...			...

40. Llegeix aquest text. Marca les vocals en contacte d'un color si formen part d'un diftong i d'un altre si es tracta d'un hiat:

> La fortificació es forma amb vuit construccions. Es diferencien els habitatges que presenten un alt grau de conservació dels espais comuns.
>
> Si passegéssiu per la zona veuríeu l'església i podríeu intuir el paisatge deliciós dels camps de fruiters.

5. El Noucentisme

El Noucentisme, un moviment polític i cultural

El **Noucentisme** va ser un moviment polític i cultural que es va iniciar l'any 1906 arran de tres publicacions importants –*La nacionalitat catalana*, d'Enric Prat de la Riba; el *Glosari*, d'Eugeni d'Ors, i *Els fruits saborosos*, de Josep Carner–, i de la celebració del Primer Congrés Internacional de la Llengua Catalana.

Aquest moviment recollia les aspiracions de la burgesia catalana i pretenia una renovació del país donant un paper molt destacat als intel·lectuals.

Per saber-ne més

La paraula **noucentisme** la va inventar Eugeni d'Ors amb un significat ambigu: tant pot derivar de l'adjectiu nou (un nou moviment) com referir-se al segle que llavors començava (nou-cents).

Enric Prat de la Riba (1870-1917)

L'any 1906 **Enric Prat de la Riba** va publicar *La nacionalitat catalana*, on exposava el seu projecte polític i cultural.

Dirigent de la Lliga Regionalista, primer des de la Diputació de Barcelona i després des de la Mancomunitat de Catalunya, Prat de la Riba va dur a terme una tasca ingent de modernització de Catalunya. En l'àmbit de la cultura, creà els Estudis Universitaris Catalans i l'Institut d'Estudis Catalans.

Enric Prat de la Riba

Eugeni d'Ors (1881-1954)

Eugeni d'Ors, nascut a Barcelona, va estudiar Filosofia i Lletres i Dret. Molt proper a la Lliga Regionalista, l'any 1911 fou nomenat secretari de l'Institut d'Estudis Catalans i, el 1917, director d'Instrucció Pública de la Mancomunitat. Després de la mort de Prat de la Riba, es traslladà a Madrid i deixà d'escriure en català.

Eugeni d'Ors

És autor del *Glosari*, un conjunt d'articles de poca extensió (gloses), que van aparèixer periòdicament des del 1906 a *La Veu de Catalunya*, en els quals exposà l'ideari estètic del Noucentisme resumit en una sèrie de conceptes:

- **Intervenció**. Cal actuar sobre la realitat amb la voluntat de transformar-la. Quan s'aplica a l'actuació estètica s'anomena **arbitrarietat**.
- **Clacissisme** i **mediterranisme**. Es basen en el passat grecoromà com un espai comú de civilització i s'oposen al decadentisme nòrdic dels modernistes.
- **Civilitat** i **obra ben feta**. Es defensa la Catalunya ciutat, identificada amb Barcelona, en oposició al ruralisme modernista. Es propugna l'obra ben feta, que en el cas de la literatura comporta la perfecció formal.

La poesia noucentista

El gènere noucentista per excel·lència va ser la poesia, amb poetes com Josep Carner i Guerau de Liost. Les característiques de la poesia noucentista són les següents:

- Perfecció formal, seguint les pautes de la mètrica més estricta.
- Submissió de la llengua a un procés de depuració.
- Anàlisi de la natura des de l'òptica ciutadana (domesticada, no salvatge).
- Presentació d'un món idealitzat en el qual preval la descripció.
- Presentació de temes com l'amor o el pas del temps d'una manera distant i no apassionada ni sentimental.
- Idealització de la dona, que és objecte d'adoració.

Josep Carner

Josep Carner (1884-1970)

Josep Carner va néixer a Barcelona i va ser el principal poeta noucentista. Estudiant precoç (a vint anys ja havia acabat les carreres de Filosofia i Lletres i Dret), va col·laborar amb Pompeu Fabra en l'obra de normativització de la llengua catalana.

Després de la mort de Prat de la Riba, es va incorporar a la carrera diplomàtica. Durant la Guerra Civil es va mantenir fidel al govern republicà i es va haver d'exiliar, primer a Mèxic i després a Brussel·les.

El llibre paradigmàtic de la poètica noucentista de Carner és *Els fruits saborosos* (1906). Els poemes són una reflexió sobre les tres grans etapes de la vida humana: la infantesa és l'alegria; la maduresa representa la plenitud i l'acceptació de la realitat; la vellesa és la permanència per mitjà del record.

Per saber-ne més

El poemari *Els fruits* saborosos té influències dels clàssics i presenta una visió idealitzada del món, sempre amb una gran perfecció formal.

Les nous del berenar

Una fonteta raja al peu de la noguera.
Allà van cada tarda a berenar els infants:
potser la font n'imita els salts remorejants.
I la noguera, a tots, els fa de mainadera.

El més petit de tots, a sos germans digué:
–Les meves nous, les meves, jo vull picar-les ara–.
Fa, saberut, el gran: –Si en vols, les picaré.
Tu no, perquè en eixint de casa ha dit la mare:
"A Mirtil no li deu el roc: és tan petit!
Quan pensa de picar la nou, es pica el dit". (...)

La poesia de Carner evolucionà i no es pot encasellar en un únic moviment. El 1914 publicà *La paraula en el vent* i *Auques i ventalls*, on incorporà emoció i subjectivisme, en el primer cas, i humor i un to més realista, en el segon. *La inútil ofrena* (1924) és un recull de poesia amorosa en què Carner s'aparta dels models noucentistes i evoluciona cap al simbolisme.

Aquest canvi s'observa clarament en *El cor quiet* (1925), on Carner reflexiona sobre el sentiment d'enyorament i els records, i *Nabí* (1941), poema narratiu que presenta la història bíblica del profeta Jonàs per reflexionar sobre el sentit de la condició humana, arran de l'experiència de la Guerra Civil.

Guerau de Liost (1878-1933)

Guerau de Liost, pseudònim de Jaume Bofill i Mates, va néixer a Olot i, després d'estudiar Dret i Filosofia i Lletres, exercí d'advocat a Barcelona. Fou una de les figures més importants de la política de la seva època, com a membre de la Lliga Regionalista i fundador d'Acció Catalana.

La seva obra abraça poesia, oratòria, periodisme i assaig polític. En poesia és autor de *La muntanya d'ametistes* (1908), un recull de poemes inserits totalment dins de l'estètica i l'ideari noucentista. El 1918 publicà *La ciutat d'ivori*, llibre molt breu en el qual l'autor es comença a desvincular progressivament de l'estètica d'aquest moviment.

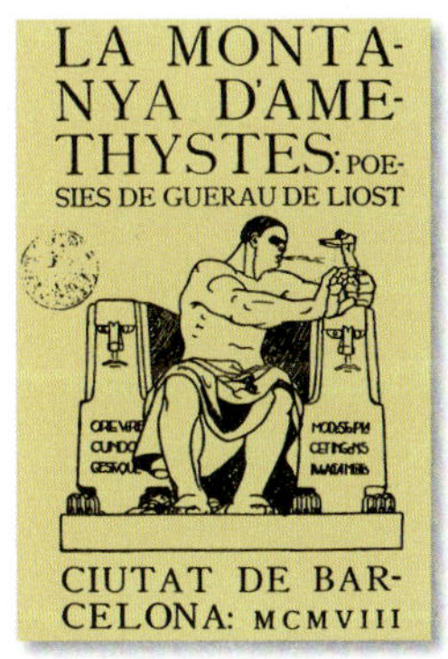

La muntanya d'ametistes és un cant als paisatges del Montseny.

La poesia catalana després del Noucentisme

A Catalunya la poesia posterior al Noucentisme presenta diverses estètiques. D'una banda hi ha la **poesia avantguardista**, que introdueix una revolució formal; de l'altra, hi ha la **poesia de tradició simbolista**, amb autors com ara Carles Riba i Marià Manent, que tracten temes existencials i religiosos, i, finalment, autors com ara Josep Maria de Sagarra, que conreen un tipus de **poesia popularista** al marge de qualsevol corrent estètic.

Carles Riba (1893-1959)

Carles Riba, nascut a Barcelona, va ser un hel·lenista de prestigi, professor de grec a la Universitat Autònoma de Barcelona i traductor de clàssics, antics i moderns. Fou decisiu per a Riba el viatge que va fer l'any 1927 a Grècia. Després de la Guerra Civil es va exiliar a França i en tornar a Catalunya va exercir el seu magisteri sobre tota una generació d'intel·lectuals.

El *Primer llibre d'estances* (1919) conté poemes d'una gran perfecció formal que mostren la influència dels simbolistes francesos i del Noucentisme. A partir del *Segon llibre d'estances* (1930) Riba s'allunya del simbolisme i evoluciona cap a un tipus de poesia abstracta i gairebé filosòfica.

La seva obra més difosa són les *Elegies de Bierville* (1943), escrites en aquesta població francesa, on el poeta estava exiliat. Hi expressa el sentiment d'humiliació provocat per l'exili, i també l'esperança en la reconstrucció del país. Els poemes segueixen la mètrica clàssica i hi abunden les referències al món grec.

Elegia segona

Súnion! T'evocaré de lluny amb un crit d'alegria,
tu i el teu sol lleial, rei de la mar i del vent:

pel teu record, que em dreça, feliç de sal exaltada,
amb el teu marbre absolut, noble i antic jo com ell.

Temple mutilat, desdenyós de les altres columnes
que en el fons del teu salt, sota l'onada rient,

dormen l'eternitat! Tu vetlles, blanc a l'altura,
pel mariner, que per tu veu ben girat el seu rumb;

per l'embriac del teu nom, que a través de la nua garriga
ve a cercar-te, extrem com la certesa dels déus;

per l'exiliat que entre arbredes fosques t'albira
súbitament, oh precís, oh fantasmal! i coneix

per ta força la força que el salva als cops de fortuna,
ric del que ha donat, i en sa ruïna tan pur.

Carles RIBA

A *Salvatge cor* (1952) Riba fa una poesia més humana, i a *Esbós de tres oratoris* (1957) narra poèticament temes extrets dels evangelis.

HO TROBARÀS

Al **tema 4** estudiaràs la poesia **avantguardista**.

Carles Riba també va escriure narrativa i crítica literària.

@ Amplia a la xarxa...

Vés a www.tiching.com/78473 i llegeix el poema "Feliç qui ha viscut..." del *Segon llibre d'estances*. Quin és el tema del poema?

Temple dedicat a Posidó al cap de Súnion (Grècia).

Marià Manent (1898-1988)

Marià Manent va néixer a Barcelona. Fou poeta, traductor i crític literari. Pel que fa a la creació poètica, és autor de quatre llibres de poesia: *La branca* (1918), *La collita en la boira* (1920), *L'ombra i altres poemes* (1931) i *La ciutat del temps* (1961).

En la poesia de Marià Manent és molt important la descripció de paisatges, que és el marc en què s'analitzen els sentiments i les preocupacions humanes. És una poesia de tipus simbolista, de gran perfecció formal.

La poesia de Marià Manent va rebre influències dels simbolistes anglesos i francesos.

Josep Maria de Sagarra (1894-1961)

Josep Maria de Sagarra, que pertanyia a la petita aristocràcia barcelonina, conreà tots els gèneres: poesia, teatre, novel·la, periodisme i memòries.

La seva obra poètica es pot dividir en dues grans tendències: les poesies on tracta de sentiments íntims, com ara *Cançons de rem i de vela* (1923) i *Cançons de totes les hores* (1925), i els poemes èpics sobre mites del folklore català (*El mal caçador, El comte Arnau, El poema de Nadal* i *El poema de Montserrat*).

La poesia de Sagarra mostra una gran riquesa lèxica i combina les composicions estròfiques de vers llarg amb esquemes més populars. És especialment important el conreu que fa del gènere poètic de la cançó: *Cançons d'abril i de novembre* (1918), *Cançons de taverna i d'oblit* (1922)...

HO TROBARÀS

Al **tema 5** estudiaràs el teatre i al **tema 6** la prosa de Josep Maria de Sagarra.

ACTIVITATS

41. Quines obres donen inici al moviment noucentista? De quin autor és cadascuna?

42. Què exposa Enric Prat de la Riba a *La nacionalitat catalana*?

43. Què conté el *Glosari* d'Eugeni d'Ors? Què hi exposa l'autor?

44. Quina reflexió fa Josep Carner a *Els fruits saborosos*?

45. Quins conceptes resumeixen l'ideari estètic del Noucentisme? Qui en va ser el creador?

46. Identifica les característiques que defineixen la poesia noucentista:

a) Busca la perfecció formal i el rigor mètric. ☐

b) Les obres se situen en un món rural. ☐

c) Presenta un món molt allunyat de la realitat quotidiana. ☐

d) Prefereix l'home a la dona com a objecte de representació. ☐

e) Tracta l'amor d'una manera intel·lectualitzada, sense passió. ☐

f) Defensa l'espontaneïtat lingüística. ☐

47. Després de llegir aquest text, publicat el 1907, contesta les preguntes:

> Aquesta afició a les muntanyes té la responsabilitat d'una llarga i pèssima part de la nostra literatura. No fos per a altra cosa, caldria arranjar-les, per veure si, un cop a punt artístic, sabien inspirar millors versos que deixades al natural.
>
> Eugeni d'ORS: *Glosari 1906-1907* (adaptació).

– D'Ors fa una crítica dels escriptors que senten "afició a les muntanyes". A quin moviment s'està referint?

– Dels tres conceptes ideològics que va establir d'Ors, a quins creus que fa referència en aquest text? Per què?

48. Com és des del punt de vista formal la poesia del Noucentisme?

49. Quin tractament es fa de la natura a la poesia noucentista?

50. Com tracta el tema de l'amor i el pas del temps la poesia noucentista?

51. Quines característiques té la poesia noucentista de Josep Carner i Guerau de Liost?

52. Llegeix aquest poema i contesta les preguntes:

Desolació

¿Com dir-nos més germà i germana
si hem fet, plegats, el nostre dol?

¿Com parlarem de la fontana,
si fins l'herbei és mort al volt?

¿Per què en baixant de les eroles
seuríem vora els tamarius?

¿Per què mai més collir violes
ara que els cors s'han fet esquius?

¿Per què veurem el dia encara
–la nosa ardent, l'enuig sonor–

si quan s'aixequi l'alba clara
ens trobarem sense l'amor?

Josep CARNER

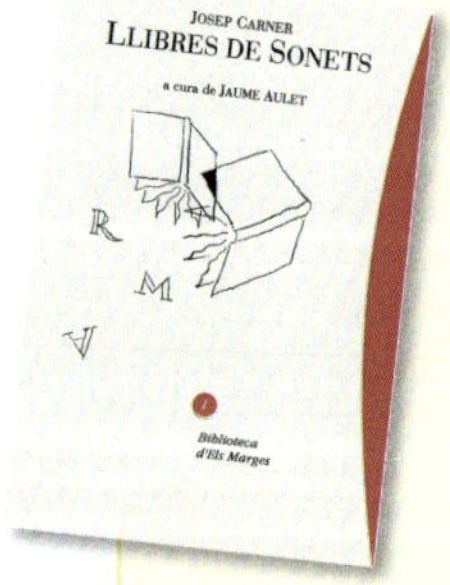

a) Fes l'anàlisi mètrica del poema de Carner.

b) En quin moment del dia està ambientat el poema "Desolació"? Com ho saps?

c) Quin és el tema del poema? És una obra de joventut o de maduresa? Per què?

d) El text està construït a partir d'una sèrie de preguntes. De quina mena són aquestes preguntes?

53. Quines influències rep principalment la poesia de Carles Riba?

54. Per què et sembla que en l'obra de Carles Riba hi ha tantes influències del món grec? Què va estudiar? Què va ensenyar? Quin viatge va ser decisiu per a Carles Riba? Per què?

55. Quins són els llibres més importants que va escriure Carles Riba?

56. Carles Riba va traduir en vers l'*Odissea* d'Homer al català. Busca'n informació.

57. Com és la poesia de Marià Manent?

58. Quants llibres de poesia va escriure Marià Manent? Quins?

59. Digues alguna característica de la poesia de Josep Maria de Sagarra. Saps quins gèneres va conrear aquest autor?

60. Llegeix el poema següent de Josep Maria de Sagarra i contesta les preguntes:

A una nova amiga

Avui només de nostra coneixença
tinc el cor fresc com el celler del mas,
i tota la meva ànima s'agença
d'haver-te dut recolzadeta al braç.

M'ha estat la tarda traïdora i breu,
mes la llum era viva.
Dins de l'ordi pregava el pregadéu,
a la figuera s'ha aturat la griva.

I jo sentia una molt gran paor
de veure els ulls que feies i la cara...
Ai, fina pal·lidesa de l'amor,
que no sap si ha d'ésser amor encara!

Josep Maria de SAGARRA

a) Fes l'anàlisi mètrica del poema de Josep Maria de Sagarra.

b) Quin tema planteja l'autor al poema "A una nova amiga"?

c) En quin moment del dia passen els fets?

d) En quin espai físic es produeix la situació que s'hi descriu?

e) Quins elements lingüístics del poema "A una nova amiga" permeten classificar Sagarra com a poeta popular?

61. Relaciona cada afirmació de sota amb l'autor corresponent:

Guerau de Liost | Josep Carner | Carles Riba | Josep Maria de Sagarra | Marià Manent

– Dins la seva obra és especialment important el conreu de la cançó. → ...

– La publicació d'un dels seus poemaris inicia el Noucentisme. → ...

– Descriu el paisatge com a marc en què s'insereixen les preocupacions humanes. → ...

– Els seus poemes primerencs s'insereixen totalment dins l'estètica noucentista. → ...

– Al seu recull de poemes més important hi abunden les referències al món grec. → ...

Un poema de Josep Carner

Aquest poema de Carner, del llibre *Auques i ventalls*, encaixa del tot amb l'estètica noucentista: perfecció formal, llengua artificiosa, òptica ciutadana.

La noia que ve de la mar

Fins la mòmia grisa del rei Wamba
cercaria, amb delit, de dar-te encalç,
oh honor d'algun taulell o Tupinamba,
goig de les nostres passejades maquinals!

Oh noia que "despatxes" o que cuses,
inassolida pel desig avar,
mereixes les besades de les Muses
i més si portes regalims de mar!

Quan al tramvia saltes cada dia
de l'ona amb el perfum i el moviment,
es decanten els homes del tramvia
com pobres canyes al voler del vent.

D'un or subtil fulgura ta parpella,
d'alegre sang tos llavis són vermells,
hi ha en els teus ulls una tendror novella,
dringa encara una perla en tos cabells.

I és que tu, que tal volta pronuncies
de "i ares!" tot jorn un devessall
i cantes vieneses melodies
i no et refuses l'all,

esdevingueres dintre de l'onada,
que et féu renéixer en un esclat més ric,
imatge de la nostra nissaga recobrada
cenyida amb murtres i amb el llor antic.

I, com eixits de tota minva i polseguera,
en tu veiem encar
–drets a la plataforma del darrere–
la dea que torçà la cabellera,
tot d'una que va néixer, damunt l'espill del mar.

Josep CARNER: *Auques i ventalls*.

Sandro BOTTICELLI: *El naixement de Venus* (1482-1484). S'hi representa la deessa romana de la bellesa naixent de l'aigua. La noia del poema ens apareix al final com la imatge resplendent de la deessa Venus.

- Què et sembla que descriu el poema "La noia que ve de la mar"?
- Què es pot deduir de la noia llegint el poema?
- En aquest poema la dona hi és representada d'una manera idealitzada i provoca un sentiment amorós més admiratiu que apassionat. Posa'n algun exemple.
- Fes l'estudi mètric del poema.
- En aquest poema Carner utilitza una gran varietat de recursos lèxics, en sabries dir algun? És propi del Noucentisme?
- Aquest poema és ric en figures retòriques: metonímies, personificacions, metàfores, polisíndeton. Posa'n alguns exemples.
- Des d'on i cap a on evoluciona la poesia de Josep Carner?

Apliquem

Redactem un article de divulgació científica

Activitat prèvia: Buscar informació

▶ @ Per buscar informació i bibliografia sobre un tema, t'anirà bé consultar una font informativa de caràcter general (*Gran Enciclopèdia Catalana*, *Viquipèdia*, etc.). Després, completa la recerca consultant:

- La biblioteca del centre educatiu.
- El catàleg de les biblioteques públiques.
- Articles de fonts fiables que puguis trobar a Internet.

Mira quines són les fonts que trobes a la xarxa per als temes següents i valoreu en grups quines són fiables:

Fem-ho així

Les fonts fiables són institucions conegudes (universitats, governs i ajuntaments, col·legis professionals, associacions reconegudes, etc.) i autors amb nom i cognoms. Desconfia de les pàgines anònimes o d'entitats desconegudes.

Elaboració de l'article

Escriu un article de divulgació científica

▶ Els departaments de Biologia i de Física i Química us han demanat que elaboreu un article de divulgació científica per a la revista de l'escola. L'article forma part d'un projecte que té l'objectiu d'explicar la ciència de manera clara i atractiva als alumnes de 1r, 2n i 3r. Pot tractar un d'aquests temes:

- La cèl·lula
- L'origen de la vida a la Terra
- La selecció natural de les espècies
- L'àtom
- L'origen de l'univers
- Els acceleradors de partícules

També teniu l'opció de tractar un altre tema relacionat amb la biologia, la física o la química que us interessi, encara que no sigui un dels indicats.

Penseu que l'article anirà adreçat als alumnes més joves del vostre centre educatiu, cosa que vol dir que no ha de ser un text gaire especialitzat. Per tant, seleccioneu informació que vosaltres pugueu entendre i adapteu-la al nivell dels destinataris.

Pautes per escriure

a) Anàlisi i aprofitament de la informació

- Llegiu tota la informació que hagueu aplegat i feu unes fitxes escrites a mà (en un full de paper o una cartolina) per a cadascuna de les fonts que hagueu consultat, amb la informació essencial.

Parts d'una fitxa bibliogràfica:

1. Dades bibliogràfiques de la font:

   Cognom de l'autor (en majúscules o versaleta), nom de l'autor. Títol de l'obra (en cursiva). Lloc d'edició: editorial, any d'edició, pàgines que es fan servir per redactar l'article.

2. Indicació del contingut de la fitxa:

   a) Resum de la part del text que es vulgui incloure a l'article.

   b) Citació literal d'un fragment de text que es vol incloure a l'article (entre cometes i citant l'autor i l'obra d'on prové).

   c) Comentari personal, especialment en relació amb altres fonts o coneixements que puguem tenir sobre el tema.

Fem-ho així

Fixa't en l'exemple per citar les dades bibliogràfiques:

HURTADO, Víctor; GATELL, Cristina i MOLINERO, Felipe. *Atles històric de Catalunya*. Barcelona: Editorial Vicens Vives, 1998, pàg. 37-39.

- Elaboreu un **esquema** o **guió** per organitzar la informació. Hi haureu d'incloure ben ordenades les idees que voleu fer constar a l'article i buscar explicacions, exemples o arguments per a cadascuna.
- Establiu quins apartats i subapartats haurà de tenir el cos de l'article per jerarquitzar bé la informació.

b) Redacció de l'article

A partir de l'esquema o el guió, escriviu l'article:

- Incorporeu-hi la informació que heu recollit a les fitxes (les citacions, els comentaris que us hagi suggerit la lectura de les fonts, etc.).
- Estructureu-lo en una introducció, un cos i una conclusió, i jerarquitzeu-lo en apartats i subapartats.
- Utilitzeu frases curtes i un lèxic precís.
- Feu servir els punts i seguit per separar oracions i eviteu les comes innecessàries.
- Reviseu el text i passeu-hi un corrector ortogràfic.

c) Presentació oral de l'article

El portal *La ciència al teu món* organitza un concurs de presentacions orals d'articles de divulgació científica.

Heu decidit participar-hi amb l'article i fer un enregistrament oral amb la vostra explicació del text. No enregistreu la lectura en veu alta de l'article, sinó una explicació estructurada del contingut.

4 El text expositiu (II)

Fil per randa. Em seguiu, oi?

Continguts

Per començar

Els textos expositius tenen una finalitat informativa i didàctica i adopten tota mena de formats, des de les tesis doctorals o els articles científics, fins als llibres de text o les explicacions orals. Sovint es combinen diversos recursos explicatius amb altres tipus de text (descripcions, narracions, argumentacions, etc.).

Tant la riquesa com la varietat de recursos estan al servei de la naturalesa d'aquest tipus de text i en reforcen el propòsit: fer entendre allò que s'explica.

La història: la percepció i la fixació del pas del temps

Perquè hi hagi historiografia hi ha d'haver, abans, la percepció de la història; és a dir, d'una banda, la consciència del pas del temps, i de l'altra, la consciència que aquest temps forma una memòria mereixedora de ser transmesa. Aquesta doble consciència s'expressa, en un primer moment, a través de la continuïtat de qui governa o dirigeix la comunitat; heus aquí les llistes de faraons, de patriarques o de cònsols. A aquest primitiu suport cronològic es pot afegir el record d'algunes efemèrides fonamentals per al conjunt polític que vol recordar; això significa la redacció d'annals, la fixació any per any de la memòria dels principals esdeveniments. Aquest temps significatiu pot ser també un temps pautat per ocurrències de caràcter religiós; per exemple, a l'antiga Grècia, la cadència marcada pels jocs d'Olímpia, cada quatre anys.

A l'alta edat mitjana, un cop enfonsat l'Imperi romà i els regnes barbàrics que més directament el van continuar, es va haver de tornar a començar. Cada nova formació política, seguint el seu propi ritme, va haver de redescobrir i fixar el sentit de la continuïtat i del temps.

Stefano Maria CINGOLANI: *La memòria dels reis. Les quatre grans cròniques* (adaptació).

A Quina doble consciència implica la percepció de la història?

B Quina funció devien tenir les llistes de faraons, patriarques o cònsols?

C Què és el "temps pautat per ocurrències de caràcter religiós"? Indica'n exemples actuals.

D Com fixem avui dia el sentit de la continuïtat i del temps? Diries que ha canviat gaire? Parleu-ne a classe.

Llegim un text expositiu

Una humanitat paral·lela

Avui, tothom es distingeix pel color de la pell, per alguns trets físics i per certs matisos culturals. Malgrat això, formem una sola humanitat amb una pàtria comuna: l'Àfrica. I estem sols al món, perquè, per primera vegada en la història de l'evolució humana, només una espècie d'homínids regna com a supervivent d'un passat en què van conviure alhora –i, en alguns casos, també en l'espai– fins a quatre espècies: l'*Homo neanderthalensis*, l'*Homo sapiens*, l'*Homo erectus* i l'*Homo florensis*. Aquesta soledat ens desconcerta i ens impulsa a cercar els nostres orígens i, sobretot, a plantejar-nos què vol dir ser un ésser humà. Potser parlar, raonar, estimar i tenir consciència de la vida i la mort? Què ens fa creure que som els únics humans autèntics que han poblat el món?

Fa 40 000 anys, dues espècies tan similars com els neandertals i els *sapiens* –el nostre avantpassat directe– es van trobar a Europa. Els primers, els autèntics europeus, poblaven el continent des de feia 200 000 anys quan de sobte es van veure sorpresos per una gran onada migratòria procedent de l'Àfrica. Es van instal·lar en un territori fins aleshores dominat per l'última baula d'un tipus d'humanitat que té el seu origen en l'*Homo heidelbergensis*, aparegut a Europa fa uns 500 000 anys. El llinatge dels neandertals i el nostre es van separar pels volts d'aquell temps, o fins i tot, una mica abans, fa 600 000 anys, de manera que les dues humanitats van evolucionar en paral·lel. L'home de Neandertal és l'espècie humana més propera a la nostra que ha existit mai, i mai més no serem tan a prop de cap altra. El fet de pertànyer a la gran família dels homínids, el fa participar d'alguna manera de la nostra memòria col·lectiva.

Durant uns 12 000 anys –entre el 40 000 i el 28 000–, neandertals i homes moderns van poblar el continent europeu. Com va ser la convivència? Hi va haver intercanvis culturals o enfrontaments violents? Hi va haver, fins i tot, mestissatge genètic entre les dues comunitats? I el més important, quina responsabilitat van tenir els nostres avantpassats directes en l'extinció d'una espècie que durant prop de 300 000 anys havia superat unes condicions climàtiques i de vida extremament severes i disposava d'una intel·ligència social i tecnològica consolidada? Què va passar perquè, de cop i volta, desaparegués de la Terra?

Les hipòtesis són múltiples: des del final de la seva evolució biològica com a espècie fins a una extinció violenta instigada per l'home modern –potser un virus portat pels *Homo sapiens* africans contra el qual els neandertals no eren pas immunes–, passant per una inadaptació al clima més càlid que fa uns 40 000 anys hi havia a Europa o una inferioritat tecnològica que els hauria deixat fora de joc en la competència amb els éssers humans moderns pels recursos naturals, tal com, per exemple, va passar amb els amerindis arran de la conquesta espanyola al segle XVI.

Família de neandertals.

Família d'*Homo sapiens*.

No va ser fins al 1856 que es va prendre consciència que no fa pas tants anys que estem sols al món. L'agost d'aquell any, uns obrers que extreien pedra en una cova de la vall del riu Neander, prop de la ciutat alemanya de Düsseldorf, van topar amb la part d'un crani, d'un braç i de diverses costelles. El naturalista local Johann Karl Fuhlrott i l'anatomista Hermann Schaaffhausen van anunciar la descoberta un any després, atribuint les restes a una raça humana desapareguda, l'últim representant d'una població nòrdica que suposadament hauria combatut contra els romans.

S'encetava aleshores una discussió científica sobre la humanitat o no d'aquelles restes fòssils que el 1859 va quedar impregnada per les tesis que Darwin presentà a *L'origen de les espècies*. La seva teoria revolucionària sobre l'evolució natural, la defensa del fet que l'home procedís d'espècies inferiors i que de sobte existís un vincle que el connectava amb allò que pejorativament s'anomenava "animals" va provocar una gran commoció en tots els àmbits de la cultura i del pensament de l'època.

Gemma AGUILERA: *Una humanitat extingida* (adaptació).

ACTIVITATS

1. Quina espècie d'homínids ha sobreviscut a l'evolució?

a) *Homo erectus* ☐
b) *Homo neanderthalensis* ☐
c) *Homo sapiens* ☐
d) *Homo florensis* ☐

2. Llegeix el text i digues si aquestes afirmacions són veritables o falses:

a) Fa 200 000 anys Europa es va veure afectada per una gran onada migratòria. ☐
b) Fa 400 000 anys els neandertals i els *sapiens* van coincidir a Europa. ☐
c) La gran onada migratòria es va instal·lar en territori de l'*Homo heidelbergensis*. ☐
d) El llinatge dels neandertals i el nostre va evolucionar en paral·lel fa 600 000 anys. ☐
e) Els neandertals ja poblaven el continent europeu 200 000 anys enrere. ☐

3. Per què es diu que els neandertals eren l'espècie autènticament europea?

4. Què vol dir que formem una sola humanitat?

a) Que al llarg de la història només hi ha hagut una espècie d'homínids. ☐
b) Que provenim d'una barreja d'espècies d'homínids. ☐
c) Que totes les persones provenim d'una mateixa espècie d'homínids. ☐
d) Que totes les persones sentim la necessitat de buscar el nostre origen. ☐

5. A què es refereix quan es parla de "mestissatge genètic" al text?

a) A l'existència d'humans fruit de la unió de neandertals i *sapiens*. ☐
b) A l'existència de comunitats en què convivien neandertals i homes moderns. ☐
c) A l'existència de material genètic comú entre neandertals i *sapiens*. ☐
d) A l'existència d'intercanvis econòmics i culturals entre neandertals i homes moderns. ☐

6. Per què l'espècie desapareguda, donada a conèixer per J. K. Fuhlrott i H. Schaaffhausen, va rebre el nom d'home de Neandertal?

7. Per què el títol és "Una humanitat paral·lela"?

8. El text afirma que es desconeix la causa de la desaparició dels neandertals. Justifica si planteja com a hipòtesi que no hi hagués factors externs que ho propiciessin.

9. Què vol dir l'autora quan afirma que els neandertals participen de la nostra memòria col·lectiva?

10. Per què la teoria de l'evolució humana va provocar tanta commoció en els àmbits de la cultura i del pensament de l'època (s. XIX)? Quina conseqüència tenia per a les creences del moment que els humans derivéssim d'una altra espècie?

11. Trobes que el text és prou entenedor? Què ho fa? Indica quines característiques del llenguatge ho fan possible.

1. El text expositiu (II)

Estructura i organització de la informació

Els textos expositius presenten la informació d'una manera lògica i jerarquitzada, segons una estructura que, en general, conté:

- Una **presentació** o introducció del tema.
- Un **desenvolupament** que serveix per presentar les explicacions, els raonaments i els exemples que avalen el tema.
- Una **conclusió** que sintetitza les idees exposades en el desenvolupament.

A més, per fer-se entenedors, aquests textos fan servir diversos recursos textuals per presentar la informació, depenent del tema que tractin:

- **Ordenació lògica**. S'expliquen unes idees o uns coneixements seguint un ordre lògic (de més gran a més petit, de més important a menys, etc.).
- **Comparació**. S'expliquen els continguts a través d'exemples, comparacions lògiques i analogies per fer-los més comprensibles.
- **Relat temporal**. L'exposició segueix un ordre temporal, com si es tractés d'una narració.
- **Argumentació**. S'exposen els motius a favor d'una tesi que resol un problema plantejat.
- **Causa-efecte**. S'analitzen les causes i les conseqüències d'uns fets.

Un mateix text pot recórrer a més d'un d'aquests cinc recursos.

Per saber-ne més

L'**analogia** és un tipus de comparació que explica un element desconegut per mitjà d'una exposició dels aspectes que té en comú amb un element conegut:

El col·lisionador del CERN és un accelerador de dos feixos de partícules, l'un de protons i l'altre de nuclis de plom, que corren paral·lels com els dos vehicles d'una pista de slot però en sentit oposat, de manera que, en arribar al tram d'intersecció, es produeix necessàriament la col·lisió entre els dos feixos.

La progressió del contingut

En general, als textos expositius la informació es desplega de dues maneres diferents:

1. Es parteix d'un tema que es divideix al llarg del text en diversos subtemes. Aquesta fórmula és habitual quan volem desplegar una idea o un element complex.

L'art hel·lènic

La frase del filòsof grec Protàgores "L'home és la mesura de totes les coses" sintetitza les característiques generals de l'art hel·lènic. Sobre la base d'aquest pensament, les manifestacions arquitectòniques i escultòriques van deixar de banda el monumentalisme dels estils orientals anteriors i van reflectir una recerca de la bellesa a partir de l'harmonia i la proporcionalitat en relació amb l'ésser humà.

- **L'arquitectura**

En aquesta recerca de la bellesa i l'harmonia, els edificis van anar guanyant en esveltesa i elegància, en part gràcies a les minucioses correccions visuals efectuades a partir de càlculs matemàtics.

- **L'escultura**

El progrés cap a la bellesa va consistir en la captació naturalista de l'ésser humà, objecte principal de les seves representacions.

Laocoont i els seus fills.

Al text anterior es caracteritza l'art grec explicant cada modalitat artística com un subtema.

2. Es comenta un tema que enllaça amb un altre, i així successivament.

El naixement de la cultura i de l'art grecs va tenir lloc en els segles IX i VIII a.C., una vegada superada la profunda crisi provocada per l'enfonsament de la civilització cretomicènica (2600-1200 a.C.). Aquest període inicial es va caracteritzar per la recuperació del comerç i la colonització de territoris de l'extrem occidental del Mediterrani.

En el segle VII a.C., el contacte amb la cultura egípcia i mesopotàmica va provocar l'eclosió de l'arquitectura i l'escultura gregues. La victòria posterior contra els perses a les Guerres Mèdiques (499-479 a.C.) va afavorir un període d'autonomia cultural i artística, amb epicentre a l'Atenes de Pèricles.

Però l'arrogància atenesa envers la resta de *polis* va ser l'inici de les Guerres del Peloponès (431-404 a.C.), lluites internes que van propiciar la decadència econòmica de les ciutats estat gregues. Aquesta situació va ser aprofitada durant el segle IV a.C. pels macedonis que, sota el lideratge de Filip II i Alexandre el Gran, van conquerir totes les *polis* i l'Imperi persa.

FEM-HO AIXÍ

Sigui quina sigui la manera com despleguis la informació en un text expositiu, pensa a estructurar-la en paràgrafs per endreçar millor tots els aspectes que vulguis comentar.

ACTIVITATS

12. Digues si els textos següents presenten una estructura d'ordenació lògica, de comparació, de relat temporal, d'argumentació o de causa-efecte i justifica cada cas. Hi ha algun text que presenti més d'una estructura? Indica-ho:

A La pintura del *Quattrocento* s'aparta dels principis de l'estil gòtic. Temàticament, encara que es practica la pintura religiosa, abunden els temes pagans. Estèticament, es prioritza el dibuix, i el pintor està obsessionat per la profunditat i l'enquadrament de les figures. Les tècniques més utilitzades són el *fresc* i el *tremp*, i a la darreria del segle XV s'hi afegeix l'*oli*, cosa que fa desaparèixer el retaule a favor de la tela.

B L'àtom és una estructura amb un nucli molt petit amb relació a la seva mida total. Al nucli hi ha els protons i els neutrons i al seu voltant, a molta distància, es mouen els electrons. Si comparem un àtom amb un estadi de futbol, el nucli de l'àtom seria el punt blanc que hi ha al centre del camp i els electrons serien a l'última graderia.

C La filosofia no és una ciència perquè, en primer lloc, les teories filosòfiques, a diferència de les hipòtesis científiques, no són falsables. Les teories físiques d'Aristòtil han quedat bandejades per altres de més modernes; en canvi, les seves reflexions ètiques sobre la justícia i la felicitat són encara vigents.

En segon lloc, la filosofia no té el caràcter predictiu de la ciència. La filosofia analitza i descriu; la ciència no només descriu, sinó que prescriu, determina el comportament futur dels fenòmens.

Finalment, la filosofia s'ocupa, no només de tot el que es pot veure, tocar, observar, mesurar, com fa la ciència, sinó també de la realitat intangible, com ara les idees i els valors.

D

Semblava que no hi havia cap dubte que una ment només pot tenir com a suport un cervell biològic.

Doncs bé, a partir dels estudis fets en el camp de l'anomenada Intel·ligència Artificial durant els darrers cinquanta anys, alguns filòsofs han començat a qüestionar que els humans tinguem una ment. Com que el funcionalisme considera que la ment no és una substància sinó un conjunt de funcions cerebrals, els funcionalistes afirmen que la ment funciona com un complex programa informàtic: rep dades, les processa i emet una resposta.

La conseqüència principal d'aquest plantejament és que qualsevol màquina dotada d'un programa adient tindria la capacitat de pensar.

E

El segle XVI va ser una època de crisi i de canvis. En una part d'Europa continuava vigent la societat tradicional, mentre que, en altres zones, la burgesia s'hi va desenvolupar i va imposar els seus valors i gustos.

En l'àmbit de la ciència, alguns científics i pensadors van criticar les creences basades en la tradició i van defensar el mètode experimental com a base única del coneixement.

La cultura i l'art van reflectir les controvèrsies del seu temps, i van manifestar una divergència en temes i tendències entre l'Europa catòlica i la protestant.

13. En aquest text es distingeixen tres estructures. Identifica-les i descriu-les:

En temps antics, tot de pobles i cultures consideraven que el llenguatge havia estat un regal d'alguna divinitat. Els romans, per exemple, creien que el déu Ianus havia inventat el llenguatge i l'havia lliurat als mortals. I a la Bíblia, Jahvè apareix donant nom a les realitats superiors, mentre que Adam és l'encarregat de designar els animals. Aquesta llengua única i originària es va fragmentar després de Babel, amb la qual cosa es va produir la dispersió de la humanitat.

Aquesta concepció divinista va fer crisi en el Romanticisme quan alguns filòsofs, com Herder i Rousseau, van introduir la idea d'un origen estrictament humà. La duresa dels enfrontaments va fer que la Societé Linguistique de París prohibís qualsevol discussió sobre els orígens del llenguatge.

Jesús TUSON: *Introducció al llenguatge* (adaptació).

14. Fes un quadre amb els dos elements que es relacionen al llarg del text i les diverses comparacions lògiques que s'estableixen entre aquests dos elements:

A principis del segle XVI, Leonardo da Vinci va tenir la intuïció suficient de comparar els corrents oceànics i el flux de la sang. Havia estudiat l'anatomia del cos humà i sabia que el paper de les artèries i les venes és transportar sang oxigenada i amb nutrients cap a totes les parts del cos i convertir-se en la font d'energia per a la vida. Però Leonardo no podia saber que als oceans hi ha corrents capaços de fer aquest paper global de transferència d'energia al nostre planeta!

El cos humà incorpora nutrients i oxigen de l'entorn i els distribueix a tot el cos mitjançant el sistema circulatori. El disseny del cos ha evolucionat per aprofitar aquests recursos externs. A la Terra també li arriba energia en forma de radiació solar, i com a sistema viu, també ha evolucionat per tal d'aprofitar-la de la millor manera possible. Però, on és la vida a la Terra? Doncs la major massa terrestre amb vida activa són els oceans. Cal, per tant, que l'energia solar pugui arribar a totes les parts del sistema marí i que els nutrients arribin als llocs on hi ha la transformació fotosintètica. D'això se n'encarreguen els corrents oceànics, que són la baula fonamental per mantenir el flux d'energia i de vida al nostre planeta.

La semblança entre el flux de les aigües als oceans i la sang de les artèries i les venes d'un ésser viu superior és sorprenent. De la mateixa manera que el flux sanguini en els mamífers comença al cor, també tots els grans corrents oceànics tenen origen durant l'hivern a les regions més fredes del planeta. La periodicitat bàsica d'aquest sistema circulatori terrestre, o sigui, el temps que triga a bategar, és d'un any.

Josep L. PELEGRÍ i Alícia DURÓ: "La memòria oceànica del clima. El sistema circulatori d'un planeta viu". *Mètode* 77, primavera 2013 (adaptació).

Textos expositius especialitzats i divulgatius

Els textos expositius són presents principalment en els àmbits de la ciència, la tècnica i l'ensenyament.

Segons la complexitat i la quantitat de terminologia que continguin poden ser especialitzats o divulgatius.

- Textos **especialitzats**, que s'adrecen a un públic entès i utilitzen força terminologia. Segons la seva complexitat, podem distingir:
  - Text cientificotècnic especialitzat, propi dels experts d'una matèria.
  - Text científic oficial, com ara informes d'equips investigadors.
  - Text de recerca, com per exemple una tesi doctoral.
  - Text de semidivulgació, adreçat a un públic universitari o amb uns certs coneixements del tema.
- Textos **divulgatius**, que s'adrecen a un públic general i que, per aquesta raó, utilitzen poca terminologia per resultar més entenedors. En distingim dos tipus:
  - Article de divulgació, dirigit a un ampli sector de la societat.
  - Text pedagògic, propi de l'educació, llibres de text, etc.

Els exàmens, els apunts que prenem a classe, les exposicions orals que fem o les cartes i correus electrònics que escrivim també són textos expositius o contenen seqüències textuals expositives.

ACTIVITATS

15. Llegeix aquests dos textos, digues si són especialitzats o divulgatius i explica què t'ho indica:

A Entre les anomenades energies renovables, l'energia eòlica és una de les que ha estat més emprada en el decurs de la història. Des de fa segles l'home ha sabut aprofitar l'energia del vent per desplaçar-se pel mar, moldre blat o bombar aigua. En canvi, no és fins al segle XX que comença l'aprofitament comercial de l'energia eòlica per a la producció d'electricitat.

B L'àcid sulfúric al 100 % és un líquid incolor, inodor, dens i viscós. Això pel que fa al monohidrat, que es considera que té una composició equimolecular d'aigua i triòxid de sofre. Quan l'àcid sulfúric s'escalfa perd triòxid de sofre fins que als 338 °C es fon i en resulta un àcid de 98,3 %.

16. Imagina't que busques informació entenedora sobre l'ADN. D'entrada, quins d'aquests articles triaries basant-te en el títol? Justifica la tria:

- La cadena de la vida
- Biologia molecular de la cèl·lula
- L'estructura molecular dels àcids nucleics
- Les instruccions genètiques de la cèl·lula
- L'ADN: la recepta de la vida

17. Busca informació sobre l'ADN i explica-ho amb les teves paraules. En trobaràs, per exemple, si entres a: www.tiching.com/746016.

18. Explica per què els apunts que prens a classe de ciències socials són un text expositiu.

19. Llegeix aquesta situació i redacta una carta fent servir les estructures del text expositiu que calgui:

> Imagina't que vols demanar una beca per fer un curs de perfeccionament d'anglès de dos mesos en una acadèmia irlandesa.
>
> Per optar a la beca, has d'escriure una carta explicant qui ets i com ets, quines aficions tens, per què vols fer el curs, què saps d'Irlanda i com esperes que sigui l'experiència.

20. Imagina't que durant la Setmana de la Ciència el vostre centre escolar organitza una exposició dedicada a la història i l'evolució del telèfon. Informa't sobre aquest tema i redacta un text sobre l'exposició per incloure'l al tríptic informatiu.

L'exposició oral (II)

Les estratègies explicatives

Per fer-se entendre i comunicar uns continguts assequibles cal **saber-se posar en el lloc del receptor**: quins conceptes són nous per a ell, amb quines comparacions i exemples podrà entendre millor els punts difícils, quan es cansarà de l'esforç d'escoltar i comprendre...

Per fer-ho bé disposes de les estratègies explicatives següents:

a) **Fer una definició**, quan cal explicar amb exactitud el significat d'un terme: *el vanadi és un metall dúctil i tou, de color blanc grisenc, que s'utilitza en aliatges i presenta una alta resistència als àcids sulfúric i clorhídric.*

b) **Posar exemples**, presentant casos que mostren d'una manera pràctica el caràcter i l'abast d'un concepte: *Els mots polisèmics tenen dos o més significats; per exemple, el mot* banc *es refereix tant a un lloc per seure com a una institució financera.*

c) **Comparar**, emprant l'analogia entre dos conceptes per entendre millor el més difícil a través del més proper: *El líquid sinovial manté lubricades les articulacions del cos com fa l'oli amb les peces del motor d'un cotxe.*

d) **Reformular**, és a dir, repetir el concepte amb unes altres paraules, sovint amplificant l'explicació o definint-lo: *El paracetamol és un antipirètic, això vol dir que ens fa baixar la temperatura corporal quan tenim febre.*

e) **Remetre a l'etimologia**: *El mot* microscopi, *que significa "mirada al que és petit", ve dels radicals grecs* micro, *'petit', i* scopos, *'mirada'.*

COMPRENSIÓ AUDIOVISUAL

Ves a www.ticking.com/745909 i respon a les preguntes.

Estratègia oral

Les presentacions informàtiques

Les presentacions informàtiques s'han convertit en gairebé imprescindibles per fer una exposició en públic. És cert que ajuden a **destacar el contingut** i que serveixen de **guió** per a qui parla, però també poden convertir-se en un obstacle per a la comunicació. Per evitar-ho, segueix aquests consells:

1. Fes **diapositives clares** i **poc carregades**, amb només cinc o sis punts en una llista, sense redactats llargs. No és el mateix una diapositiva per acompanyar l'orador mentre parla que per llegir-la a casa.
2. Vigila amb el **color de la lletra i del fons**: si empres un fons fosc i lletra poc contrastada, costa molt de llegir.
3. **No llegeixis** els textos, perquè ja els pot llegir el públic, i no et giris contínuament cap a la pantalla per no perdre el contacte visual amb l'auditori.
4. No enfosqueixis gaire la sala, just perquè es pugui llegir la pantalla; cal que **el públic et vegi** la cara i la mirada: no has de ser una veu en off.

En resum, es tracta que la presentació informàtica sigui una ajuda per a qui parla i per a qui escolta, però que no sigui el focus d'atenció ni anul·li el paper central que ha de tenir l'orador.

Actualment hi ha molts programes i aplicacions per elaborar presentacions digitals, que et poden servir de suport en les teves exposicions.

Expressió oral

Explicar conceptes

- Les definicions són textos precisos que presenten els conceptes amb poques ajudes. Feu el desenvolupament explicatiu oral d'una definició per fer-la més entenedora, emprant les estratègies explicatives.

Definició

escúter *m*. Motocicleta de cilindrada petita o mitjana amb el motor i els òrgans de transmissió a l'interior d'un carenat i amb una base per posar-hi els peus.

Explicació de la definició

Un escúter és una moto. Bé, per ser precisos, s'anomena *motocicleta*: "moto" és una abreviació. Ha de ser de cilindrada petita, que és fins a 250 centímetres cúbics de motor, o mitjana, que és fins a 750.

També es caracteritza perquè tant el motor com la cadena, el plat, el pinyó, etc., no estan a la vista, sinó que estan coberts amb un carenat, que és una estructura de xapa que revesteix una part d'un vehicle.

Pautes per fer l'explicació d'una definició

1. En parelles, trieu dos conceptes del diccionari.
2. Llegiu-los amb atenció i prepareu-ne l'explicació desenvolupant cada part amb precisions, amplificacions i exemples.
3. Feu les explicacions a una altra parella amb l'estil i l'entonació que pertoquen a una lliçó d'un docent a classe. Els companys de l'altra parella valoraran les estratègies explicatives que heu emprat.

Pauta d'avaluació de l'expressió oral	
• Ha parlat amb el to i l'estil d'una explicació didàctica a classe?	☐
• Ha emprat una diversitat de recursos explicatius? Quins?	☐
• L'explicació ha resultat entenedora i ha enriquit la definició?	☐

Repte oral

L'amplificació

- En grups de tres, cadascú prepara una intervenció d'un minut i mig que acabi amb una citació. Com que la preparació ha de partir de la citació, es tracta de fer un amplificació del tema que conté.

Per saber parlar, cal aprendre a callar. (Refrany popular)

En l'actualitat, es podria definir el progrés com la facultat de la humanitat per complicar les coses senzilles. (Thor Heyerdhal)

La inspiració existeix, però t'ha de trobar treballant. (Pablo Ruiz Picasso)

2. Els pronoms febles (II)

Els pronoms de 3a persona del plural

Segons la funció que fan dins de l'oració, els pronoms de 3a persona adopten les formes següents:

Funció	Plural				
CD	els	les	es	ho	en
CI	els		es		

Combinació de pronoms de 3a persona del plural

Els pronoms de 3a persona plural es poden combinar entre si i també amb altres pronoms.

Al quadre que hi ha a continuació podeu veure les possibilitats que resulten de combinar dos pronoms febles de 3a persona de plural de complement directe i complement indirecte:

	Combinació de dos pronoms febles de 3a persona del plural				
	els	**les**	**es**	**ho**	**en**
els	els els -los-els 'ls-els	els les -los-les 'ls-les	se'ls -se'ls	els ho -los-ho 'ls-ho	els en / els n' -los-en 'ls-en
es	se'ls -se'ls	se les -se-les		s'ho -s'ho	se'n / se n' -se'n

Combinació del pronom de CI *els* amb els pronoms de CD de 3a persona

Tal com veiem al quadre anterior, el pronom *els* de complement indirecte plural no canvia de forma davant dels pronoms de complement directe de 3a persona. I en aquest cas, tampoc no s'altera l'ordre habitual dels pronoms (CI + CD):

– *El conseller explica l'acord (CD) als periodistes (CI).* → *El conseller els (CI) l' (CD) explica.*

– *La Núria recita els poemes (CD) als nens de P3 (CI).* → *La Núria els (CI) els (CD) recita.*

– *En Cesc resumeix la novel·la (CD) a les companyes (CI).* → *En Cesc els (CI) la (CD) resumeix.*

– *La cantant dedica les cançons (CD) a les fans (CI).* → *La cantant els (CI) les (CD) dedica.*

– *He comprat bombons (CD) als meus nebots (CI).* → *Els (CI) n' (CD) he comprat.*

– *L'interventor ha explicat als viatgers (CI) que els trens porten retard (CD).* →
L'interventor els (CI) ho (CD) ha explicat.

FEM-HO AIXÍ

El pronom de complement indirecte femení plural sempre és *els*. El pronom *les* només s'utilitza per substituir complements directes femenins plurals determinats:

- *Dona les bosses (CD) a les noies (CI).* →
  Els (CI) dona les bosses (CD). →
  Els (CI) les (CD) dona.

En canvi, com passa amb *li*, el pronom *els* combinat amb els pronoms de complement directe de 1a i 2a persona es transforma en *hi* i inverteix l'ordre habitual. Per tant, les combinacions resultants són *m'hi, ens hi, t'hi, us hi*:

– *Ens* (CD) *van presentar als responsables del projecte* (CI). → *Ens hi* (CD CI) *van presentar.*

La combinació de pronoms en el registre formal i col·loquial

En la llengua col·loquial, però, la combinació del pronom *els* de CI amb un pronom de CD de 3a persona, tant singular com plural o neutre, se simplifica i es redueix a *els hi*:

– *Deixaré aquest mòbil* (CD) *als meus cosins* (CI). → *Els hi deixaré.*

– *Ara lliuren les acreditacions* (CD) *a tots els conferenciants* (CI). → *Ara els hi lliuren.*

– *Explicarà que no hem fet el treball* (CD) *a les professores* (CI). → *Els hi explicarà.*

Vegeu en aquest quadre les possibles combinacions de pronoms de CD i CI, de singular i de plural, tant en les formes dels registres formals com en les que es fa servir col·loquialment:

	Combinació de dos pronoms de CD i CI	
Combinació de pronoms	**Registre formal**	**Registre col·loquial**
el + li	*L'hi explica.*	*L'hi explica.*
la + li	*La hi explica.*	*L'hi explica.*
els + li	*Els hi explica.*	*Els hi explica.*
les + li	*Les hi explica*	*Els hi explica.*
ho + li	*Li ho explica.*	*L'hi explica.*
en + li	*Li n'explica tres.*	*N'hi explica tres.*
el + els	*Els el llegeixo.*	*Els hi llegeixo.*
la + els	*Els la llegeixo.*	*Els hi llegeixo.*
els + els	*Els els llegeixo.*	*Els hi llegeixo.*
les + els	*Els les llegeixo.*	*Els hi llegeixo.*
ho + els	*Els ho llegeixo.*	*Els hi llegeixo.*
en + els	*Els en llegeixo unes pàgines.*	*N'hi llegeixo unes pàgines. / Els hi llegeixo.*

Hem de ser conscients de la situació comunicativa en què ens trobem per poder fer un ús convenient de les combinacions de pronoms formals o col·loquials. Cal tenir en compte que les formes col·loquials són també normatives, però no són adequades en els registres formals.

Atenció!

La combinació *els hi* sovint es fa servir en les converses quotidianes per substituir un sol pronom de complement indirecte:

– *Donarem els entrepans a les participants.* → *Els donarem els entrepans* (formal correcte)

– *Donarem els entrepans a les participants.* → *Els hi donarem els entrepans* (col·loquial)

FEM-HO AIXÍ

Quan *hi* és un pronom que substitueix un CC de lloc o un CPrep, les possibles combinacions (*l'hi, els hi, n'hi...*) són sempre vàlides en tots els registres:

– *He comprat els plats al mercat.* → *Els hi he comprat.*

ACTIVITATS

21. Indica la funció sintàctica dels complements subratllats i reescriu les oracions substituint-los pel pronom o els pronoms corresponents:

- Preparem els entrepans per als voluntaris.
- Preparem l'entrepà per als voluntaris.
- Preparem les begudes per a les voluntàries.
- Preparem la beguda per als voluntaris.
- Prepararem begudes per a tots el participants.
- Direm a les teves germanes que arribarem tard.
- Encarrega els plats a aquells cuiners tan coneguts.
- Martina, porta les còpies a les professores.
- Oriol, serveix begudes als convidats, si us plau.
- Sempre s'empesquen les solucions més complexes.
- Sovint s'imaginen que tothom els té mania.
- Us van presentar als responsables del càsting.

22. Reescriu les oracions substituint els complements subratllats pels pronoms corresponents, primer els de registre formal i després fent la reducció col·loquial:

- Ensenyarem la ciutat als companys de l'intercanvi.
- Ensenyarem l'institut i la ciutat als companys.
- Oferirem pastís a les convidades.
- Oferirem el millor que tinguem a les convidades.
- Explica les teves propostes a l'entrenador.
- Explica les teves propostes als altres jugadors.

23. Escriu les respostes substituint els complements subratllats pels pronoms corresponents, tant amb les solucions formals com amb les col·loquials:

- No vol deixar l'herència als nebots? No, no ...
- Ja han passat la pel·lícula als crítics? Sí, ja ...
- El Govern atorgarà cent beques especials als millors estudiants? Sí, sembla que ...
- Regaràs les plantes als avis quan marxin? Sí, ...
- Ja has dit a la Sara que no pots venir a fer el treball? No, ...

24. Substitueix els pronoms per complements equivalents:

a) Dona'ls-en.
b) Explica'ls-els.
c) Els les vendrem.
d) Va comprar-los-el.
e) Ens hi van presentar.
f) Proposem-los-ho.

25. Escriu *els* o *els hi* d'acord amb la normativa:

- Envia aquests missatges al teu cosí. Quan ... enviïs, estarà al cas.
- Envia aquests missatges al teu cosí. Quan ... enviïs al teu cosí podrà estar al cas de tot plegat.
- El professor ha recomanat a l'alumnat aquests llibres. El professor ... ha recomanat.
- El professor ha recomanat a l'alumnat aquests llibres. El professor ... ha recomanat a l'alumnat.
- Regala els jocs que no facis servir a l'Anna. Si ... regales, estarà ben contenta.
- Regala els jocs que no facis servir a l'Anna. Si ... regales a l'Anna segur que estarà ben contenta.

26. Escriu la combinació de pronoms correcta tal com indica la normativa per a cada cas:

- Ja has dit als avis que avui no vindrem a dinar? Sí, ja ... (*els en*, *els hi*, *els ho*) he dit.
- Vau regalar els contes amb pestanyes als vostres cosins petits? No, encara no ... (*els els*, *els hi*, *els n'*) hem regalat.
- Hi ha escoltes venent dolços a la cantonada. Agafa diners i compra... (*'ls-hi*, *-n'hi*, *'ls-en*) tres.
- Abans, els assistents de vol repartien diaris gratuïts als passatgers, però ara ja no ... (*n'hi*, *els en*, *els hi*) reparteixen.
- Ja han enviat la propaganda electoral als ciutadans? Sí, ja ... (*els els*, *els hi*, *els l'*) han enviada.

27. Reescriu les oracions següents posant els pronoms darrere el verb:

- No els les vol explicar de cap de les maneres.
- Les hi va enviar abans-d'ahir.
- Els ho va proposar abans-d'ahir.
- No els ho pot explicar encara.
- Els la vam deixar a la bústia.
- Els en pot deixar un parell.
- Els els pots recomanar tranquil·lament.
- L'hi recorda sempre que el veu.
- Li ho retreu cada aniversari.

28. Canvia la combinació col·loquial dels pronoms per la que marca la normativa per als usos formals:

- Vols aquell conte per als nens? Abans de dormir n'hi llegeixo unes pàgines.
- Els sindicats volen saber les condicions, però la patronal es nega a explica'ls-hi.
- Volia regalar les pel·lícules a les meves germanes però al final no els hi regalaré.
- La direcció del museu té previst mostrar la col·lecció del fons a les autoritats? Sí, té previst de mostra'ls-hi.
- Diuen que aquesta actriu ha dedicat les seves últimes actuacions a tots els espectadors? Sí, els hi ha dedicat.
- Has pagat l'excursió a l'Olga? Sí, ja l'hi vaig pagar.
- Encara no he encarregat la coca al forner: l'hi encarregaré aquesta tarda.

29. Completa les oracions següents amb la combinació de pronoms adient:

• li ho	• 'ls-en	• -los-en
• els en	• els el	• se'ls

- Aquest entrenador acostuma a respondre totes les preguntes als periodistes, però avui ha decidit no respondre... cap. 'ls-en
- L'escriptor volia signar exemplars de les seves novel·les per als lectors però al final no va tenir temps de signar.... -los-en
- La primera vegada que va visitar aquesta exposició no es va llegir els cartells explicatius però avui ... ha llegits tots. se'ls
- Encara regalen samarretes als assistents? No, ja no ... regalen. els en
- L'altre dia no li van assegurar que la comanda arribés a temps però avui sí que ... han assegurat. li ho
- L'any passat els organitzadors van explicar als assistents l'origen de la festa i aquest any no esperaven que ... tornessin a explicar. els el

30. Les combinacions de pronoms de les oracions següents són incorrectes. Reescriu-les amb la combinació normativa:

- Li has venut números de la panera a la Judit? Sí, els n'he venut.
- Encara no he explicat els acudits nous als amics. Els ho explicaré a l'autocar.
- Aquesta entitat bancària regala paelles als nous clients però aquesta altra no n'hi regala.
- Cada any el cap ens donava un dia de festa pel seu aniversari però aquest any no ens el dona cap.
- El club ja ha justificat als socis per què han apujat tant les quotes? No, no volen justificar-los-en.

31. Tria per a cada cita l'opció o opcions amb els complements ben substituïts:

- Pregunta a qui puguis el que ignores i passaràs per ximple cinc minuts; no preguntis a qui puguis el que ignores, i seràs ximple tota la vida. (Proverbi)

  a) Pregunta-li-ho i passaràs per ximple cinc minuts; no li ho preguntis i seràs ximple tota la vida. ☒

  b) Pregunta-l'hi i passaràs per ximple cinc minuts; no l'hi preguntis i seràs ximple tota la vida. ☐

  c) Pregunta-n'hi i passaràs per ximple cinc minuts; no n'hi preguntis i seràs ximple tota la vida. ☐

- La vida ens presenta obstacles aparentment difícils, però quan els anem superant ens obre portes meravelloses. (A. Vidal)

  a) La vida ens ho presenta, però quan els anem superant, ens les obre. ☐

  b) La vida ens els presenta, però quan els anem superant, ens les obre. ☐

  c) La vida ens en presenta, però quan els anem superant ens n'obre. ☒

- Dona valor a les coses, no pel que valen, sinó pel que signifiquen. (Gabriel García Márquez)

  a) Dona-n'hi, no pel que valen, sinó pel que signifiquen. ☐

  b) Dona'ls-en, no pel que valen, sinó pel que signifiquen. ☒

  c) Dona'ls-els, no pel que valen, sinó pel que signifiquen. ☐

3. La derivació (II)

Els prefixos

El segon gran procediment de formació de paraules derivades és la **prefixació**. Els prefixos modifiquen el significat inicial de la paraula primitiva, però la majoria no canvien la categoria gramatical del mot derivat.

Els més freqüents són els següents:

Significat	Prefixos	Exemples
Negació/ privació	a- (an-) des- in- (im-)	***a**simètric*, ***an**alfabet* ***des**cobrir* ***in**humà*, ***im**possible*
Duplicitat	bes- bi- di-	***bes**avi* ***bi**nocles* ***di**òxid*
Addició	ad- con- (co-, com-, col-, cor-)	***ad**ditiu* ***con**viure*, ***co**operativa*, ***com**partir*, ***col**·laborar*, ***cor**religionari*
Grandesa/ abundància	hiper- macro- mega- super-	***hiper**mercat* ***macro**economia* ***mega**lomania* ***super**conductor*
Petitesa/ inferioritat	hipo- micro- menys- nano- infra-	***hipo**tèrmia* ***micro**scopi* ***menys**tenir* ***nano**tecnologia* ***infra**utilitzar*
Posició	endo- extra- supra- peri-	***endo**gàmia* ***extra**ordinari* ***supra**renal* ***perI**fèria*

FEM-HO AIXÍ

El prefix **in-** es transforma en **im-** quan la paraula primitiva comença amb **b-**, **m-** o **p-**, per exemple ***im**berbe*, ***im**mòbil*, ***im**pacient*.

Per saber-ne més

La majoria de prefixos, contràriament als sufixos, no condicionen la posició de la síl·laba tònica en la paraula derivada:

àvia ⟶ ***bes-àvia***; *venda* ⟶ ***re-venda***.

Els infixos

Els **infixos** són partícules que se situen entre l'arrel i el sufix i no solen tenir significat, tot i que poden aportar un matís diminutiu (*branqu**ill**ó*), augmentatiu (*flam**ar**ada*) o pejoratiu (*esprim**atx**at*).

Alguns dels principals infixos són els següents:

- **-al-**: *apeg**al**ós*
- **-all-**: *pig**all**at*
- **-any-**: *estireg**any**ar*
- **-ar-**: *flam**ar**ada*
- **-ass-**: *enjog**ass**at*
- **-at-**: *amag**at**all*
- **-atx-**: *esprim**atx**at*
- **-eg-**: *bord**eg**às*
- **-ell-**: *got**ell**ada*
- **-ic-**: *plor**ic**ó*
- **-ill-**: *branqu**ill**ó*
- **-iny-**: *esgrat**iny**ar*
- **-isc-**: *endorm**isc**ar*
- **-iss-**: *carn**iss**er*
- **-itx-**: *magr**itx**ol*

La composició

La **composició** és el procediment de formació de paraules noves mitjançant la combinació de dues o més paraules, independents les unes de les altres, que ja existeixen.

A més de les combinacions més ordinàries (verb + nom → *escurabutxaques*; nom + verb → *corglaçar*; nom + adjectiu → *bocabadat*; nom + nom → *aiguaneu*; adjectiu + adjectiu → *afroamericà*), n'existeixen d'altres tipus:

- **Sintagmes lexicalitzats**. Grups de paraules que s'han transformat en paraules fixades, és a dir, diverses paraules que l'ús ha fixat en una de sola per designar un concepte concret: *milfulles*, *marededeu*, *parenostre*...
- **Cultismes grecollatins**. Molt freqüents i abundants en el lèxic cientificotècnic: *audiovisual*, *cardiovascular*, *gastroenteritis*, *otorrinolaringologia*, *tragicomèdia*...
- **Onomatopeies**. Formen una unitat lèxica per imitació d'un so: *bum-bum*, *cloc-cloc*, *cric-cric*, *ning-nang*, *piu-piu*, *xim-xim*, *xip-xap*, *xiu-xiu*, *xup-xup*...
- **Reduplicacions**. Repetició d'una o dues síl·labes sovint amb canvi vocàlic: *baliga-balaga*, *nyigui-nyogui*, *poti-poti*, *xino-xano*, *ziga-zaga*...

El mot *aiguaneu* és la unió de les paraules *aigua* i *neu* i designa un tipus concret de pluja.

ACTIVITATS

32. Omple el buit amb el prefix que formi la paraula que acompleix la definició:

- ...moral: dit de la persona sense moral.
- ...tensió: augment de la tensió de la sang a les artèries.
- ...valorar: valorar per sota del que algú es mereix.
- ...anual: que es produeix cada dos anys.
- ...pensable: que no es pot pensar.
- ...scòpia: exploració visual a dins del cos mitjançant càmeres diminutes.

33. Subratlla l'infix que hi ha a les paraules derivades:

- bonyegut
- tombarella
- polsegós
- esbojarrat
- llobató
- granellut
- encanyissada
- fullaraca
- enjogassat

34. Classifica els mots compostos segons siguin sintagmes lexicalitzats, cultismes grecollatins, onomatopeies o reduplicacions:

- trinco-trinco
- bub-bub
- radioteràpia
- nyic-nyic
- xerric-xerrac
- socioeconòmic
- capicua
- labiodental
- gara-gara
- culdellàntia
- gori-gori
- otàlgia
- maldecaps
- fru-fru
- plof
- capitomba
- cefalòpodes
- artritis

35. Subratlla el prefix de les paraules que en tinguin:

- antic
- antinuclear
- bipartidisme
- bigoti
- colze
- col·lateral
- destí
- despropòsit
- diamant
- diàcid
- hipocràtic
- hipotèrmia
- hípica
- hipertensió
- imaginació
- imparable
- inactiu
- inca

36. Relaciona cada paraula composta amb la combinació que li correspon:

a) capficar	– verb + nom
b) passatemps	– nom + verb
c) esmaperdut	– adjectiu + adjectiu
d) angloamericà	– nom + nom
e) terratrèmol	– nom + adjectiu

37. Col·loca cada mot compost al lloc que li correspongui:

- paracaigudistes
- supervivents
- gratacel
- audiovisual
- terratrèmol
- cara-rodó
- panxacontent
- primmirat
- afroamericans

– Els ... col·laboraren en el rescat dels ... del incendiat a causa del ...

– En Joan era ..., ... i ....

– El nostre projecte ... incorpora actors i músics ....

4. L'accentuació

Les regles bàsiques d'accentuació

Tots els mots, excepte els monosíl·labs àtons, tenen una síl·laba tònica i una o més, àtones. Per distingir la síl·laba tònica fem servir l'accent gràfic, que segueix les normes següents:

Paraules agudes	S'accentuen quan acaben en **vocal**, **vocal+s**, **-en**, **-in**: *català, suflé, comí, sabó, comú; matalàs, cafès, anís, arròs, desús; aprèn, Berlín*... No s'accentuen quan acaben en diftong: *canteu, servei, veniu*...
Paraules planes	S'accentuen quan no acaben en **vocal**, **vocal+s**, **-en**, **-in**: *fenòmens, helicòpter, màrtir, xilòfon, estimàvem*... S'accentuen quan acaben en diftong: *cantàveu, servíeu*...
Paraules esdrúixoles	S'accentuen sempre: *còpia, història, indústria, mòmia, bèstia, ànima*...

Atenció!

Si dubtem a l'hora d'accentuar una paraula, podem consultar el diccionari.

Accent greu i agut

- La vocal ***a*** és oberta. És per això que quan ha de portar accent segons les normes d'accentuació el porta **obert** o **greu** (à): *compàs, màquina, càntir*...
- Les vocals ***i*** i ***u*** són tancades. És per això que quan han de portar accent el porten **tancat** o **agut** (*í, ú*): *pingüí, gamarús*...
- La ***e*** i la ***o*** tòniques poden ser obertes o tancades. La ***e*** i la ***o*** obertes s'accentuen amb l'accent **greu** (è, ò) i la ***e*** i la ***o*** tancades, amb l'accent **agut** (*é, ó*): *mètrica, després; petó, però*...

Per accentuar correctament la ***e*** i la ***o*** tingues en compte el següent:

- Les paraules agudes solen dur accent **greu** sobre la ***e*** i accent **agut** sobre la ***o***: *perquè, pagès, francès; cançó, aplicació, cigró, bessó*...
- Les paraules planes i esdrúixoles solen portar accent **greu**: *pèsol, cèntim, histèria, memòria*...
- Les formes de futur d'indicatiu, de passat simple d'indicatiu i d'imperfet de subjuntiu porten accent **agut** sobre la ***e***: *estudiaré, faré, partiré; baté, beguéreu, teméreu; tingués, fóssim, anéssiu*...

Per saber-ne més

Quan parlem de l'accent, els mots ***obert*** i ***greu*** són sinònims. I també els mots ***tancat*** i ***agut***.

Col·locació de l'accent

- Hi ha paraules que, per influència d'altres llengües, es pronuncien amb un desplaçament de la síl·laba tònica:
  - Són agudes: *poliglot, elit, iber, futbol, tiquet, hoquei, interval, radar*...
  - Són planes: *intèrfon, rèptil, termòstat, míssil, atmosfera, medul·la, acne, torticoli*...

L'accentuació diacrítica

- L'accent diacrític s'escriu en alguns mots monosíl·labs d'ús freqüent que, com que s'escriuen igual, poden confondre's: *bé / be, déu / deu, és / es, mà / ma, més / mes, món / mon, pèl / pel, què / que, sé / se, sí / si, sòl / sol, són / son, té / te, ús / us, vós / vos*.

El nom *sòl* (terra) s'accentua per diferenciar-lo de *sol* (astre o nota).

ACTIVITATS

38. Marca la síl·laba tònica de les paraules següents, que no porten accent, i classifica-les segons si són agudes o planes:

- ritme
- ambaixada
- quocient
- copa
- caixer
- himne
- suor
- Ramon
- silicat
- atmosfera
- temeu
- pintor

Agudes	Planes
...	...

39. Posa l'accent a les paraules següents:

- agil
- compas
- cafe
- cami
- gamarus
- pesol
- pressec
- barnus
- sofa
- perque
- sepia
- resso
- pinyo
- camio
- taulo
- camaleo
- fenomens
- peto

40. Posa l'accent a aquestes formes verbals i classifica-les segons el temps verbal a què pertanyen:

- encen
- fessiu
- controlaras
- avorrire
- haviem
- volgues
- passare
- fare
- digue
- nasque
- tingues
- poguessiu
- enten
- pogues
- begues
- comprengue
- entenguessim
- sabre

Present d'indicatiu	Imperfet d'indicatiu	Passat simple	Futur	Imperfet de subjuntiu
...	...	...	...	...

41. Totes les paraules següents són planes; accentua les que calgui:

- diposit
- tovallola
- pressec
- ferestec
- creixer
- medul·la
- estomac
- carcassa
- temer
- premer
- acne
- neixer
- correr
- prestec
- atmosfera

42. Les paraules següents són esdrúixoles; accentua-les i construeix una oració amb cadascuna:

- dioptria
- aureola
- isobara
- eczema
- periode
- cel·lula
- olimpiades
- pneumonia
- molecula

43. Accentua les paraules que calgui d'aquestes oracions:

– Aquest mes hem anat a la piscina al mati. El mes que ve hi voldriem anar mes.

– Pensa-t'ho be. Si no hi vas ara, hi hauras d'anar mes endavant.

– A ma mare li agradaria que li fessim un regal conjunt. Que us sembla?

– Com que es diumenge, la canalla ha sortit a buscar mores.

– No se a quina hora arribaran avui, no han deixat cap avis.

44. Accentua aquestes paraules i classifica-les segons si porten l'accent greu o agut:

- historia
- cautxu
- textil
- cervol
- terratremol
- envas
- impres
- mereixer
- resso
- prospera
- demoniac
- aixo

Accent greu	Accent agut
...	...

45. Tria quina de les dues paraules és l'adequada en cada cas:

- **sí/si**

  – Ahir la Marta va dir que ... que vindria, però només ... hi havia lloc a l'autocar.

- **és/es**

  – ... veritat que ... va deixar moltes telefonades per fer, però que ... un bon secretari de producció, ... segur.

- **són/son**

  – Ja ... les dotze, però encara no tinc ... .

- **ús/us**

  – Aquí ... deixo els llibres. Feu-ne un bon ... , si us plau.

- **què/que**

  —... dius?

  —... en Pol m'ha convidat al cinema demà.

- **pèl/pel**

  – ... que m'ha dit aquest matí, si l'enxampen, li caurà el ... .

- **té/te**

  – ..., pren-te el ..., que ara és calent.

5. Les avantguardes

Els primers moviments d'avantguarda: cubisme, futurisme i dadaisme

Al començament del segle XX sorgeixen a Europa una sèrie de moviments que reben el nom comú d'avantguardes o "ismes": el cubisme, el futurisme i el dadaisme. Són els primers moviments d'avantguarda, que es manifesten en pràcticament totes les arts. Busquen l'experimentació creativa i es caracteritzen per la tendència a l'abstracció i la voluntat de transgressió de les normes de la societat burgesa.

- El **cubisme** és en primer lloc un moviment artístic, que té com a màxim representant **Pablo Picasso** (1881-1973). En les obres cubistes els objectes es trenquen, s'analitzen i es reconstrueixen amb una forma abstracta; en lloc de representar els objectes des d'un punt de vista, l'artista els pinta des d'una multitud de perspectives per tal de situar-los en un context més ampli.

  En literatura, el cubisme incideix en el desig de molts autors de presentar les coses des de diverses perspectives, analitzant-les amb més profunditat.

- El **futurisme** sorgí el 1909 amb el *Manifest del futurisme*, de Filippo Tommaso Marinetti, en què afirmava que "un automòbil de competició és més bell que la *Victòria de Samotràcia*".

  El futurisme proclama el rebuig frontal del passat, de la tradició, i defensa un nou art modern, dominat per la màquina, la velocitat, el progrés i els valors de la joventut. Prohibeix el sentimentalisme en l'art.

- El **dadaisme** és un moviment artístic i literari del segon i tercer decennis del segle XX que es caracteritza per la revolta contra la cultura de l'època. Al *Primer manifest*, signat per Tristan Tzara, els dadaistes critiquen l'ús del llenguatge establert i volen fer-ne un ús nou.

Guillaume Apollinaire (1880-1918), autor relacionat amb el cubisme, basa el seu art en un principi simple: l'acte de crear ha de venir de la imaginació, de la intuïció. Va ser el gran mestre del cal·ligrama, una creació poètica visual que recorre a la disposició de les paraules, la tipografia o la cal·ligrafia per tal de representar el contingut, dibuixant o formant personatges, animals, paisatges o qualsevol objecte imaginable.

Tullio CRALI: *En picat sobre la ciutat,* 1939. Els moviments d'avantguarda, com el futurisme, van estar molt influïts pel maquinisme i la velocitat.

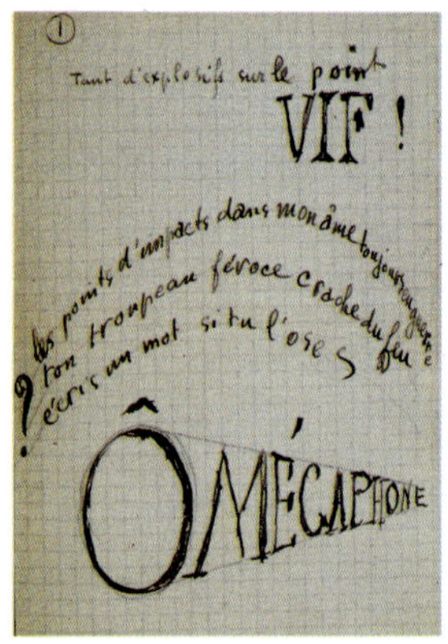

Cal·ligrama d'Apollinaire.

El primer avantguardisme a Catalunya

A Catalunya l'avantguardisme es va desenvolupar de manera pràcticament simultània a la resta d'Europa. L'aparició dels primers moviments d'avantguarda coincideix amb la crisi del Noucentisme, que viu la desaparició dels seus dirigents principals, i amb una època especialment revolucionària de la història del país, sobretot pel que fa a l'aparició de moviments obrers, les vagues, el pistolerisme i l'assassinat de líders sindicals i patronals.

A Catalunya el primer avantguardisme va des de l'any 1915, data de la publicació del primer cal·ligrama en català, fins al 1924, any de la mort de Joan Salvat-Papasseit. En aquesta primera etapa destaquen Joaquim Folguera (1893-1919), Josep Maria Junoy (1887-1955) i el mateix Joan Salvat-Papasseit (1894-1924).

@ Amplia a la xarxa...

Ves a www.tiching.com/78085 i llegeix els primers apartats sobre els moviments d'avantguarda. Després fes un resum de l'avantguarda a Catalunya.

Joan Salvat-Papasseit (1894-1924)

Joan Salvat-Papasseit és un poeta d'extracció humil, de formació gairebé autodidàctica, amb inquietuds socials i un compromís catalanista. Va morir de tuberculosi a trenta anys.

Salvat-Papasseit és un dels màxims representants de l'avantguardisme a Catalunya. Va difondre els postulats estètics d'aquest moviment per mitjà de revistes que va fundar o en què va col·laborar. A *Poemes en ondes hertzianes* (1917) i *L'irradiador del port i les gavines* (1921), Salvat-Papasseit mostra la seva fascinació envers la tècnica del cal·ligrama d'Apollinaire i el futurisme de Marinetti.

L'home modern hi és presentat en carreteres, tramvies o ports, amb un to més pessimista en el primer recull i més optimista en el segon.

Més endavant, el 1922, va escriure *La gesta dels estels* i, el 1923, *El poema de la rosa als llavis*, una història de la iniciació amorosa d'una noia a mans del mestre, el poeta. Amb un to marcadament sensual, s'hi descriuen totes les fases del procés amorós, del desig al cant exultant de l'encontre sexual.

Aquest darrer recull encara conté dos cal·ligrames, però no manté l'ortodòxia avanguardista i es decanta per formes mètriques més tradicionals.

@ Amplia a la xarxa...

Ves a www.tiching.com/79904 per ampliar els coneixements sobre la vida i l'obra de Joan Salvat-Papasseit.

Si anessis lluny

Si anessis lluny
tan lluny que no et sabés
tampoc ningú sabria el meu destí,
cap altre llavi no em tindria pres
però amb el teu nom faria el meu camí.

Un ram de noies no em fóra conhort
ni la cançó sota el dring de la copa,
vaixells de guerra vinguessin al Port
prou hi aniria, mariner de popa.

Si jo posava la bandera al pal
i era molt alta, t'hi veuria a dalt.

Joan SALVAT-PAPASSEIT

La segona avantguarda

Entre el 1924 i el 1939 es va desenvolupar arreu d'Europa una nova manifestació d'avantguarda, el surrealisme.

- El **surrealisme** és una revolució cultural, més que no pas un moviment artístic i literari, ja que proposa un capgirament de les idees, de les imatges, dels mites i dels hàbits mentals que condicionen el nostre coneixement particular del món.

  L'any 1924 **André Breton** va redactar el *Manifest del surrealisme*. Els surrealistes parteixen dels treballs experimentals de Sigmund Freud per obrir-se a l'experiència del somni, de l'inconscient i del desig; la creació poètica ha de respondre a les pulsions fonamentals per mitjà de l'escriptura automàtica.

  Sense preocupar-se per la lògica ni per la censura, les frases s'han d'expressar lliurement.

El surrealisme a Catalunya

El **surrealisme** va tenir incidència a Catalunya entre el 1925 i l'esclat de la Guerra Civil Espanyola (1936-1939).

A diferència del futurisme i altres moviments de la primera avantguarda, el surrealisme es configura com un veritable moviment cultural. Els seus representants volen actuar com a revulsiu de la vida artística, sovint des de la provocació.

Els escriptors surrealistes més importants són J. V. Foix (1893-1987), Carles Sindreu (1900-1974) i Sebastià Sánchez-Juan (1904-1974), a més del grup del *Manifest Groc*, format per Salvador Dalí (1904-1989), Lluís Montanyà (1903-1985) i Sebastià Gasch (1897-1980).

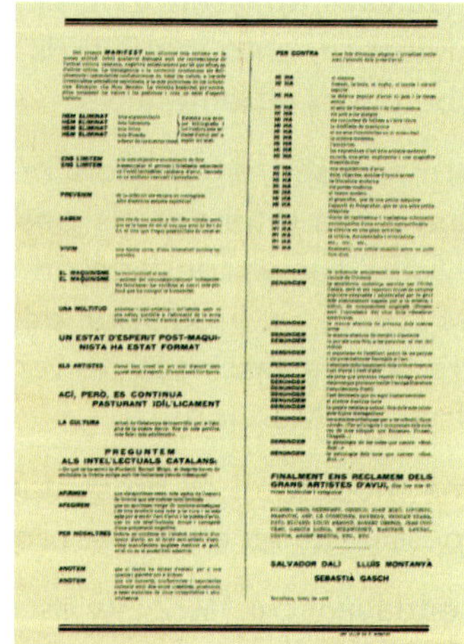

Manifest Groc, 1928.

Josep Vicenç Foix (1893-1987)

Josep Vicenç Foix, que sempre va signar J. V. Foix, es va iniciar en el món de la literatura com a periodista cultural. El 1925 va publicar a la *Revista de Poesia* un article titulat "Algunes consideracions sobre la literatura d'avantguarda", on fa un balanç del moviment futurista i reivindica un nou moviment, el surrealisme.

Abans de la guerra Foix va publicar *Gertrudis* (1927) i *KRTU* (1932), dos llibres de prosa escrits sota la influència del futurisme, el cubisme, el dadaisme i el surrealisme, en què s'expressa la solitud de l'home contemporani, buscant refugi en el món dels somnis.

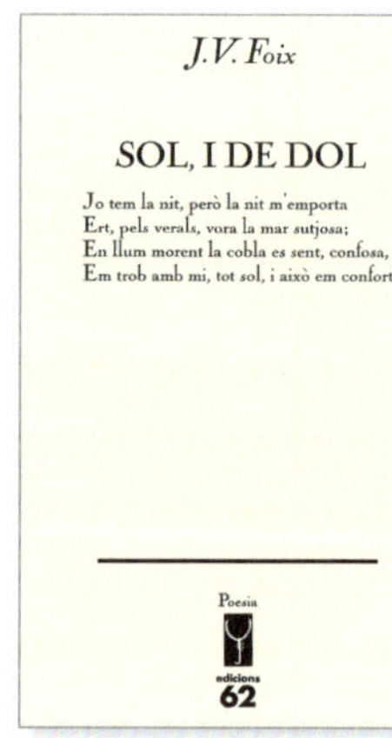

L'any 1947, Foix publica *Sol, i de dol*, un recull de setanta sonets, síntesi de les seves idees poètiques.

És característic del poemari el llenguatge arcaïtzant, amb elements procedents de la tradició provençal, italiana i catalana de l'edat mitjana, que Foix considera compatible amb l'interès pels moviments més moderns de la poesia europea.

El 1949 publicà *Les irreals omegues*. Són poemes escrits en vers lliure i amb uns títols molt llargs, d'estil barroc, que recreen experiències de diverses etapes de la vida del poeta des del món dels somnis.

Altres obres de Foix són *On he deixat les claus...* (1953), *Onze Nadals i un Cap d'Any* (1960) i *Desa aquests llibres al calaix de baix* (1964).

Salvador Dalí (1904-1989)

Salvador Dalí va ser un dels màxims representants del surrealisme literari a Catalunya. La seva obra en català es pot dividir en dos grans blocs: els articles teòrics sobre art o cultura i els textos de creació literària.

Dintre del primer bloc cal esmentar la seva col·laboració a la revista *L'Amic de les Arts*.

Igualment, és important el *Manifest Groc* signat pel mateix Dalí, Montanyà i Gasch el 1928, en què ataquen la literatura del moment, proposen un nou concepte de literatura i fan una crítica de la tradició literària.

En el vessant de creació literària, Dalí va escriure les proses poètiques "*Sant Sebastià*", "*Poema de les cosetes*", "*Peix perseguit per un raïm*", "*L'alliberament dels dits*" i "*Poema agafat al vol, no taquigràficament*".

Salvador DALÍ: *Vestigis atàvics després de la pluja*, 1934.

46. Quins són els primers moviments d'avantguarda?

- Digues alguna característica del cubisme.
- Esmenta alguna característica del futurisme.
- Digues alguna característica del dadaisme.

47. Contesta aquestes preguntes sobre les avantguardes a Catalunya:

- Tota l'obra de Salvat-Papasseit és avantguardista? Cap a on evoluciona?
- Quins autors formen el grup del *Manifest Groc*? Coneixes altres manifestos surrealistes en l'àmbit europeu?
- En quin llibre Foix barreja el surrealisme amb la tradició medieval?
- Quin llibre de Foix és un recull de poemes escrits en vers lliure?
- Quina importància té l'obra de Dalí per al surrealisme a Catalunya?

48. Explica si el fragment següent fa referència al futurisme o al surrealisme:

Aconsella't dels vells, em diuen; ells tenen experiència. A això replico, dic: –No estimo l'experiència, sinó la intel·ligència. Epictet no ensenyava; obrava solament, i ja n'hi havia prou.

Joan SALVAT-PAPASSEIT: *Mots propis i altres proses.*

49. Llegeix aquest text:

Fou diumenge passat, a les tres de la tarda, sobre el pont del passeig, que un embriac occí una dona per amor d'una rosa que l'homicida abandonà damunt el toll de sang. Ja el diumenge abans hom havia assenyalat un fet idèntic al mateix indret i a la mateixa hora. Pressento per a avui un crim equivalent. Em cal, doncs, advertir el taverner i avisar la policia. Però, Déu meu, ¿i si fos jo l'assassí? Vet ací el meu got vessant de vi, el carmí dels teus llavis, del teu si, reflectit dins la tèrbola beguda roja. Aboqueu més vi, Rafel!, són dos quarts de tres; al pont del passeig hi ha una dona amb una rosa a la mà i el meu coltell és fi com l'aresta d'un estel.

J. V. FOIX: *KRTU* (adaptació).

- Creus que aquest fragment correspon als postulats de l'escriptura automàtica? És propi del surrealisme manifestar lliurement els instints?

50. Llegeix aquest poema de *La gesta dels estels* i contesta les preguntes:

Mester d'amor

Si en saps el pler no estalviïs el bes,
que el goig d'amar no comporta mesura.
Deixa't besar, i tu besa després
que és sempre als llavis que l'amor perdura.

No besis, no, com l'esclau i el creient,
mes com vianant a la font regalada;
deixa't besar –sacrifici fervent–
com més roent més fidel la besada.

Què hauries fet si mories abans
sense altre fruit que l'oreig en ta galta?
Deixa't besar, i en el pit, a les mans,
amant o amada –la copa ben alta.

Quan besis, beu, curi el veire el temor:
besa en el coll, la més bella contrada.
Deixa't besar
i si et quedava enyor
besa de nou, que la vida és comptada.

Joan SALVAT-PAPASSEIT

- Fés l'anàlisi mètrica d'aquest poema.
- Es pot dir que el tema del poema és el *carpe diem*? Explica-ho.
- A quin moment de la relació amorosa creus que pertany el poema?
- Torna a llegir el poema i troba-hi les comparacions i les metàfores.

Marc CHAGALL: *Aniversari*, 1915.

51. Al recull de poemes *On he deixat les claus...* trobem un dels poemes més coneguts de J. V. Foix: "És quan dormo que hi veig clar". Llegeix-lo i fes les activitats:

És quan dormo que hi veig clar

És quan plou que ballo sol
Vestit d'algues, or i escata,
Hi ha un pany de mar al revolt
I un tros de cel escarlata,
Un ocell fa un giravolt
I treu branques una mata,
El casalot del pirata
És un ample girasol.
És quan plou que ballo sol
Vestit d'algues, or i escata.

És quan ric que em veig gepic
Al bassal de sota l'era,
Em vesteixo d'home antic
I empaito la masovera,
I entre pineda i garric
Planto la meva bandera;
Amb una agulla saquera
Mato el monstre que no dic.
És quan ric que em veig gepic
Al bassal de sota l'era.

És quan dormo que hi veig clar
Foll d'una dolça metzina,
Amb perles a cada mà
Visc al cor d'una petxina,
Só la font del comellar
I el jaç de la salvatgina,
–O la lluna que s'afina
En morir carena enllà.
És quan dormo que hi veig clar
Foll d'una dolça metzina.

J. V. FOIX

- Fes l'anàlisi mètrica del poema.
- Busca-hi les paraules o expressions arcaïtzants i populars.
- De quina manera és palesa la influència del surrealisme en el poema?
- Creus que el poema és pura escriptura automàtica o té sentit?
- Què interpretes que vol dir-nos el poema?

52. Digues alguna característica dels poemes noucentistes i alguna característica dels poemes avantguardistes.

53. T'agraden més els poemes d'autors noucentistes o els poemes d'autors avantguardistes? Justifica la resposta.

54. Quin és el poeta més important del primer avantguardisme a Catalunya?

55. Llegeix aquest text de Salvador Dalí. A què creus que s'està referint?

Per al "Meeting" de Sitges
Els 7 davant "El Centaure"

Senyors:

Unes sabates, les portem mentre ens serveixen; quan han servit, quan han esdevingut velles, les arraconem i en comprem unes altres.

A l'art no cal pas exigir-li altra cosa; una volta esdevé vell i deixa de servir per a la nostra sensibilitat, cal arraconar-lo. Passa a ésser història.

L'art que avui ens serveix i ens ve a la mida és, ben certament, l'art anomenat d'avantguarda, o sigui, l'art nou. L'art antic de totes les èpoques sigué, esteu-ne ben segurs, nou en el seu temps i fou, igual que l'art d'avui, confeccionat d'acord amb les mides i, per tant, d'acord amb l'harmonia de la gent que l'havia d'usar.

Salvador DALÍ: *L'alliberament dels dits.*

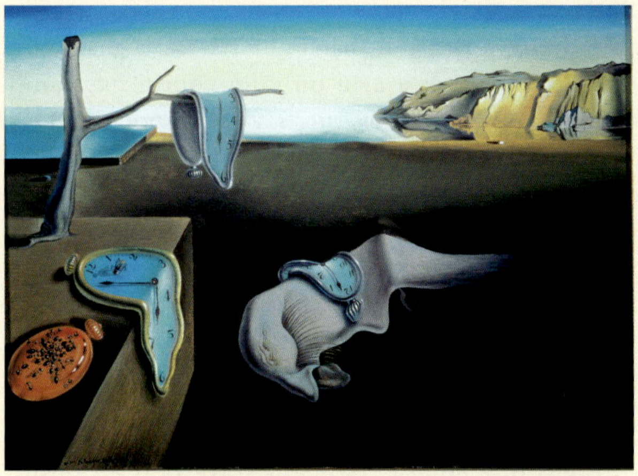

Salvador DALÍ: *La persistència de la memòria*, 1931. (Quadre surrealista)

Un poema de Joan Salvat-Papasseit

Bitllet de quinze

l'autòmnibus
correcte
ara acull al nadó amb la dida[1] que el porta
el nadó és més petit que la mamella d'ella
més petit i més bru:

–tot ell sembla una O
de joguina que riu

(la mare deu ser prima
–bella com un obsequi!)

a dintre de l'autòmnibus el nadó té l'olor de la llet
[matonada[2]

jo penso en aquell temps
que
anant a cercar pa
em menjava la torna[3]   si era coca ensucrada

vet aquí que –altre temps–
jo també era un nadó

de cop me feia gran
i em duien al fotògraf

–recordeu el retrat on sóc dalt de cavall
un cavall arrogant
alt i net
de cartró:
i era com al cartell de l'Obiols–
aquell que diu:

JA SOU
DE L'ASSOCIACIÓ PROTECTORA
DE L'ENSENYANÇA CATALANA?

vet aquí que la dida
en amagar-se el pit
ha regada la cara a un senyor de l'autòmnibus

semblava aquelles fulles escurades de nata

Joan SALVAT-PAPASSEIT: *La gesta dels estels.*

Rafael BARRADAS: *Barcelona*, 1918.

- Quins aspectes gràfics peculiars presenta el poema?
- Qui acull l'autòmnibus?
- Quina mida té el nadó?
- Com deu ser la mare del nadó?
- Què recorda el poeta?
- Què diu el cartell de l'Obiols?
- Qué li passa al senyor de l'autòmnibus?
- A què creus que fa referència el títol del poema?

1. **dida:** dona que alleta l'infant d'una altra.
2. **matonada:** massa blanca que resulta de la coagulació de la llet.
3. **torna:** porció afegida per completar el pes d'un aliment (pa, coca...).

El text expositiu

De la ignorància a l'irracionalisme

És ja tradicional entre els lògics la distinció entre els judicis de fet i els judicis de valor. Els primers tenen una propietat inquietant: es poden sotmetre a prova pública, i qui no hi estigui d'acord haurà de romandre lluny de la comunitat dels assenyats.

Si dic: *El dia 17 de novembre de 1986 va ploure a Sant Genís dels Agudells*, faig un judici que es pot comprovar: o bé va ploure, o bé no va ploure. I la feina és molt senzilla: consultarem els arxius del servei meteorològic o ho esbrinarem entre els veïns més memoriosos de Sant Genís.

Hi ha judicis com aquest que impliquen només l'experiència comuna dels fets. Dic comuna perquè si sóc jo, tot sol, qui s'entesta a assegurar el fet de la pluja, i ni ho confirma el servei meteorològic, ni ho abonen els meus veïns, llavors faré bé si prenc la iniciativa d'autoexcloure'm de la comunitat dels assenyats.

Hi ha, però, d'altres judicis de fet la demostració dels quals és, com a norma, competència dels especialistes. Són els judicis científics.

Si un físic diu "El coeficient de dilatació absoluta d'un líquid és igual a la suma del coeficient de dilatació aparent del líquid i del coeficient de dilatació cúbica del recipient que el conté", fa un judici que es pot sotmetre a comprovació i que és considerat vàlid entre els científics, i serem entenimentats si no ens entossudim a portar-los la contrària.

Els judicis de fet no donen lloc al prejudici, a les creences, a les opinions o manies personals. Les coses són així i cal creure-hi.

Amb els judicis de valor tot és diferent. Si dic "L'art neoclàssic és lleig" o "Rebeca era pèrfida", mai no tindré cap possibilitat de saber si l'he encertada: els gustos són subjectius, les persones són inescrutables i els límits de les nostres capacitats d'apreciació ens haurien de fer dubtar més sovint del que és habitual.

Els judicis de valor donen indicis sobre els gustos personals i també sobre l'educació rebuda, viscuda o no com a part essencial d'un mateix: "M'agrada el peix" i "No puc suportar la gent competitiva" en sèrie en els exemples, respectivament. És per això que els judicis de valor són, per força, projeccions de qui els fa; són part del nostre autoretrat, perquè amb ells expressem les nostres actituds davant del món, dels esdeveniments i de la gent. Públicament, som allò que fem i, molt principalment, allò que diem.

Jesús TUSON: *Mal de llengües* (adaptació).

L'art neoclàssic és lleig.

M'agrada el peix.

No puc suportar la gent competitiva.

Comprensió del text

1. Digues si les afirmacions següents són veritables o falses segons el text:

a) És tradicional entre els lògics distingir entre judicis de fet i judicis de valor. ▢

b) Els judicis científics són els judicis fruit de l'experiència comuna. ▢

c) Els judicis de fet només són competència dels especialistes. ▢

d) Els judicis de valor es poden sotmetre a prova pública. ▢

2. El verb *abonar,* a "ho abonen els meus veïns", vol dir:

a) Respondre una pregunta. ▢

b) Respondre d'alguna cosa, d'algun fet. ▢

c) Donar per cert, per bo. ▢

d) Fer saber que s'ha pagat una quantitat. ▢

3. Indica en quin ordre apareixen al text les informacions següents:

A	Els lògics distingeixen entre judicis de fet i judicis de valor.
B	Els judicis de valor són part del nostre autoretrat.
C	Els judicis de fet es poden comprovar a partir de l'experiència comuna.
D	Els científics sotmeten els seus judicis a comprovació.

a) B→A→C→D ▢

b) A→B→D→C ▢

c) A→C→D→B ▢

d) C→A→D→B ▢

4. Quan l'autor diu que hi ha judicis "que impliquen només l'experiència comuna dels fets", vol dir exactament que:

a) Es comproven només amb l'experiència. ▢

b) Es basen en el sentit comú. ▢

c) Es basen en fets comprovables per l'experiència col·lectiva. ▢

d) Es comproven científicament. ▢

5. Digues quina és la idea principal del text:

a) Els judicis de fet són sempre certs mentre que els judicis de valor no són sempre certs. ▢

b) Els judicis de fet es basen en dades objectives, mentre que els judicis de valor es basen en opinions subjectives. ▢

c) Podem distingir, bàsicament, dos tipus de judicis: els judicis de fet i els judicis científics. ▢

6. Explica què vol dir l'autor quan diu "els límits de les nostres capacitats d'apreciació ens haurien de fer dubtar més sovint del que és habitual".

7. Estàs d'acord amb l'afirmació "els judicis de valor són, per força, projeccions de qui els fa"? Justifica la resposta.

Expressió escrita

8. **ORTOGRAFIA** Llegeix aquest fragment i accentua les paraules que calgui:

> Es cert que ningu no te dret a apropiar-se dels termes, pero tambe ho es que, en politica, una certa claredat terminologica contribueix molt positivament a la claredat ideologica i a la transparencia democratica. En el llenguatge civic i politic es important que sapiguem on som i de que parlem.
>
> Josep M. Terricabras: *Raons i tòpics.*

9. **PUNTUACIÓ** Reescriu el text següent omplint els buits amb els signes de puntuació necessaris; canviant, si convé, de paràgraf i posant majúscules on calgui:

> Els pobles de Mesopotàmia inventen abans de res el càlcul ▢ creen petites fitxes que representen els nombres i els tanquen en boles d'argila damunt les quals tracen osques per indicar la quantitat ▢ després ▢ comencen a gravar petits dibuixos per representar un objecte o una idea ▢ un cap de vaca ▢ una espiga de blat o un peix ▢ aquests dibuixos anuncien el naixement de l'escriptura ▢ cap al 3 000 abans de Crist ▢ els escribes sumeris que registren les riqueses dels reis milloren el sistema ▢ transformen aquests dibuixos en signes més perfeccionats ▢ que representen idees més complexes i també sons ▢ aquesta primera escriptura té forma de tascons o de caus ▢ s'anomena "cuneïforme".
>
> Catherine Loizeau: *Els Mons antics* (adaptació).

10. **REDACCIÓ** Escriu un text sobre alguns judicis de valor que s'apliquen a col·lectius i les conseqüències negatives que poden tenir sobre les persones, els grups, les cultures i les llengües. Relaciona-ho amb els prejudicis que es creen i les actituds racistes i xenòfobes.

Et recomanem que segueixis aquest procés:

1. Fes un esquema de les idees que desenvoluparàs.
2. Escriu la primera versió de la redacció.
3. Revisa-la, corregeix-la i escriu la versió definitiva.

5 El text argumentatiu (I)

I tu, què n'opines?

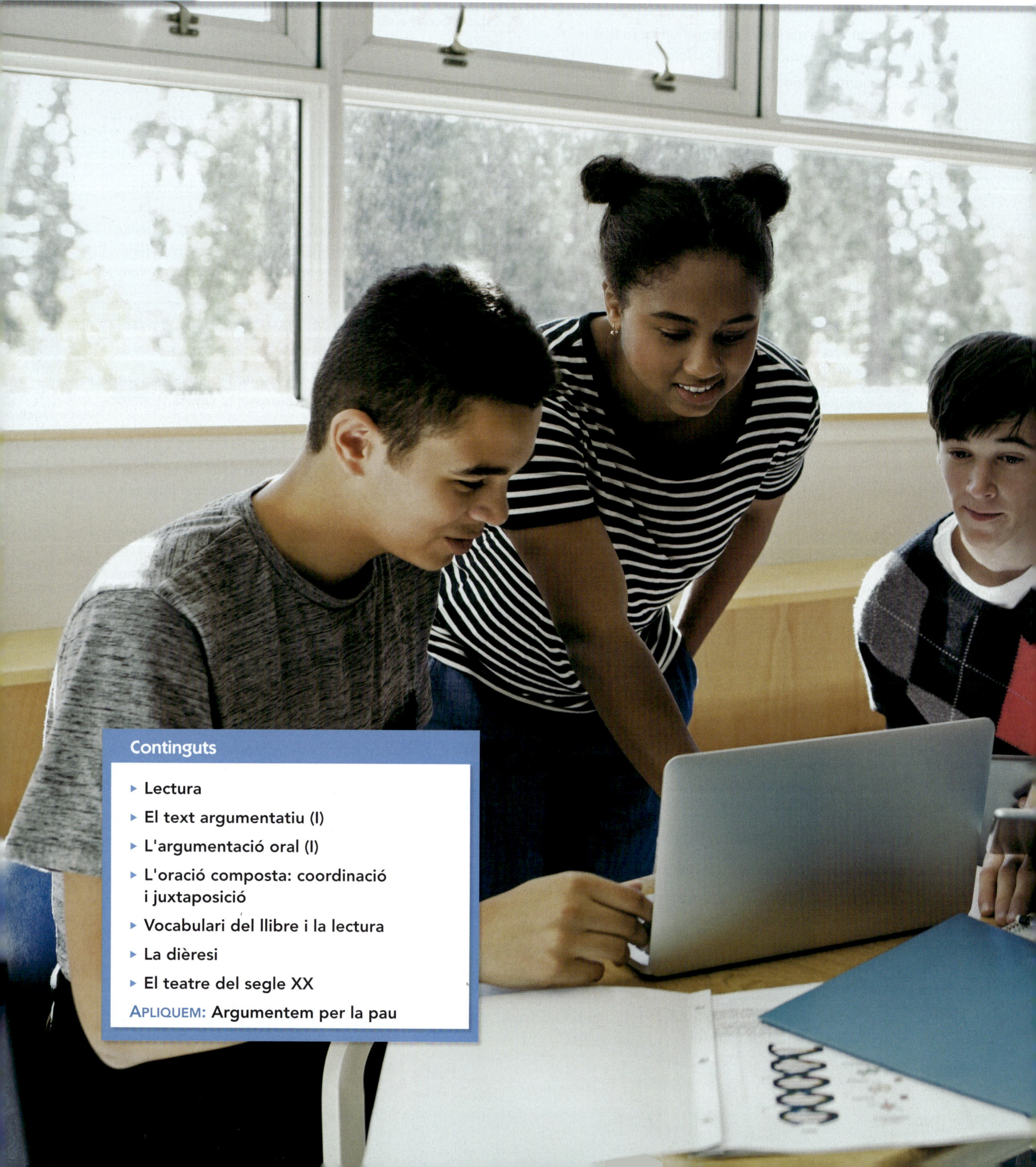

Continguts

Per començar

En la nostra activitat quotidiana ens veiem obligats a defensar les nostres opinions i punts de vista. Per exemple, convèncer els companys que la millor destinació per al viatge de fi de curs és Itàlia, explicar als pares per què ens interessa una activitat d'estiu, presentar la nostra opinió en qualsevol afer col·lectiu, etc.

En tots aquests casos, la nostra habilitat per elaborar textos argumentatius és clau per aconseguir els objectius que ens hem proposat.

El que no serveix és la ignorància

"Què falla? Per què he estudiat i no trobo feina?", es pregunten molts joves. És un error del sistema, per descomptat: haver estudiat ja no és garantia de trobar feina. I un error de càlcul: estudiar no hauria de servir només per trobar feina.

Els fills d'origen humil que vam poder pujar a l'ascensor social sabem que prosperar t'aporta una sensació molt semblant a la felicitat. Vam acabar trobant una feina més qualificada que la dels nostres pares. No necessàriament més ben pagada: al meu pare el van prejubilar als 58 anys, i al seu lloc van posar-hi algú amb dues llicenciatures, però que cobrava la meitat que ell. La universitat ha deixat de ser un reducte per a privilegiats: surten joves preparats de sota les pedres.

Els qui se senten estafats tenen raó, però no conec cap bon estudiant que es penedeixi d'haver estudiat. Avui que l'ascensor social s'ha aturat entre dos pisos, estudiar continua sent la millor inversió de futur per guanyar llibertat i cultura i coneixement i riquesa mental.

Dir que els estudis superiors ja no serveixen de res és una trampa. El que no serveix de res és la ignorància. Els estudis són una finalitat en si mateixa. I fins i tot avui, poden acabar conduint cap a una feina digna. Quan l'ascensor s'espatlla, el més assenyat no és esperar que algú ens l'arregli. Mentre tinguem cames i pulmons, ens toca agafar aire i pujar per l'escala.

Eva PIQUER: <www.naciodigital.cat>, 2 de juny de 2013 (adaptació).

A **Per què estudiar ja no és garantia de trobar feina?**

B **Explica quin significat té l'expressió "ascensor social". Segons l'articulista, quina sensació aporta pujar-hi?**

C **Quin motiu dona l'autora de l'article perquè els joves no renunciïn a formar-se?**

Llegim un text argumentatiu

El risc de llegir

Els llibres són la porta de la llibertat, el lloc on viuen les pors i els somnis i on s'acaronen les penes de l'ànima

BARCELONA - Pilar RAHOLA

Paul Verlaine el va incloure en la llista de poetes maleïts, potser amb menys rotunditat que el seu col·lega Rimbaud, però amb igual valentia.

Personalment vaig tenir l'època de dèria Mallarmé en els temps de la revolta, quan creia que la poesia era l'avançada de les idees de futur.

Després vaig entendre que la poesia només era això, poesia, i precisament per això... era tan imprescindible. Mai no he deixat de llegir poesia, a l'atzar, sovint en relectures dels llibres més estimats, d'altres buscant noves veus i noves emocions. I a l'estiu, quan el rellotge endolceix el seu tic-tac, el retorn a l'univers poètic és un dels meus plaers més íntims.

De Mallarmé és la frase que anima aquest escrit: "El món va ser fet per donar lloc a un llibre bonic". Probablement no és cert, però sempre aplaudiré l'amor hiperbòlic pels llibres, perquè, fins i tot quan s'exagera, un amant dels llibres sempre serà un ésser humà més fiable i complet.

No cal dir que parlo de llibres en el sentit profund del terme i no de simples vòmits impresos que pul·lulen per les cantonades de negres llibreries. Alhora que parlo de lectors crítics i no de simples repetidors de paraules.

Entenguem-nos, el *Mein Kampf* també és un llibre, i els radicals que el llegien i que llegeixen totes les bogeries de tots els radicalismes també són lectors, però ni aquesta mena de textos impresos, ni aquesta mena de lectors no tenen res a veure amb els llibres.

Els llibres són la porta de la llibertat, el lloc on viuen les pors i els somnis i on s'acaronen les penes de l'ànima.

No m'imagino la vida sense llibres, i no m'imagino els llibres sense una vida intensa que els motivi. Tanmateix, si l'aventura de llegir és tan fascinant, per què costa tant i a tants llegir amb regularitat? I sobretot, per què és tan poc popular la lectura entre els joves?

Òbviament, no tinc cap tesi fiable sobre això, i ignoro si algú ha elaborat les respostes pertinents, però si em permeten una reflexió de butxaca, crec que la lectura és difícil perquè és una activitat de risc que obliga a superar tres reptes complexos: estimar la solitud, confiar en el proïsme i pensar més enllà de la superfície.

I en els temps de la massificació, la desconfiança i la simplicitat, no resulta fàcil nedar contra corrent.

Cada dia vivim més de pressa, i els llibres exigeixen calma; cada dia tenim més por del silenci, i els llibres són pur silenci; i cada dia som més superficials, i llegir és una activitat solemne.

Tanmateix, quan superem els reptes, descobrim que llegir és un verb gran, majestàtic, superb, que ens engrandeix tant com ens sedueix i diverteix. Acabo amb Borges: "Un no és pel que escriu, sinó pel que ha llegit".

La Vanguardia, 29 de juliol de 2012 (adaptació).

ACTIVITATS

1. Llegeix el text i digues si, segons la lectura, les afirmacions següents són veritables o falses:

a) Rimbaud i Mallarmé van ser considerats poetes maleïts. ▢

b) L'autora sempre ha pensat, com Mallarmé, que "la poesia era l'avançada de les idees de futur". ▢

c) La poesia no és imprescindible. ▢

d) La poesia permet descobrir noves veus i noves emocions. ▢

e) No s'ha de confondre textos impresos i llibres, ni tampoc lectors crítics i repetidors de paraules. ▢

f) Una de les raons que explica l'escassa popularitat dels llibres entre els joves és el seu preu. ▢

g) No és el mateix ser un lector crític que un simple repetidor de paraules. ▢

h) La massificació, la desconfiança i la simplicitat són contràries a l'hàbit de la lectura. ▢

2. Ordena les idees següents d'acord amb la informació que apareix al text:

a) La poesia és només poesia, i per això és imprescindible. ▢

b) La lectura és difícil perquè és una activitat de risc. ▢

c) Llegir ens sedueix i diverteix. ▢

d) Sempre aplaudiré l'amor exagerat pels llibres. ▢

e) Mallarmé era col·lega de Rimbaud. ▢

f) A l'estiu el rellotge s'alenteix. ▢

g) Llegir és un verb superb. ▢

h) Els llibres són la porta de la llibertat. ▢

i) No m'imagino la vida sense llibres. ▢

3. Quina distinció s'estableix entre llibres profunds i altres textos impresos. I entre lectors crítics i simples repetidors de paraules?

4. Al començament del text s'esmenta Mallarmé. Fins a quin paràgraf no adquireix sentit aquesta menció?

5. Explica el sentit de la citació de Borges: "Un no és pel que escriu, sinó pel que ha llegit".

6. Fes el mateix amb la reflexió de Mallarmé: "El món va ser fet per donar lloc a un llibre bonic". Per què l'autora considera que es tracta d'un "amor hiperbòlic"?

7. Sintetitza en una frase la idea provisional que defensa l'autora per explicar els baixos índexs de lectura entre els joves.

8. Comenta per què l'autora considera que "Els llibres són la porta de la llibertat, el lloc on viuen les pors i els somnis i on s'acaronen les penes de l'ànima".

9. Escriu un text breu (100 paraules) en què exposis el teu punt de vista sobre el valor dels llibres i els hàbits de lectura.

1. El text argumentatiu (I)

Definició i gèneres textuals

Dominar els textos argumentatius ha esdevingut una habilitat imprescindible per desenvolupar-nos plenament en societat i exercir de manera adequada els nostres drets i deures com a ciutadans.

Les exposicions de l'advocat defensor i del fiscal són exemples de textos argumentatius.

Els **textos argumentatius** exposen una opinió o idea (tesi) sobre un fet o un concepte i aporten arguments per tal de defensar o rebatre aquest plantejament i convèncer o aconseguir l'adhesió dels receptors a la nostra opinió.

A través d'aquests textos podem donar a conèixer el nostre parer i participar en els debats socials de manera raonada. Aquesta competència ens permet, també, entendre i contrastar les opinions dels altres, analitzar-ne els arguments i prendre les decisions que millor s'ajusten als nostres principis i objectius.

Gèneres argumentatius

Literaris: assaig, crítica, taula rodona, etc.

Periodístics: tertúlia, article d'opinió, crítica, publicitat, etc.

Administratius/jurídics: sol·licituds, sentències, demandes, etc.

Acadèmics (en part, també expositius): treballs de recerca, tesis, articles científics, ponències, etc.

Molt sovint, davant un fet o esdeveniment, ens limitem a dir-hi la nostra sense que hi hagi cap argumentació al darrere. Opinem més que no pas argumentem, per bé que la nostra apreciació pugui ser polèmica i molt modalitzada: *Aquesta concepció és retrògrada.*

Per parlar amb propietat d'un text argumentatiu complet, cal que hi hagi la voluntat de modificar les idees del receptor i raonar per què hem arribat a aquesta conclusió.

Textos persuasius i demostratius

Les nostres decisions no sempre s'apuntalen en raonaments o arguments. Inevitablement, ens deixem portar per les emocions i els impulsos interns. Els **textos persuasius** intenten influir en el receptor a través d'un seguit d'estratègies emotives que pretenen induir-lo a prendre una determinada decisió. Els textos publicitaris exploren especialment aquestes possibilitats textuals.

A l'altre extrem, els **textos demostratius** són de caire científic i es caracteritzen per la utilització d'arguments empírics, de caràcter inapel·lable, a partir dels quals es corroboren les hipòtesis plantejades, que només poden ser veritables o falses i no pas discutibles o opinables.

Estructura dels textos argumentatius

Les diverses circumstàncies en què es produeixen els textos argumentatius els fan adoptar formes diverses. Malgrat aquestes variacions, en qualsevol text argumentatiu podem distingir quatre blocs.

- **Introducció**: presentació del marc, tema o àmbit sobre el qual volem mostrar la nostra tesi o posicionament.
- **Tesi**: posicionament central que es defensa en un text. És imprescindible en qualsevol text argumentatiu, encara que no sempre hi apareix de manera explícita. En ocasions, no n'hi ha prou de defensar una tesi determinada, sinó que cal refutar la contrària, perquè la tesi propugnada pugui ser acceptada.
- **Justificació** (o **argumentació** pròpiament dita): conjunt d'arguments i contraarguments, amb proves, dades, exemples i testimonis, que s'utilitzen per defensar una tesi.
- **Conclusió**: síntesi del que s'ha exposat i argumentat, que serveix per reforçar la tesi. També pot incloure una reflexió sobre el futur, una citació pertinent sobre allò que s'ha tractat, un final amb un joc de paraules que impacti i sigui recordat, etc.

La solidaritat

Introducció → Els paleoantropòlegs fan una feina que és apassionant. Una de les preguntes que ens ajudaran a respondre és què ha fet que l'espècie humana arribi fins al dia d'avui. Alguns apunten que el que ens va permetre sobreviure en un ambient hostil va ser un desenvolupament cerebral que afavoria una ràpida adaptació quan canviaven les condicions. És a dir, que la intel·ligència és la qualitat diferencial que ens va permetre superar uns altres animals.

Tesi → La meva opinió és que la intel·ligència va ser molt important, però que amb això no n'hi va haver prou. El que ens va permetre sobreviure de debò va ser la solidaritat.

Justificació → Els antropòlegs han trobat evidències físiques de persones que vivien fa mil·lennis que s'havien lesionat (per exemple, que s'havien trencat un braç o una cama) i que, malgrat això, encara van sobreviure molts més anys. Si havien sobreviscut va ser perquè unes altres persones les van cuidar. Un fet difícil entre altres animals.

Conclusió → Jo diria, doncs, que la solidaritat és tan vella com la humanitat mateixa. Si falla la solidaritat ja podem dir adéu.

Lluís MARTÍNEZ: *El Punt Avui*, 27 d'agost de 2012.

Estratègies argumentatives

Segons on se situa la tesi, distingim quatre esquemes o tipus de raonament:

- **Deductiva**: s'exposa la tesi a l'inici, que serà validada després per un seguit d'arguments.

> (**Tesi**) El lleó ha de ser el rei dels animals perquè és el principal depredador, el més fort i el que més impressiona. Vegem-ho detingudament. En primer lloc, com a depredador és...

- **Inductiva**: es presenten arguments que condueixen finalment a la tesi.

> És un polític molt actiu, fa les propostes més provocadores, se les empesca per sortir sempre a les notícies. (**Tesi**) És l'home del moment en la política de casa nostra.

- **Circular o emmarcada**: la tesi s'exposa al principi i es reprèn o es completa al final.

> (**Tesi**) L'esport ha de ser per practicar-lo. Hi ha esports amb milions d'espectadors passius en un estadi o en un sofà, menjant pizza i bevent cervesa, motivats per la identificació amb uns colors o amb uns ídols, i exposats a la publicitat comercial. (**Represa de la tesi**) Si no es practica, l'esport és un mer espectacle sedentari gens saludable.

- **Dialèctica**: s'exposen una o més tesis i se'n defensa una d'alternativa.

> (**1a tesi**) Els favorables al projecte en defensen la repercussió econòmica en llocs de treball per a la zona. (**2a tesi**) Els contraris, assenyalen el caràcter contaminant de l'explotació i el benefici per a empreses estrangeres. (**Tesi pròpia**) Plantegem-ho diferent, doncs: una explotació neta i amb una empresa de casa.

ACTIVITATS

10. Hi ha dues fórmules típiques per introduir un tema en una argumentació:

a) Un esdeveniment, citació, frase feta..., a partir del qual plantegem la nostra tesi.

b) L'exposició d'un fet o vivència personal.

Determina en els tres inicis d'article d'opinió que tens a continuació quina fórmula s'utilitza:

A Tots els que us entretenim treballem per a un amo o diversos. El columnista X repetirà que ell no té cap pressió (no ho acceptaria mai!) del grup S & G per al qual treballa. Però el columnista X ja sap de quin peu calça el grup S & G, i quins són els temes sobre els quals toca estar en contra o a favor. Excepte algun *punk* despistat, el periodista no mossega la mà que li dóna menjar.

Empar MOLINER: *Ara*, 30 de novembre de 2011 (adaptació).

B Fa dècades que vaig amb motxilla, des que vaig descobrir que és molt més pràctic anar tot el dia amunt i avall amb les mans lliures. Un matí em vaig trobar amb un conspicu escriptor d'aquests que aspiren a ser la reencarnació de Josep Pla i no li arriben ni a la sola de la sabata. Em va mirar i em va dir: "Què, d'excursió?".

Quim MONZÓ: *La Vanguardia*, 8 de gener de 2016 (adaptació).

C Un dels debats més antics i a la vegada més punyents és el que es genera entorn als impostos. Com deia Benjamin Franklin, "en aquest món només hi ha dues coses segures: la mort i els impostos", i això és així perquè en el moment en què hi ha una despesa pública s'ha de buscar la manera de finançar-la.

Marta ESPASA: *Ara*, 22 de novembre de 2015 (adaptació).

11. Indica quina estratègia argumentativa segueix cadascun dels fragments següents: deductica, inductiva, circular o dialèctica.

A L'any més calorós d'ençà que en prenem la temperatura. L'avenç científic que ens farà viure vint anys més. La nova tecnologia que significarà un abans i un després en l'educació. Molt particularment, els períodes preelectorals n'anuncien de tota mena, d'esdeveniments històrics. El periodisme recorre als estils del Gènesi: "La terra era caòtica i desolada, i les tenebres cobrien la superfície de l'oceà...".

Salvador CARDÚS: *La Vanguardia*, 23 de desembre de 2015 (adaptació).

B Hi havia estudis que diferenciaven entre dos models de capitalisme. Un model, el nord-americà, de reducció al màxim del pes dels serveis públics. D'altra banda, hi havia el model europeu –més aviat, l'alemany–, en el qual la influència de l'Estat garantiria bons serveis públics relativament gratuïts (...). Del que es tracta ara és que el model no s'acosti al que es practica a Xina: salaris baixos, preus alts i sense serveis.

Lluís MARTÍNEZ: *El Punt Avui*, 1 de setembre de 2012 (adaptació).

C Educar demana temps. Educar és com plantar una llavor: cal regar-la, vetllar-la, respectar-ne els ritmes naturals de creixement, que no sempre són iguals per a totes les plantes. És clar que podem mudar l'entorn natural o modificar-la genèticament a fi d'accelerar-ne el ritme de creixement. Però no sempre és possible i sovint és poc recomanable. Per això, educar demana temps.

Pere VILASECA: *Ara*, 4 de maig de 2016.

D Els cervells de l'home i de la dona tenen més o menys la mateixa forma, però el masculí està més compartimentat. El llenguatge resideix a l'hemisferi esquerre mentre que l'àrea de l'espai s'ubica a l'hemisferi dret. El fet que el cos callós sigui un quinze per cent més ampli en la dona fa que l'intercanvi d'informació entre hemisferis sigui més ràpid, cosa que probablement explica el vell tòpic de la intuïció femenina.

Sebastià SERRANO: *Essencial* (adaptació).

12. Analitza el text següent. Quantes parts té? Quina visió es refuta? Quina és la tesi proposada? Quina estratègia argumentativa segueix el text?

Marta Casals vol que cada català vagi almenys un cop a la vida al Museu Pau Casals del Vendrell. Troba que a Catalunya sabem que Casals va dir "I'm a Catalan" a les Nacions Unides i venerem *El cant dels ocells*, però ens perdem el context, la figura completa del geni del mestre. Des de la convicció que l'educació, amb la música al centre, és bàsica per fer avançar el món, Marta Casals, que desprèn una energia admirable a punt de fer els vuitanta, no s'aturarà fins que tots els catalans hàgim anat una vegada almenys al Vendrell. Som-hi, doncs.

Carles CAPDEVILA: *Ara*, 25 de març de 2016 (adaptació).

13. Llegeix aquest text. Quina és la tesi que s'hi defensa? A quins llocs del text apareix la tesi i com es completa? Quina estratègia argumentativa l'estructura?

Quan, a una certa edat, hom dóna una ullada a la vida, resulta que hom ha estat al fil de la catàstrofe constantment. Un matí, a Barcelona, agafo l'exprés de França. Un matí d'hivern, fred i desagradable. Plou. El tren corre a una velocitat magnífica. Mig segon –mig segon– després de passar el pont d'Hostalric, els pilons de la via s'ensorren estrepitosament. Propina! Hom ha naufragat i encara fuma cigarrets. Propina! Hom ha volat pels espais, i els avions no han caigut. Propina! Hom ha estat en contacte amb zones infectades perillosíssimes i no ha passat res. Propina! Hom ha hagut d'escriure una quantitat desorbitada de papers i encara és possible de fer la viu-viu. Propina! La vida no deu ésser probablement més que això: un moviment de pèndol entre la catàstrofe i la propina mentre arriba el moment de la parada del pèndol en el centre –que és l'equilibri de la mort.

Josep PLA: "Teoria de la propina", dins d'*Humor, candor...*

ACTIVITATS

14. La crítica és un gènere argumentatiu. Llegeix aquest text i analitza sobre quines premisses les cadenes televisives programen a l'estiu. Quina és la tesi que defensa? Quins arguments utilitza Mònica Planas per donar suport a la seva tesi? Quina és la conclusió a la qual arriba?

> S'acaba el mes d'agost i, un any més, s'ha confirmat la hipòtesi. Els programadors de les cadenes (totes) menystenen l'estiu, falten al respecte als anunciants i s'enfoten dels teleespectadors.
>
> Sembla que pressuposin que la majoria de ciutadans se'n van de vacances, apaguen el televisor i encenen el ventilador o l'aire condicionat. Més enllà dels informatius i de les pel·lícules que encara mantenen el to, sembla que les audiències, de cop i volta, els importin un rave.
>
> La majoria de gent, a l'estiu, no té una segona residència a l'estranger, ni se'n va vint dies de creuer. La major part de les famílies continuen a casa seva, passant l'estiu amb la finestra oberta. I precisament perquè estan de vacances, tenen més temps per mirar la televisió, que és un dels ocis més barats que ens queden. La gent no mira menys la televisió perquè estigui de vacances, sinó perquè la programació és un bunyol ofensiu. Va expulsant espectadors que troben refugi en canals temàtics o a Internet. I aquests serà difícil que els recuperi.
>
> Mònica PLANAS: *Ara*, 27 d'agost de 2015 (adaptació).

15. L'ajuntament de la teva població ha decidit tancar la biblioteca municipal durant el període d'exàmens. Redacta una sol·licitud perquè es revoqui aquesta decisió, aportant-hi arguments que justifiquin la teva petició.

Fixa't en el quadre següent i completa'l per preparar el teu escrit:

Dades personals	...
Exposo que	Fets que motiven la sol·licitud
Atès que	Arguments que justifiquen la petició
Demano que	Formulació de la petició

16. Construeix un text argumentatiu alternatiu a la tesi i als arguments que es proposen tot seguit. Tria l'estructura que millor s'adequï al teu propòsit.

- **Tesi**: cal prohibir l'ús dels mòbils en els centres docents.
- **Argument 1**: el mòbil és un element de distracció permanent.
- **Argument 2**: l'ús del mòbil pot generar conflictes a les aules.

17. Analitza els anuncis publicitaris següents i completa el quadre. Recorda que els textos publicitaris són sobretot persuasius i no sempre hi apareixen totes les parts que integren un text argumentatiu:

1

2

3

4

Introducció	...
Tesi	...
Arguments	...
Elements persuasius	...

La construcció lingüística

Els textos argumentatius posen en joc un seguit de recursos i estratègies lingüístiques que en faciliten l'elaboració i que impliquen la sintaxi, el lèxic, els temps verbals i els connectors:

- **Oracions subordinades adverbials i coordinades adversatives i consecutives** a fi d'establir relacions lògiques entre les oracions: causalitat, conseqüència, addició, etc.
- **Estructures impersonals**: *es comenta*, *han explicat*, *es diu*, etc.
- **Preguntes retòriques**: es formula una pregunta que es respon amb la formulació de la tesi.
- **Lèxic connotatiu**, que mostra el posicionament de l'emissor: *malauradament*, *afortunadament*, *definitiu*, *resolutiu*, *un error*, *la solució*, etc.
- **Lèxic denotatiu o tècnic**, en els textos de caire més objectiu: *cos callós*, *hemisferi*, *inflació*, etc.
- **Verbs o perífrasis verbals** que expressen opinió i discrepància: *considerar*, *assegurar*, *pensar*, *creure*, *opinar*, *exposar*, *manifestar*, *defensar*, *afirmar*, *plaure*, *acceptar*, *agradar*, *convèncer*, *fer el pes*, *discrepar*, *objectar*, *repugnar*, *irritar*, *encertar*, *excedir-se*, *corrompre*, *estimular*, etc.
- El **condicional** permet atenuar o posar de manifest la incertesa: *La fallida de l'empresa hauria estat a causa de la crisi de la construcció.*
- El **subjuntiu** permet formular hipòtesis i situacions que no han tingut lloc: *Quan acabi la crisi, tornarà la bonança.*
- La **connexió** entre les diferents parts del discurs i entre les idees és un element fonamental en un text argumentatiu.

ACTIVITATS

18. Llegeix el fragment següent i indica quina és la tesi fonamental. Quin connector s'hi utilitza per indicar el canvi en l'argument? Substitueix-lo per un parell de connectors equivalents. A l'última línia, hi ha una hipèrbole que és alhora una ironia. Quina és?

> Una amiga em diu que l'han feta presidenta de l'escala, i està esverada. Amb ganes d'arreglar coses i aclarir malentesos, i la certesa que no li serà fàcil, després de la primera trobada. La reunió de veïns és la prova més dura per als que exercim d'optimistes sobre la condició humana. La ràbia amb què algú s'indigna quan ha de pagar per la reparació de l'ascensor al·legant que viu a la planta baixa et fa adonar que cal molta pedagogia sobre el bé comú. Però al costat hi ha l'amiga que accepta el càrrec engrescada i sacrificarà hores i tindrà disgustos intentant pacificar l'escala, experiència que hauria de ser condició indispensable per aspirar a presidir les Nacions Unides.
>
> Carles CAPDEVILA: *Ara*, 4 de maig de 2016.

19. Completa els espais amb un enunciat que s'adigui amb el connector i amb l'oració:

- Va acceptar la reducció de sou, perquè ....
- Va presentar la dimissió, per bé que ....
- Atès que ha estat absolt, ...
- Ha recuperat la posició a còpia de ....
- No ha complert els compromisos, per tant ....
- Han retallat despeses, en canvi ....
- Van obtenir grans beneficis, això no obstant ....
- Com que ... no li han concedit la beca.
- Acceptarà la nova proposta sempre que ....

20. Escriu un text argumentatiu de 150 paraules sobre el plagi i la còpia d'exàmens. En primer lloc, proposa una tesi i fes un llistat d'arguments i contraarguments. Adopta l'estructura que millor s'ajusti al teu objectiu. A la conclusió, utilitza el tòpic "Ja el suspendrà la vida", mostrant-hi a favor o en contra.

L'ARGUMENTACIÓ ORAL (I)

Argumentar amb convicció

L'argumentació en públic té un gran valor social i també professional. Desplegar una argumentació amb bons raonaments, solidesa i convicció et permet influir sobre les persones que t'escolten i conduir-les cap a la posició que defenses.

Per fer una argumentació amb efectivitat, pots seguir les recomanacions següents:

1. **Centra't en la tesi bàsica** de l'argumentació. El teu públic ha de sortir tenint ben clara la posició que has defensat.
2. **Afegeix-hi arguments sense desviar-te** gaire de la tesi i recondueix el discurs si t'adones que t'has dispersat.
3. **Aporta proves, dades i justificacions** per donar credibilitat als teus arguments. La força dels arguments és que estiguin ben justificats.
4. **No facis bromes sobre temes sensibles** que puguin provocar dolor en els altres. L'argumentació pot incloure algun punt d'humor, però sempre amb elegància i mesura.
5. **Sigues conscient de les fal·làcies** en què pots incórrer i posa en evidència les fal·làcies de les opinions contràries.
6. **Mantén una actitud raonable i equilibrada**. No deixis que les emocions superin la força del raonament.
7. **Sigues breu, no cansis els interlocutors** repetint les mateixes justificacions i confia que la tesi i els arguments, un cop dits, tinguin prou pes per ells mateixos com per calar en els receptors.

COMPRENSIÓ AUDIOVISUAL

Ves a www.tiching.com/746995 i respon a les preguntes.

Per saber-ne més

Una **fal·làcia** és una forma d'argument defectuosa, en què el raonament sembla vàlid però no ho és perquè no es desprèn de les premisses de l'argumentació:

– *Hi ha una epidèmia de grip, perquè quatre companys estan malalts.* (perquè sigui una epidèmia, no n'hi ha prou que estiguin malalts alguns coneguts).

ESTRATÈGIA ORAL

La sala i l'espai

El lloc on parles és rellevant, perquè pot potenciar o afeblir la teva capacitat per arribar al públic. Per analitzar la sala i l'espai, tingues en compte els elements següents:

a) **Tarima**: procura posar-te on tothom et pugui veure perfectament. Quan parles has de ser el centre d'atenció i has de poder mantenir el contacte visual amb el públic. Si baixes de la tarima, llavors ets més proper, però pots perdre l'atenció dels de més lluny.

b) **Taula**: pots estar assegut darrere d'una taula, però és millor que parlis dempeus. Al públic li agrada més veure l'orador de cos sencer. Si estàs en una taula, assegura't que la part de davant està tapada perquè, si no, se't veuran els moviments de les cames, etc.

c) **Il·luminació**: mantén la sala prou il·luminada perquè el públic et vegi en tot moment, fins i tot quan hi ha una pantalla activa, ja que apagar els llums és com "apagar l'orador".

d) **Disposició del públic**: convé que les persones del públic no estiguin disperses per la sala. Juntes participen més, riuen plegades i són més fàcils d'implicar i de convèncer.

Expressió oral

Defensa el teu invent

- Feu el disseny d'un invent i presenteu-lo com si estiguéssiu en una trobada d'inversors que us el poden finançar.
- **Exemple**

La tauleta auto-mòbil

Oi que és pesat haver de portar les coses de la cuina a la sala d'estar? O haver de moure't quan ets al sofà per agafar una cosa que és a l'altra banda de la tauleta?

Amb la *tauleta auto-mòbil* tens solucionats els problemes. La tauleta té rodes i està autopropulsada per un motor elèctric amb comandament a distància. Pot circular per la casa amb una càrrega de fins a deu quilos i pot girar fins a 360° sobre un eix per acostar-te les coses que queden a l'altra banda. També puja i baixa per adaptar l'alçada a la teva necessitat de cada moment a cada lloc de la sala.

La tauleta permet, a més...

Pautes per fer la defensa de l'invent

1. Decidiu l'invent, les funcions, les parts i els materials que el constitueixen. Dibuixeu-lo i feu un esquema que il·lustri tots els mecanismes de funcionament.
2. Prepareu una llista dels avantatges del producte, que seran els arguments de la vostra defensa, decidiu quina serà la tesi (l'avantatge principal), quins els arguments, les dades i les proves que l'acompanyaran, i com serà la conclusió. Recordeu que cal que sol·liciteu recursos als inversors.
3. Repartiu-vos les parts de l'argumentació perquè tots els integrants del grup puguin intervenir-hi.
4. Assageu l'argumentació amb enregistraments i l'assessorament del docent. Refeu el que calgui per millorar-la.
5. Feu-ne, finalment, la presentació davant de tota la classe, constituïda en *Congrés d'inversors*.

Pauta d'avaluació de l'expressió oral	
• Han pensat un invent enginyós, sofisticat i ben dissenyat?	☐
• Han fet la presentació amb energia i una entonació convincent?	☐
• Han emprat arguments sòlids i ben justificats?	☐
• La introducció ha inclòs recursos per cridar l'atenció del públic? I la conclusió ha estat ferma i amb elements per recordar?	☐

Repte oral

El diputat

- Poseu-vos en grups de tres i trieu un tema cadascun (els cotxes elèctrics, el top manta, el turisme a Catalunya, els camps de golf, etc.). A continuació prepareu una llista d'arguments a favor o en contra i estructureu un breu discurs d'uns dos minuts.

  Un cop tingueu el contingut i l'estructura del discurs, prepareu-ne dues versions per pronunciar en dos llocs diferents amb destinataris i nivells de formalitat diferents: per exemple, la intervenció d'un diputat al parlament, convertida més tard en una argumentació informal del mateix diputat al bar amb uns amics. Feu els discursos davant dels companys.

2. L'oració composta: coordinació i juxtaposició

Hi ha tres tipus d'oracions compostes: les oracions **coordinades**, les oracions **juxtaposades** i les oracions **subordinades**.

Les **coordinades** i les **juxtaposades** estan formades per oracions relacionades semànticament, les primeres amb un nexe i les segones, sense. Les **subordinades** estan formades per oracions incloses sintàcticament l'una dins de l'altra. L'oració que l'inclou és anomenada **principal**, mentre que l'oració inclosa és la **subordinada**:

- *He preparat el dinar* i *l'he desat a la carmanyola*. → Oracions coordinades
  (oració 1: *He preparat el dinar*; oració 2: *l'he desat a la carmanyola*)
- *Està molt enfeinada*: *tornarà tard*. → Oracions juxtaposades
  (oració 1: *Està molt enfeinada*; oració 2: *tornarà tard*)
- *Ens trucarà* *quan hagi arribat*. → Oració principal + Oració subordinada
  (oració 1: *Ens trucarà*; oració 2: *quan hagi arribat*)

Les oracions coordinades

Les **oracions coordinades** estan formades per dues o més oracions simples amb sentit ple unides per **conjuncions** o **locucions conjuntives**.

Hi ha diversos tipus de coordinades, segons el significat de la conjunció que fa de nexe: coordinades copulatives, disjuntives, distributives, adversatives, il·latives o consecutives, continuatives i explicatives.

Vegem al quadre següent els diversos tipus d'oracions coordinades, les conjuncions i locucions conjuntives que poden fer de nexe per a cada tipus i el significat que aporten al conjunt de l'oració composta:

Per saber-ne més

Una **locució** és un conjunt de paraules que formen una unitat gramatical, és a dir, que equival a una sola paraula pel que fa al significat i al comportament sintàctic. Una **locució conjuntiva** uneix dues paraules o dues oracions. Són locucions conjuntives *així mateix, fins i tot, per tant...*

Tipus de coordinades	Conjuncions i locucions conjuntives	Exemples
Copulatives Indiquen unió o suma d'accions, estats o característiques.	i	*En Lluc juga a handbol i en Joan juga a tennis.*
	ni	*En Martí no fa ni deixa fer.*
Disjuntives Indiquen diverses opcions que s'exclouen.	o	*A l'estiu faré un intensiu d'anglès o m'apuntaré a un curset de teatre.*
	o bé	*Pel meu aniversari farem un sopar o bé anirem al cinema tots plegats.*
Distributives Indiquen accions alternatives, successives o simultànies.	ara... ara	*Ara diu que vol un brioix, ara diu que vol un croissant.*
	tant... com	*Tant reia com plorava.*
	no només... sinó (que)	*No només ja s'ha llegit el llibre sinó que n'ha fet el resum.*
	adés... adés	*Adés diu que vol venir, adés diu que es vol quedar a casa.*
	així... com	*Així es barallava amb tothom com jugava a fer de mediador de conflictes.*
	qui... qui	*Al pica-pica hi havia tota mena de gent: qui s'estava dret parlant, qui només endrapava canapés.*

Tipus de coordinades	Conjuncions i locucions conjuntives	Exemples
Adversatives Indiquen accions que s'oposen o que impliquen alguna contrarietat.	però	*Plovia, però l'excursió es va fer igualment.*
	sinó (que)	*No estem en contra del projecte, sinó que hi donem tot el suport.*
	en canvi	*No ha vingut el president; en canvi, sí que ha vingut el conseller de Cultura.*
	tanmateix	*Diu que es troba bé; tanmateix, fa mala cara.*
	ara bé	*No vaig a cap gimnàs; ara bé, cada dia camino una hora.*
	això no obstant / no obstant això	*Arribarem justos al concert; això no obstant, ja tenim les entrades.*
	altrament	*Has de signar l'autorització; altrament, no publicaran imatges teves.*
	amb tot	*No he comprat farina; amb tot, diria que encara en queda un paquet al rebost.*
	tot i això	*No trobo la bufanda; tot i això, ja s'ha acabat el fred.*
	així i tot	*Fa tot just un any que estudia violí; així i tot, ja toca peces complicades.*
	malgrat això	*No volia anar a la festa; malgrat això, s'ho va passar bé.*
Il·latives o **consecutives** Indiquen que la segona oració és conseqüència o resultat de l'acció de la primera oració.	per tant	*Només hi ha carabassa a la nevera; per tant, avui prendrem crema de carabassa per sopar.*
	doncs	*Ha plogut? Doncs no cal que reguis les plantes.*
	per això	*No ha dormit, per això fa mala cara.*
	aleshores	*Tothom hi està d'acord? Aleshores, ja podem tirar endavant el projecte.*
	en conseqüència	*M'he adormit; en conseqüència, he perdut el tren.*
	de manera que	*Han guanyat el partit, de manera que ara són líders.*
	així que / així és que	*Ha arribat tothom, així que ja podem començar.*
	per consegüent	*Neva, per consegüent, cal posar cadenes al cotxe.*
	consegüentment	*El consell continua reunit; consegüentment, encara no hi ha acord.*
Continuatives Indiquen la continuació o la insistència en les accions.	a més / a més a més	*Avui hi ha hagut retards a totes les línies de tren; a més, hi havia vaga de metro.*
	fins i tot	*Avui no és el meu dia: fins i tot m'he deixat les claus a casa.*
	i encara	*El públic va demanar tres bisos, i encara en volia més!*
Explicatives Indiquen un aclariment o una equivalència.	és a dir	*La moto s'ha quedat seca, és a dir, se li ha acabat la benzina.*
	o sigui	*Han estrenat* El despertar de la força*, o sigui, han estrenat la setena pel·lícula de la saga.*
	això és	*Encara no han enllestit les votacions, això és, falta votar els articles 3, 5 i 7.*

Observacions sobre els nexes

- La conjunció *i* no canvia davant de paraules que comencin pel so de **i**: *Aquesta artista canta **i** imita molt bé.*
- La conjunció *o* no canvia davant de paraules que comencin pel so de **o**: *Agafa una altra ampolla **o** omple la cantimplora.*
- Els nexes de les oracions coordinades adversatives, consecutives i continuatives acostumen a anar precedits d'una coma: *No volia, però al final ho va haver d'admetre.*
- La conjunció *ni* exigeix un *no* a les oracions negatives anteriors: *Està estable: **no** millora **ni** empitjora.*
- Cal no confondre la conjunció adversativa *sinó* amb la combinació *si no*, que és una conjunció condicional + l'adverbi de negació:
  - *No vam anar a caminar pel bosc, **sinó** que vam quedar-nos al sofà.*
  - *Aneu a caminar pel bosc: **si no**, us perdreu aquest sol tan bonic. (=si no hi aneu...)*
- Evitem el castellanisme *además*. Cal fer servir *a més* o *a més a més.*
- *Doncs* no té mai un sentit causal, només consecutiu:

  ✗ *No he acabat la cursa cansada, **doncs** m'havia entrenat molt.*
  - *No he acabat la cursa cansada, **perquè** m'havia entrenat molt.*

  Doncs és correcte quan no es pot substituir per *perquè*, sinó per *per tant.*

Per saber-ne més

La conjunció *i*, estrictament, té valor coordinant, però, sobretot en un registre oral, sovint té altres significats que es desambigüen pel context:

- *Va dir que vindria i encara l'espero.* → *i* adversativa
- *Ha guanyat la cursa i està molt contenta.* → *i* consecutiva

De fet, no és pròpiament que la conjunció *i* tingui aquests valors, sinó que l'oient els dedueix de la relació entre els dos enunciats que es coordinen.

Les oracions juxtaposades

Les **oracions juxtaposades** estan formades per dues o més oracions simples amb sentit ple, però no estan unides per cap tipus de nexe, sinó que se separen per signes de puntuació (coma, punt i coma, dos punts o punt).

No totes les oracions separades per signes de puntuació són juxtaposades, només ho són les que estan estretament relacionades pel significat:

- *Els carrers estaven ben deserts. Feia basarda passar-hi.* → Oracions juxtaposades
- *Els castellers han completat un dia històric. La Festa Major s'acabarà demà.* → Dues oracions independents

Hi ha dos tipus d'oracions juxtaposades:

- Hi ha oracions juxtaposades que tenen una relació de coordinació i, fins i tot, es podria afegir un nexe:
  - *En Lluc toca el violí; en Guiu l'acompanya al piano.* → *En Lluc toca el violí i en Guiu l'acompanya al piano.*
  - *No ha dormit; fa mala cara.* → *No ha dormit; per això fa mala cara.*
- N'hi ha d'altres, en canvi, que actuen com a subordinades:
  - *Agafarem la bici: ja no plou.* → *Agafarem la bici perquè ja no plou.*
  - *Va arribar esbufegant a l'estació; el tren ja havia sortit.* → *Va arribar esbufegant a l'estació quan el tren ja havia sortit.*

ACTIVITATS

21. Indica quines d'aquestes oracions no són coordinades i indica per què no ho són:

- No hi havia prou inscrits i el curs s'ha anul·lat.
- Per berenar hi havia entrepans, brioixos i ulleres de xocolata.
- El públic va aplaudir l'obra però la crítica la va desmuntar.
- Pel meu aniversari faré un berenar o un sopar.
- Els alumnes de tercer o bé faran un intercanvi amb un institut irlandès o bé faran unes colònies en anglès.
- Es va asseure, es va treure les sabates, va posar els peus damunt la taula.
- Ens pensàvem que perdríem l'avió, però per sort portava retard.

22. Subratlla el nexe d'aquestes oracions coordinades i indica de quin tipus són:

- Els nostres veïns, adés ens saluden cordialment, adés fan veure que no ens han vist.
- Som celíacs, de manera que no podem prendre gens de gluten.
- No li agrada el *heavy*; tanmateix, escolta balades de Metallica.
- El llumet de l'ascensor, ara s'encén, ara s'apaga.
- No fa fred ni calor.
- Ho recorda tot: fins i tot les coses sense cap mena d'importància.
- Sortiu o tanqueu la porta!
- Presumeix de joies, ara bé, totes són falses.

23. Reescriu les oracions anteriors canviant el nexe per un altre del mateix tipus. Fes els canvis que convingui.

24. Indica si les oracions següents són coordinades o subordinades. Justifica-ho:

- El concert no començarà si el director no arriba.
- El director ja ha arribat; per tant, ja pot començar el concert.
- Ja ha fet les declaracions, és a dir, els periodistes poden encetar la tanda de preguntes.
- Després que hagués fet les declaracions, els periodistes van encetar la tanda de preguntes.
- Com que tothom parlava tan alt, no se sentia res.
- Tothom parlava molt alt, per això no se sentia res.
- Ho sabies, però no hi vas anar.
- Encara que ho hagués sabut, no hi hauria anat.

25. Completa les oracions següents amb aquests nexes:

- i
- o
- en conseqüència
- tot i això
- o sigui
- tant... com

- El camp era mig buit, ... el públic s'ha fet sentir.
- Agafa una ampolla plena ... omple la buida.
- Les parts no s'han posat d'acord, ... s'ha acordat un altre dia de negociació.
- La pel·lícula no s'entén, ... no té ni cap ni peus.
- Els nens ... reien ... ploraven.
- Agafa els diners ... inverteix-los en dipòsits.

26. Uneix cada parella d'oracions de manera que en resultin dues oracions coordinades amb el sentit indicat en cada cas:

- **conseqüència**
  - L'altre equip no s'ha presentat.
  - Hem guanyat el partit.
- **oposició o contrarietat**
  - Tenia molta febre.
  - Ha vingut a treballar.
- **accions que s'exclouen**
  - Mirarem una pel·lícula.
  - Jugarem amb el nou videojoc.
- **insistència**
  - He guanyat el primer premi de narrativa.
  - He guanyat el segon premi de poesia.
- **unió**
  - Li va caure la safata.
  - Es van trencar totes les tasses.
- **explicació**
  - Hem hagut de fer mímica per fer-nos entendre.
  - Hem hagut d'indicar l'adreça amb gestos.

27. Completa les oracions següents amb una altra oració coordinada que aporti el sentit indicat en cada cas:

- Hem trobat molts bolets. → accions que s'oposen
- L'aigua està freda. → conseqüència
- Només ha plogut tres dies aquesta primavera. → explicació
- Va protestar per la multa. → insistència
- Jugaran amb la samarreta vermella. → accions que s'exclouen
- Es muda molt. → accions alternatives

28. Indica en quins casos *sinó* és correcte. Reescriu els casos en què no ho sigui fent-hi l'esmena escaient:

- No compraré verdura sinó em garanteixen que no està ruixada amb pesticides.
- No aprovaràs l'examen sinó estudies més.
- No he agafat les claus de casa sinó que he agafat les de la moto.
- Ell no estudia enginyeria sinó que estudia disseny.
- Avui no menjarem cigrons sinó llenties.
- Li agrada prendre el sol sinó hi ha gent a la platja.

29. Indica els usos correctes i incorrectes de *doncs* en les oracions següents i explica per què ho són:

- Ho has triat tu, oi? Doncs no et queixis.
- Sap anglès, doncs ha viscut a Dublín dos anys.
- Les plantes no li viuen, doncs no les rega mai.
- La robòtica ajuda a estructurar els problemes, doncs ajuda a trobar solucions.
- Ha deixat la música, doncs no li acabava d'agradar.
- T'agrada la música? Doncs toca un instrument.

30. Completa les oracions següents amb *perquè* o *doncs*:

- No es troba bé ... només ha dormit dues hores.
- Està refredada, ... que es prengui un brou calent.
- Deu estar enfadat ... fa dies que no diu res.
- S'ha enfadat? ... no té raó.
- Et fa molta il·lusió: ... t'ho regalo.
- Han repetit l'auditoria ... no quadren els números.

31. Indica quin valor pot tenir la conjunció *i* en les oracions següents. Després, reescriu-les amb una conjunció equivalent:

- Fa només un any que estudia alemany i ja és capaç de mantenir una conversa.
- No ha estudiat gens i es pensa que pot aprovar.
- És molt bona persona i tothom se l'aprecia.
- Reia i plorava: no sabia ben bé què tenia.
- Ha tret la millor puntuació i s'ha emportat el títol.
- Corre tot el dia i mai no està cansat.

32. Destria en aquestes oracions les que són juxtaposades de les que no ho són:

- El pastisser fon la xocolata; el pastís ja està a punt per a la cobertura.
- Ara he de marxar; quan tornis de l'institut, pensa a escalfar-te el dinar.
- Els uns han triat l'examen, els altres han triat el treball.
- Han quedat per avui. Demà no els anava bé.
- La reunió s'ha ajornat: el gerent ha estat cridat a presidència.
- La sala és buida. La festa s'ha acabat fa estona.

33. Converteix les oracions coordinades i subordinades d'aquestes dites en oracions juxtaposades afegint-hi la puntuació adient:

- El savi no diu tot el que pensa; en canvi, pensa tot el que diu.
- No conec la clau de l'èxit, però la clau del fracàs és tractar de complaure tothom.
- La força no prové de la capacitat física, sinó que prové de la voluntat indomable.
- No arriba abans qui va més de pressa, sinó qui sap on va.
- L'èxit té molts pares, però el fracàs és orfe.
- No penso mai en el futur perquè arriba de seguida.
- Com que sabíem que era impossible, ho vam aconseguir.

34. Converteix aquestes oracions juxtaposades pertanyents a dites en coordinades o subordinades, segons convingui:

- Sigues tu mateix, els altres llocs estan ocupats.
- El pessimista veu el got mig buit, l'optimista veu el got mig ple, l'emprenedor va a la recerca de més aigua.
- Coneix-te, accepta't, supera't.
- Un optimista veu una oportunitat en cada desgràcia, un pessimista veu una desgràcia en cada oportunitat.
- Perdona sempre el teu enemic. No hi ha res que el faci enfadar més.
- El sentit de les coses no és en les coses mateixes: és en la nostra actitud vers les coses.
- L'art no és una cosa que es pugui prendre i deixar. És necessari per viure.

3. El llibre i la lectura

El llibre i la lectura són les eines bàsiques d'acumulació i transmissió del coneixement des de fa segles. Fins i tot en l'actualitat, el llibre conviu amb els mitjans digitals i, per la seva extensió i característiques, permet una aproximació aprofundida a la informació i les històries que altres formats no ofereixen. Per això convé que coneguis el vocabulari del món del llibre que trobaràs en aquest apartat.

35. Col·loca cada paraula al lloc que li correspon en aquest text:

- préstec
- biblioteca
- catàleg
- fascicle
- llibreria
- novetats
- clàssic
- supervendes
- editorial
- novel·la
- llibre electrònic
- còmic

Avui, a la ... pública ha arribat el ... amb les ... de llibres publicats. L'... L'esquellot ha editat el llibre ... de l'any i ben aviat serà demanat en ... per molts dels socis. També el vendran a la .... No serà gens estrany que esdevingui un ... de la ... policíaca i que ben aviat sigui editat com a ... . També s'ha rebut el darrer ... del ... de moda: una història col·leccionable de superherois.

36. Classifica al quadre els tipus de llibres següents segons el contingut:

- història
- diari personal
- biologia
- novel·la
- manual d'instruccions
- poesia
- filosofia
- guia de viatges
- conte
- teatre
- llibre de text
- diccionari
- política
- enciclopèdia
- física
- memòries
- receptes de cuina
- biografia

Referència i consulta	...
Literatura i ficció	...
Ciència i assaig	...
Vida d'un personatge	...
Guies i instruccions	...

37. Relaciona les diferents parts que hi pot haver en un llibre amb la seva definició:

- capítol
- pròleg o prefaci
- títol
- índex
- dedicatòria
- epíleg
- citació
- nota al peu
- colofó

a) Designació que va posada al començament.

b) Llista o taula ordenada del contingut.

c) Anotació final amb el nom de l'impressor, el lloc i la data, etc.

d) Cadascuna de les parts principals en què es divideix un llibre.

e) Escrit amb què es dedica el llibre a algú.

f) Introducció que ressenya els mèrits i situa l'obra en un context.

g) Part final en què es recapitula o es conclou.

h) Breu comentari numerat al peu de la pàgina.

i) Breu fragment de text d'una altra obra que s'introdueix en el llibre.

38. **Escriu** Tria el tipus de llibre que més t'agrada llegir (novel·la, assaig, biografia...) i escriu un text argumentant per què el recomanaries:

- **1r paràgraf: Introducció.** Fes una presentació del tipus de llibre.
- **2n paràgraf: Desenvolupament.** Exposa ordenadament l'argumentari: en primer lloc, els arguments objectius (dades tècniques, aspectes formals...); en segon lloc, els arguments subjectius (emotius o afectius, preferències...).
- **3r paràgraf: Conclusió.** Conclou amb la idea principal i una citació o un joc de paraules que es recordi.

4. La dièresi

La **dièresi** és un signe gràfic que consisteix en dos punts que es col·loquen sobre la ***i*** o la ***u***. Pot indicar que la ***u*** sona o que la ***i*** o la ***u*** no formen diftong amb la vocal anterior o posterior: *aigüera, veïna, agraïes...*

Usos de la dièresi

- La dièresi indica que:
  - Es pronuncia la *u* dels grups ***güe***, ***güi***, ***qüe***, ***qüi***: *aigües, pingüí, qüestió, obliqüitat...* En aquests casos la ***ü*** forma un diftong creixent amb la vocal següent.
  - Dues vocals contigües no formen un diftong: *raïm, veïna, teïna, obeïa, reduïa, confiïn, peüc...*

    En aquests casos la dièresi indica un hiat. Es posa dièresi sempre que la vocal ***i*** o ***u*** no pugui dur accent d'acord amb les regles d'accentuació: *país, països...*
- La dièresi apareix sobretot:
  - En els mots amb els sufixos ***-itat***, ***-eïtat*** i ***-itzar***:

-itat	*continu**ïtat**, perpetu**ïtat**, heroï**citat**...*
-eïtat	*idon**eïtat**, homogen**eïtat**...*
-itzar	*europe**ïtzar**...*

  - En les formes verbals en què la vocal final del lexema és una ***i*** o una ***u***, i coincideix amb la vocal ***i*** que inicia la terminació.

    La dièresi es col·loca sobre la *i* de la terminació: *estudiïs, confiï...*

No posem dièresi

- A l'infinitiu, al gerundi, al futur i al condicional dels verbs acabats en vocal + ir: *agrair, reduir*; *agraint, reduint*; *agrairé, reduiré*; *agrairia, reduiria...*
- En els mots amb els sufixos ***-isme***, ***-ista*** i ***-al***:

  -isme: *dada**isme**...* Però *pro**ïsme*** perquè "isme" no hi és un sufix.

  -ista: *altru**ista**...*

  -al: *helicoid**al**, trapezoid**al**...* Però *veïnal* perquè el mot primitiu (*veí*) ja presenta un hiat.
- En els mots amb els prefixos ***re-***, ***contra-***, ***co-***, ***anti-*** i ***semi-*** seguits de vocal:

  re- + vocal: ***re**iniciar...*

  contra- + vocal: ***contra**indicar...*

  co- + vocal: ***co**incidir...*

  anti- + vocal: ***anti**imperialista...*

  semi- + vocal: ***semi**indiferència...*

La paraula *Taüll* porta dièresi. Sabries explicar per què?

Per saber-ne més

Recorda que la ***i*** o la ***u*** entre consonant i vocal no formen diftong. Això és molt útil per comptar les síl·labes d'una paraula i saber si hem d'accentuar-la o posar-hi dièresi: *Ma-ri-a, cò-pi-a, his-tò-ri-a, pa-ci-èn-ci-a*.

Fa de monitora per amor al proïsme. El mot *proïsme* porta dièresi. Saps per què?

39. Posa dièresi a les paraules que correspongui i explica per què en porten o per què no:

- boira
- paisos
- reincidir
- desguàs
- terraqui
- cohibir
- pairia
- obeissin
- europeista
- qualitat
- produir
- sequenciar

40. Completa el quadre amb les formes de condicional i present de subjuntiu dels verbs proposats:

Atribuir		Posseir	
Condicional	Present de subjuntiu	Condicional	Present de subjuntiu
...	...	...	...

41. Completa les frases següents amb el verb entre parèntesis en la forma adequada:

- L'Oriol va continuar ... després de graduar-se (*estudiar*).
- La setmana que ve, aquests vaixells ... els habitants d'aquelles illes (*proveir*).
- Els ... que no vinguessin fins tocades les vuit del vespre (*agrair*).
- En aquesta parcel·la estan ... un centre de salut (*construir*).
- Demà, els cotxes afectats pel tall de l'autopista es ... per la carretera (*reconduir*).
- La Joana està ... les vacances en lloc de fer els deures (*somniar*).
- El dia de la inauguració m'agradaria que els convidats se ... aquí (*situar*).

42. Indica per què porten dièresi les paraules següents:

- aigüera
- eqüestre
- suïcidi
- estudiïs
- fortuït
- raïm
- veïna
- traïció
- ensaïmada

43. Torna a escriure aquestes oracions al teu quadern corregint-ne, si n'hi ha, els errors:

- El fuster va maleïr la serra amb què es va fer el tall al dit.
- La manifestació va coincidir amb un gran aigüat inesperat.
- Hauries de reïntentar-ho i reescriure la contrasenya al qüadre en blanc.
- M'agradaria molt que reïmprimissis el treball de biologia.
- La pluja ha influit en la quantitat d'assistents a l'acte de reinauguració.
- Va conduïr durant dues hores, després es va aturar a descansar.
- Agraïa l'atenció als oients cada nit abans d'acabar el programa de ràdio.
- És una persona altruïsta, sempre pensa en el proisme.
- La Marta ha anat reduïnt despeses per estalviar una mica.

44. Subratlla la forma correcta en cada cas:

- En Jordi és ben beneit/beneït si creu que m'ha enganyat.
- En aquelles fàbriques s'han produït/produit tones de productes contaminants.
- En aquest restaurant sempre fan els guisats aigualits/aigüalits.
- No ven les obres perquè són d'un artista arcaïtzant/arcaitzant.
- Va fer un viatge a l'Àsia i va conèixer molts pobles politeistes/politeïstes.
- A l'Ajuntament han reconegut l'heroisme/heroïsme d'aquella acció.

45. Relaciona els prefixos de la primera columna amb les paraules de la segona columna per formar nous mots i escriu-los:

a) anti	– incidir → ...
b) auto	– inflamatori → ...
c) co	– indicació → ...
d) contra	– automàtic → ...
e) re	– integrar → ...
f) semi	– aprenentatge → ...

46. Posa dièresi als mots que tens a continuació que n'hagin de dur:

- veinat
- obeia
- agraia
- confii
- dadaisme
- reduiria
- suissos
- egoisme
- trapezoidal
- joia
- agraint
- antiguitat
- indústria
- paciència
- marieta
- estudiis
- heroicitat
- aiguera

5. El teatre del segle XX

L'evolució del teatre al llarg del segle XX: Europa i els Estats Units

Al llarg del segle XX, i especialment després de la Segona Guerra Mundial, sorgeixen a Europa i als Estats Units diverses tendències teatrals, entre les quals destaquen les següents:

- **L'existencialisme**, que es preocupa pel sentit de la vida, molt influït per l'experiència traumàtica de les dues guerres mundials, amb autors com Jean-Paul Sartre i Albert Camus.
- **El teatre nord-americà**, que planteja els conflictes des d'una perspectiva pessimista i crua amb autors com Tennessee Williams i Arthur Miller. Els personatges que hi apareixen són marginats, inadaptats o fracassats.
- **El teatre de l'absurd** que considera que l'ésser humà no actua per principis racionals, amb autors com Eugène Ionesco i Samuel Beckett. L'escenografia contribueix a realçar la incoherència de les situacions.
- **El teatre èpic**, el representant més conegut del qual és Bertolt Brecht, que proposa un teatre per transformar el món, que desvetlli en l'espectador la capacitat d'observació i de crítica.

Un tramvia anomenat desig, del dramaturg nord-americà Tennessee Williams.

Per saber-ne més

L'obra de Bertolt Brecht influí directament en autors com Josep Maria Benet i Jornet i, indirectament, en una bona part del teatre català a partir dels anys seixanta.

El teatre català anterior a la Guerra Civil

Arran de la Primera Guerra Mundial a Europa es van produir un seguit de transformacions culturals. Els models dramàtics anteriors (Ibsen, Maeterlink...) van ser substituïts per altres referents (Pirandello...), que furguen en la interioritat humana. La influència que els nous models dramàtics van tenir en l'escena catalana va ser molt reduïda.

Així, fins a l'esclat de la Guerra Civil es van continuar representant a Catalunya les obres dels autors de la Renaixença i del Modernisme: sobretot Guimerà, Iglésias i Rusiñol.

Malgrat aquesta tendència, abans de la Guerra Civil van destacar tres autors: Josep Maria de Sagarra, que conreà el teatre popular; Carles Soldevila, que conreà la comèdia burgesa, i Joan Oliver, que aprofità els models de la comèdia burgesa per criticar els costums d'aquesta classe social.

Per saber-ne més

Dins de l'estètica del Noucentisme hi podem encabir obres teatrals de Carner com ara *El giravolt de maig* (1928). Però aquest model teatral, de caire poètic, no arribà a implantar-se amb èxit a l'escena catalana.

Josep Maria de Sagarra (1894-1961)

Josep Maria de Sagarra va néixer a Barcelona en el si d'una família aristocràtica. Es llicencià en Dret i començà la carrera diplomàtica, que abandonà per dedicar-se a la literatura.

Sagarra conreà la poesia i la narrativa, però el gènere amb què adquirí més fama fou el teatre. La seva obra teatral es divideix en dues etapes:

L'etapa de **preguerra** se situa entre el 1918, any en què estrena al Romea la seva primera obra, *Rondalla d'esparvers*, i l'esclat de la Guerra Civil. Hi corresponen trenta-set obres de gènere divers.

En aquesta etapa Sagarra crea un gènere que anomena **poema dramàtic**, en el qual presenta una sèrie de conflictes passionals, ambientats en una Catalunya mitificada, protagonitzats per figures característiques de la societat tradicional: hostaleres, hereus, masovers, pubilles, amos i criats, etc.

Al Teatre Romea s'hi estrenà *Rondalla d'esparvers*, la primera obra de Josep Maria de Sagarra, l'any 1918.

És un teatre que es pot qualificar de comercial perquè no planteja situacions polèmiques ni conflictes socials. Aquestes obres també contenen elevades dosis de romanticisme.

Algunes obres de Sagarra han esdevingut **molt populars**, com ara *La filla del Carmesí* (1929), *La corona d'espines* (1930), *L'Hostal de la Glòria* (1931), *El Cafè de la Marina* (1933) i *La Rambla de les floristes* (1935).

L'etapa de **postguerra** s'inicia després de la Guerra Civil. Sagarra no va poder representar cap obra durant uns quants anys, perquè era prohibit dur a l'escena obres en català. L'any 1947 estrenà *La fortuna de Sílvia*, i el 1948, *Galatea*. En aquestes obres s'apartava del model de poema dramàtic i plantejava un nou tipus de drama burgès més acostat al realisme, però més complex i amb menys èxit de públic.

El teatre de Sagarra es caracteritza per una gran facilitat expressiva que es manifesta en un vers àgil i sonor.

Carles Soldevila (1892-1967)

Carles Soldevila va néixer a Barcelona en una família burgesa. Llicenciat en Dret, va ser funcionari de la Mancomunitat. També exercí de periodista i col·laborà al diari *La Publicitat*.

Com a dramaturg, Soldevila és autor de *Civilitzats, tanmateix* (1921). En aquesta obra, la més destacada de Soldevila, es presenta un conflicte amorós entre tres nàufrags en una illa deserta. Durant l'obra es fa evident com les aparences, la hipocresia i les normes establertes impedeixen acceptar un nou tipus de relació. El problema es resol mitjançant un triangle que tots tres accepten civilitzadament.

La llengua que emprava Soldevila reflectia el parlar de la burgesia barcelonina, defugint els castellanismes i vulgarismes. De fet, aquest autor havia publicat diversos manuals de civilitat i bons costums i va esdevenir un model dins la societat burgesa de l'època.

Joan Oliver (1899-1986)

Joan Oliver, fill d'una important família burgesa de Sabadell, és conegut sobretot com a poeta. Tanmateix, també escriví algunes obres de teatre i traduí i adaptà al català peces de grans dramaturgs, com Shaw, Beckett o Txékhov.

Entre les obres de teatre que va escriure abans de la Guerra Civil cal destacar *Cambrera nova* (1928), *Gairebé un acte o Joan, Joana i Joanet* (1929), *Allò que tal vegada s'esdevingué* (1930) i *La fam* (1938), drama polític en què reflexiona sobre la Guerra Civil. Després de la guerra, el 1958, va escriure *Ball robat*, en què ataca les convencions socials de la burgesia.

Oliver va escriure sobretot comèdia burgesa, respectant les tres unitats clàssiques (unitat de temps, lloc i acció). Només en algunes obres, com *Gairebé un acte o Joan, Joana i Joanet* (1929), *L'amor deixa el camí ral* (1957) i *Primera representació* (1959), hi trobem tècniques com la del teatre dins el teatre, en la línia dels autors europeus que seguien Pirandello.

L'obra de Joan Oliver reflexiona des d'una actitud crítica i irònica sobre les grans preocupacions ètiques del seu temps.

@ Amplia a la xarxa...

Mira a www.tiching.com/79942 la versió cinematogràfica de *La Rambla de les floristes*. Després comenta què causa l'enfrontament de l'escena entre la florista i la parella de joves.

Caricatura de Carles Soldevila, obra de Lluís Morató.

Per saber-ne més

Aristòtil va definir les tres unitats que regien el teatre grec clàssic:

- **unitat de temps**: l'acció es produïa en un temps curt, normalment en un dia.
- **unitat de lloc**: l'acció de l'obra es desenvolupa en un espai únic.
- **unitat d'acció**: la història explica uns fets reduïbles a una causa-efecte.

Històricament, el teatre s'ha regit per aquestes unitats. A partir del segle XX, la voluntat de crear un teatre contemporani sovint va trencar amb aquestes unitats clàssiques.

El teatre durant la dictadura franquista

El teatre català durant el període franquista està marcat per tres fets importants:

- La prohibició de representar qualsevol obra de teatre en català. L'obra *El ferrer de tall*, de Frederic Soler, va ser la primera representació que es va autoritzar en català el 1946.
- La tardana influència de les noves tendències dramàtiques europees que hem explicat anteriorment.
- La pervivència de les fórmules dramàtiques tradicionals.

Malgrat els impediments que hem esmentat, van sorgir autors de primer ordre quan van renovar el teatre en català, entre els quals cal destacar sobretot Salvador Espriu, Manuel de Pedrolo i Joan Brossa.

El ferrer de tall, obra de teatre de Frederic Soler.

Salvador Espriu (1913-1985)

Salvador Espriu es va llicenciar en Dret i en Història Antiga. La seva incipient carrera acadèmica va quedar truncada amb l'esclat de la Guerra Civil. Aleshores entrà a treballar a la notaria del seu pare.

Tot i que Espriu és més conegut com a poeta, també va escriure obres de teatre. *Antígona*, escrita immediatament després de la caiguda de Barcelona (1939), recorre al mite clàssic per simbolitzar la reconciliació dels dos bàndols enfrontats arran de la Guerra Civil.

Partint de la història bíblica d'Esther, una noia jueva que es casa amb el rei persa Assuer per salvar el poble hebreu, *Primera història d'Esther* (1948) estableix un paral·lelisme entre el poble escollit i el poble català, sotmès a les estretors de la dictadura, i reflexiona sobre el perdó i la comprensió que hi ha d'haver entre germans.

La mitologia grega torna a aparèixer a *Una altra Fedra, si us plau* (1978), on es presenta la història d'aquesta dona, enamorada del seu fillastre, Hipòlit, que la rebutja.

Manuel de Pedrolo (1918-1990)

Manuel de Pedrolo, nascut a l'Aranyó (Segarra), va destacar sobretot com a novel·lista.

Pel que fa al teatre, una part considerable de la seva obra teatral s'inscriu dins del teatre de l'absurd. Formalment, es caracteritza perquè no segueix les convencions del teatre tradicional i també perquè, a més de la paraula, dona molta importància a elements com la llum, la mímica o determinats objectes.

La seva obra més coneguda és *Homes i No* (1957), en la qual un carceller (No) vigila dues parelles presoneres que no saben que ell és tan presoner com elles.

Més endavant, Manuel de Pedrolo es va preocupar per altres temes: *Aquesta nit tanquem* (1973) tracta de la tortura, i a *D'ara a demà* (1977), de l'avortament.

En la seva obra dramàtica Pedrolo tracta la temàtica existencialista a partir de l'absurditat de la vida humana.

Retrat de Manuel de Pedrolo.

Joan Brossa (1919-1998)

Joan Brossa va ser, a més de dramaturg, poeta i artista plàstic, un dels principals introductors de la poesia visual en la literatura catalana. Tota la seva obra té una dimensió satírica, punyent, irònica, crítica, a vegades irreverent, però, al mateix temps, lúdica.

L'obra teatral de Brossa és molt extensa. Està centrada en el teatre de l'absurd, amb diàlegs aparentment irrellevants i situacions grotesques on l'element visual pren importància. També són interessants les seves creacions en el terreny parateatral, que designa amb termes creats per ell mateix: "strip-teases", "teatre irregular", "accions-espectacle", "monòlegs de transformació", teatre per a titelles i espectacles d'il·lusionisme i fantasia.

Retrat de Joan Brossa, obra d'Antoni Tàpies creada el 1950 i retocada el 1970.

Escena primera

PESCADOR *(vestit pobrament; amb una canya de pescar)*: Quan fosquegi tornaré. Jo no compto amb altres béns que aquesta canya de pescar. I, ja se sap, amb la canya, més s'hi perd que no s'hi guanya… Em passo dies i dies sense pescar res o ben poca cosa. Jo bé prou que miro amb paciència si els peixos piquen, però no em surten mai els comptes i sempre quedo a deure. Rediable!

Escena quarta

PESCADOR *(gairebé passa just per la porta. Va de frac. Radiant)*: Tothom es posa a les meves ordres! Jo sóc amo i senyor de molts pobles. Tot són acataments i reverències. I per què les riqueses materials han de ser falses? No són un exemple de superioritat? Jo m'abraço a aquesta imatge. Les persones elevades han de ser valorades amb la demostració de la situació personal i dels beneficis personals. Tothom pronuncia el meu nom. *(Se'n torna. Baixa una decoració amb una porta encara més petita.)*

Joan BROSSA: *El pescador* (adaptació).

Josep Maria Benet i Jornet (1940)

Josep Maria Benet i Jornet va començar en el món del teatre amb peces realistes influïdes pel teatre de Bertolt Brecht, com per exemple *Berenàveu a les fosques* (1972), una reflexió sobre les relacions humanes durant la postguerra vistes al cap de trenta anys.

Inicialment tractà temes com la passió, la impossibilitat d'assolir la felicitat o la recerca del sentit de l'existència. Els personatges eren abstractes i els espais podien ser propers o bé intemporals i impossibles d'identificar. La seva obra a partir dels anys 80 mostra una obsessió per la inserció de l'individu en la societat: l'entorn, familiar o social, condiciona l'ésser humà.

Des de la seva primera obra (*Una vella, coneguda olor*, 1964) ha tingut una extensa producció. Destaquen obres com *Revolta de bruixes* (1976), que presenta simbòlicament els corrents ideològics de l'època i el conflicte entre racionalisme i irracionalisme, *Desig* (1989), *Testament* (1996), *Olors* (2000), *Salamandra* (2005) i *Com dir-ho?* (2013).

Revolta de bruixes en un muntatge del Teatre Romea l'any 1981.

ACTIVITATS

47. Quins tres autors de teatre van destacar abans de la Guerra Civil?

48. Després de llegir aquest fragment de *Civilitzats, tanmateix*, contesta les preguntes:

> ROSINA *(sortint de la cabana; pentinada, polida, riallera)*: Què voleu?
>
> ORIOL *(després de mirar-la uns segons, fent un esforç violent)*: Clar i net: l'Eduard s'ha enamorat de tu.
>
> ROSINA *(fent un escarafall)*: Oh!, és possible? Com gosa...
>
> ORIOL: Pretén que per estalviar enganys i violències i tenint en compte la situació, creem... *(Titubeja)*. Com t'ho diré jo?... Eduard, expliqueu-l'hi!
>
> EDUARD: Rosina, la Humanitat no s'ha recolzat sempre en els mateixos fonaments. Cada època ha implicat les seves institucions i els seus principis...
>
> ROSINA: Però, amic meu, ¿on vol anar a parar amb aquest exordi?
>
> ORIOL *(fúnebrement)*: Aquesta vegada tota la retòrica és poca.
>
> EDUARD: Vull dir-li, Rosina, que una situació extraordinària exigeix un estatut extraordinari. Som dos homes: l'Oriol i jo. Una sola dona: vostè. Jo l'estimo. El seu marit –marit en aquella societat que no hem de reveure– comprèn, es fa càrrec...
>
> *(Oriol llança un sospir sonor i dislacerant.)*
>
> EDUARD *(després de mirar l'ORIOL)*: ...Vencent els impulsos atàvics del seu cor, es fa càrrec dels deures que ens imposa a tots el paper de fundadors d'una societat nova...
>
> Carles SOLDEVILA: *Civilitzats, tanmateix.*

a) On es troben els personatges?

b) Hi ha alguna indicació de caràcter temporal?

c) Quin conflicte presenta el text? Es pot relacionar amb l'argument de l'obra?

d) Dels personatges que apareixen en aquesta escena, quins tenen més clarament la voluntat de fundar una societat nova?

e) Quin es mou per les idees heretades?

49. En quines etapes es divideix el teatre de Sagarra?

50. Digues algunes característiques de les obres de teatre de Joan Oliver.

51. Per quins fets està marcat el teatre durant el període franquista?

52. Esmenta tres obres de teatre que va escriure Salvador Espriu.

53. Llegeix aquest fragment d'*Homes i No*, i contesta les preguntes:

> FEDA *(mostrant la cortina)*: Però a l'altra banda ha d'haver-hi alguna cosa...
>
> NO: No hi ha res. El silenci, la presó definitiva...
>
> SELENA: Feda! Què vas a fer?
>
> FEDA: Arrencar la cortina.
>
> SELENA: I si No té raó?
>
> FEDA: No, no ha fet mai res per nosaltres, sempre ha obstaculitzat els nostres esforços. Quina confiança ens poden merèixer les seves paraules?
>
> NO *(implorant)*: Sóc el vostre amic, Feda, sempre ho he estat encara que vosaltres no ho hàgiu sabut veure. He volgut sempre la vostra felicitat...
>
> FEDA: La nostra felicitat!... És per això que ens has negat sempre la sortida, fins quan veies que aquí dins ens asfixiàvem?
>
> NO: Mai no sereu més lliures que ara.
>
> FABI: No ho entenc.
>
> NO: Ara podeu imaginar-ho tot al vostre grat, i això és ser lliure. Però si descorreu la cortina...
>
> Manuel de PEDROLO: *Homes i No* (adaptació).

a) En aquest text, a més de la paraula, quin objecte pren importància?

b) Què creus que representa aquest objecte? Justifica-ho.

c) No i Feda parlen de dos tipus diferents de llibertat. Quins són?

d) Per què es pot dir que el text presenta una temàtica existencialista?

54. Digues algunes característiques de l'obra teatral de Joan Brossa.

55. Busqueu més informació a Internet sobre l'obra de Josep Maria Benet i Jornet.

Un fragment de dues obres teatrals

L'hostal de la Glòria, de Josep Maria de Sagarra, se centra en el triangle amorós entre la Glòria (l'hostelera), l'Andreu (el marit) i la Roser (germana de la Glòria), amb qui l'Andreu manté una relació secreta.

ANDREU: Per què fuges?
ROSER: Perquè tu ets un covard...
ANDREU: Mira, no em temptis,
Roser, que m'has fet mal sense adonar-te'n
i m'has fet perdre tot el gust de viure.
ROSER: Ets un covard! Si t'has tornat com ella:
només penseu en el diner, en la casa,
en omplir aquest hostal sigui com sigui.
És l'hostal de la Glòria, tu no comptes!
Només ets el marit de l'hostalera!
ANDREU: Quin mal t'ha fet la Glòria? Sou germanes.
Et va venir a cercar de la masia
sols per donar-te gust i per tenir-te
en un lloc més obert i més alegre!
ROSER: Sí, sí, per 'xo i res més.
ANDREU: Doncs què sospites?
ROSER: M'ha dut per fer-me veure que guanyava,
perquè jo m'adonés que tu eres d'ella!...

- Creus que el fet que la Roser i la Glòria siguin germanes dóna més dramatisme a l'obra?
- Per quin motiu la Glòria va anar a buscar la seva germana?

Primera història d'Esther és una obra de teatre d'Espriu. Molt rica pel que fa a la llengua, compara la situació de Catalunya amb la del poble jueu.

ALTÍSSIM: Atorgueu-vos sense defallences, ara i en créixer, de grans i de vells, una almoina recíproca de perdó i tolerància. Eviteu el màxim crim, el pecat de la guerra entre germans. Penseu que el mirall de la veritat s'esmicolà a l'origen en fragments petitíssims, i cada un dels trossos recull tanmateix una engruna d'autèntica llum. I si algú dels qui m'entenen creu encara que és una obra digna i noble evocar amb esperit religiós les ombres predecessores –car ningú no sap si l'alè de vida dels fills de l'home munta enlaire i si l'hàlit de la bèstia davalla devers la terra–, que pregui avui pels difunts de Sinera. Pregueu pels ximples de la vila, dinastes incomparables sota el prestigi d'en Trictrac, els mendicants que captaren de porta en porta, per places i carrers, una minsa i reganyosa caritat, durant generacions senceres.

- Digues quins temes propis del teatre d'Espriu surten en aquest text.
- Com entens les dues primeres frases del text?
- Sinera és el nom poètic que rep Arenys de Mar, vila originària d'Espriu. Busca informació sobre què representa Sinera en l'obra d'Espriu.
- Creus que els difunts de Sinera es limiten als d'aquesta població o tenen un sentit més ampli? Per què?

Apliquem

Argumentem per la pau

ACTIVITAT PRÈVIA: LES GUERRES QUE DESFAN LA PAU

▸ Busqueu informació sobre els conflictes armats actius al món actualment i elaboreu-ne una llista tan completa com sigui possible:

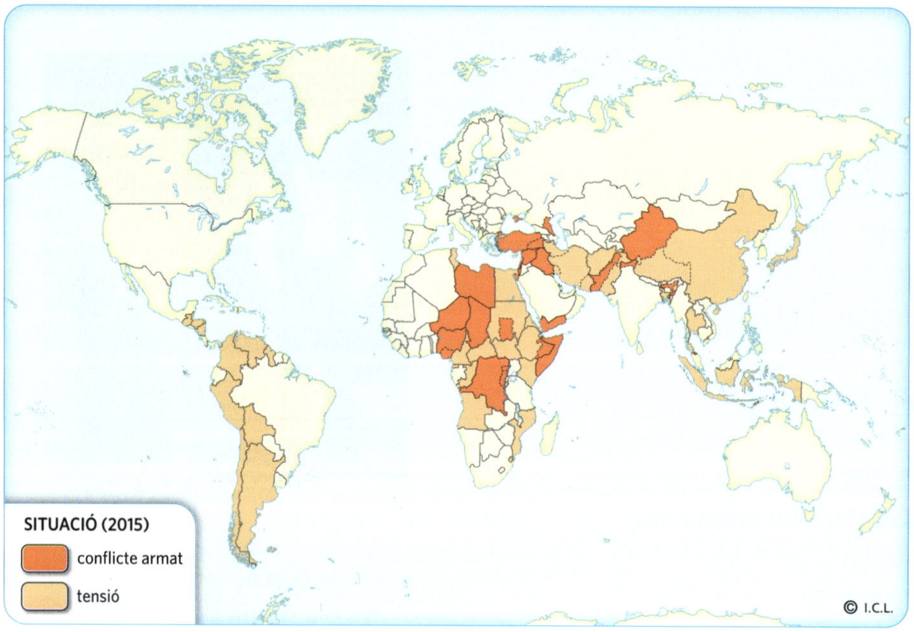

PREPAREM UN DISCURS SOBRE LA PAU

▸ Una antiga alumna és membre de l'Associació d'Estudiants per les Nacions Unides (AENU) i us ha fet conèixer aquesta convocatòria:

> Benvolgut estudiantat,
>
> Com cada any, organitzem la participació en el *Model de Nacions Unides*, que s'adreça a estudiants d'educació secundària i d'universitat. Es tracta d'un projecte educatiu que fa la simulació de l'Assemblea General de les Nacions Unides.
>
> Els estudiants es reuneixen en comitès, pacten resolucions i fan discursos davant de l'assemblea. S'hi desenvolupen competències de discurs oral en públic, debat i escriptura, a més de pensament crític, treball en equip i habilitat de lideratge.
>
> Com a pràctica per participar-hi, us suggerim que prepareu textos argumentatius sobre la pau al món. Prepareu-vos per a aquest repte, que us podria portar a viatjar a diferents països europeus i, fins i tot, a la seu central de les Nacions Unides a Nova York!
>
> La pau al món és constantment desafiada per conflictes bèl·lics que fan malbé la vida de milions de persones. No podem ser-hi indiferents.
>
> AENU - Associació d'Estudiants per les Nacions Unides

Per saber-ne més

Pau Casals, mentre treballava per les Nacions Unides en la seva *Campanya per la Pau*, va afirmar: "la meva contribució a la pau del món pot ser minsa, però hauré donat tot el que puc per aconseguir un ideal que considero sagrat".

PAUTES PER ESCRIURE

▸ Prepareu un text sobre la situació de la pau al món i les guerres que la trenquen i impedeixen una vida digna a milions de persones. Seguiu els passos seguents:

a) **Recollida d'idees**

- Busqueu informació sobre els elements i les problemàtiques que hi ha al voltant de la pau i els enfrontaments armats. A la dreta en teniu algunes idees. Recordeu que cal buscar les dades en fonts fiables.

b) **Redacció del text**

- Ordeneu la informació i els arguments en funció de la tesi principal. Recordeu que tot argument ha de tenir la seva justificació.
- Feu una primera oració ben clara i entenedora que enganxi el lector a voler saber més sobre allò que s'argumentarà.
- Estructureu l'argumentació en una introducció, un cos i una conclusió, i jerarquitzeu-la en paràgrafs i, si cal, apartats i subapartats.
- Presteu atenció que la vostra argumentació sigui sòlida i no recolzi en arguments que puguin resultar fal·laços.

c) **Lectura en veu alta o presentació oral**

Com que el vostre escrit podria ser la base d'un discurs oral, podeu fer-ne la lectura en veu alta, com en els discursos que es llegeixen en públic, o bé la presentació oral a classe. En aquest segon cas, recordeu que us heu de fer un guió i no reproduir exactament l'escrit. Una lectura en veu alta d'un text no és el mateix que una explicació estructurada del contingut del mateix text.

d) **Revisió**

Per assegurar-vos que presenteu el text amb l'adequació i la correcció necessàries, rellegiu-lo i ompliu conjuntament aquesta rúbrica:

LLOCS EN CONFLICTE

SEQÜELES ECONÒMIQUES I SOCIALS

NACIONS UNIDES

DESPLAÇAMENTS DE POBLACIÓ

COMERÇ D'ARMES

SEQÜELES SANITÀRIES

CAMPS DE REFUGIATS

ONG

SEQÜELES PSICOLÒGIQUES

MOVIMENTS PER LA PAU

	Gens	Poc	Bastant	Molt
La informació és certa i prové de fonts segures?	...	...	...	...
L'argumentació és coherent i convincent?	...	...	...	...
Es distingeix amb claredat una tesi principal?	...	...	...	...
La tesi recolza en bons arguments?	...	...	...	...
Els arguments estan justificats amb dades i proves?	...	...	...	...
S'hi han corregit els errors ortogràfics i tipogràfics?	...	...	...	...

6 El text argumentatiu (II)

Convèncer no és vèncer

Continguts

- Lectura
- El text argumentatiu (II)
- L'argumentació oral (II)
- Les oracions subordinades adjectives
- Les llengües romàniques
- Les grafies s/ss/c/ç/sc/z
- La prosa del segle XX (I)

AVALUACIÓ: El text argumentatiu (II)

Per començar

L'argumentació és un ús sofisticat del llenguatge. S'hi presenta una opinió recolzant-la amb arguments, proves i justificacions, dades i crides a l'emoció. Cal consolidar la nostra tesi i, en el debat, rebatre la tesi contrària amb efectivitat.

L'argumentació es pot viure com una lluita o com una oportunitat de relació i d'aprenentatge, en què posem a prova les nostres opinions i la nostra capacitat d'argumentar-les, alhora que estem oberts a les idees dels altres per arribar a acords i punts de trobada que ens enriqueixin a tots.

L'estupidesa

Hi ha moments de la història en què costa seguir defensant la intel·ligència dels humans, i encara més la dels humans quan actuem junts. Ho pensava aquests dies veient les cues de cotxes entrant en una gran ciutat, endinsant-se fatídicament dins l'aire tòxic que ells mateixos provoquen. Els cartells lluminosos, enterbolits pel fum, anunciaven la limitació de la velocitat a 70 km/h. El sentit comú dirà: si la gent ha d'anar a treballar, no té altre remei que seguir agafant el cotxe. El sentit comú és la forma més ben repartida de l'estupidesa humana.

L'estupidesa del sentit comú funciona justificant la impotència. Permet seguir fent allò que creiem que no podem o no volem canviar. Els individus anònims que fan cua i els dirigents del món a la Cimera del Clima escenifiquen igualment la seva impotència. Sigui quin sigui l'argument, el resultat és el mateix: l'estupidesa de l'acció col·lectiva.

La religió, la filosofia, la psicologia i, actualment, la neurobiologia s'han dedicat, al llarg dels segles, a buscar explicacions a la intel·ligència i la consciència humanes. Però, podem explicar l'estupidesa humana? Aquest ha estat, sempre, l'escàndol del pensament. L'estupidesa cau sobre nosaltres com una condició, que finalment és, com deia Nietzsche, la més humana. Davant d'això, resignació?, cinisme? Revolta, diria jo.

Marina GARCÉS: *Ara*, 15 de desembre de 2015 (adaptació).

A **Quina és la tesi bàsica d'aquest article? Què defensa l'autora?**

B **Per què considera que la intel·ligència dels humans és encara més dubtosa quan actuem junts?**

C **Quina relació estableix entre l'estupidesa i el sentit comú?**

D **Com conclou l'article? Manté una posició resignada o activa?**

Llegim textos argumentatius

Fes bondat

Google ha fet disset anys i fins i tot aquells que recordam el que és una hemeroteca hem oblidat com anava allò de buscar. Si abans calia excavar i furgar per trobar informació, des que existeix Internet ens l'hem de treure de sobre: muntanyes i muntanyes d'informació que compartim, la mateixa per a tothom, accessible en estricte ordre d'interès comercial.

Els nins que abans consultaven als seus pares tot allò que no sabien, ara esbrinen abans que ells cada quants minuts Messi fa un gol per estadística. Veraces o no, les dades substitueixen les explicacions, i com més s'estén la pluralitat per una banda, més es redueix per l'altra.

Google ens ha domesticat, és el Gran Germà que tot ho veu i tot ho sap. Per això no sorprèn que el seu eslògan corporatiu sigui *Don't Be Evil*, que es podria traduir per: "No siguis dolent", o "Fes bondat". La qüestió és: a qui va adreçat aquest advertiment? És una filosofia de vida empresarial i se l'han d'aplicar els seus treballadors? O el lema està adreçat als usuaris, a tots els qui tenim un compte de Gmail, consultam vídeos a YouTube a través del Chrome, fem servir el seu traductor o portam un Android?

Fes bondat, perquè pagaràs pels teus pecats. Si no et portes bé, et cremaràs a l'infern. La decisió és a la teva mà perquè tu ets a les meves.

Sigui un déu alliçonador o un Satanàs potencial, Google es troba en plena forma adolescent i es diverteix amb la seva creació i amb nosaltres, les seves mascotes. Ja descansarà el setè dia. Actua amb la temeritat pròpia de la seva edat, en què un es creu immortal. Ha canviat el món i res no tornarà a ser com abans.

Llucia RAMIS: *La Vanguardia*, 4 d'octubre de 2015 (adaptació).

1. Com ha canviat la relació entre els éssers humans i la informació amb l'aparició de Google?
2. Què pot voler dir l'eslògan: *Dont be evil*? Quina de les opcions proposades al text et sembla més adequada?
3. Per què Llucia Ramis afirma que "Google es troba en plena forma adolescent". Per què s'assimila Google amb les etapes de creixement dels humans? Quines implicacions té que Google es trobi en aquesta etapa?
4. Què vol dir la periodista quan afirma que "les dades substitueixen les explicacions"? A què es refereix quan parla de "la pluralitat per una banda" i "per l'altra"? Amb quin criteri ofereix Google la informació?
5. L'enunciat "Ja descansarà el setè dia" fa referència a un passatge de la Bíblia. Quin és? Amb quines dues paraules del mateix paràgraf es relaciona?
6. Quins dels enunciats següents són conclusions que es desprenen del conjunt del text i quins són parcials o no adequats:
   a) Google ha canviat el món de la informació de manera irreversible.
   b) Google és un adolescent divertit.
   c) Google permet als fills saber les mitjanes de gols de Messi.
   d) Google s'ha convertit en un déu omnipotent, amo dels seus usuaris.
7. L'expressió "Gran Germà" s'ha popularitzat gràcies a uns progames de televisió, però, en realitat, té l'origen en una novel·la. Saps quina i què hi significa? Creus que Google podria arribar a ser un sistema de control de la societat? Escriviu un text breu (4-5 línies) sobre aquest tema.

Els carros dels supermercats

No pot silenciar-se el fet que, cada cop més, els ensenyants ens trobem a les aules amb nens i nenes, i també adolescents, que tenen pocs o cap dels hàbits elementals que haurien d'haver après en el si de la família. Parlo d'hàbits tan essencials com estar asseguts, no cridar ni barallar-se, escoltar en silenci i acceptar determinats límits a la conducta, coses totes elles imprescindibles per acomodar-se a les regles del lloc on són: l'escola o l'institut d'educació secundària.

És evident, a més, que sense aquests hàbits mínims és impossible articular qualsevol aprenentatge instrumental o intel·lectual. En un mot, sense fonaments, i el civisme i la urbanitat ho són, no es pot construir res al damunt.

El lector recorda, sens dubte, que fa un temps hom tenia lliure accés als carros dels supermercats. Hi havia rètols arreu que deien: "Si us plau, retorni el carro al seu lloc un cop l'hagi utilitzat", però únicament els més cívics en feien cas. Mentrestant, els carros s'amuntegaven als aparcaments, fent nosa a tothom. Un dia, però, hom es va trobar que per agafar un carro calia inserir-hi una moneda i per recuperar-la era indispensable tornar el carro a lloc. Aquesta senzilla mesura, no punitiva, va estroncar de cop l'incivisme de molts compradors.

Educar no consisteix, sovint, només a provocar la convicció del que és correcte, perquè no sempre se'n segueix la conducta corresponent. Cal alguna cosa més: una pràctica, un exercici. Únicament tocant la cítara esdevenim citaristes, i estudiant cada dia arribem a ser bons estudiants. L'educació, doncs, consisteix, més aviat, a provocar l'acció correcta, i sobretot aconseguir que es reiteri fins a convertir-se en un hàbit. Adquirit aquest, la convicció no es farà esperar. Ho digué Aristòtil fa molts anys: "Som el que fem cada dia, de manera que l'excel·lència no és pas un acte, sinó un hàbit".

Ramon CAMATS: *El Segre*, 15 de febrer de 2014 (adaptació).

8. Llegeix els enunciats següents i digues si són veritables o falsos segons el text:

a) Els hàbits elementals de conducta haurien d'adquirir-se a casa. ▢

b) El civisme i la urbanitat són aspectes fonamentals sense els quals no és possible construir cap aprenentatge. ▢

c) Per educar és suficient mostrar allò que és correcte. ▢

d) Quan els supermercats van penjar rètols en què es pregava que la gent retornés els carros, es va solucionar el problema. ▢

e) L'objectiu ha de ser que les accions es reiterin i que es converteixin en hàbit. ▢

9. Analitza les parts que té el text. On se situa l'opinió de l'autor? Quina funció creus que hi té el primer paràgraf?

10. Defineix o cerca un sinònim adequat per als mots següents:

- fer nosa
- estroncar
- reiterar
- convicció
- punitiu
- cítara

11. Comenta la citació d'Aristòtil. Com posa en contacte el que som, el que fem i l'excel·lència?

12. Quina relació estableix Ramon Camats entre els carros del supermercat i l'educació del jovent? Per què els compradors no tornaven els carros abans i ara sí que ho fan?

1. El text argumentatiu (II)

Els arguments

Per acompanyar la nostra tesi, tenim diferents tipus d'arguments:

- **Arguments d'exemplificació**: presentació de casos, dades i proves que corroboren la tesi amb una gran força persuasiva. Hem d'evitar, però, les allaus de xifres que dificulten la comprensió del text.

> Els electrodomèstics de classe A són més cars de compra, però consumeixen fins a un 48 % menys que els de classe D. Si els compres hi estalvia el planeta, però també hi estalvia la teva butxaca!

- **Argument d'autoritat**: opinió d'un expert que serveix d'aval. Hem d'assegurar-nos que la citació sigui pertinent i que generi adhesions i confiança.

> Esforceu-vos-hi, dediqueu-hi hores, poseu-hi el cos i l'ànima, perquè, com va dir Picasso, "la inspiració existeix, però t'ha de trobar treballant".

- **Argument d'analogia**: comparació d'un esdeveniment conegut amb un de nou amb el qual establim una relació de similitud. Aquest argument permet utilitzar una tesi ja acceptada per plantejar-ne una de nova.

> Aprendre a parlar una segona llengua és com aprendre a esquiar: no és qüestió de teoria, sinó de posar-te els esquís i practicar molt.

- **Arguments de la pròpia experiència**: la vivència personal es converteix en argument per defensar una tesi determinada.

> Els àpats forts a la nit no són bons per a la salut: ho sé perquè he passat molts mals de panxa a causa de sopars abundants mal païts.

- **Arguments ètics**: els valors compartits socialment, com ara la igualtat, la justícia, etc., es converteixen en arguments per sostenir una tesi concreta.

> Per què hem de ser iguals, si no som lliures? I per què hem de ser lliures, si no ho hem de ser tots?

- **Argument de causa-efecte**: relació de caràcter demostratiu entre les causes i les possibles conseqüències dels fets, per bé que la relació que hi establim de vegades pot ser errònia.

> Sé que ha plogut, perquè el terra del carrer és moll (alerta: el terra pot ser moll perquè l'han regat...).

Per reforçar els arguments quan els defensem oralment, també fem ús del llenguatge no verbal: gestos, expressions facials, positura...

Per saber-ne més

A vegades, s'utilitza l'**argument ètic** per justificar tesis que no tenen res a veure amb els valors compartits. Per exemple, l'apel·lació a la igualtat pot ser l'excusa perfecta per no reconèixer la diversitat.

La contraargumentació

En la defensa de les nostres tesis, ens pot caldre refutar les raons dels nostres oponents. La contraargumentació adopta tres formes diferents:

- **Refutació**: rebutja la tesi defensada, els arguments que la sustenten o el raonament que condueix a la tesi.

> Els immigrants no han vingut a prendre la feina a ningú: les xifres indiquen que la majoria fan precisament les feines que els autòctons ja no volen fer.

- **Concessió**: s'accepta una part dels arguments contraris, però es manté la refutació de la tesi.

> És cert que l'estil multitasca del món digital pot ser un avantatge, però comporta una evident pèrdua de profunditat.

- **Reducció a l'absurd**: s'estira la tesi contrària fins a les darreres conseqüències per situar-la en el terreny de l'absurd.

> La sinceritat com a valor absolut seria insostenible. Si tots fóssim sincers sempre i ens diguéssim a cada moment què pensem, les famílies es trencarien, les amistats renyirien i es produiria un autèntic col·lapse social.

Recursos retòrics

Serveixen per il·lustrar idees, oposar arguments o suscitar emocions en el receptor i enriqueixen el text argumentatiu per afavorir els seus propòsits.

- **Figures d'analogia:**
  - **Comparació**. Relació de similitud entre dos termes o elements: *La vida és com una representació teatral.*
  - **Metàfora**. Comparació implícita en què únicament s'esmenta el segon terme de la comparació: *L'ésser humà és un personatge que surt a escena només durant una temporada.*
- **Figures d'oposició:**
  - **Antítesi**. Oposició de dos conceptes o realitats: *democràcia/dictadura; crisi/prosperitat, felicitat/dissort*, etc.
  - **Paradoxa**. Idees, aparentment contradictòries, que exposen un pensament que pretén ser veritable: *Si vols la pau, prepara't per a la guerra.*
- **Figures d'ampliació/atenuació:**
  - **Hipèrbole**. Exageració que sovint pren la forma d'una generalització excessiva: *La corrupció política ha corcat els fonaments de la societat.*
  - **Eufemisme**. Fórmula d'atenuació per evitar la utilització d'un terme polèmic: *Optimització de recursos per acomiadament de treballadors.*

Atenció!

Recorda que a les argumentacions no sempre hi trobem només arguments, sinó que de vegades també hi ha **fal·làcies** o raonaments erronis, que estableixen conclusions incorrectes:

Això no es pot fer perquè no s'ha fet mai així (fal·làcia de la tradició).

Si ho afirma el partit X, no pot ser una mesura positiva (fal·làcia de la persona: no es rebat la mesura sinó qui la proposa).

El to

Indica com l'emissor transmet el missatge i manifesta el seu punt de vista.

- **To neutre**: intenta mostrar la tesi i els arguments amb objectivitat i defugint la polèmica.
- **To polèmic**: cerca la confrontació dialèctica amb el destinatari, al qual contradiu de forma contundent.
- **To irònic**: rebat amb ironia (fent entendre el contrari del que es diu) i humor, a vegades ridiculitzant la situació o els arguments contraris.

ACTIVITATS

13. Llegeix el text següent. Quina creus que és la tesi que s'hi defensa? Quins arguments utilitza l'autor i de quin tipus són?

> A partir del segle XX, els rics tenen l'obligació legal de contribuir a la societat que els enriqueix. Però això que sembla tan bonic ha durat ben poc: ni mig segle. Els molt rics d'ara tenen un munt d'instruments que els governs els han dissenyat a mida perquè la seva obligació sigui només simbòlica. I, a més, tenen també la possibilitat de l'evasió a paradisos fiscals, prohibidíssima, però convenientment amnistiada de tant en tant. Vaig viure una temporada a Londres i vaig quedar perplex en saber que aportaven més diners a les arques municipals els barris pobres com Tottenham que els rics com Belgravia. Els habitants de les mansions victorianes es van negar a pagar, amb l'amenaça d'abandonar la ciutat. I s'hi van quedar.
>
> F. X. BALADIA: *L'avi Ninus.*

14. Llegeix aquest text i comenta quins errors i prejudicis hi havia en la formulació de la tesi i en la construcció argumentativa de la frenologia. Quins enunciats tenen un caràcter irònic?

> La frenologia va ser una teoria que postulava que el caràcter i la intel·ligència es podien deduir de la forma del crani. La part frontal del crani corresponia a la part intel·lectual del cervell, mentre que les laterals tenien els trets relacionats amb l'instint. Naturalment, s'assegurava que els homes són eminentment frontals i les dones, lateral-occipitals. Dit d'una altra manera: els homes són intel·lectuals i les dones, instintives. Mesures de la part frontal d'un gran nombre de cranis ho demostraven. Quan noves estadístiques més minucioses mostraren el contrari, és a dir, que la part frontal de les dones era més gran que la dels homes, es va afirmar amb rapidesa que la intel·ligència es trobava als laterals. En definitiva, els homes tornaven a ser els més intel·ligents.
>
> Santiago RIERA I TUÈBOLS: *Ciència, romanticisme i utopia* (adaptació).

15. Josep Maria Planes (1907-1936) va ser un periodista de mirada lúcida i compromís cívic. Llegeix el fragment següent d'una conferència seva de 1936 i omple el quadre que hi ha a continuació. Què representa per a ell la llibertat? El fragment acaba amb una figura retòrica, quina?

> Mussolini es trobà amb una nació que no comptava per a res en el concert europeu. Avui el ciutadà italià té la sensació que dintre Europa és un ciutadà de primera categoria, i està satisfet d'això, encara que ho hagi hagut de pagar a costa de la pèrdua de tota mena de llibertats individuals. Exactament ha passat amb l'Alemanya de després de la guerra. Ara cal preguntar-nos: aquesta sensació de patriotisme satisfet compensa la pèrdua de la llibertat? Jo crec que no. L'home és el centre de la creació i l'Estat ha de posar-se al servei d'ell i no a l'inrevés.
>
> Què en trauran d'aquesta meravellosa escenografia, d'aquesta grandesa de l'Estat? Què en treuen que el seu país faci por a les cancelleries si la seva vida han de passar-se-la miserablement d'uniforme en uniforme?

Tesi refutada:	...
Arguments de la tesi refutada:	...
Contraarguments:	...
Nova tesi proposada:	...

16. Llegeix el text i identifica la tesi defensada. Quins arguments utilitza per sostenir-la? Assenyala-hi una analogia i una contraargumentació concessiva:

> La història de la humanitat és una història constant de cicles d'ascens i col·lapse d'una civilització rere l'altra. En els últims 5 000 anys han estat nombroses les societats humanes que han passat per períodes d'expansió i esplendor per declinar després fins a extingir-se (Egipte, els maies, l'Imperi romà, etc.). L'experiència de la moderna civilització industrial no es pot considerar, de moment, una excepció històrica a aquesta classe de moviments cíclics. El nostre antropocentrisme ens ha portat a allunyar-nos de la naturalesa i, paradoxalment, a comportar-nos com els bacteris, que davant d'una situació d'abundància transitòria experimenten un creixement exponencial de població. Hi va haver un temps en què els límits eren molt llunyans i, efectivament, l'objectiu de créixer com més millor podia ser racional i beneficiós per a la humanitat. Però insistir a seguir fent el mateix quan ens anem apropant als límits és cada vegada més irracional i contraproduent.
>
> Marcel CODERCH: *El miratge nuclear.*

17. El següent text està basat en un argument d'analogia que el travessa des de l'inici fins al final. Llegeix-lo i, a continuació, respon a les preguntes:

La llegenda que va transcendir el futbol

La mort de Johan Cruyff (Amsterdam, 1947 - Barcelona, 2016) desborda l'àmbit barcelonista i fins i tot l'estrictament futbolístic.

La història diu d'ell que comparteix Olimp amb els Kubala, Di Stéfano, Pelé, Maradona o Messi. També diu que en una nit del franquisme, el 17 de febrer del 1974, va liderar un 0-5 al Bernabéu i va fer embogir un país derrotat. Diu també que, com a entrenador, va donar al Barça la primera Copa d'Europa, a Wembley el 1992, i quatre campionats de Lliga consecutius (1991-1994). Fins i tot els no iniciats saben que ho va aconseguir a partir d'un principi molt senzill: "Si tu tens la pilota, l'altre no la té."

Tot això diu la història de Cruyff. Però encara hi podem afegir un intangible: Cruyff va ser també el desencadenant d'un canvi d'ànim col·lectiu, del victimisme a l'optimisme. Enlloc estava escrit que els catalans haguessin de perdre sempre.

La coincidència a Catalunya, el 1992, de dos èxits majúsculs com la primera Copa d'Europa i els Jocs Olímpics, va suposar un enorme bany d'autoestima. Cruyff va contribuir a fer millor, més divertit i més emocionant el futbol, però, sobretot, va mostrar-nos que per guanyar sempre no s'ha de tenir mai por.

Ara, 25 de març de 2016 (adaptació).

a) Quina analogia has trobat al text?

b) Què creus que significa "hi podem afegir un intangible"?

c) Troba-hi un exemple d'hipèrbole, d'antítesi i de metàfora.

18. Indica el to dels dos fragments següents. A continuació, indica també la figura retòrica que domina al segon text:

A Com pot ser que continuem havent d'escoltar sempre els mateixos tertulians? Generalment, són homes, ja d'una certa edat, i abans que obrin la boca ja sabem què diran: fa tants anys que els escoltem! Sisplau, que deixin pas a noves veus, a noves perspectives. Que es retirin.

Joan M. MINGUET: *Pensacions* (adaptació).

B Ara als bancs el boli el tenen lligat amb una cadena perquè ho signis tot però no te l'emportis. I han substituït els calendaris i caramels per comissions. N'hi ha que cobren per ingressar el xec, per mantenir el compte, s'ha d'admetre que són molt creatius. A vegades em donen conversa i miro de tallar-ho de seguida, em fa patir que no m'ho acabin cobrant.

Carles CAPDEVILA: *Ara*, 2 d'octubre de 2015.

19. Llegeix el text següent de Najat el Hachmi i digues quins són els arguments de l'adolescent i els contraarguments del seu pare:

Aquesta setmana és la més feliç de la meva vida: per fi tindré un ordinador per a mi sol. Però el meu pare diu que és massa aviat per fer aquest pas, que serà una eina contraproduent perquè ens dispersarem encara més.

És clar, no veu que aquesta és la manera que tenim els adolescents d'avui de motivar-nos per aprendre, però, quan l'hi dic, no triga a cridar que formar-nos ja hauria de ser motivació suficient i que, a part de ser la generació clic, som la dels espavilats manipuladors que ens les pensem totes per fer el mínim esforç.

Najat EL HACHMI: *El Periódico*, 9 de setembre de 2010 (adaptació).

20. Prepara una llista d'arguments i contraarguments sobre la jornada intensiva en els centres educatius i elabora un text de 125 paraules amb la teva opinió:

Arguments (a favor)	Contraarguments (en contra)
...	...

L'ARGUMENTACIÓ ORAL (II)

Debatre amb efectivitat

El debat és la màxima expressió de la dialèctica: s'hi plantegen dues o més posicions entre diversos interlocutors que la rebaten.

El secret del debat està en la capacitat d'anticipar els arguments contraris i preparar la contrargumentació per respondre-hi. També s'ha de tenir l'habilitat de construir un nou camí argumentatiu davant de les posicions no previstes de l'interlocutor.

Els principis que han de regir els debats són:

a) **Mantenir un debat racional**: cal evitar les actituds tancades, admetre que es pot debatre i centrar-se en l'argumentació. No s'ha de deixar que les emocions s'apoderin del debat i s'han de defensar les raons.

b) **Discutir ordenadament**: cal seguir unes regles d'organització del debat, no parlar tothom alhora, repartir l'oportunitat de parlar i no voler apoderar-se de l'ús de la paraula. Un debat organitzat necessita un moderador i unes regles.

c) **Respectar les persones**: debatre no és atacar les persones, sinó manejar els arguments. Una defensa enèrgica i eficaç ha d'anar acompanyada del respecte i la cortesia verbal.

d) **Argumentar i contraargumentar**: s'han de preveure les objeccions que es poden posar als nostres arguments i contrarestar-les, fins i tot abans que s'hagin esgrimit. Una tècnica és la **concessió per a la contraargumentació**, que fa un pas enrere per fer-ne dos endavant: *Potser és cert que hi ha hagut un retard, però ha estat motivat per...*

L'objectiu final del debat no ha de ser vèncer, sinó convèncer. I no s'ha de descartar admetre part de les raons contràries per arribar a un acord. És a dir, convertir el debat en una negociació on tothom hi pugui sortir guanyant.

COMPRENSIÓ AUDIOVISUAL

Ves a www.tiching.com/746996 i respon a les preguntes.

ESTRATÈGIA ORAL

La roba i l'aspecte físic

La imatge personal ha d'estar en consonància amb allò que vols transmetre: **tu també ets el missatge**. La roba, els cabells o els complements ideals per parlar en públic són els que passen desapercebuts i no distreuen de les teves paraules.

Ara bé, la teva imatge ha de ser coherent amb el públic que t'escolta i, alhora, amb la teva intenció. Per exemple, és més fàcil parlar a un auditori d'assessors financers si vas amb corbata o vestit jaqueta, però si els vols donar una imatge creativa o artística, convé que trenquis la norma de l'entorn.

En resum, vesteix d'acord amb el públic i amb tu mateix. I, sobretot, no perdis de vista quin és el teu objectiu.

EXPRESSIÓ ORAL

El meteorit

▸ Les observacions dels científics han detectat que un meteorit està a punt de caure a la Terra. L'impacte provocarà grans desastres naturals i posarà en perill la vida al planeta.

Per intentar assegurar la supervivència de l'espècie humana, un grup de persones de professions diferents han estat escollides per sortir en una nau espacial i anar a colonitzar altres planetes habitables. Algunes de les professions poden ser:

- policia
- fuster
- paleta
- psicòleg
- metge
- cuiner
- agricultor
- polític
- professor
- jutge
- ferrer
- arquitecte

Al cap de poc de la sortida, s'adonen que els càlculs dels ordinadors de bord eren erronis i la nau porta massa pes. Cal que tres dels integrants de l'expedició, escollits per votació, tornin a la Terra.

Pautes per fer el debat del meteorit

1. Abans de fer la votació, cada membre de l'expedició tindrà l'oportunitat de defensar la necessitat de la seva professió en el futur planeta en una breu intervenció monologada (1 minut).
2. A continuació, es farà un debat per aprofundir en els punts febles i forts de l'argumentació de cada professió.
3. Per preparar les intervencions caldrà tenir molt presents les possibles crítiques que poden arribar dels altres participants en el debat, per estar preparat i anticipar-les.

Atenció!

Tingueu en compte la funció que desenvoluparà cada professió al nou planeta, i no únicament la que té a la Terra.

Pauta d'avaluació de l'expressió oral	
• Ha fet l'argumentació amb eficàcia i emprant bons recursos argumentatius?	☐
• Ha anticipat bé els arguments dels altres en el monòleg i els ha rebatut en la contrarèplica?	☐
• Ha debatut controlant les emocions i respectant els altres?	☐

FEM-HO AIXÍ

Abans d'acabar i un cop fetes les votacions, els càlculs són de nou erronis i una de les tres professions pot quedar-s'hi. Per això, cadascuna té dret a fer una última defensa de la importància del seu paper.

REPTE ORAL

La lloança i la vituperació

▸ Prepareu per parelles una lloança i una vituperació d'un personatge conegut. Pot ser un personatge viu o històric, real o de ficció, i de qualsevol àmbit: artista, esportista, cantant, escriptor, polític...

La parella fa el mateix personatge, però l'un en fa l'elogi i l'altre, la desaprovació. Cada intervenció és monologada (no és un debat) i dura dos o tres minuts. Podeu portar fotografies, objectes, música o, fins i tot, roba i complements relacionats amb el personatge.

2. Les oracions subordinades adjectives

Les oracions subordinades

Una **oració subordinada** és una oració que depèn d'una altra, anomenada principal, i que s'hi uneix mitjançant una conjunció, un pronom relatiu, un adverbi o amb determinades formes verbals, sense cap nexe d'unió.

L'oració subordinada està inclosa sintàcticament i semànticament dins de la principal. De fet, l'oració subordinada fa una funció sintàctica concreta dins de l'oració principal (subjecte, complement directe, etc.):

– *Hem pensat que li regalarem un ram de flors.*
o. principal — o. subordinada (CD)

– *Fes una trucada quan arribis a l'aeroport.*
o. principal — o. subordinada (CC)

Segons si equival a un sintagma adjectival, un sintagma nominal o un sintagma adverbial, la subordinada pot ser adjectiva, substantiva o adverbial:

– *Ha arreglat el mòbil que es va espatllar.* → *Ha arreglat el mòbil espatllat.*
o. principal — o. sub. adjectiva — adjectiu

– *Qui arribi primer tindrà premi.* → *En Joan tindrà premi.*
o. sub. subst. — o. principal — SN

– *Heu de tornar on us vau inscriure.* → *Heu de tornar allà.*
o. principal — o. sub. adverbial — adverbi

El complement directe del verb *hem pensat* és una oració subordinada que es pot substituir pel sintagma nominal *el regal*.

Les oracions subordinades adjectives o de relatiu

Les **oracions subordinades adjectives** equivalen a un adjectiu o sintagma adjectival i fan la funció de complement del nom.

Les subordinades adjectives són subordinades de relatiu, perquè s'uneixen a l'oració principal sempre mitjançant un **pronom relatiu**. El pronom relatiu té dues funcions:

- Fa de nexe i uneix l'oració principal i la subordinada.
- Fa de pronom i substitueix un element de l'oració principal (anomenat *antecedent*) i, per tant, fa una funció sintàctica dins de l'oració subordinada.

– *Les persones que volen fer el curset s'hi han d'inscriure prèviament.*
antecedent — o. subordinada adjectiva

Aquesta oració composta es forma a partir de dues oracions simples:

a) *Les persones s'hi han d'inscriure prèviament.*
SN

b) *Les persones volen fer el curset.* → *que volen fer el curset*
SN — pronom relatiu

Com que es repeteix el mateix sintagma, *les persones*, en la seva segona aparició se substitueix pel pronom relatiu *que* i fa de nexe entre l'oració principal i la subordinada. Alhora, aquest pronom, que substitueix l'antecedent *les persones,* és el subjecte de l'oració subordinada.

Segons la relació que mantenen amb l'antecedent, les subordinades adjectives poden ser de dos tipus: **especificatives** i **explicatives**.

El pronom relatiu remet a l'element que substitueix de l'oració principal.

Les oracions subordinades adjectives especificatives

L'**oració subordinada adjectiva especificativa** restringeix l'abast de l'antecedent, és a dir, el determina i precisa. És una oració necessària perquè es pugui entendre l'oració en què s'insereix i no s'escriu mai entre comes:

– *Els atletes que han acabat el triatló rebran un trofeu.* → no tots els atletes
antecedent o. sub. adjectiva especificativa

Que han acabat el triatló és una subordinada adjectiva especificativa perquè precisa quins atletes rebran un trofeu: només els que han acabat el triatló.

Les oracions subordinades adjectives explicatives

L'**oració subordinada adjectiva explicativa** afegeix informació addicional sobre l'antecedent, és a dir, n'explica alguna qualitat o característica. És una oració prescindible perquè no restringeix el significat de l'oració en què s'insereix i s'escriu entre comes:

– *Els nois, que han vist un rècord, aplaudeixen amb ganes.* → tots els nois
antecedent o. sub. adjectiva explicativa

Que han vist un rècord és una subordinada adjectiva explicativa perquè explica que els nois han vist un rècord. La subordinada no determina que hi ha uns nois concrets que han estat testimoni del rècord.

ACTIVITATS

21. Indica si les oracions subordinades següents són adjectives, substantives o adverbials i digues la funció sintàctica que fan respecte de l'oració principal:

- Els meteoròlegs anuncien que aquest cap de setmana nevarà arreu.
- Posarem cadenes quan ens trobem la carretera plena de neu.
- Cada any augmenta el nombre de cigonyes que s'aturen en aquests aiguamolls.
- El llibre que es presenta avui ha creat polèmica.
- És fàcil que se'n surti en aquest afer.
- No li demanis res perquè avui no està gaire fi.
- Aniran de vacances on van cada estiu.
- L'emissora que escoltes només posa música pop.
- Quan era petit vivia en un poble que tenia un riu.
- Deixa'm el llibre que has tret de la biblioteca avui.

22. Substitueix els adjectius subratllats per una oració subordinada adjectiva equivalent. Després, indica quina funció sintàctica fan aquestes oracions subordinades:

- Ensenya'm aquesta fotografia ampliada.
- Les mesures imposades són massa estrictes.
- Les esponges són organismes filtradors.
- M'he comprat un diccionari d'italià il·lustrat.
- Els partits progressistes ocupen la part dreta de l'hemicicle.
- Els textos argumentatius inclouen connectors.

23. Subratlla les oracions subordinades adjectives, encercla els pronoms relatius i indica'n els antecedents:

- Les herbes que portes no serveixen per al guisat.
- Compraré l'oli a la botiga que van inaugurar ahir.
- Li agraden els musicals que tenen un final feliç.
- Avui portaran el baix que va llogar per al concert.
- No et mengis les galetes que he desat al calaix.
- Aquest és el periodista que fa les retransmissions esportives.

24. Subratlla les oracions subordinades adjectives, indica si són especificatives o explicatives i justifica-ho:

- Els fideus a la cassola que hem pres eren deliciosos.
- Els fideus a la cassola, que són fàcils de cuinar, agraden a tots els nens.
- Els carquinyolis, que són típics d'aquest poble, són un perill per a les dents.
- Els carquinyolis que he tastat eren rancis.
- Han proposat una solució que convenç tothom.
- La rentadora, que perd aigua, ha provocat humitats al veí.

Els pronoms relatius

El pronom relatiu de les subordinades adjectives té diverses formes:

El pronom *que*

Té com a antecedent persones o coses i fa la funció de subjecte, complement directe o complement circumstancial de temps dins de l'oració subordinada:

- *Aquesta obra ha emocionat tota la gent que l'ha vista.* (S)
- *Du el jersei que va comprar el dia que vas venir.* (CD; CCTemps)

El pronom *qui*

Té com a antecedent persones i fa la funció de complement indirecte, circumstancial o de règim verbal dins de l'oració subordinada. Sempre va precedit de preposició i es pot substituir per *el qual, la qual, els quals* i *les quals*:

- *Van reunir tots els estudiants a qui (als quals) s'han concedit les beques.* (CI)
- *Hem conegut les noies amb qui vas anar a Londres l'any passat.* (CCComp)
- *Per la ràdio han entrevistat la psicòloga de qui et vaig parlar.* (CRV)

El pronom *què*

Té com a antecedent coses i fa la funció de complement circumstancial o complement de règim verbal dins de l'oració subordinada. Sempre va precedit de preposició i es pot substituir per *el qual, la qual, els quals* i *les quals*:

- *Vam visitar el lloc en què (en el qual) Mozart va compondre el* Rèquiem. (CCLloc)
- *Aquesta notícia de què (de la qual) parles ja la van publicar ahir els diaris.* (CRV)

El pronom *on*

Té com a antecedent un lloc i fa la funció de complement circumstancial de lloc. Es pot substituir per una preposició i *el qual, la qual, els quals* i *les quals*:

- *Vam visitar la casa on (en la qual) Mozart va compondre el* Rèquiem. (CCLloc)

Els pronoms *el qual, la qual, els quals, les quals*

Tenen com a antecedent persones o coses i poden fer la funció de subjecte, complement directe, indirecte, de règim verbal o circumstancial:

- *L'acte, el qual tindrà lloc a la sala de plens, serà a les nou del vespre.* (S)
- *L'Ester, la qual t'he presentat avui, canta en una coral.* (CD)
- *Aquests són els operaris als quals t'has d'adreçar per a qualsevol dubte.* (CI)
- *Retornarà les ajudes de les quals es va beneficiar l'any en el qual treballava.* (CRV; CCTemps)

FEM-HO AIXÍ

El pronom *que* de les oracions explicatives es pot substituir per *el qual, la qual, els quals* o *les quals*:

- *La ració de paella, que era molt completa, m'ha deixat tip.* → *La ració de paella, la qual era molt completa, m'ha deixat tip.*

Per contra, aquesta substitució no es pot fer en les oracions especificatives.

FEM-HO AIXÍ

Amb els pronoms *qui, què* i *qual*, la preposició que duu el complement se'n va al davant del pronom:

- *Hem trucat **a** una noia.* → *La noia **a** la qual hem trucat.*

El pronom relatiu amb funció de complement del nom

Quan el pronom relatiu fa de complement del nom pren les formes *del qual*, *de la qual*, *dels quals* o *de les quals* i generalment s'escriu darrere del nom que complementa:

- *La sèrie, el protagonista de la qual és de Mataró, s'estrena avui.*
  CN
- *Aquests escoltes, els monitors dels quals porten camisa blava, són ràngers.*
  CN

Ara bé, en la llengua oral simplifiquem aquesta expressió del relatiu que fa de complement del nom i recorrem al pronom *que* amb alguns canvis en l'oració subordinada:

- *La sèrie, que té un protagonista de Mataró, s'estrena avui.*
  o. sub. adjectiva (CN)
- *Aquests escoltes, que tenen uns monitors amb camisa blava, són ràngers.*
  o. sub. adjectiva (CN)

HO TROBARÀS

No tots els pronoms relatius introdueixen una oració subordinada adjectiva: n'hi ha que introdueixen una oració subordinada substantiva de relatiu. Treballarem aquest altre tipus de subordinades al **tema 7**.

ACTIVITATS

25. Uneix les oracions de manera que una es converteixi en subordinada adjectiva de l'altra. Després, encercla el pronom relatiu, indica'n l'antecedent i la funció:

a) Ja m'he acabat el llibre.
La Lídia em va regalar el llibre.

b) Entrevisten l'escriptor francès.
L'escriptor francès viu a Barcelona des de fa anys.

c) Enviarem missatges als socis.
Alguns socis volen col·laborar.

d) Aquests artistes muntaran una exposició col·lectiva.
Els nous corrents estètics han influït molt en aquests artistes.

e) He trobat el bolígraf.
Vaig signar el contracte amb aquest bolígraf.

f) La teva versió és creïble.
En Francesc es refia de la teva versió.

g) He vist la botiga.
Vas comprar el sabó de violeta.

h) En Genís s'ha comprat una moto.
La cilindrada de la moto és de 250 cc.

26. Completa aquestes oracions amb el pronom relatiu adient. Després, indica la seva funció sintàctica dins de l'oració subordinada:

- Han inaugurat el carrer ... han transformat en zona de vianants.
- La novel·la ... parles està basada en fets reals.
- La Mar, ... parla xinès, em va fer de guia a Pequín.
- L'enciclopèdia ... ho consulta no està actualitzada.
- El policia ... et vas adreçar és cosí del meu pare.
- Aquell nen ... es burlaven ara és un gran científic.
- L'autobús ... has vingut funciona amb gas natural.
- El dia ... vulguis farem una excursió pel Catllaràs.
- Se'ns ha acabat la salsa de tomàquet ... preparem les pizzes.

27. Completa aquestes oracions amb el pronom relatiu amb funció de complement del nom que es fa servir de manera formal:

- Els alumnes, els exàmens ... he corregit, ja volen saber la nota.
- A la revetlla, l'organització ... anirà a càrrec del grup d'esplai, hi haurà música en directe.
- El curs del riu, a la llera ... ara hi ha un parc infantil, va ser desviat fa anys.
- Aquests cotxes, les reproduccions ... són franceses, són tots del segle XX.
- Aquest estudi, el patrocini ... va a càrrec d'una farmacèutica, recomana la vacunació massiva.
- Les rajoles de la paret, els dibuixos ... reprodueixen motius florals, són típicament valencianes.
- El supermercat, les ofertes ... eren espectaculars, ha tancat portes.

28. Reescriu les oracions anteriors amb una forma de relatiu més col·loquial. Fes els canvis necessaris.

3. Les llengües romàniques

La romanització

La majoria de les llengües que actualment es parlen a Europa tenen un origen comú: l'**indoeuropeu**, una llengua que es parlava entre el mar Negre i el mar Caspi cap al 3000 a.C. i que es va escampar, en successives migracions, per tot Europa. Una de les seves varietats, el **llatí**, és l'origen de les llengües romàniques.

Els romans van desembarcar a Empúries el 218 a.C., arran de les operacions militars relacionades amb la II Guerra Púnica. Però, un cop establerts, van engegar un **procés de romanització** que va transformar de soca-rel les societats preexistents.

Una de les conseqüències de la romanització va ser la substitució de les llengües que es parlaven anteriorment en aquestes terres (llengües iberobasques i celtes) pel llatí. La influència de les **llengües preromanes** en el llatí es coneix com a **substrat**.

Per saber-ne més

Substrat: paraules d'una llengua anterior que continuen vives en la llengua que la substitueix. En el cas català hi ha el substrat iberobasc i el celta:

- **Substrat iberobasc**: *estalvi, garriga, gerd, esquerre, pissarra; Guissona, Lleida, Segre, Ebre, Barcelona, Badalona.*
- **Substrat celta**: *clenxa, clot, maduixa, tanca, rusc, trencar, blat; Queralt, Cadaqués, Besalú, Verdú.*

El llatí vulgar

La llengua que els romans van portar a aquestes terres era el llatí vulgar, diferent del llatí clàssic:

- **Llatí clàssic**: varietat escrita utilitzada en els textos polítics, jurídics i literaris, i sotmesa a una normativa estricta.
- **Llatí vulgar**: varietat col·loquial, parlada per legionaris, mercaders, etc., sotmesa a evolució constant i amb diferències entre els territoris de l'imperi.

Com a resultat de l'evolució del llatí vulgar a cada indret, neixen les llengües romàniques.

La romanització del nostre territori va ser intensa i afectà tots els àmbits: llengua, infraestructures, formes de vida...

El naixement de les llengües romàniques

No hi ha una data concreta en què es deixi de parlar el llatí vulgar i es comenci a fer en cada llengua romànica. Es tracta d'un **procés gradual**, per bé que podem considerar que cap als segles VII-VIII ja es parlaven les llengües romàniques. Ben mirat, el llatí vulgar no s'ha deixat de parlar mai, simplement ha anat canviant i adoptant formes diverses al llarg del temps.

El primer document que constata l'existència de les llengües romàniques és del Concili de Tours (813), en el qual l'Església recomana de predicar en *rusticam romanam linguam*, és a dir, en una llengua romànica, per tal de facilitar la comprensió de la predicació.

Caldrà esperar un temps per trobar els **primers escrits** en català: els *Greuges de Guitard Isarn, senyor de Caboet* (1080/95) i el *Jurament de Pau i Treva del comte Pere Ramon de Pallars Jussà al bisbe d'Urgell* (1098).

Per saber-ne més

S'havien considerat com a primers textos catalans el *Forum Iudicum*, de la segona meitat del segle XII i *Les homilies d'Organyà*, que corresponen a finals del segle XII o principis del XIII, però el descobriment de nous escrits ha fet variar aquesta consideració.

La Romània

Es coneix com a Romània el conjunt de territoris europeus on es parla una llengua derivada del llatí vulgar.

La Romània actual no coincideix amb els límits de l'Imperi romà, perquè en algunes zones s'hi parlen altres llengües (anglès a Britània, turc a Anatòlia, àrab al nord d'Àfrica).

La Romània es divideix en dos grans blocs: l'occidental i l'oriental. Aquesta diferenciació es basa principalment en com es forma el plural de les paraules, així doncs, en la Romània occidental es fa el plural amb *s* i en l'oriental es manté la *i* llatina:

- **Plural en s**: *homes* (català), *hombres* (castellà), *hommes* (francès), *homens* (gallec/portuguès), *òmes* (occità)...
- **Plural en i**: *uomini* (italià), *oameni* (romanès).

L'evolució del llatí no va ser igual a les diferents zones de la Romània.

Les llengües romàniques

Els esdeveniments històrics han fet que algunes llengües romàniques no hagin esdevingut llengües oficials d'un estat i hagin experimentat, en graus diversos, processos de substitució lingüística.

La llista completa de les llengües romàniques és la que s'especifica al quadre següent:

Llengua	Territori	Parlants	Situació sociolingüística
Gallec/Portuguès	Galícia, Portugal, Brasil i antigues colònies portugueses.	2,5 a Galícia/260 milions parlen portuguès al món	Llengua cooficial a Galícia. Llengua oficial.
Castellà	Espanya, Hispanoamèrica i Guinea Equatorial.	500 milions	Llengua oficial.
Asturlleonès	Astúries, zones de Lleó.	300 mil	Reconeixement sense oficialitat.
Aragonès	Alt Aragó.	30 mil	Reconeixement sense oficialitat.
Català	Catalunya del Nord, Principat, Franja d'Aragó, País Valencià, Balears, l'Alguer i Andorra.	10 milions	Oficial a Andorra. Cooficial al Principat, País Valencià i Balears. Reconeixement a l'Alguer i sense a la Catalunya del Nord i la Franja.
Occità	Occitània (sud de la Gàl·lia), Mònaco i Vall d'Aran.	3 milions	Llengua pròpia de la Vall d'Aran i cooficial a tot Catalunya.
Francès	França, Bèlgica, Suïssa, Quebec i antigues colònies.	77 milions com a primera llengua	Llengua oficial. Cooficial al Quebec, Suïssa i Bèlgica.
Romanx	Valls del cantó suís dels Grisons.	60 mil	Llengua oficial.
Italià	Itàlia, San Marino i Suïssa.	64 milions	Llengua oficial. Llengua cooficial a Suïssa.
Sard	Sardenya.	1 milió i mig	Reconeixement com a llengua històrica.
Romanès	Romania, Moldàvia i zones d'Hongria.	24 milions	Oficial a Romania i Moldàvia. Cooficial a Voivodina (Sèrbia) i reconeixement a Hongria.
Dàlmata	Costes de Croàcia.	Cap	Llengua extingida el 1898.

ACTIVITATS

29. Digues si són veritables o falses les afirmacions següents:

a) El català és una llengua indoeuropea. ☐

b) El basc i l'ibèric formen part del substrat català. ☐

c) El llatí vulgar és la varietat lingüística que parlava la gent sense educació. ☐

d) El substrat llatí influencia l'iberobasc i el celta. ☐

e) El primer document escrit en una llengua romànica sorgeix al Concili de Tours. ☐

f) La divisió entre la Romània oriental i l'occidental es basa en la pronunciació de la *s* en el plural. ☐

g) El primer document escrit en català són *Les homilies d'Organyà*. ☐

h) El basc forma part d'una branca perduda de la Romània. ☐

i) L'occità, el sard i el romanès són llengües romàniques. ☐

j) Les llengües romàniques són oficials en els seus respectius estats. ☐

k) L'italià és parlat a Itàlia i a Suïssa. ☐

l) El romanx és la llengua oficial de Romania. ☐

m) Es considera que les llengües romàniques neixen l'any 813 al Concili de Tours. ☐

30. En què es basa la diferenciació entre la Romània oriental i l'occidental?

31. Situa en un mapa les llengües romàniques del quadre de la pàgina anterior:

32. Per què no podem precisar la data en què apareixen les llengües romàniques?

33. Quin és el primer testimoni escrit de l'existència de les llengües romàniques?

34. Quins són els primers documents escrits en català? I quins s'havien considerat els primers anteriorment?

35. Llegeix el text següent i respon a les preguntes:

> El canvi del llatí en català va ésser lent i gradual, gairebé imperceptible. Cap generació no tingué la sensació de parlar una llengua nova, diferent de la dels pares. És doncs impossible de dir en quin moment començà la història de la llengua catalana; els canvis més radicals degueren produir-se en els segles VII i VIII; però aquest problema es troba enfosquit perquè els documents s'escrivien en un llatí artificiós, que no corresponia gens al llenguatge viu coetani. Tanmateix els escrivents sovint es distreuen i cauen en la llengua viva. Ja en el segle IX, i encara més en els X i XI, l'aparició de mots i àdhuc de frases enteres en català, és tan freqüent al mig dels textos en llatí, que és impossible de no adonar-se que el llenguatge parlat en aquell temps havia d'ésser essencialment el mateix que el que coneixem per català.
>
> J. COROMINES: *El que s'ha de saber de la llengua catalana* (adaptació).

a) Com va ser el canvi del llatí al català?

b) Quina llengua s'utilitzava en l'escriptura?

c) En quins errors incorren els escrivans i què posen al descobert?

36. Llegeix el text següent i digues quina relació hi ha entre la ciutat de Roma, el llatí, l'Imperi romà i la família indoeuropea. Quines altres famílies lingüístiques deriven de l'indoeuropeu?

> Qui no sap, encara que només sigui vagament, on para la ciutat de Roma? La mateixa que actualment és capital d'Itàlia fou molt de temps enrere, al voltant de dos mil anys, el bressol de tota una pròspera civilització (la romana) i l'escenari privilegiat de la gestació d'una llengua (la llatina) que, secundant l'expansió de l'Imperi romà, va arrelar en nous territoris i fundà un llinatge fecund, multisecular, representat avui pel conjunt de varietats romàniques.
>
> La llengua d'aquells habitants de la ciutat de Roma venia de nissaga "indoeuropea" (com moltes altres famílies de llengües de la nostra vella Europa: així, les germàniques, les celtes o les eslaves), i pertanyia concretament al grup anomenat itàlic.
>
> J. E. GARGALLO: *Les llengües romàniques* (adaptació).

37. Relaciona les poblacions amb la llengua històrica que s'hi parla:

a) català
b) castellà
c) portuguès
d) gallec
e) occità
f) francès
g) italià
h) sard
i) romanès

- Porto
- Tolosa
- Nàpols
- Florència
- Coimbra
- Carcassona
- Alacant
- París
- Lió
- Vigo
- Cadis
- Montpeller
- Perpinyà
- Càller
- Timisoara
- Lleó
- Viella
- Palma

38. Fes un esquema que permeti explicar l'evolució lingüística des de l'indoeuropeu fins al català.

39. Llegeix el text següent, recorda quines característiques lingüístiques tenia la cultura ibèrica i contesta les preguntes que hi ha a continuació:

> Els ibers eren uns ciutadans molt socials i refinats. Enterraven els morts en sofisticades cerimònies d'incineració, sacrificaven animals als seus déus, que en bona part eren els dels grecs, però adaptats a les necessitats del culte local. I entre ells ja hi havia artistes, algun de tant nivell com l'autor de la mítica Dama d'Elx. La cultura ibèrica, que era més o menys igual a tota la part oriental de la Península, tenia el seu llenguatge propi, i fins i tot el seu propi alfabet, encara que moltes de les inscripcions que ens n'han arribat són en grafia grega arcaica. Es tracta d'una llengua espessa i enrevessada que desafia la paciència de tots els lingüistes, que amb prou feines n'han desxifrat quatre substantius.
>
> Toni SOLER: *Història de Catalunya (modèstia a part).*

a) Què va passar amb la seva llengua?
b) Per què no l'han poguda interpretar els lingüistes?
c) Resta algun testimoni de la llengua ibèrica? Posa'n algun exemple.

40. Com has vist al quadre de la pàgina 149, no totes les llengües romàniques tenen la mateixa consideració oficial. Fes la llista de les que no són llengües oficials i busca aquestes informacions:

a) A dins de quin estat europeu estan incloses?
b) Quina és la llengua dominant en el seu territori?
c) Quines causes històriques les han portades a una situació de minorització?

41. Mireu la correspondència del mot en diverses llengües i contesteu (podeu buscar-ne més informació):

Llatí	Català	Castellà	Francès	Anglès
porta	*porta*	*puerta*	*porte*	*door*
-	*aeroport*	*aeropuerto*	*aéroport*	*airport*
cultura	*cultura*	*cultura*	*culture*	*culture*
tabula	*taula*	*mesa*	*table*	*table*
domina	*dona*	*mujer*	*femme*	*woman*
caerulus	*blau*	*azul*	*bleu*	*blue*
auricula	*orella*	*oreja*	*oreille*	*ear*
auditio	*audició*	*audición*	*audition*	*audition*

- Totes les llengües romàniques opten sempre per la mateixa arrel llatina? En quins casos?
- Hi ha algun mot llatí que no hagi continuat en cap de les llengües del quadre? Amb quines llengües coincideix el català en aquest mot?
- En quines ocasions l'anglès té el mateix mot que les llengües romàniques?
- Per què creus que el mot *aeroport* en anglès no es diu **airdoor*?
- Per què *auricula* és tan diferent a cada llengua romànica (i en anglès), i en canvi *auditio* canvia poc?

42. Analitza el text següent i contesta les qüestions:

> Hem pogut comprovar que, d'una banda, la unitat del llatí explica un origen comú de totes les llengües romàniques i que, de l'altra, la diversitat del mateix llatí justifica la diversitat dels idiomes que en deriven. Si reduïm el zoom i, d'aquesta visió àmplia, passem a una visió més concreta, podem també afirmar que les diferències en el llatí col·loquial expliquen semblantment la variació en una sola llengua romànica. Centrem-nos en el català; apareix des dels seus orígens, com qualsevol idioma, amb una unitat que no exclou variants dialectals, les quals són degudes, entre altres motius més complexos, a la diversitat del llatí: podem assegurar que la llatinització dels dialectes orientals i la dels dialectes occidentals és distinta.
>
> Joan MARTÍ I CASTELL: *Els orígens de la llengua.*

a) Quina relació s'estableix entre la unitat/diversitat del llatí i les llengües romàniques?
b) Pel que fa al català, a què atribueix l'autor les diferències entre els dialectes orientals i els occidentals?

4. Les grafies *s/ ss/ c/ ç/ sc/ z*

En català hi ha més d'una grafia per representar el so de la **essa sorda** i el de la **essa sonora**. Això fa que dubtem a l'hora d'escriure-les. És convenient que tinguem en compte les normes següents:

Les grafies *s/ ss / c/ ç/ sc*. So d'essa sorda

- Escrivim ***s***:
  - A principi de paraula: ***s**aviesa*, ***s**enyora*, ***s**índria*, ***s**ona*, ***s**uc*...
  - Després dels prefixos: *a**s**imetria*, *ante**s**ala*, *anti**s**èptic*, *bi**s**íl·lab*, *contra**s**entit*, *entre**s**òl*, *hendeca**s**íl·lab*, *hipo**s**ulfit*, *ultra**s**ònic*...
  - En compostos amb guionet: *esclata-**s**angs*, *para-**s**ol*, *penya-**s**egat*...
  - Darrere consonant i a final de síl·laba: *cap**s**a*, *cop**s**ar*, *can**s**ar*; *e**s**tri*, *mu**s**clo*, *e**s**trany*...
  - A final de paraula: *pa**s***, *fal**s***, *tro**s***...
- Escrivim ***ss***:
  - Entre vocals: *cla**ss**e*, *po**ss**ible*, *tranquil·lí**ss**ima*, *estudie**ss**is*, *pa**ss**ar*...
- Escrivim ***c*** davant ***e***, ***i***:
  - A principi de paraula: ***c**eller*, ***c**istell*...
  - Entre vocals: *habita**c**ió*, *ca**c**era*...
  - Darrere consonant: *en**c**endre*...
- Escrivim ***ç***:
  - Davant ***a***, ***o***, ***u*** entre vocals: *ca**ç**ar*, *bra**ç**os*, *ven**ç**ut*... i darrere de consonant: *cal**ç**at*, *can**ç**ó*...
  - A final de paraula: *bra**ç***, *mar**ç***, *comer**ç***, *peda**ç***...
- Escrivim ***sc***:
  - En algunes paraules: *pi**sc**ina*, *adole**sc**ent*, *a**sc**ensor*, *su**sc**eptible*...

Les grafies *s/ z*. So d'essa sonora

- Escrivim ***z***:
  - A principi de paraula: ***z**ero*, ***z**iga-**z**aga*, ***z**ona*...
  - Entre consonant i vocal: *dot**z**e*, *esmor**z**ar*, *don**z**ella*, *horit**z**ó*...
  - Entre vocals en paraules d'origen estranger: *ama**z**ona*, *bi**z**antí*, *topa**z**i*...
  - En alguns prefixos i sufixos com: ***esquizo***-, ***rizo***-; -***zoic***, -***zou***, -***zoide***, -***zoari***: ***esquizo**frènia*, ***rizo**tònic*; *paleo**zoic***, *proto**zou***, *trape**zoide***...
- Escrivim ***s***:
  - Entre vocals: *ca**s**a*, *po**s**ar*, *de**s**embre*, *re**s**umir*...
  - En els derivats i compostos de **fons**, **dins**, **trans**: *en**fons**ament*, *en**dins**ar*, ***trans**itar*...

	Paraules que cal pronunciar amb *s* sonora
Amb *z*	*zona, zebra, zoològic, zel, zoom, Amazones, zenital*
Amb *s*	*anàlisi, adhesió, asil, centèsim, col·lisió, crisi, decisió, dosi, episodi, fase, gasa, hipòtesi, medusa, nasal, oasi, paràsit, parèntesi, residu, tesi*

Les paraules *a**sc**endir* i *de**sc**endir* s'escriuen amb la grafia ***sc***.

Per saber-ne més

No hi ha cap norma per saber si un mot s'escriu amb ***c/ ç*** o ***s/ ss***, però les paraules d'una mateixa família s'escriuen totes amb ***ç/ c*** o totes amb ***s/ ss***: *comen**ç**ar*, *comen**c**es*, *comen**ç**ament*; *arrò**s***, *arro**ss**os*; *for**ç**a*, *for**ç**ut*, *for**c**es*.

Atenció!

Escrivim ***ss*** sempre en l'imperfet de subjuntiu: *dormi**ss**is*, *dormí**ss**im*, *dormí**ss**iu*, *dormi**ss**in*.

ACTIVITATS

43. Completa aquestes paraules, que contenen una *s* sorda. Després classifica-les al quadre:

- dan...aire
- pa...ièn...ia
- a...idesa
- grani...at
- lla...
- tro...os
- en...erclar
- cabe...a
- e...tri
- comen...ar
- for...ut
- tra...ar
- a...endir
- lla...ada
- di...enyar

Essa sorda
ç + a, o, u → ... -ç → ...
vocal + ss + vocal → ...
c + e, i → ...
consonant + s → ... s + consonant → ...
sc → ...

44. Completa aquestes paraules, que contenen el so de la essa sonora, i classifica-les a la graella:

- page...ia
- ...ona
- rapide...a
- ca...ualitat
- al...ina
- actualit...ar
- prince...a
- me...os
- impre...os
- enfon...ar
- improvi...ar
- tran...itar

Vocal + s + vocal	Trans- / fons-	Z + vocal
...	...	...

45. Completa cada oració amb la forma adequada d'una d'aquestes paraules:

- comte
- pas
- amenaça
- lluços
- pagès
- adreces

– La ... va decidir marxar després de trobar-se amb el rei.
– El comercial es va oblidar d'apuntar l'... de l'establiment que volíem llogar.
– Els clients es dirigien a la peixateria perquè havien anunciat una rebaixa del preu del ....
– La Mireia sabia que, si seguia tots els ..., podria preparar un plat exquisit.
– La desforestació és una de les ... que pesen sobre el medi ambient.
– En aquell mercat pots trobar productes frescos que els ... porten cada dia.

46. Conjuga els verbs següents en present d'indicatiu:

- vèncer: → ..., ..., ..., ..., ..., ...
- tòrcer: → ..., ..., ..., ..., ..., ...
- avançar: → ..., ..., ..., ..., ..., ...
- exercir: → ..., ..., ..., ..., ..., ...
- farcir: → ..., ..., ..., ..., ..., ...

47. Completa les paraules següents i classifica-les segons si tenen una essa sorda o una essa sonora:

- ...ercavila
- atro...
- u...ual
- disfre...a
- ga...a
- agre...ió
- jutge...a
- ...ireres
- ma...edoni
- anti...istema
- sobre...alt
- tràn...it
- mono...il·làbic
- bi...antí
- enfon... ament

Essa sonora	Essa sorda
...	...

48. Completa el conte de Pere Calders amb *s, ss, c, ç, z*:

La fi del cap

De fet, entre el meu cap i el meu co... havia existit un divor...i des del prin...ipi. El co... denotava una vocació per a con...ervar la petite...a i especular-hi, fent que tots els moviments tendi...in amb una mena d'avide...a cap a l'arrauliment. El cap, no. El cap era gro..., auda..., i pensava co...es realment engrescadore....

Un dia, trobant-me al llit amb una estimada meva, vaig sentir que el cap emmalaltia serio...ament, mentre el co... mantenia l'equilibri, repartint la salut amb normalitat per tots els llocs que estaven sota la seva vigilàn...ia.

–Amiga –vaig dir–, em sembla que el cap se'm morirà.

Ella es va esverar tant que vaig sentir, imperio...a, la nece...itat de tranquil·lit...ar-la.

–Mira: no pa...arà res. Enterrarem el cap dins un barret, i veuràs com la placide...a del món es mantindrà plana, quieta com és del nostre gust. Cap país no alterarà la seva hora oficial, ni cap inva...ió no serà detinguda. Demà, milers d'ombrel·les s'acararan al poder del sol i cada u podrà dir-hi la seva.

Es va adormir sota la protecció dels meus bra...os, segura que tot aniria tal com jo li explicava.

5. La prosa del segle XX (I)

La prosa als anys vint i trenta

Els anys vint i trenta són molt fructífers per a la literatura catalana. En aquesta etapa conviuen una gran quantitat d'estètiques i ideologies, comencen a aparèixer revistes literàries especialitzades i es disposa d'una xarxa editorial cada cop més moderna.

En la dècada dels anys 30, tot i no ser el gènere més conreat, la novel·la es modernitza amb tècniques com l'anàlisi psicològica i el monòleg interior. Destaquen els autors Carles Soldevila, Josep Maria de Sagarra i Miquel Llor.

Carles Soldevila (1892-1967)

Carles Soldevila, que ja hem estudiat al tema 5 com a autor d'obres de teatre, a més de dramaturg, com a prosista és autor de contes, novel·les i traduccions. Les seves obres més conegudes són *Fanny* (1929), *Eva* (1931) i *Valentina* (1933), novel·les en què presenta la figura de dones joves i dinàmiques que simbolitzen la modernitat.

Soldevila té un estil àgil, amb frases curtes, tendència a la ironia i l'ús freqüent de la tècnica del monòleg interior.

Josep Maria de Sagarra (1894-1961)

Josep Maria de Sagarra, a més de gran dramaturg i poeta, també va ser un prosista excel·lent.

Com a **assagista**, Sagarra va escriure articles periodístics, que va aplegar als llibres *Cafè, copa i puro* (1929) i *L'aperitiu* (1934).

Com a **novel·lista**, la seva primera obra és *Paulina Buxareu* (1919). Més endavant aparegué *All i salobre* (1928), en la qual descriu els problemes que la manca de vocació religiosa crea en un estudiant de capellà que s'enamora d'una noia.

La novel·la més important de Sagarra és *Vida privada* (1932), una crònica de l'alta burgesia barcelonina dels anys vint i de la decadència moral d'aquesta classe social. Estilísticament, l'obra presenta una gran riquesa lèxica i ofereix descripcions i imatges molt plàstiques.

> A les quatre cadires, tot estava ple de coses d'ella; el tocadoret es veia fatigat d'ampolletes, polvoreres, pinces i tisores, i l'armari obert era com una parada de pompa lúgubre, perquè els vestits i els abrics en el penja-robes, vius de coloraines i d'aplicacions, feien l'efecte d'unes princeses de barraca de fira excessivament magres que les haguessin decapitat i els haguessin clavat un ham a la tràquea.
>
> A dalt de l'armari dormien capses de barret buides, arrebossades de pols, fent companyia a un gos dissecat. La seva mestressa li havia guarnit el coll amb un tros de lligacama passada de moda, en la qual feien la viu-viu tres roses minúscules de setí com tres gotes de sang.
>
> Frederic va començar a viure les olors de la cambra closa.
>
> Josep Maria DE SAGARRA: *Vida privada* (adaptació).

Per saber-ne més

La novel·la realista a Europa entra en crisi al començament del segle XX. Es recupera el corrent irracionalista i apareix amb força el **món interior**, per l'impacte que representà la psicoanàlisi freudiana.

Tècnicament, ara s'empra més la primera persona i el monòleg interior. Aquesta tècnica permet l'expressió íntima del pensament.

Per saber-ne més

Els escriptors de la primera meitat del segle XX, com el francès Marcel Proust, l'alemany Thomas Mann, l'irlandès James Joyce i l'anglesa Virginia Woolf, van renovar el model de novel·la burgesa del segle XIX.

@ Amplia a la xarxa...

Escolta a www.tiching.com/78479 els fragments de les *Memòries* de Josep Maria de Sagarra i fes-ne un resum.

A *Vida privada*, la seva novel·la més destacada, Josep Maria de Sagarra dibuixa una societat contemporània desorientada i sense valors.

Miquel Llor (1894-1966)

Miquel Llor va néixer a Barcelona en una família modesta. Inicialment s'interessà pel teatre i la música i més endavant començà a escriure. L'any 1931 va escriure *Laura a la ciutat dels sants*, la seva novel·la més important. L'obra presenta la vida de Comarquinal, una ciutat de comarques imaginària que tothom va identificar amb Vic. Laura, una noia barcelonina, hi va a viure i s'enfronta amb un ambient hostil i tancat.

> Les portes de la sala s'obren de bat a bat i una fredor d'aire enrarit topa el rostre de la Laura. Plecs encartonats als domassos de color de billar, catifa policroma de retalls de vellut, a l'escaparata un sant Llibori, patró de Comarquinal. El retrat, fet al llapis, de la difunta esposa de l'amo, mira la gent amb esguard de bandoler. Les rajoles, vermelles, enlluentides amb sanguina, fan esgarrifar la Laura com si trepitgés mullena.
>
> Miquel LLOR: *Laura a la ciutat dels sants* (adaptació).

Fotograma del film *Laura a la ciutat dels sants*, de Gonzalo Herralde (1986), basat en la novel·la homònima.

Josep Pla (1897-1981)

Josep Pla és una de les grans figures de la literatura catalana. Durant els anys vint i trenta es va dedicar al periodisme i va ser corresponsal de *La Publicitat* i de *La Veu de Catalunya* a diverses ciutats europees.

Pla va escriure dues novel·les: *El carrer estret* (1951) i *Nocturn de primavera* (1953). La seva obra més coneguda, *El quadern gris* (1966), que du el subtítol "Un dietari", és una obra assagística amb un clar component autobiogràfic.

Pla no destaca, però, en el camp de la ficció. La seva obra, que és extensíssima, constitueix en realitat un intent de donar testimoniatge de tota una època des de la seva particular concepció del món. És autor de *Coses vistes* (1920-1925), *Madrid (L'adveniment de la República)* (1933), *Viatge a Catalunya* (1934), *Els pagesos* (1952) i *Contraban* (1954). A *Homenots* (1958-1962) hi fa un retrat de personalitats importants de la cultura.

> Deixant la vila enrere i travessant el pont de la comporta, es prenia un passeig d'arbres raquítics obert entre les fortificacions i s'arribava a la platja oberta, baixa i fosca. La tarda s'obscuria a gran velocitat. Ens trobàvem davant de la clàssica torbonada d'estiu, d'aspecte aparatós i dramàtic. El mar apareixia davant d'un horitzó de boires d'un gris obscur. Sobre els núvols de color de plom, de ponent, llampegava. En trepitjar la sorra fangosa de la platja ens envaí l'olor fortíssima i aspra de la mar.
>
> Josep PLA: *Contraban* (adaptació).

Des del punt de vista estilístic, la prosa de Pla destaca per l'aparent senzillesa. Igualment, Pla és el gran mestre de l'adjectivació: ell mateix va dir que escriure no era altra cosa que posar un adjectiu darrere un altre.

Per saber-ne més

Després de Ramon Llull, Josep Pla és el prosista més prolífic de la literatura catalana.

@ Amplia a la xarxa...

Llegeix a www.tiching.com/78480 els fragments de Josep Pla que parlen de la felicitat i justifica quin t'ha agradat més.

La literatura catalana de postguerra (I)

Quan Catalunya havia recuperat les institucions pròpies amb la creació de la Generalitat (1932) i semblava que la cultura, en general, i la literatura, en particular, podrien seguir un camí de normalitat, la Guerra Civil i la llarga postguerra van estroncar totes aquelles esperances. Els autors que havien començat a escriure als anys trenta no van poder tornar a publicar fins a la dècada dels seixanta.

Entre els autors que podem situar en aquest període destaquen Llorenç Villalonga i Mercè Rodoreda. Des d'angles diferents i amb tècniques diverses, comencen a parlar-nos de vides marcades pel desastre, de mons que s'enfonsen, de solitud, de l'absurditat de la vida, etc.

Llorenç Villalonga va escriure diversos relats curts que tenen com a característica l'ús que hi fa de la ironia.

Llorenç Villalonga (1897-1980)

Llorenç Villalonga va néixer a Palma de Mallorca l'any 1897. Estudià Medicina i exercí de psiquiatre. Es va iniciar com a escriptor col·laborant en diaris i revistes.

Com a novel·lista, Villalonga començà a escriure relativament tard (l'any 1931). A la seva obra hi distingim tres etapes:

- 1924-1939. Escriví articles periodístics en castellà i publicà la novel·la *Mort de dama* (1931), on satiritza l'aristocràcia mallorquina i fa una caricatura dels escriptors de l'Escola Mallorquina:

> No descriuré una vegada més com és una antiga casa mallorquina; poc més o menys, igual que una lleonesa o una catalana. Bells quadres en els quals, de sobte, no es veu què hi ha pintat; cadires de repòs i llits barrocs, amb cortinatges de domàs. Aquests llits tenen molts matalassos: s'hi dorm molt bé.
>
> Llorenç VILLALONGA: *Mort de dama.*

- 1939-1961. Llorenç Villalonga aprofundeix en els records. La gran obra d'aquesta etapa és *Bearn o la sala de les nines* (1952-1954). Hi presenta un món tradicional en procés d'extinció amb una profunda anàlisi psicològica dels personatges. També conté elements autobiogràfics: Don Toni i Maria Antònia de Bearn, matrimoni aristòcrata i sense fills que veu com desapareix el seu llinatge, són uns *alter ego* de Villalonga i la seva dona.
- 1961-1975. Villalonga escriu obres autobiogràfiques, com *Falses memòries de Salvador Orlan* (1967) i *El misantrop* (1972). També cal destacar les tres obres del cicle "Flo la Vigne", escrites entre el 1968 i el 1972 i que reben aquest nom a partir del protagonista comú de totes tres. En aquestes obres i a *Andrea Víctrix* (1974) Villalonga mostra moltes reticències davant de la industrialització i el maquinisme i enyora un passat mític.

L'obra de Villalonga té influència de Marcel Proust, especialment pel que fa a l'obsessió per la fixació del temps. Tècnicament, busca la construcció acurada i evita l'anècdota i la divagació. En canvi, aprofundeix molt en l'anàlisi dels personatges. No és una novel·la d'acció, sinó una novel·la d'anàlisi psicològica, dominada en tot moment per la serenitat i la contenció.

L'adaptació cinematogràfica de *Bearn* (1982) va ser dirigida per Jaime Chávarri.

Mercè Rodoreda (1908-1983)

Mercè Rodoreda va néixer l'any 1908 a Barcelona. De petita rebé la influència del seu avi matern, que la introduí en el món de la literatura. L'any 1928 es va casar amb el seu oncle: el matrimoni, però, fou un fracàs. L'any 1939 s'exilià a França i després a Ginebra, on treballà de traductora. Després de tornar a Catalunya l'any 1972, l'última etapa de la seva vida la passà a Romanyà de la Selva.

Rodoreda va començar a escriure molt aviat, amb col·laboracions a revistes i diaris. Les primeres novel·les que va escriure les considerà d'aprenentatge.

- L'any 1938 publicà *Aloma*, obra que reelaborà el 1969. És una novel·la psicològica centrada en l'anàlisi dels sentiments d'una noia que s'enamora del germà de la seva cunyada. Conté molts elements autobiogràfics.
- L'any 1962 Rodoreda publicà la seva obra més coneguda, *La plaça del Diamant*. Amb el rerefons de l'arribada de la República i de la Guerra Civil, narra la història de Natàlia, una noia que accepta amb resignació les imposicions socials, fins i tot el canvi de nom pel de "Colometa" que li imposa el seu promès. En acabar la guerra Natàlia es rebel·la contra tot allò que considera injust i, convertida en "senyora Natàlia", per primer cop esdevé mestressa del seu destí.

> I mentre em dedicava a la gran revolució amb els coloms va venir el que va venir, com una cosa que havia de ser molt curta. De moment ens vam quedar sense gas. Vull dir que no pujava al pis i a casa dels meus amos no baixava al soterrani. El primer dia ja vam haver de fer el dinar a la galeria amb un fogó de terra grisa lligada amb ferros negres, i amb carbó d'alzina, que vaig haver d'anar a buscar, cames ajudeu-me.
>
> –És l'últim, va dir la carbonera, perquè el seu marit s'havia llençat al carrer.
>
> Mercè RODOREDA: *La plaça del Diamant.*

- *Mirall trencat*, del 1974, és el relat de la vida tràgica de tres generacions de la família benestant Valldaura-Farriols durant el segle XX. L'ascens i el declivi dels diversos membres de la família també es poden entendre com una metàfora de la mort. La història és presentada d'una manera fragmentada, com si es tractés dels bocins d'un mirall trencat.

La unitat de l'obra de Rodoreda té com a base la presència d'unes constants temàtiques que es repeteixen de manera insistent al llarg de les seves novel·les. A les seves obres la veu narrativa correspon a una dona que mostra una forta tendència a la introversió i a la solitud i que, desencantada de la realitat present, busca la felicitat en els somnis del passat.

També és una constant de la seva obra la dificultat de les relacions amoroses. Igualment, a la majoria de novel·les de Mercè Rodoreda apareixen símbols, primer molt connectats amb la realitat quotidiana i, després, més mitificats: la casa d'*Aloma*, els coloms de *La plaça del Diamant* i la torre magnífica de *Mirall trencat*.

Per saber-ne més

Tota l'obra de **Rodoreda** constitueix una reflexió sobre les **etapes de la vida humana**. *Aloma* es pot considerar una novel·la sobre la pèrdua de l'adolescència; *La plaça del Diamant* i *El carrer de les Camèlies* reflexionen sobre la joventut i la maduresa, i *La meva Cristina i altres contes* i *Mirall trencat*, sobre la vellesa i la mort.

@ Amplia a la xarxa...

Mireu a www.tiching.com/24531 els onze vídeos de "Mercè Rodoreda, per ella mateixa". Feu-ho en grups i anoteu els aspectes que us sobtin més de la seva vida.

Fotograma de *La plaça del Diamant* (1982), film basat en l'obra de Mercè Rodoreda.

ACTIVITATS

49. Explica què aporta la tècnica del monòleg interior en relació amb l'ús del narrador omniscient.

50. Digues com és l'estil de les novel·les de Carles Soldevila. Quina tècnica fa servir?

51. Quines novel·les va escriure Josep Maria de Sagarra?

52. Explica tot el que sàpigues de la novel·la *Vida Privada* de Josep Maria de Sagarra.

53. De qui és la novel·la *Laura a la ciutat dels sants*? Què s'hi exposa?

54. Quines obres de Josep Pla es poden considerar del gènere novel·lístic?

55. Quines novel·les va escriure Josep Pla?

56. Llegeix aquest passatge de *Bearn*, de Llorenç Villalonga, i contesta les preguntes:

Arribàrem a Ciutat el dia dotze de gener de l'any 84 amb els ulls plens i la bossa buida. En deu setmanes havíem gastat la considerable suma de mil siscents duros, és a dir, tot quant havien donat per la venda del pinar. La collita d'oliva es presentava escassa i per pagar els interessos de les hipoteques no hi havia més remei que intentar de fer-ne una altra de nova. Totes aquestes contrarietats no semblaven inquietar dona Maria Antònia, que es mostrava de dia en dia més optimista.

–Ja veuràs, Joan, com amb un bon any tot s'arregla i podràs cancel·lar aquest darrer deute. Què has dit que necessitam manllevar? Més de mil pessetes?

–Duros, senyora. Més de mil duros.

–Idò, demana una bona collita i no en parlem més.

El senyor alçà el cap:

–Ane qui l'ha de demanar?

–Oh, Tonet, quines sortides més fora de to que tens de vegades...

I no tornàrem a parlar de l'assumpte.

Llorenç VILLALONGA: *Bearn* (adaptació).

- En quina referència es nota que la noblesa tradicional té problemes econòmics?
- Qui et sembla que toca més de peus a terra, don Toni (Tonet) o dona Maria Antònia? Explica-ho.
- Quin tipus de narrador hi ha en aquest text?
- Quins temes apareixen en aquest fragment?

57. Llegeix aquest passatge d'*Aloma*, de Mercè Rodoreda, i contesta les preguntes:

Aguantant-se el respir, va entrar a la cambra de Robert. No veia res. Va passar la mà per la paret i per la fusta llisa de l'armari... Després, va fer dos o tres passos i va trobar la tauleta de nit. Una fusta va cruixir. Robert dormia com si al món no hi haguessin penes, i ella tan torturada...

Sense voler, va fer córrer l'estora amb la punta del peu: era un tros d'estora molt vell, amb les vores esfilagarsades. Tremolant, es va deixar anar a terra i va posar la galta contra el llit. "Què hi faig, aquí?" Hauria pogut despertar-lo. Lluny, van tocar dues campanades. Estava molt quieta.

Tot d'una es va adonar que tenia un braç a la vora i que la mà penjava fora del llit. Amb les puntes dels dits va acariciar aquella pell tèbia. S'hauria adormit si no hagués estat pel fred que li partia l'esquena i aquell mal tan fort a dins del cap. Per què no se n'anava? Va posar els llavis damunt de la mà sense besar-la. Una altra mà la va agafar per l'espatlla i va sentir una veu, com un sospir: –Ets tu, Aloma? –No va poder més i es va posar a plorar. Robert amb prou feines la va entendre quan, entre sanglots, li va demanar perdó.

Mercè RODOREDA: *Aloma* (adaptació).

- Creus que Robert és conscient que Aloma està enamorada d'ell? Per què?
- Creus que *Aloma* és una novel·la psicològica?
- Quins dos estils es combinen al text?

58. Llegeix aquest fragment i després contesta les preguntes:

Malgrat la fosca pogué veure la taca blanca de la cara d'en Ramon, dret damunt el banc de les glicines. S'enretirà de pressa. Arrupida als peus del llit no podia ni pensar. La por li estrenyia el cor. S'alçà, s'acostà a fora... "Maria... Maria... Maria..." ¿D'on venia aquella veu que no era enlloc i que deia el seu nom per fer-li adonar que no estava sola? En Ramon travessà el jardí i es perdé sota l'ombra dels castanyers.

Mercè RODOREDA: *Mirall trencat.*

- Subratlla els elements que creus que són importants en aquest fragment.
- A partir dels elements destacats imagina i escriu un paràgraf anterior i un de posterior al fragment, i crea així la teva història.

Un fragment de *Mirall trencat*

Aquesta novel·la, de Mercè Rodoreda, recull la història de tres generacions d'una família barcelonina des del final del segle XIX fins a la Guerra Civil. Es tracta d'una obra fragmentària formada a partir de les vivències d'un ampli ventall de personatges lligats a la figura de Teresa Goday, dona de família humil que entra per matrimoni a formar part de la societat benestant.

En Vicenç ajudà el senyor Nicolau a pujar al cotxe. "Sí, senyor, com vostè mani". Després pujà la senyora Teresa. Sempre ho feien així, primer ell, després ella, perquè a l'hora de baixar havien d'aguantar-lo entre tots dos. Era una maniobra difícil i el senyor Nicolau necessitava molts miraments. (...)

Feia un dia rúfol[1]; de tant en tant, entre dos núvols sortia un raig de sol esblaimat[2] que no durava gaire. Tothom sabia, és a dir, el servei i uns quants amics, que el senyor Nicolau volia fer un obsequi a la senyora Teresa perquè quan celebraren el mig any de casats li havia regalat un armari japonès de laca negra amb incrustacions de nacre i or preciós, però que no l'havia entusiasmada. Ell tingué una decepció: "Ja ho veig, no ho he ensopegat i costa un dineral; però, com que a mi m'agrada, me'l quedaré i a tu et regalaré una cosa que et faci més il·lusió".

Davant de la joieria Begú, en Vicenç aturà els cavalls, baixà del pescant[3] i, mentre deixava el copalta[4] damunt del seient, veié que la senyora Teresa obria la portella i saltava com una daina. Entre tots dos tragueren el senyor Nicolau del cotxe –"del meu armari", com deia ell. Quiet al mig de la vorera, perquè quan baixava del cotxe li costava de posar-se dret, mirà dues o tres vegades a banda i banda, sense moure el cap, com si no sabés què havia de fer. A l'últim agafà el braç de la seva dona i molt a poc a poc entraren tots dos a la joieria.

Com que volien veure personalment el senyor Begú, un dels empleats els acompanyà fins al despatx. El senyor Begú era un home ben plantat, rosat de pell, amb els cabells arranats i les celles espesses. "Quin bon vent els porta?", exclamà, tot aixecant-se, així que entraren. Feia temps que no els havia vistos i trobà que el senyor Rovira havia envellit molt: no devia haver pogut resistir les emocions del matrimoni. El senyor Rovira anà de dret al gra: "Voldria que ens ensenyés una joia, allò que se'n diu una joia".

Mercè RODOREDA: *Mirall trencat* (adaptació).

1. **rúfol:** ennuvolat, que amenaça pluja.
2. **esblaimat:** pàl·lid.
3. **pescant:** seient exterior del davant d'un cotxe de cavalls.
4. **copalta:** barret de copa.

- Qui explica els fets que es narren? Coneix el pensament dels personatges?
- En quin paràgraf sabem el cognom del senyor Nicolau? Quin és aquest cognom?
- En el text hi ha expressions reproduïdes en estil directe. Copia'n dues i digues qui les pronuncia.

El text argumentatiu (II)

Canviar d'hora paga la pena?

El canvi d'horari d'estiu a hivern i viceversa, té originalment un objectiu principal: l'estalvi de llum diürna; en definitiva, aprofitar més les hores de llum solar per rendibilitzar i racionalitzar el consum energètic. Si això és així, per què hi ha un debat obert al voltant del canvi d'hora? Qui té raó? Té utilitat real? Paga la pena? Causa desajusts en les persones?

Aprofitar el màxim d'hores de sol no és res nou. Els egipcis i els romans ajusten –de fet, molt més que nosaltres– els ritmes als cicles de llum solar. Ja a l'Europa moderna, és la Revolució Industrial, al segle XVIII, que introdueix uns horaris normalitzats que arriben als nostres dies amb el canvi d'hora a la majoria de països avançats.

Benjamin Franklin, en missió diplomàtica a París el 1784, comprova que a l'estiu els ciutadans acostumen a llevar-se més d'hora, de manera que també van a dormir abans. D'aquesta manera s'estalvien espelmes, perquè no estan desperts tantes hores en horari nocturn.

Això no obstant, hem d'esperar al constructor britànic William Willet, que el 1907 fa la primera proposta per portar a terme el canvi horari, tot i que no és fins a la Primera Guerra Mundial que s'aplica. La justificació: energètica, amb l'estalvi en el consum de carbó. Acabada la guerra, només alguns països continuen aplicant el canvi d'horari i durant la Segona Guerra Mundial es repeteix el mateix fet.

La crisi del petroli als anys setanta significa un altre impuls al canvi d'horari. Alguns països canvien fins i tot l'horari oficial.

Precisament, el partit de la cancellera Angela Merkel proposa el 2014 al programa electoral trencar aquest consens des de fa quaranta anys i suprimir l'horari d'estiu amb què es regeix Europa des del 1974 –i implantat a tota la Unió Europea des del 1996.

I fora d'Europa? Gran part de l'hemisferi sud no canvia l'hora –només Xile, Colòmbia, el Paraguai, l'Uruguai, el Brasil i, intermitentment, l'Argentina–, com tampoc el Canadà i algunes zones dels EUA. A l'Àsia no s'aplica majoritàriament, ni a l'Àfrica. A Oceania, en canvi, s'aplica als països grans, que tenen més relació comercial amb Europa i l'Amèrica del Nord.

Sembla que no hi ha pas cap raó de pes per als canvis d'hora, perquè la raó de l'estalvi d'energia no sembla ser un fet universal de compliment a tots els països del món.

A Catalunya, el govern de la Generalitat calcula que l'estalvi és de 19 milions d'euros. Alguns informes científics en neguen els avantatges, perquè, diuen, és més gran la despesa del vespre que no l'estalvi del matí. És evident que el consum d'estufes, neveres, ordinadors i milers d'andròmines que requereixen consum energètic no estan pendents de si és fosc del tot o no.

La reforma horària és, per tant, una bona oportunitat per encetar el debat i valorar la supressió del canvi horari d'estiu i d'hivern, perquè no sembla ser que impliqui més beneficis econòmics que perjudicis per a la salut de les persones.

Fabian MOHEDANO: <vilaweb.cat>
26 de març de 2016 (adaptació).

Comprensió del text

1. Digues si, segons el text, les afirmacions següents són veritables o falses:
   - a) El canvi horari s'aplica per primera vegada durant la Primera Guerra Mundial. ▢
   - b) La primera proposta de canvi d'horari va ser elaborada pel diplomàtic Benjamin Franklin. ▢
   - c) Els romans i els egipcis ja ajustaven els ritmes amb els cicles de llum. ▢
   - d) El canvi horari es manté des de la Segona Guerra Mundial. ▢
   - e) A Àsia i Oceania també es fa el canvi horari amb els mateixos criteris que a Europa. ▢
   - f) La cancellera Merkel defensava en el seu programa electoral de 2014 mantenir el canvi horari perquè beneficiava Alemanya. ▢
   - g) En el seu origen, el canvi horari hauria de servir per aprofitar les hores de llum i racionalitzar el consum energètic, però no és clar que comporti gaires beneficis. ▢
2. Ordena les informacions següents segons l'ordre amb què apareixen al text:
   - a) Els romans dividien les hores de llum en 12 parts iguals. ▢
   - b) El canvi d'horari té com a objectiu principal l'estalvi de llum diürna. ▢
   - c) A finals del segle XVIII els ciutadans acostumaven a llevar-se més d'hora i anaven a dormir abans. ▢
   - d) No hi ha cap raó de pes per als canvis horaris. La reforma horària hauria de valorar si cal continuar fent el canvi horari a l'estiu i a l'hivern. ▢
3. Explica quan i per què es va produir el canvi horari a Europa. Creus que té sentit mantenir-lo avui dia? Com afectaria la nostra vida quotidiana si deixessin de fer aquest canvi? Què passaria a l'hivern i a l'estiu?
4. Relaciona els noms propis següents amb les accions que hi ha a continuació i que es descriuen en el text:
   - a) Benjamin Franklin
   - b) William Willet
   - c) Angela Merkel
   - d) Generalitat de Catalunya

   – Fa la primera proposta per introduir el canvi horari.
   – El seu partit proposa des de 2014 la supressió del canvi d'horari.
   – Calcula que l'estalvi a Catalunya és de 19 milions d'euros.
   – Comprova que a l'estiu la gent acostuma a llevar-se més d'hora.

Expressió escrita

5. **ORTOGRAFIA** Llegeix aquest text i respon a les qüestions:
   - a) Omple els buits amb la grafia corresponent: *s*, *ss*, *c*, *ç*, *sc* o *z*. Per completar les paraules no utilitzaràs totes les grafies.
   - b) Busca quina paraula ha de portar dièresi i afegeix-la.

> Ara ja tenia la pla...a somiada a la ...iutat on havia na...cut, Liverpool, i recordaria l'e...tada en comú a Bath "com una de les més meravello...es de la meva vida". Això, en Jimmy, li ho havia dit a ella mentre prenien el *creamtea* amb *scorns*, els dol...os e...coce...os, a la Pump Room, el ...aló de sostre neoclà...ic i d'amples fine...-tralls. Mentre en Jimmy pa...ava mantega i confitura damunt d'un *scorn*, la Natàlia li deia que la Jenny era sen...illament encantadora i no tenia per què afegir-hi que era la dona que més convenia al nou epi...odi de la seva vida. Això ja quedava ben entès. La Jenny era un Hogarth pur, les galtes d'un tènue color de ro...a, la barbeta decidida, els ulls de gateta, bruna, i un nas que es tornava vermell amb frequència. La pell delicada i blanca, ...empre a punt de clivellar-se. Quan la va conèixer, la Natàlia va pen...ar que tenia el mèrit d'é...er bruna i menuda, de tenir els ulls vius i riallers i, sobretot, un na...arró de rata que adquiria de seguida unes tonalitats vermello...es gràcies al fred.
>
> Montserrat Roig: *El temps de les cireres* (adaptació).

6. **PUNTUACIÓ** Col·loca les comes necessàries al fragment següent:

> No obstant això aquell impuls pensava el provocaven els esdeveniments. La llum el color les formes els sons el moviment tot actuava sobre ell i s'imposava i dirigia els pensaments i despertava els sentits. I les idees i les reflexions pensava eren suscitades pel món exterior pel que veia i pel que sentia.
>
> Antoni Marí: *El camí de Vincennes.*

7. **REDACCIÓ** Elabora un text argumentatiu sobre els hàbits horaris de la nostra societat. Segueix el procés següent:
   1. Anota totes les idees que et vinguin al cap i que tinguin a veure amb els usos i canvis d'horaris.
   2. Fes un esquema inicial i ordena les idees.
   3. Redacta el text i revisa els continguts i l'ortografia.

7 El text descriptiu

Amb tots els ets i uts

- Lectura
- El text descriptiu
- La descripció oral
- Les oracions subordinades substantives
- La varietat estàndard
- Les grafies *p/b, t/d, c/g; g/j, tg/tj, x/ix, tx/ig*
- La prosa del segle XX (II)

APLIQUEM: Fem una guia turística

Per començar

Les persones observadores no deixen escapar cap detall d'una situació nova; per exemple, en veure per primer cop una ciutat, un monument, una persona... es fixen fins i tot en la més mínima de les peculiaritats. Si després s'animen a explicar-ho, estaran elaborant un text descriptiu.

Els textos descriptius no només poden fer-nos imaginar els trets d'allò desconegut, sinó que, de vegades, són capaços de transmetre'ns tot un seguit de sensacions.

La pell freda

Recordo la inquietud que vaig sentir durant aquell breu trajecte. Suposo que en bona part es devia al meu estat d'ànim del moment. També és cert que no era un bosc com els que estem acostumats a veure. Una sendera originada pel pas de l'home ens duia en un trajecte quasi directe fins al far. Només es desviava quan la molsa, traïdora, amagava clots de fang i sucs negres. Immediatament darrere dels arbres hi havia el mar, que ens fregava amb cadència àtona. Però el pitjor era, justament, el silenci. O més ben dit, els no sorolls. No existien melodies que s'associen a la natura boscosa, no teníem ocells ni insectes cridaners. Molts troncs, de dimensions força respectables, havien crescut torçats per l'empenta dels vents. Des del vaixell m'havia semblat que era una massa boscosa molt atapeïda. La distància sovint enganya pel que fa a la densitat, humana o vegetal. Aquest cop no. Estaven tan junts els uns dels altres que, sovint, es feia difícil precisar si dos arbres sortien de la mateixa arrel o si eren independents. El nostre camí es veia tallat per un conjunt de rierols insignificants. Tenien l'aspecte d'aigua desgelada a les muntanyes, que no brollava d'una font concreta. Una passa llarga era suficient per evitar-los.

Albert SÁNCHEZ PIÑOL: *La pell freda.*

A **Subratlla tots els adjectius que trobis al text. Quina sensació transmeten?**

B **Enumera els elements que, segons el text, no existeixen en aquest bosc.**

C **T'agradaria arribar a un lloc com el que es descriu? Per què?**

D **Imagina que fas un viatge a un indret totalment diferent del lloc on vius. Escriu un text breu, de sis línies, en què expliquis com és a partir de les teves primeres impressions.**

Llegim textos descriptius

La Ramona

La sala donava a un balcó de barana de ferro dels d'abans per on entrava un sol alegre. Hi havia una taula rodona amb un llum de pantalla blanca penjat del sostre, un ordinador i, a darrere, dues prestatgeries en angle recte; no eren gaire grans. A l'altra banda de la sala, un sofà color vi i una tele antiga a la paret contrària. No es podia dir que allà s'hi visqués amb luxe. Mentre ella li anava a fer cafè, el periodista va mirar els títols. Tots eren d'història dels segles XIX i XX, biografies i de moviments sindicals i de partits polítics. També allí, les parets eren lliures de pintures; tampoc no hi havia ceràmiques, flors, cap cendrer. (...)

Quan la Ramona va tornar amb un cafè i una infusió, el periodista es va fixar que la faldilla negra que ella duia era cenyida fins als genolls i acampanada des d'allí fins a mitja cama; unes botes curtes delataven uns peus originals amb un petit galindó cada un. La brusa era blanca, camisera, de tergal ordinari com el de la faldilla, dos dels botonets es veien a punt d'escapar dels traus tibats. El noi va agafar la tassa de la breu safata de plàstic dur que ella havia deixat al costat dels llibres, davant l'ordinador, va xarrupar i es va cremar la llengua.

Maria BARBAL: *En la pell de l'altre* (adaptació).

ACTIVITATS

1. Relaciona aquestes paraules del text amb el seu significat. Atenció, hi sobra una definició:

a) Galindó
b) Trau
c) Tergal
d) Xarrupar

– Teixit fet de fibra sintètica de polièster.
– Engolir, empassar-se un líquid.
– Deformitat o bony a l'os del dit gros del peu.
– Beure o xuclar un líquid per tastar-lo o paladejar-lo.
– Petita obertura feta en una peça de roba per fer-hi passar un botó.

2. Indica si aquestes afirmacions són veritables o falses:

a) El pis de la Ramona era més aviat lluminós. ☐
b) La Ramona vivia en un pis ampli i luxós. ☐
c) La Ramona era una dona interessada pel món de l'art i del vi. ☐
d) La Ramona era una dona que vestia d'una manera senzilla. ☐
e) El pis estava ple de quadres, ceràmiques i flors. ☐
f) Els llibres eren d'història antiga, sobre el segle VI i anteriors. ☐

3. Rellegeix el text i després indica les característiques principals d'aquests dos elements:

- El pis de la Ramona
- La Ramona

4. Busca una expressió sinònima per al fragment en cursiva: "un balcó de barana de ferro *dels d'abans*".

5. Quina d'aquestes opcions defineix millor el text?

a) És un text descriptiu amb un punt de vista objectiu. ☐
b) És un text descriptiu de les característiques essencials d'un pis de Barcelona. ☐
c) És un text que descriu de manera subjectiva l'activitat d'un periodista. ☐
d) Es tracta d'un text que descriu un ambient. ☐

6. Digues quin tipus de recurs retòric s'utilitza a l'expressió "per on entrava un sol alegre".

Els rellotges

Els milers i variats tic-tacs i clic-clacs que Momo havia sentit en entrar-hi procedien d'un nombre sense compte ni fi de rellotges de totes les formes i mides. N'hi havia de drets i també d'ajaguts sobre llargues taules, vitrines, consoles daurades, tot formant inacabables files de prestatgeries.

Hi havia minúsculs rellotges de butxaca ornats amb pedres precioses, despertadors de metall normals i corrents, rellotges de sorra, rellotges musicals amb figuretes que ballaven, rellotges de sol, rellotges de fusta i rellotges de pedra, rellotges de vidre i rellotges que eren accionats amb el xipolleig d'un doll d'aigua. I a les parets penjaven tota mena de rellotges de cucut i d'altres rellotges amb pèndols pesants i pèndols vibràtils; n'hi havia que eren lents i solemnes i d'altres en què les minúscules pèndoles oscil·laven nervioses d'un costat a l'altre. A l'altura del primer pis hi havia un corredor, al qual s'accedia per una escala de cargol, que donava la volta a tota la sala. Més amunt hi havia un altre corredor, i a sobre un altre i un altre. I pertot arreu hi havia rellotges penjats, ajaguts o drets. També hi havia un rellotge internacional en forma de globus terraqüi que assenyalava l'hora de qualsevol punt de la terra, i petits i grans planetaris amb el sol, la lluna i les estrelles. Al bell mig de la sala s'alçava un bosc de rellotges de peu, una mena de selva verge feta a base dels habituals rellotges de peu, els quals s'enlairaven fins al rellotge de la torre.

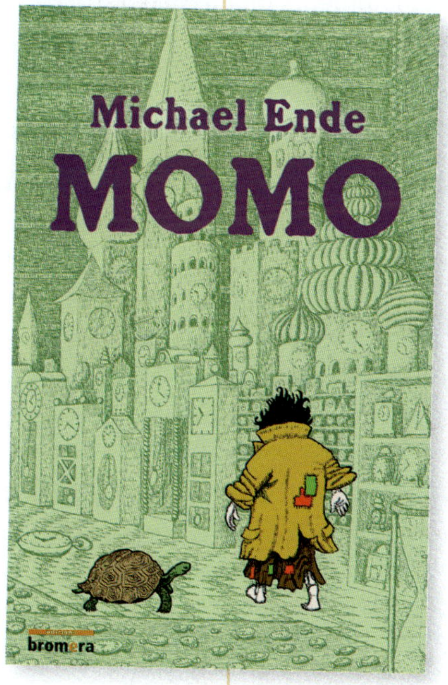

Michael ENDE: *Momo* (adaptació).

ACTIVITATS

7. A partir del que has llegit, completa la frase amb la paraula adequada:

– Es tracta d'una sala ... de rellotges de tota mena.

- curulla
- vàcua
- closa

8. Ordena aquestes afirmacions segons la informació del text. Atenció, n'hi ha una que no es correspon al text:

a) Enumeració dels diferents tipus de rellotges que s'hi poden trobar. ▢

b) Característiques de la part central de l'habitació. ▢

c) Característiques de les sales adjacents. ▢

d) Presentació dels objectes que fan soroll. ▢

e) Distribució dels elements de la part superior de la sala. ▢

9. Amb quin dels cinc sentits es relaciona l'expressió "Els milers i variats tic-tacs i clic-clacs"?

10. Digues per què l'autor parla d'un "bosc de rellotges de peu".

11. Explica com es deu sentir la protagonista en entrar en una sala d'aquestes característiques.

1. El text descriptiu

Definició i característiques formals

El **text descriptiu** se centra a explicar com és una persona, un lloc, un ambient, una època, un objecte, etc., que pot ser real o fictici. Aquesta descripció varia segons la intenció de l'autor (presentar objectivament, enaltir, menystenir, ridiculitzar, etc.).

Les guies turístiques són textos descriptius, així com els inventaris que s'adjunten a un contracte de lloguer. També podem trobar seqüències descriptives als textos científics o inserides dins d'una narració literària.

Les descripcions es caracteritzen pels elements lingüístics següents:

- Adjectius o altres complements del nom.
- Oracions atributives.
- Ús del temps present o passat imperfet.
- Expressions adverbials de lloc i de manera.
- Recursos estilístics: comparació, metàfora, metonímia, personificació i al·literació.

Les agències immobiliàries descriuen els habitatges que volen vendre o llogar.

Estructura de la descripció

Les descripcions no tenen una estructura prefixada, però el més habitual és començar per identificar el tema o l'objecte de la descripció i continuar amb una **expansió** que en presenta les característiques.

La descripció d'un lloc sol seguir una ordenació espacial: de dalt a baix, d'esquerra a dreta, etc., mentre que si es descriu una persona se solen esmentar els trets físics i els psicològics, fins i tot combinats. També pot haver-hi ordenacions lògiques, com de més important a menys. El següent fragment segueix l'estructura descriptiva dels aspectes generals als específics.

Per saber-ne més

L'estructura de **focalització progressiva** o **zoom** s'apropa a un objecte concret, com el zoom d'una càmera.

Andheri és un barri popular de Mumbai a quaranta quilòmetres de Colaba, dues hores en taxi des de l'hotel sense parar de veure vida en el seu estat més pur, moviment, acció, gent que circula, treballa. La majoria dels carrers estan asfaltats des de fa molts anys i hi ha forats enormes, altres són de terra i plens de bassals d'aigua de les pluges. Predominen les motos, les bicicletes i els *rickshaws* de motor, que a altres barris en direcció cap al centre estan prohibits. Hi ha *rickshaws* carregats de tot, capses i més capses de cartró que surten pels costats... Es veuen alguns carros arrossegats per homes a peu. Fa molta calor, hi ha molta pol·lució i els clàxons sonen desesperadament, constantment. Un gran rètol de l'última gran estrena d'una pel·lícula americana, *Matrix reloaded*, comparteix espai amb un gran anunci de sabó indi pintat a mà.

Asha Miró: *Les dues cares de la lluna.*

Tema · Expansió · Vehicles · Tipus específic de vehicle · Persones · Element concret

El to de la descripció

En fer una descripció, abans que res, cal definir-ne la intenció i el to: positiu, negatiu, neutre, enaltidor, caricaturesc, etc. La decisió sobre el to condicionarà tota la resta: la selecció de la informació, el punt de vista, els adjectius...

- La **selecció de la informació**: hi ha detalls que es destaquen, altres que només s'esmenten i altres que simplement es deixen de banda.
- El **punt de vista**: com en una fotografia, focalitzem l'objectiu de la càmera sobre l'objecte descrit, seleccionem l'angle, excloem el que volem deixar de banda, deformem, hi posem filtres, etc. El punt de vista dona com a resultat una descripció objectiva o subjectiva:
  - Punt de vista **objectiu**: l'autor es limita a descriure un element sense valorar-lo i sense implicar-s'hi emotivament.
  - Punt de vista **subjectiu**: l'autor es fixa en tot allò que aquest element transmet o li suggereix. Fixa't en el fragment.

El nostre punt de vista determina en què ens fixem quan fem una descripció.

Jo vaig conèixer l'avi d'en Pere quan ja era gran; alt, cepat i arrogant, tenia uns mostatxos enormes que quasi li tapaven el llavi superior. Anava sempre vestit de blau i tenia una veuassa que jo vaig atribuir sempre al fet que dirigia les maniobres des del pont. I a pesar que quan el vaig conèixer devia tenir prop de vuitanta anys, encara conservava una veu greu i profunda, de baix, que semblava sortir del fons del mar.

Antoni MARÍ: *El vas de plata.*

Adjectius

Ús de la 1a persona

Marques de subjectivitat

Comparacions

La descripció dins la narració

Sovint, les descripcions es troben dins de textos narratius. Quan comença la seqüència descriptiva, l'acció s'atura i el text presenta les característiques d'un nou element. Quan ja s'ha acabat, es reprèn l'acció.

Aquesta combinació s'evidencia sobretot en el canvi dels temps verbals i en l'aparició de verbs d'estat (*ser*, *estar*, *haver-hi*).

Fixa't en el fragment. En aquesta narració s'insereix una descripció, es relaciona amb l'acció i es retorna després a la narració.

Del pany penjava un feix de claus. Les vaig agafar i vaig tancar la porta. Al consultori, tot era blanc; parets enrajolades, una pica per rentar-se les mans, una estranya cadira, més sorprenent que la d'un dentista, i una vitrina plena d'instrumental mèdic que, cosa curiosa, tenia els vidres trencats. Em va costar poc d'imaginar la baralla del Villena amb el Manolo i com van anar a parar contra el moble.

El que m'interessava, però, era el moble d'arxiu. Vaig acostar-m'hi i, amb dits maldestres, vaig començar a provar les claus del pany.

J. RIBERA i A. MARTÍN FARRERO: *Tots els detectius es diuen Flanagan.*

Narració

Adjectius

Relació de la descripció amb la narració

Retorn a la narració

La descripció tècnica

Als textos tècnics i científics cal adoptar un punt de vista objectiu. Els adjectius hi concreten l'objecte sense valorar-lo i no s'hi empren comparacions ni metàfores. La descripció científica ha de respondre a un criteri d'exactitud i precisió en l'ús dels termes.

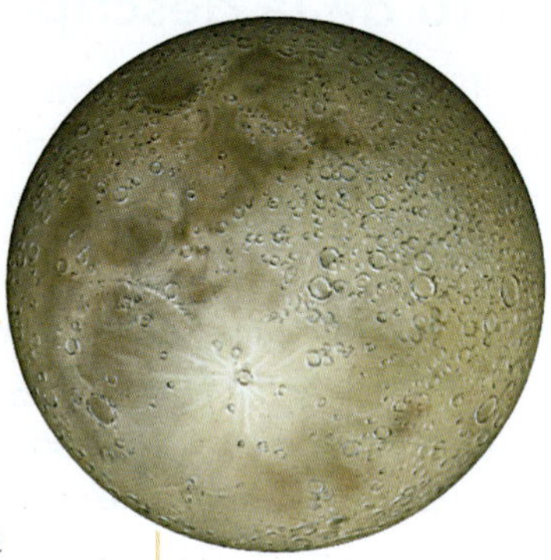

Verbs en present

Dades objectives

Ús de termes especialitzats

Lluna

De forma esfèrica, té un diàmetre de 3 473 km i una massa igual a 1/81 de la massa de la Terra; és a una distància mitjana de la Terra de 384 000 km i l'acceleració de la gravetat a la seva superfície representa el 16% de la que hom experimenta a la superfície terrestre. La composició química de les roques de la superfície lunar és SiO_2, Fe_2O_3, Al_2O_3, CaO i MgO.

<enciclopedia.cat>

ACTIVITATS

12. Llegeix aquesta descripció i completa el quadre que tens a continuació amb la informació del text:

Deià

Situat en el vessant nord-occidental de la serra de Tramuntana, gaudeix d'una situació privilegiada, entre els espadats des Teix i les aigües blaves de la costa nord. Per la seva bellesa s'ha convertit en un dels indrets turístics més coneguts de Mallorca, per on han passat artistes d'arreu del món, alguns dels quals descansen en el petit cementiri.

El poble té l'origen en l'alqueria Addaya, cedida pel rei a Nunó Sanç i, aquest, al monestir de la Real. Construït a l'entorn des Puig, té com a indrets destacats l'església parroquial de Sant Joan; el cementiri, que és al costat; la xarxa hidràulica, amb les fonts, els rentadors i els molins d'aigua, i les cases, amb interessants mostres de l'arquitectura popular de la serra de Tramuntana.

Consell de Mallorca: *Ruta de Pedra en Sec.*

Situació geogràfica	…
Origen històric	…
Llocs concrets	…
Punt de vista del text	…

13. Llegeix la descripció i respon a les qüestions que tens a continuació. Es tracta d'un fragment de la novel·la *Josafat*, de Prudenci Bertrana:

Al fons d'aquest passadís és en va que els ulls s'esforcin; no hi val el tenir-los acostumats a la fosca; res no s'albira; sols una ratlla lívida de claror filtrada indica el junt d'una porta: una porta feixuga i tosca, que ofereix una gran resistència a l'empènyer commòs de les mans inhàbils que intenten obrir-la. Un cop oberta, s'entra en un espai estret i llarg, de forma trapezoïdal, estrany i misteriós. Una llum de celístia trista i somorta davalla per un finestral cegat fins a dalt, on uns vidres polsosos tapen una esquifida finestra.

a) Quin és l'element que s'hi descriu?

b) Assenyala-hi els adjectius: com estan agrupats? Quins trets atorguen als substantius que acompanyen? Quin clima creen?

14. Escriu un nom que pugui anar acompanyat de cadascun d'aquests adjectius. Si cal, canvia'n el gènere o el nombre:

- vital
- trinxat
- accessible
- precís
- espaiós
- esperançador
- clar
- violent

15. Després de llegir el fragment següent de *Moby Dick* de Melville, escriu tres adjectius que es corresponguin amb la psicologia del capità i la del personatge protagonista a partir dels substantius de la llista. Quins elements t'han ajudat més a decidir-te?

> Va ser un d'aquells matins en què el vaixell avançava a bon vent, que en pujar jo a coberta per a la guàrdia del matí vaig veure el capità Ahab a l'alcàsser. La seva planta alta i ampla semblava feta de bronze. Tenia els cabells grisos i el rostre bru i recremat i des del rostre fins al coll tenia una marca prima lívidament esblanqueïda que semblava una esquerda. Potser era una marca de naixement o potser era una cicatriu deixada per alguna ferida considerable.
>
> Em va impressionar tan poderosament, l'aspecte fúnebre d'Ahab, que en els primers moments no em vaig adonar que la meva impressió era deguda a aquella estranya cama blanca sobre la qual s'aguantava parcialment. M'havien dit abans que aquella cama d'ivori s'havia construït en mar amb l'os polit de la mandíbula d'una balena.

- covardia
- fermesa
- valentia
- admiració
- racionalitat
- preocupació
- autoritat
- esverament
- intel·ligència
- impressionabilitat
- reflexió
- decisió
- inseguretat
- confiança
- audàcia

– El capità és ..., ... i ....

– El protagonista és ..., ... i ....

16. Indica l'estructura d'aquest text descriptiu i els recursos que es fan servir:

> Enmig d'aquest desori, una mena de monjo, vell com el temps, seia damunt d'una pila de llibres, mentre consultava un pergamí. Una mena d'halo lluminós brollava de la seva crinera blanca que es confonia amb la barba que li arribava a la cintura.
>
> En sentir-nos arribar va alçar la testa i ens va mirar amb uns ulls negres i punxents com una espasa, uns ulls que despullaven l'ànima i penetraven fins al moll de l'os, fins a l'essència mateixa d'allò que miraven. Crinera, barba i ulls. I unes mans nuoses com branques de roure, això és tot el que recordo de l'Home Savi del Puig del Gegant.
>
> Jaume FUSTER: *L'illa de les Tres Taronges* (adaptació).

17. El text següent té una estructura de focalització progressiva o zoom. Digues quins són els moments precisos de la focalització, en quins objectes focalitza i com ho indica dins de la descripció:

> La troballa més important ens espera a la dependència de l'habitació destinada a dormitori. Allí hi ha, efectivament, un llit parat i un gran armari de lluna; sembla com si tot això hagués estat abandonat fortuïtament amb l'esperança de tornar-hi en un termini breu. L'armari conté roba, capells de dona, uns vestits masculins i una cartera de pell: heus ací la troballa considerable.
>
> Obrim la cartera. És plena de documents i alguna fotografia familiar; escriptures de compra i venda de terrenys i edificis, pòlisses d'assegurança i diverses cartes. Entre aquestes, en trobem una datada a Alemanya, pocs dies després del 19 de juliol.
>
> Pere CALDERS: *Unitats de xoc.*

18. Descriu les sensacions que es poden viure en aquestes situacions:

a) Entrar a l'aula el primer dia de classe.

b) Pujar per primer cop a un mitjà de transport (avió, tren, vaixell).

c) Visitar un familiar a l'hospital.

d) Cantar en un concert solidari davant de vint mil persones.

19. Redacta un breu text en què es combinin narració i descripció. Per fer-ho utilitza un element de cada columna:

Acció	Espai-temps
Dues dones tenen un accident.	Una piscina municipal
Els excursionistes fan el cim.	Un plató de televisió
Una colla d'amics fan esport.	Hora de plegar
Un grup de turistes fan fotografies.	Carretera en obres
Unes escultores expliquen el seu ofici.	Reserva natural d'animals
Un equip celebra la victòria.	Complex turístic

La descripció oral

Descriure per concretar i per reviure

La descripció és un tipus de text que poques vegades apareix sol: gairebé sempre es troba com una seqüència **dins de textos més amplis**.

En els usos orals, descrivim principalment amb dues finalitats:

a) **Descriure per concretar**, és a dir, per distingir un objecte de la resta. Per exemple, parlant per telèfon podem descriure per indicar, d'una sèrie d'objectes, quin ha d'agafar l'interlocutor. Aquest tipus de descripció requereix una gran precisió perquè, si no, l'acció que es demana pot fracassar.

b) **Descriure per reviure** l'observació d'un objecte, lloc o persona, generalment dins d'una narració oral. Per exemple, l'endemà d'assistir a una celebració, un assistent descriu amb detall a uns amics com era el banquet. Aquesta descripció no necessita la mateixa precisió que l'anterior i, en canvi, demana un tractament més acolorit i subjectiu.

Per tant, els recursos de la descripció oral difereixen segons l'objectiu:

Descriure per concretar	Descriure per reviure
• **Precisió lèxica**: ús de vocabulari que descriu amb exactitud i rapidesa. • **Precisió díctica**: ús de demostratius, possessius, adverbis i complements de lloc, etc., per indicar on és el que es busca. • **Objectivitat**: poc ús de recursos retòrics.	• **Qualificació de l'experiència**: adjectius, complements del nom, oracions subordinades adjectives. • **Precisió en els detalls**: vocabulari per descriure les parts i les característiques de les coses. • **Subjectivitat**: comparacions, metàfores, etc.

Aquestes descripcions, pel caràcter pràctic i improvisat que tenen, demanen anar valorant a cada pas el coneixement de l'interlocutor sobre el que se li descriu, per ampliar-les si li falten elements per entendre-les bé.

COMPRENSIÓ AUDIOVISUAL

Ves a www.tiching.com/746997 i respon a les preguntes.

Estratègia oral

La lectura en veu alta

Llegir en veu alta és una activitat habitual a l'ensenyament, però també et pots trobar llegint un text en veu alta fora del centre escolar.

La lectura en veu alta no assegura la comprensió d'un text per part del lector, perquè centra l'esforç en l'articulació i pot perdre el significat. Per comprendre'l cal haver-lo llegit silenciosament amb anterioritat. I és imprescindible haver-lo comprès bé per fer-ne una bona lectura en veu alta.

Quan hagis de llegir en veu alta, segueix aquests consells:

a) Planifica les pauses de la lectura i marca-les al text.

b) Assenyala les paraules clau del text i llegeix-les amb l'èmfasi adequat.

c) Corregeix-te amb naturalitat quan t'entrebanquis o cometis un error.

d) Practica l'alternança visual del text al públic i viceversa.

Expressió oral

L'objecte desconegut i el regal secret

- A continuació teniu dues activitats complementàries per practicar la descripció oral:

Pautes per a l'objecte desconegut

Fes una descripció i els companys hauran de saber quin objecte has triat a partir de la teva presentació dels seus aspectes més rellevants:

1. Prepara la descripció separant les característiques en tres apartats:
   a) A quin grup pertany?
   b) Quines característiques el diferencien d'altres objectes del mateix grup?
   c) Per a què serveix?

   Exemple per a un bolígraf: *És un estri d'escriptura* (a). *Té una bola i un dipòsit de tinta i el seu traç no es pot esborrar* (b). *Serveix per escriure* (c).
2. Presenta la descripció explicant en primer lloc les característiques diferenciadores (b). Si els companys no ho encerten, llavors dius el grup (a), i, per acabar, la funció (c).
3. L'exercici està més ben fet com més aviat els companys descobreixen de què es tracta.

Pautes per al regal secret

Tens un regal d'aniversari i el seu receptor et fa preguntes per saber què és. Tu li dones pistes certes, però no rellevants, perquè no l'endevini.

1. Un de vosaltres surt de classe. Els altres trieu el regal i en feu una llista de característiques graduada de menys a més especificitat:
   a) Qualitats més generals.
   b) Qualitats intermèdies.
   c) Qualitats més específiques.

   Exemple per a unes ulleres: *Poden ser de molts colors i estils* (a). *Se les posen homes i dones, però no en porta tothom* (b). *No és una peça de roba i tenen una part transparent* (c).
2. Quan el company entra, li aneu dient les qualitats generals (a) i les anoteu a la pissarra. Si encara no sap el regal, li dieu les intermèdies (b), i, si encara no l'endevina, les específiques (c).
3. L'exercici està més ben fet com més triga el company a descobrir de què es tracta.

Pauta d'avaluació de l'expressió oral	
• Ha triat bé les característiques més rellevants de l'objecte desconegut i les ha classificades bé en els apartats a, b i c?	☐
• Ha seleccionat bé les qualitats irrellevants del regal secret?	☐
• El company ha trigat poc a identificar el regal?	☐

Repte oral

Explica-ho a l'àvia

- Has de preparar un petit discurs en què descriguis a una persona gran alguna cosa que no coneix perquè no és pròpia de la seva generació: un aparell digital, una base de dades, un grup musical, un lloc d'oci, etc.

  Has de fer la teva descripció amb molta precisió i tenint en compte que hi pot haver moltes coses al voltant del que descrius que tampoc no siguin conegudes per aquesta persona: has de vigilar de no deixar-les sobreenteses, perquè no es pot comprendre un concepte a través d'altres conceptes que tampoc no es coneixen.

2. Les oracions subordinades substantives

Concepte

Les **oracions subordinades substantives** equivalen a un substantiu o sintagma nominal i fan les funcions pròpies dels sintagmes nominals (S, CD, Atr) i dels sintagmes preposicionals (CI, CRV, CN):

- *Demana al Nil que et deixi la calculadora.* → *Demana al Nil la calculadora.*
  o. principal — o. sub. substantiva (CD) — SN (CD)
- *No em preocupa gens com s'acabarà.* → *No em preocupa gens això.*
  o. principal — o. sub. substantiva (S) — SN (S)
- *S'ha avesat a fer cues al peatge.* → *S'ha avesat a les cues del peatge.*
  o. principal — o. sub. substantiva (CRV) — SPrep (CRV)

Tipus d'oracions subordinades substantives

Segons l'estructura que tinguin, les oracions subordinades substantives poden ser de quatre tipus: completives, d'infinitiu, de relatiu o interrogatives.

Oracions subordinades substantives completives

Estan encapçalades per la conjunció *que*, que fa de nexe entre l'oració principal i la subordinada substantiva.

Les subordinades substantives completives poden fer de subjecte, complement directe, complement de règim verbal, atribut i complement del nom de l'oració principal:

- *Li agrada que el despertin amb música.*
  o. principal — o. sub. substantiva (S)
- *M'ha explicat que no troba les claus del cotxe.*
  o. principal — o. sub. substantiva (CD)
- *Es refia que li deixaràs els apunts.*
  o. principal — o. sub. substantiva (CRV)
- *Això sembla que no pugui ser.*
  o. principal — o. sub. substantiva (Atr)
- *Tenia la impressió que s'havia perdut alguna cosa.*
  o. principal — o. sub. substantiva (CN)

Remarques sobre les subordinades substantives completives:

- La conjunció *que* no es pot suprimir mai:
  ✗ *Preguem als passatgers es cordin el cinturó.*
  – *Preguem als passatgers que es cordin el cinturó.*
- No s'ha de posar mai el determinant *el* davant la conjunció *que*, ni tan sols quan l'oració subordinada va abans de la principal:
  ✗ *El que s'hagin enfadat no t'hauria de preocupar.*
  – *Que s'hagin enfadat no t'hauria de preocupar.*
  – *El fet que s'hagin enfadat no t'hauria de preocupar.*
- Les preposicions *a*, *de*, *amb* cauen davant de la conjunció *que*:
  ✗ *Ens hem acostumat a que ens preparin l'esmorzar.*
  – *Ens hem acostumat que ens preparin l'esmorzar.*

FEM-HO AIXÍ

No hem de confondre la conjunció *que* de les oracions subordinades substantives amb el pronom relatiu *que* de les subordinades adjectives.

La conjunció de la subordinada substantiva no té cap antecedent a l'oració principal ni fa cap funció dins l'oració subordinada, i depèn del verb, mentre que el pronom relatiu de la subordinada adjectiva depèn del nom antecedent:

- *S'ha pensat que li prenien el pèl.* → Oració subordinada substantiva (antecedent: Ø; funció: Ø)
- *S'ha menjat tots els bombons que li vas regalar.* → Oració subordinada adjectiva (antecedent: *tots els bombons*; funció: CD de *menjar*)

Oracions subordinades substantives d'infinitiu

Estan encapçalades per un infinitiu que, de vegades, va precedit d'una preposició.

Les oracions subordinades substantives d'infinitiu poden fer de subjecte, complement directe, complement de règim verbal, atribut i complement del nom de l'oració principal:

- *Li agrada menjar verdura a la brasa.*
  o. principal — o. sub. substantiva (S)
- *En Cesc vol viatjar per tot Europa aquest estiu.*
  o. principal — o. sub. substantiva (CD)
- *Es vanta de tenir amics influents.*
  o. principal — o. sub. substantiva (CRV)
- *L'objectiu és tornar abans no es faci fosc.*
  o. principal — o. sub. substantiva (Atr)
- *Té moltes ganes de tornar a fer la travessa l'any vinent.*
  o. principal — o. sub. substantiva (CN)

Remarques sobre les subordinades substantives d'infinitiu:

- Hi ha alguns verbs (*voler*, *fer*, *gosar*, *poder*, *saber*) que no admeten mai la preposició *de* davant la subordinada d'infinitiu:

  ✗ *No gosa de trucar mai abans de les onze.*

  – *No gosa trucar mai abans de les onze.*

- En canvi, hi ha altres verbs que sí que admeten la preposició *de* davant la subordinada d'infinitiu, com ara: *aconsellar*, *decidir*, *deliberar*, *desitjar*, *oferir*, *permetre*, *procurar*, *prohibir*, *proposar*, *provar*, *refusar*, *recomanar* o *suggerir*:

  – *Li han proposat organitzar/d'organitzar el taller.*

- Quan l'infinitiu fa de subjecte, només pot portar la preposició *de* si va darrere del verb principal:

  – *Costa creure/de creure una cosa així.*

- No s'ha de posar mai el determinant *el* davant infinitiu:

  ✗ *El caminar una hora cada dia és ben saludable.*

  – *Caminar/El fet de caminar una hora cada dia és ben saludable.*

FEM-HO AIXÍ

Tingues en compte que l'infinitiu substantivat, per exemple, quan està acompanyat d'un adjectiu o d'un complement del nom, sí que admet l'article davant:

– *El caminar pausat ajuda a concentrar-se.*

Oracions subordinades substantives de relatiu

Estan encapçalades per un pronom relatiu (*qui*, referit a persones, o *que*, referit a coses), que pot anar precedit per un determinant (*el qui*, *el que*, *aquell qui*), pel pronom *tothom* o per una preposició.

Es diferencien de les oracions subordinades adjectives de relatiu perquè l'antecedent no queda implícit dins de l'oració principal, sinó que és indefinit:

- *Les novel·les gòtiques són el que més li agrada. (antecedent = la cosa que)*
  o. sub. substantiva de relatiu
- *Ja m'he llegit la novel·la que em vas recomanar.*
  antecedent — o. sub. adjectiva de relatiu

Per saber-ne més

El pronom relatiu de les subordinades substantives, a banda de fer de nexe entre l'oració principal i la subordinada, també té una funció sintàctica dins d'aquesta oració subordinada (tal com passava amb el relatiu de les oracions subordinades adjectives):

– *No pensa en allò que és essencial.* (*allò que* és subjecte en la subordinada)

2. Les oracions subordinades substantives

Les oracions subordinades substantives de relatiu poden fer de subjecte, complement directe, complement indirecte, complement de règim verbal, atribut i complement del nom de l'oració principal:

- *Qui hi estigui d'acord* (o. sub. substantiva (S)) *haurà de prémer el botó verd.* (o. principal)
- *Ja hem llençat* (o. principal) *tot el que hi havia al traster.* (o. sub. substantiva (CD))
- *Aquesta organització dona recursos* (o. principal) *als qui més ho necessiten.* (o. sub. substantiva (CI))
- *No et refiïs només* (o. principal) *de qui et faci bona impressió.* (o. sub. substantiva (CRV))
- *La Rita és* (o. principal) *qui s'encarrega d'organitzar les activitats.* (o. sub. substantiva (Atr))
- *La proposta d'* (o. principal) *allò que cal fer constar a l'ordre del dia* (o. sub. substantiva (CN)) *ve de Direcció.* (o. principal)

FEM-HO AIXÍ

El pronom relatiu *que* de les subordinades substantives no s'accentua mai, perquè és àton:

✗ *Qüestiona tot el què et diguin.*

– *Qüestiona tot el que et diguin.*

Oracions subordinades substantives interrogatives

Estan encapçalades per un pronom interrogatiu (*qui*, *què*), un determinant interrogatiu (*quin*, *quina*, *quins*, *quines*), una conjunció (*si*) o un adverbi (*quan*, *on*, *com*):

- *Volia saber* (o. principal) *què havia de comprar per al sopar.* (o. sub. substantiva (CD))
- *Els astrònoms analitzen* (o. principal) *quan tornarà a haver-hi un eclipsi.* (o. sub. substantiva (CD))

Les oracions subordinades substantives interrogatives són totes **indirectes**, és a dir, que no porten signe d'interrogació, i poden ser totals (quan la resposta és *sí* o *no*) o parcials (quan la resposta no pot ser *sí* o *no*, és a dir, que ha de ser més extensa).

- Són **totals** quan van introduïdes per *si* i poden fer de subjecte o complement directe de l'oració principal:
  - *No li interessa* (o. principal) *si vindrem demà.* (o. sub. substantiva (S))
  - *Encara no sap* (o. principal) *si podrà assistir al concert.* (o. sub. substantiva (CD))
- Són **parcials** quan van introduïdes per *qui*, *què*, *quin*, *quina*, *quins*, *quines*, *quan*, *on* o *com* i poden fer de subjecte, complement directe, complement de règim verbal, atribut i complement del nom de l'oració principal:
  - *Em preocupa* (o. principal) *quan tindré temps per a l'estudi.* (o. sub. substantiva (S))
  - *No sabem* (o. principal) *on tindrà lloc la conferència.* (o. sub. substantiva (CD))
  - *No t'atabalis* (o. principal) *per com portarem totes aquestes maletes.* (o. sub. substantiva (CRV))
  - *La teva preocupació és* (o. principal) *quina excusa donaràs a casa.* (o. sub. substantiva (Atr))
  - *L'obsessió* (o. principal) *per què prepararia per dinar diumenge* (o. sub. substantiva (CN)) *no la deixava dormir.* (o. principal)

Atenció!

L'oració subordinada substantiva interrogativa introduïda per *qui* només pot fer de CD de l'oració principal:

– *Demana-li qui vindrà a casa.*

La resposta a *on tindrà lloc la conferència* és *l'auditori*, per això és una oració subordinada substantiva interrogativa parcial.

Les subordinades substantives			
Tipus	**Estructura**	**Funcions**	**Exemple**
Completives	*que* + oració	S, CD, CRV, Atr, CN	*M'han demanat que trïi el restaurant.*
D'infinitiu	(prep) + infinitiu	S, CD, CRV, Atr, CN	*Vol decidir-ho tot ell.*
De relatiu	• (prep) + (*tot*/ *tots*/ *tothom*) + (det) *qui* (referit a persones) • (prep) + (*tot*) + *això*/ *allò*/ *el* + *que* (referit a coses)	S, CD, CI, CRV, Atr, CN	*La Mar és qui s'encarrega de recollir els diners per al regal.*
Interrogatives	*què*/ *qui*/ *quin*/ *quina*/ *quins*/ *quines*/ *si*/ *quan*/ *on*/ *com* + interrogativa indirecta	S, CD, CRV, Atr, CN	*Ens van explicar què havia llegit.*

ACTIVITATS

20. Indica quines oracions contenen una subordinada substantiva. A continuació, reescriu-les canviant cada subordinada per un SN equivalent:

- M'ha explicat l'enrenou que hi ha hagut al mercat.
- M'ha explicat que al mercat hi ha hagut enrenou.
- Dormir poc altera el caràcter.
- S'ha encarregat de reservar la sala de reunions per a les dotze.
- Ja hem avisat els qui encara no havien vingut.
- Avisa els pares dels nens que demà no hi haurà entrenament.
- Els pares dels nens que avui no han vingut ja han estat avisats.
- No li expliquis com ha acabat el partit.
- Han tancat el cinema que van reformar fa un parell d'anys.
- Es pensa que tothom li ha d'estar agraït.

21. Quines dues interpretacions sintàctiques pot tenir aquesta oració composta? Justifica-les:

- Avisa els pares dels nens que avui no han vingut.

22. Subratlla les oracions subordinades substantives i indica de quin tipus són:

- Els han demanat si preferien dinar a fora o a dins.
- Prendre sorbet de llimona a mig àpat no és bo per a la digestió.
- El porter de l'altre equip s'ha pensat que l'àrbitre li xiulava un penal.
- Tot el que diguis no servirà de res.
- Qui vulgui jugar el partit decisiu haurà d'entrenar-se cada dia.
- L'escrit s'adreçava a tothom qui havia col·laborat en la campanya.
- No sap ben bé quin dia té hora amb el dentista.
- S'ha entossudit a pintar les parets de la casa de color negre.

23. Transforma els sintagmes nominals i preposicionals subratllats en oracions subordinades substantives del tipus indicat:

- Ja li han dit les novetats. → completiva
- Voldria saber la decisió. → interrogativa
- No ens agrada la impuntualitat. → d'infinitiu
- No ens agrada la impuntualitat. → completiva
- Han dedicat el reportatge a les víctimes del terratrèmol. → de relatiu
- Els inscrits ja poden recollir les acreditacions. → de relatiu
- M'han demanat la data del meu aniversari. → interrogativa
- Les caminades tranquil·les oxigenen el cos. → d'infinitiu

24. Indica la funció sintàctica dels complements subratllats. Després, transforma cada un d'aquests sintagmes en una oració subordinada substantiva:

- M'agraden les sorpreses.
- Sempre confia en una ajuda inesperada.
- Li han recomanat l'activitat física de bon matí.
- No m'expliquis el final de la pel·lícula.
- Encara no han dit el lloc de l'examen.
- La característica d'aquest artista és la innovació.
- Ja han lliurat els premis als guanyadors.
- Pensa en l'enrenou d'aquest afer.
- Demà el Parlament decidirà l'adhesió al Tractat.

25. Subratlla les oracions subordinades substantives i indica quina funció sintàctica fan dins l'oració principal:

- S'han pensat que les botigues obrien diumenge.
- La Mar sempre es refia de tothom qui se l'escolta.
- L'Ot no sap quines optatives triarà el curs vinent.
- La seva activitat preferida és acampar al bosc.
- Els polítics encarreguen les campanyes als qui presenten propostes més impactants.
- El seguiment de tot el que passa durant la celebració és responsabilitat del secretari.
- Ha decidit deixar de prendre cafè després de sopar.
- M'han explicat què revela el tràiler de la pel·lícula.

26. Indica la funció sintàctica del pronom d'aquestes subordinades substantives de relatiu:

- S'ha repartit el que s'ha recollit amb la campanya.
- L'enquesta està adreçada a tots els qui tenen més de trenta-cinc anys.
- Tothom qui pugui ajudar ha d'adreçar-se a l'ONG.
- Triaran a qui considerin apte per al càrrec.
- La Núria sempre recela del que no coneix.

27. A-A Identifica els errors que hi pugui haver a les oracions i justifica'ls. Després, reescriu-les correctament:

- Tot el què havíem fet no ha servit de res: hem de començar de nou.
- Demanem als convidats s'asseguin a taula.
- Pregunta-li què pensa de tot plegat.
- Això què dius no és veritat: comprova-ho.
- El que ja s'hagi llevat és símptoma que es troba bé.
- Li asseguren què el rellotge quedarà ben restaurat.
- Preguem als assistents s'acreditin a l'entrada.

28. Identifica quines oracions interrogatives són subordinades substantives i indica si són totals o parcials:

- Quin dia més bonic que fa!
- No sé pas què n'he fet de les claus.
- Si tens calor abaixa la calefacció.
- Només volia saber a quin taller us havíeu apuntat.
- M'han demanat si hi haurà una fira d'intercanvi aquest cap de setmana.
- Al final tot s'ha fet com ella ha volgut.
- No s'ha decidit com repartiran els papers de l'obra.
- S'ha pensat que li feies una broma.

29. A-A Identifica en quins casos la preposició *de* davant l'infinitiu és correcta i justifica'ls:

- Els investigats han refusat de fer cap declaració
- No voldríem pas de destorbar-vos.
- Costa de fer passar el fred a vint graus sota zero.
- En Guillem no sap de dissimular quan una cosa no li ve de gust.
- Està avergonyit i no gosa de demanar-te perdó.
- Aquest parell saben de fer-se l'orni quan els convé.
- Procura d'apuntar-t'hi abans no s'acabin les places.
- El metge li ha recomanat de dormir vuit hores.

30. Subratlla les oracions subordinades i indica si són subordinades substantives interrogatives o de relatiu:

- Com sempre, li va demanar qui havia col·laborat.
- L'entrenador convocarà per al partit qui estigui disponible.
- Al poble sempre acompanyen qui veuen despistat.
- Ens han preguntat qui ens havia dit això.
- Avisarem qui estigui interessat en el curset.
- Aquesta nova llei indignarà qui volia obrir la botiga cada dia.
- Demana-li qui li ha explicat aquesta mentida.
- La Laia pregunta qui vol apuntar-se a la gimcana.

Caiguda de preposicions davant la conjunció *que* i canvi de preposicions davant d'infinitiu

- En els registres formals s'elideixen les proposicions *a*, *de*, *en* i *amb* davant d'una oració introduïda per la conjunció *que*:

  ✗ *S'ha acostumat a que li diguin les preguntes de l'examen.*

  – *S'ha acostumat que li diguin les preguntes de l'examen.* (O: *S'ha acostumat a demanar les preguntes de l'examen*, etc.)

  ✗ *M'he assabentat de que han suspès la funció.*

  – *M'he assabentat que han suspès la funció.* (O: *M'he assabentat de la suspensió de la funció*, etc.)

  ✗ *Confiem en que arribin a temps.*

  – *Confiem que arribin a temps.* (O: *Confiem en una arribada a temps*, etc.)

  ✗ *Us ha amenaçat amb que no us deixarien entrar?*

  – *Us ha amenaçat que no us deixaria entrar?* (O: *Us ha amenaçat de no deixar-vos entrar?*, etc.)

- En els registres formals, és preferible canviar les preposicions *en* i *amb* per *a* i *de* davant d'una subordinada d'infinitiu:

  ✗ *Tenen interès en visitar l'exposició.*

  – *Tenen interès a visitar l'exposició.*

  ✗ *La Laura compta amb fer el cim avui mateix.*

  – *La Laura compta de fer el cim avui mateix.*

FEM-HO AIXÍ

La preposició *en* davant d'infinitiu és correcta quan el conjunt té un sentit temporal:

– *En arribar a l'aeroport, ja els esperava el guia.* (= *Quan van arribar a l'aeroport, ja els esperava el guia*).

ACTIVITATS

31. Omple els buits amb la conjunció *que* o les preposicions que calguin en un registre formal:

– Sempre té interès ... tothom estigui content.
– Pensa ... encarregar pizzes per sopar.
– Ella s'ha responsabilitzat ... la festa sigui un èxit.
– No us refieu ... porti la feina feta.
– En Joan no comptava ... tornar tan tard.
– L'Olga s'ha especialitzat ... atendre les reclamacions més difícils.

32. A·A Reescriu aquestes oracions corregint-ne els errors:

– L'Eloi estava convençut de que el farien delegat.
– Tothom es feia creus de que hagués fallat el gol.
– Els veïns del barri s'oposen a que tallin els plàtans de la carretera.
– Confiàvem en què avui ja tindríem tots els resultats de l'anàlisi.
– Si no li truques per l'aniversari t'arrisques a que no et dirigeixi mai més la paraula.
– Té interès en què l'agafin com a figurant.

33. Canvia els sintagmes subratllats per una oració subordinada substantiva completiva:

– Ens adaptarem al canvi d'horari quan toqui.
– No s'acostumen al pis sense ascensor.
– Aquesta notícia no ha influït en la decisió de la Queralt.
– Ja no es recorda de la teva resposta.
– S'ha sorprès de la possibilitat d'organitzar una consulta popular.
– El director s'ha negat a la venda de pastissos i dolços en el pati.
– Confiem en la teva col·laboració.

34. Reescriu les oracions canviant les preposicions que hi ha per les adequades en un registre formal:

– S'ha afanyat en tornar el llibre a la biblioteca.
– Els va amenaçar amb expulsar-los del centre.
– S'entossudia amb entrar al cine a mitja sessió.
– Es va implicar molt en organitzar el recapte.
– Pensa en tancar la porta amb clau.

3. La varietat estàndard

La variació lingüística

Qualsevol llengua adopta formes diverses segons els parlants o la situació en la qual s'utilitza. Per bé que s'entenen sense dificultats, no parla igual un jove alacantí que un del Pallars o de Maó. És la mateixa llengua, però modulada.

Atenció!

La variació lingüística es manifesta en les **varietats geogràfiques**, de cada territori; les **varietats històriques**, de cada generació; i les **varietats socials**, de les classes socials, els grups professionals, les tribus urbanes, etc.

L'estàndard

La varietat estàndard és la **forma comuna** de llengua que serveix per a la intercomunicació entre els parlants de les diverses zones geogràfiques, edats i grups socials, i resulta imprescindible per reforçar la consciència lingüística dels membres de la comunitat.

Les llengües que no compten amb una varietat estàndard veuen restringides les seves possibilitats d'ús en àmbits de la comunicació formal que, en conseqüència, són ocupats per una llengua dominant.

En la creació de l'estàndard es distingeixen les etapes següents:

1. **Adopció d'una o diverses varietats de la llengua** com a base per a la creació de l'estàndard.
2. **Elaboració d'una normativa** que reguli l'ortografia, la gramàtica i el lèxic, i **selecció de les formes lingüístiques** adequades a les necessitats comunicatives de la societat.
3. **Difusió i utilització del model estàndard** per part de l'administració, mitjans de comunicació i centres educatius.

Característiques de l'estàndard →
- Comunicació d'abast general
- Caràcter supradialectal
- Situacions de formalitat mitjana/alta

L'estàndard català

Durant el període medieval, el català va desplegar-se en tots els àmbits d'ús, tant els populars com els cultes. La prosa de la Cancelleria va ser un primer model lingüístic de caràcter formal i supradialectal.

Pompeu Fabra

Paradoxalment, quan les grans llengües europees inicien al segle XVI el procés d'estandardització, el català comença un període de subordinació política i social que impedirà que cristal·litzi un model estàndard.

La represa literària i cultural del segle XIX va posar de manifest la necessitat de normativitzar la llengua. Les propostes de **Pompeu Fabra** van ser adoptades per l'Institut d'Estudis Catalans (IEC) i van convertir el català en una llengua nacional, moderna i apta per a les necessitats comunicatives contemporànies.

La posterior persecució de la llengua per part de la dictadura franquista va impedir la difusió de la normativa entre diverses generacions de ciutadans.

La recuperació democràtica a finals del segle XX, l'accés del català a l'escola i la seva aparició als mitjans de comunicació van permetre recuperar el coneixement de la normativa. També, però, va posar de manifest el repte pendent d'articular un model estàndard que aplegui totes les seves variants territorials.

Per saber-ne més

Les fites de la reforma fabriana són les *Normes ortogràfiques* (1913), la *Gramàtica de la llengua catalana* (1918) i el *Diccionari general de la llengua catalana* (1932).

ACTIVITATS

35. Llegeix els enunciats següents i digues si són veritables o falsos:

a) Totes les llengües tenen variació lingüística. ▢

b) La variació geogràfica només té a veure amb la forma que adopta la llengua en el territori. ▢

c) L'estàndard té caràcter supradialectal i facilita les comunicacions d'abast general. ▢

d) L'estàndard és adequat per a les situacions comunicatives de formalitat mitjana/baixa. ▢

e) La prosa de la Cancelleria no va poder ser un model estàndard a l'Edat Mitjana. ▢

f) Al segle XVI es va consolidar l'estàndard català. ▢

g) La normativa catalana va ser impulsada per Fabra i aprovada per l'IEC. ▢

h) El franquisme va impedir la normativització del català durant el segle XIX. ▢

i) L'estàndard català va poder consolidar-se durant els anys 50 i 60 del segle XX gràcies a l'aparició de grans mitjans de comunicació. ▢

36. Què era la prosa de la Cancelleria? Quins problemes ha superat el català en la creació de l'estàndard?

37. Quina va ser l'obra de Pompeu Fabra? Per què el seu procés de normalització va quedar estroncat? Quins són els reptes de l'actualitat?

38. Per què una llengua sense estàndard és substituïda per una altra en determinats àmbits d'ús? Quina serà l'evolució posterior de la llengua subordinada?

39. Llegeix el fragment de la *Proposta per a un estàndard oral de la llengua catalana* de l'IEC i assenyala les característiques que hauria de tenir aquest estàndard. Quins deuen ser alguns dels "múltiples factors que amenacen la seva unitat i pertorben el seu desenvolupament"?

> La normalització del català exigeix avui assolir la varietat estàndard, que es caracteritza pel valor de disponibilitat general dins la pròpia comunitat de parlants i pel caràcter referencial per a cadascun dels individus de la mateixa comunitat.
>
> Si totes les llengües s'han anat procurant, sovint només per vies de fet, una varietat estàndard, per respondre a les exigències de la comunicació i a la necessitat de cohesió de les comunitats respectives, el català també hi ha d'ésser empès si volem salvar-lo de l'acció de múltiples factors que amenacen la seva unitat i pertorben el seu desenvolupament.

40. Llegeix el text sobre l'alguerès i contesta les preguntes que tens a continuació:

> Nosaltres creiem que no podem defendre l'alguerès seriosament sense una sua normativització i estandardització. Volem aconseguir donar un caràcter literari a l'alguerès, alliberar-lo del to col·loquial que l'empresona. Reconèixer-li solament una fisonomia popular significa condemnar-lo a llenguatge "dialectal", llenguatge subaltern, restringint-ne l'horitzó fins a fer-lo morir d'asfíxia.
>
> Nosaltres, però, no pensem que la mort d'una llengua estigui lligada a una llei de necessitat, i intentem contrastar aquest procés. Sem segurs que un millorament de la funcionalitat se pot traduir també en una nova possibilitat de motivar l'ús de la llengua: una parla degradada, lèxicament empobrida no suscita un gran interès per al seu aprenentatge. I és útil, de més, remarcar que acostar-se a l'estàndard no vol dir substituir la pròpia variant dialectal amb una altra forma, significa, al contrari, enriquir la variant, perquè sempre l'estàndard és un complement d'aquesta.
>
> Guido SARI: *Contes i rondalles* (adaptació).

a) Per què creus que aquest autor defensa la necessitat de tenir un estàndard supradialectal?

b) Resulta incompatible l'ús de la varietat dialectal i l'estàndard?

c) Per què la utilització de l'estàndard pot evitar el procés de substitució lingüística?

41. Segons el text següent, la codificació d'una varietat estàndard "sol topar amb reticències". Per què? Quines són? Què convé a la varietat estàndard?

> A les comunitats lingüístiques subordinades, la codificació i la vehiculació d'una varietat estàndard sol topar amb resistències, com un excessiu aferrament a les formes dialectals, àdhuc per part de gramàtics i filòlegs, que sovint llagrimegen davant l'abandó d'alguna forma lingüística tradicional d'una determinada contrada. Estandarditzar una llengua implica uns canvis en el codi. Caldrà assumir que una llengua amb unes noves funcions socials haurà de tenir necessàriament una entitat i una fesomia distintes de les que tenia anteriorment. Tot això no lleva que hom no pugui proposar-se de salvaguardar i integrar el màxim nombre possible de recursos lingüístics, amb un programa d'estandardització adequat.
>
> Gabriel BIBILONI: *Llengua estàndard i variació lingüística.*

4. Les grafies *p*/*b*, *t*/*d*, *c*/*g*; *g*/*j*, *tg*/*tj*, *x*/*ix*, *tx*/*ig*

Les grafies *p*/*b*, *t*/*d* i *c*/*g*

Les oclusives sordes i sonores **p**/**b**, **t**/**d** i **c**/**g** es confonen a final de síl·laba i de mot. Això passa perquè o bé no es pronuncien o bé s'ensordeixen les sonores. Convé tenir en compte les normes següents:

La 1a persona del present d'indicatiu del verb somriure s'escriu amb **c**: *somri**c***.

A final de paraula

- Després de vocal o diftong tònic s'escriu **p**, **t**, **c**: *ca**p***, *po**t***, *se**c***, *Calacei**t***...

Excepcions

- S'escriuen amb **-b**: *baoba**b***, *esno**b***, *tu**b***, *ado**b***, *cu**b***, *Cari**b***...
- S'escriuen amb **-d**: *flui**d***, *fre**d***, *su**d***...
- S'escriuen amb **-g**: *ma**g***, *tuare**g***, *Hu**g***...

- Després de consonant o vocal àtona, s'escriu la mateixa lletra que apareix als derivats: *àra**b*** → *ara**b**esc*, *pàl·li**d*** → *pal·li**d**esa*, *acadèmi**c*** → *acadèmi**c**a*, *ver**b*** → *ver**b**al*, *càsti**g*** → *casti**g**ar*, *alber**g*** → *alber**g**ar*...

Excepcions

- La 1a persona del present d'indicatiu d'alguns verbs: *vin**c***, *tin**c***...
- Alguns mots: *àne**c***, *càrre**c***, *espàrre**c***, *fàsti**c***, *présse**c***, *mane**c***...

- S'escriu **t** darrere **n**, encara que no es pronunciï: *pon**t***, *calman**t***, *sortin**t***...

Per saber-ne més

Els sufixos següents acaben sempre en la consonant sonora **b**, **d** o **g**:

-fob i **-síl·lab**: *xenò**fob***, *deca**síl·lab***...

-etud i **-itud** en els noms femenins: *qui**etud***, *sol·lic**itud***...

-fag, **-leg**, **-gog**, **-fug**: *esò**fag***, *biò**leg***, *dema**gog***, *igní**fug***...

A final de síl·laba

Ens pot ajudar recordar les paraules següents:

***p*/*b*, *t*/*d*, *c*/*g* a final de síl·laba**	
p: *a**p**nea*	**d**: *a**d**mirar*, *a**d**dicció*, *a**d**duir*
b: *dissa**b**te*	**c**: *è**c**zema*, *anè**c**dota*, *arà**c**nid*
t: *me**t**ge*; *a**t**leta*	**g**: *su**g**gestió*, *eni**g**ma*

Les grafies *g*/*j*, *tg*/*tj*, *x*/*ix*, *tx*/*ig*

Les grafies *g*/*j*, *tg*/*tj*

La **g** davant de **e** i de **i** i la **j** tenen el mateix so. Per escriure l'una o l'altra recorda les normes seguents:

- S'escriu **g** davant de **e**, **i**: *se**g**ell*, ***g**ira-sol*, *plat**g**es*...
- S'escriu **j** davant de **a**, **o**, **u**: ***j**avelina*, ***j**ove*, ***j**ugar*, *plat**j**a*...

Excepcions

S'escriu **j** davant de **e**:

- En alguns noms propis: ***J**eroni*, ***J**esús*, ***J**erusalem*...
- En els grups **-jecc-** o **-ject-**: *in**jecc**ió*, *ob**ject**e*...
- En paraules com ***j**ersei*, ***j**eroglífic*, *ma**j**estat*, ***j**erarquia*...

Per saber-ne més

També s'escriu **j** davant de **e** en els temps del verb *jeure* en què la **e** és tònica: *jec*, *jeia*, *jèiem*...

Les grafies *x/ix*

La grafia **x** té dos sons, el de la ***ics***, que es representa amb la lletra **x** i pot ser **sord** (*prefix*) o **sonor** (*examen*), i el de la ***xeix***, que és sord. El so de la *xeix* (**x**) es pot escriure amb **x** o bé amb ***ix***:

- S'escriu **x:**
  - A principi de paraula: ***x**arop*, ***x**errar*, ***x**inesa*, ***x**oc*, ***x**ut*...
  - Després de consonant: *con**x**or**x**a*, *bur**x**ar*...
  - Després de ***i***: *gui**x**ar*, *cli**x**é*...
  - Després de la ***u*** d'un diftong: *disbau**x**a*, *rau**x**a*...
- S'escriu ***ix*** després de ***a***, ***e***, ***o***, ***u***: *a**ix**í*, *cré**ix**er*, *co**ix**í*, *u**ix**er*...

*Aquest bolígraf guixa molt fluix. Gui**x**a* s'escriu amb **x** després de ***i***.

Les grafies *tx/ig*

Les grafies ***tx***/***ig*** representen el mateix so a final de paraula. Per escriure-les correctament cal tenir en compte les normes següents:

- S'escriu ***tx*** a final de paraula quan els derivats porten **tx**: *despa**tx*** → *despa**tx**ar*; *escabe**tx*** → *escabe**tx**ar*; *esqui**tx*** → *esqui**tx**ar*...
- S'escriu ***ig*** a final de paraula quan en els derivats hi ha ***j***, ***g***, ***tj***, ***tg***: *assa**ig*** → *assa**j**ar*, *bo**ig*** → *bo**g**eria*, *enu**ig*** → *enu**tj**ar*, *des**ig*** → *desi**tg**em*...

ACTIVITATS

42. Completa les oracions amb la primera persona del present d'indicatiu dels verbs següents:

- conèixer
- viure
- asseure's
- dir

- Des que ... aquí, soc d'una colla castellera.
- No ... aquesta noia de la foto.
- T'ho ... per tercer cop: no pugis per l'escala!
- Si ... en aquesta butaca, m'adormiré.

43. Omple els buits de les paraules amb *p*/ *b*, *t*/ *d*, *c*/ *g*:

- arqueòle...
- vàli...
- pare...
- càsti...
- mar...
- ver...
- fan...
- tuare...
- càrre...
- monosíl·la...
- sol·licitu...
- rum...
- àlgi...
- cor...
- tal...
- sor...
- covar...
- llo...

44. Completa cada buit amb la consonant adequada:

- A l'institu... hi ha cin... noies etío...s.
- El catàle... indica amb certitu... les dates.
- El biòle... ha estat acusat de demago....
- Fent un tom... va trobar un merca... nadalen....
- Fa fre..., si vols anar abriga... posa't l'anora....
- "Li falta ado..." va dir amb inquietu....

45. Completa els espais buits amb *j* o *g*:

- Aquella ...ove lle...ia tot i tenir larin...itis.
- Aquell noi e...ipci és ...enerós i ima...inatiu.
- El ...ardí del centre ...eriàtric té unes vistes espectaculars a les plat...es ...ironines.
- El des...el farà que molts animals s'extin...eixin.

46. Completa els mots i escriu-ne al costat el primitiu:

- assa...ista → ...
- sorte...ar → ...
- estiue...ant → ...
- rebu...ar → ...
- plovisque...ar → ...
- bombarde...ar → ...

47. Escriu les lletres que falten en aquestes oracions:

- Va fer un ...est ma...estuós quan els va mostrar la sala de pro...eccions.
- No té cap ob...ecció que assa...in el discurs.
- Al mi... hi ha una font amb ra...os de colors.
- El balbuce... del sospitós va delatar el bo...í.

48. Completa cada paraula amb la grafia *x*, *ix*, *ig* o *tx*:

- fi...atge
- xiuxiue...
- mapu...e
- cala...era
- engan...ar
- sorte...
- sotrague...
- escru...ir
- aba...ar
- ...isclar
- esqui...ar
- na...ement
- despa...
- llagrime...
- blanque...

5. La prosa del segle XX (II)

La literatura catalana de postguerra (II)

Als anys seixanta es va produir a la literatura catalana un relleu generacional important aprofitant una certa permissivitat de la dictadura franquista per poder publicar en català. Així, a més dels autors que ja publicaven abans de la Guerra Civil, n'aparegueren de nous.

Pere Calders (1912-1994)

Pere Calders, nascut a Barcelona, es va donar a conèixer a principis dels anys trenta amb dibuixos, articles i contes a diaris i revistes. El 1936 publicà el primer recull de contes: *El primer arlequí*. Va servir a l'exèrcit republicà, una experiència bèl·lica que explica a *Unitats de xoc* (1938). Acabada la guerra s'exilià a Mèxic durant vint-i-tres anys, fet que va marcar profundament la seva producció literària.

El 1962 tornà a Catalunya, on féu tasques editorials i col·laboracions periodístiques. La popularitat li arribà a la dècada dels vuitanta, amb l'èxit del muntatge teatral *Antaviana*, creat per la companyia Dagoll Dagom i basat en contes seus.

Calders és conegut sobretot pels reculls de contes *Cròniques de la veritat oculta* (1955), *Gent de l'alta vall* (1957) i *Demà a les tres de la matinada* (1959), per la narració breu *Aquí descansa Nevares* (1967) i les novel·les *L'ombra de l'atzavara* (1964), *Ronda naval sota la boira* (1966), *Gaeli i l'home Déu* (1986) i *La ciutat cansada* (2008), publicada pòstumament.

L'estil de Calders es caracteritza per la ironia i la sàtira. Li agrada presentar els angles insòlits i obscurs de la realitat, interpretada d'una manera imaginativa i poc convencional.

Els seus contes ofereixen un narrador aparentment afable i molt minuciós que busca la complicitat del lector. Un cop l'ha aconseguida, ens transmet una visió absurda de la condició humana.

Joan Sales (1912-1983)

Joan Sales, nascut a Barcelona, va ser escriptor i editor. Com a editor va fundar Club Editor i va promoure la revista *Quaderns de l'Exili*, editada a Mèxic. A la Guerra Civil va lluitar amb l'exèrcit republicà. Va traduir autors com Dostoievski, Kazandzakis i François Mauriac.

La seva obra més coneguda és *Incerta glòria*, ampliada en diverses edicions (la quarta i definitiva és del 1971).

L'obra, escrita en un estil àgil i col·loquial, està dividida en quatre parts. Les dues primeres tenen forma epistolar i ens presenten la vida al front d'Aragó de tres amics joves enamorats de la mateixa dona.

Les dues darreres són les memòries d'un dels tres amics, que ha esdevingut sacerdot i que, anys més tard, descriu el món de la postguerra barcelonina fins a arribar als anys seixanta.

Incerta glòria presenta tota la cruesa de la guerra sense decantar-se per cap bàndol. També reflexiona sobre el sentit i la dificultat de la vida, i insisteix en temes com la solitud de l'home, el pas del temps o la mitificació de la joventut (la "incerta glòria"). L'autor conclou que només l'amor pot donar sentit a l'existència.

Per saber-ne més

L'**existencialisme** és un corrent filosòfic que va sorgir a Europa com a conseqüència de les experiències traumàtiques que van suposar les dues guerres mundials.

Per als existencialistes l'ésser humà es veu inexorablement obligat a escollir el seu destí: està condemnat a ser lliure. Aquesta responsabilitat genera el que s'anomena l'**angoixa existencial**.

La interpretació que Pere Calders fa de la realitat és sempre insòlita i deixa perplex el lector.

Retrat de Joan Sales.

Manuel de Pedrolo (1918-1990)

Manuel de Pedrolo, nascut a l'Aranyó (Segarra), és un dels escriptors més prolífics de la literatura catalana; avalen aquesta afirmació les setanta-cinc novel·les i els cent setanta-nou contes, a més de teatre i poesia, que va escriure.

La narrativa de Pedrolo abraça pràcticament totes les tendències: realista (*Estrictament personal*, 1954), humorística (*Cops de bec a Pasadena*, 1956), simbòlica (*Totes les bèsties de càrrega*, 1965), de ciència-ficció (*Mecanoscrit del segon origen*, 1973), policíaca (*Mossegar-se la cua*, 1967), etc. De fet, ell mateix concebia l'escriptura com una indagació constant en la qual cada obra havia de fer servir una tècnica diferent.

Els temes de les seves obres solen ser la solitud, la incomunicació, la batalla dels sexes, l'alienació quotidiana, l'existència i la fatalitat. S'hi entreveu, doncs, la influència dels existencialistes europeus.

Tècnicament la narrativa de Pedrolo es caracteritza perquè no empra el narrador omniscient i perquè ambienta les històries en un marc espacial i temporal ben concret. El gruix de la seva obra se situa dins del realisme, amb tendència a presentar situacions límit i a estudiar la psicologia dels personatges.

Manuel de Pedrolo va traduir obres dels novel·listes més influents del segle XX: John Dos Passos, Jean-Paul Sartre i William Faulkner.

Joan Fuster (1922-1992)

Joan Fuster, nascut a Sueca (Ribera baixa), va ser, sobretot, assagista. Admirava Montaigne i els moralistes francesos i va escriure desenes de petits articles o reflexions. D'acord amb aquests models l'assaig de Fuster és un continu examen de consciència, una anàlisi de les relacions entre el "jo" i el món, vist sempre des d'un profund escepticisme.

Una bona part de l'obra de Fuster reflecteix les característiques socials, polítiques i culturals del País Valencià. El llibre *Nosaltres els valencians* és cabdal per entendre'l.

> Hegemonia i irradiació. No hem de pensar que, davant una qüestió com la de la llengua, per exemple, els homes de l'Edat Mitjana reaccionessin com els d'avui, amb un criteri diguem-ne nacionalista. Però és lògic que d'alguna manera intuïssin la utilitat d'una orientació uniformadora.
>
> El prestigi polític, material i intel·lectual de la ciutat de València havia de repercutir, necessàriament, en una mena d'expansionisme unitari. Poso l'exemple de la llengua, perquè als nostres ulls representa l'aglutinament més potent i entranyable d'un poble.
>
> Joan FUSTER: *Nosaltres els valencians* (adaptació).

@ Amplia a la xarxa...

Ves a www.tiching.com/80114, tria l'entrada del *Diccionari per a ociosos* que t'agradi més i redacta'n una altra seguint l'estil de Fuster.

També té una producció important de crítica literària i és un mestre en l'art de l'aforisme.

Entre les obres més conegudes de Joan Fuster destaquen *El descrèdit de la realitat* (1955), *Diccionari per a ociosos* (1964), *Babels i babilònies* (1972) i *Indagacions i propostes* (1981).

La literatura catalana dels anys setanta i vuitanta

La literatura d'aquest període correspon a la fi de la dictadura de Franco i la reinstauració de la monarquia. Els autors d'aquest període es caracteritzen per la voluntat de renovar el panorama creatiu.

Baltasar Porcel (1937-2009)

Baltasar Porcel, nascut a Andratx (Mallorca) el 1937, reflexiona sobre les passions elementals de l'ésser humà. La seva obra és de caire bàsicament realista, però introdueix igualment descripcions d'un gran lirisme i passatges sensuals.

La seva novel·lística es pot dividir en tres etapes:

- Fins al 1968, en què predomina el gust pels elements desagradables, com la violència gratuïta, els personatges deformes, les passions obscures, el sexe descontrolat: *Solnegre* (1961), *La lluna i el Cala Llamp* (1963) i *Els argonautes* (1968).
- Una segona etapa, en la qual rememora i mitifica el passat a Andratx: *Difunts sota els ametllers en flor* (1969), *Cavalls cap a la fosca* (1975) i *Les primaveres i les tardors* (1986).
- La darrera etapa presenta generalment novel·les ambientades a Barcelona que ofereixen en clau literària una visió àcida de l'actualitat política catalana: *Lola i els peixos morts* (1994), *Ulisses a alta mar* (1997) i *Cada castell i totes les ombres* (2008).

Abans de triomfar com a novel·lista, Baltasar Porcel va ser conegut per les seves originals entrevistes (*Grans catalans d'ara*, 1972).

> Em llevo sempre tard, cap al migdia. La calefacció ha creat dins l'apartament una atmosfera d'espessor malaltissa que m'entabana. Em faig una taronjada i un cafè; obro la finestra i me'ls vaig bevent amb lentitud. Encenc després un cigarret. I invariablement em pregunto com descriuria les grans gàrgoles de la catedral, que veig allí al davant, més enllà del riu.
>
> És una mena d'obsessió, potser relacionada amb el somni del qual a penes surto. Somnio cada nit, m'engrapa aquesta abassegadora i llefiscosa existència subterrània de la qual no sé res i que porto dintre, que he de viure, i on sempre nien inconcretes amenaces...
>
> Baltasar PORCEL: *Cavalls cap a la fosca.*

@ Amplia a la xarxa...

Llegeix a www.tiching.com/80116 un altre fragment de *Cavalls cap a la fosca* i identifica tres frases en què s'observi una presentació melancòlica d'Andratx.

Terenci Moix (1942-2003)

Terenci Moix, nascut a Barcelona, és el pseudònim literari de Ramon Moix. La seva formació va ser autodidàctica. Els seus interessos juvenils (els còmics, el cinema nord-americà, els moviments de revolta, l'erotisme...) conformen una bona part de la seva obra.

Es va donar a conèixer com a escriptor de narrativa amb *La torre dels vicis capitals* (1968). Aquesta obra, juntament amb *Onades sobre una roca deserta* (1969) i *El dia que va morir Marilyn* (publicada el 1969 i refeta el 1996), va significar una ruptura amb el model narratiu imperant a la literatura catalana fins al final dels anys seixanta.

Terenci Moix també va conrear el periodisme i la literatura de viatges.

Obres posteriors, com *Món mascle* (1971), *Siro o la increada consciència de la raça* (1972), *Sadístic, esperpèntic i àdhuc metafísic* (1976), *Lilí Barcelona i altres travestís* (1978) i *Assassinar amb l'amor* (1979), són una exacerbació del tema eròtic i pretenen provocar escàndol.

Des del 1983 Terenci Moix va continuar la seva producció narrativa en castellà, amb el parèntesi de l'obra *El sexe dels àngels* (1992).

Montserrat Roig (1946-1991)

Montserrat Roig, nascuda a Barcelona, participà intensament durant la seva etapa universitària en els moviments de lluita antifranquista. La novel·la on expressa més clarament aquesta lluita política és *El temps de les cireres* (1977).

Roig, molt vinculada al moviment feminista, col·laborà en diverses publicacions periòdiques i en mitjans de comunicació. Com a novel·lista és autora de *Ramona, adéu* (1972), *L'hora violeta* (1980), *L'òpera quotidiana* (1982) i *La veu melodiosa* (1987).

Una part important de l'obra de Roig reflecteix en literatura la vida quotidiana de la petita burgesia de l'Eixample de Barcelona, especialment a l'època de la postguerra. Hi són importants temes com les relacions entre les dones, els rols socials que se'ls adjudiquen, les relacions de poder entre els sexes, etc.

La seva obra s'inscriu dins de la tradició realista, encara que incorpora elements simbòlics i poètics en la línia de la narrativa de Mercè Rodoreda.

Montserrat Roig va dur una vida pública compromesa amb la cultura catalana i el moviment feminista.

ACTIVITATS

49. Llegeix aquest fragment d'un conte de Pere Calders i contesta les preguntes:

> Mentrestant, una noia anglesa m'havia enamorat i, galant com sóc, i sabedor d'allò que és plaent a les dones, un dia em vaig disposar a anar-la a veure portant-li un ram de flors realment opulent.
>
> Estava al carrer, agafant el ram amb les dues mans, a l'espera que passés un taxi, i heus aquí que una vaca em va veure de lluny i em va mirar amb simpatia. Amb un posat garneu, aquella bèstia es va posar a caminar cap allí on em trobava i, en arribar, va olorar-me una bona estona, sense portar-hi gens de pressa. Després, amb un cop de cap àvid, va allargar el morro i es menjà dues flors del ram.
>
> Això era irritant. Oblidadís de totes les conveniències, vaig posar-li la mà plana damunt del nas (o allò que les vaques tenen com a nas) i la vaig empènyer cap endarrere.
>
> Pere CALDERS: "El problema de l'Índia", dins de *Cròniques de la veritat oculta.*

a) On transcorre aquest text?

b) Com descriuries l'estat anímic del protagonista?

c) Quin tipus de narrador hi ha al text?

d) En quina època històrica deu passar el que s'explica al text?

e) Hi ha algun incís o comentari irònic, satíric o insòlit en el fragment que has llegit?

f) Fes la definició dels mots següents:

- opulent
- garneu
- àvid

50. Com es va donar a conèixer Pere Calders? Quina relació té amb el grup teatral Dagoll Dagom?

51. Com és l'estil de Calders?

52. Saps si es va exiliar Pere Calders? On es va exiliar?

53. Quina és l'obra més coneguda de Joan Sales?

54. Sobre què reflexiona Sales a *Incerta glòria*?

55. En quantes parts està dividida *Incerta glòria*?

56. Quina és l'única cosa que pot donar sentit a l'existència segons Joan Sales?

57. Després de llegir aquest fragment d'*Incerta glòria* contesta les preguntes:

I jo la vaig estimar! Vaig estimar una dona, no ho he pas somniat; sé que és així i no obstant em trobo de vegades preguntant-me: és veritat que vaig estimar? El meu cor d'avui no gosa quasi preguntar-ho al meu cor d'ahir, com la meva cara d'avui no gosa afrontar aquella altra cara, la de demà, que reflecteix l'ombrívol mirall del fons del pou. Jo vaig estimar, no pas a causa de la borratxera de la joventut, sinó pensant com en somnis en els cabells blancs i les vetlles de desembre.

Com creix la nostra ombra a mesura que el sol va declinant! Aquell gran xiprer es retalla contra el cel com la creu contra l'horitzó esmolat del Calvari; la seva ombra es va allargant a mesura que el sol s'atansa a l'horitzó com s'allargava la de la creu. Com més pròxima la nit, més llarga l'ombra de la creu; acaba que cobreix tot el món. No hi ha res més que la creu per arrapar-se al caire de l'abisme del no-res que ens xucla.

Joan SALES: *Incerta glòria.*

- A quina part de la novel·la creus que pertany el fragment? Per què?
- A quin episodi de joventut es refereix el narrador d'aquest text?
- Identifica en el fragment algunes de les temàtiques pròpies de l'autor.
- Explica la metàfora "com més pròxima la nit, més llarga l'ombra de la creu". Hi ha altres referències religioses en el text? Explica-les.
- Com és l'estil de l'autor? Il·lustra-ho amb alguna frase.

58. Per què diem que Pedrolo és un dels escriptors més prolífics de la literatura catalana?

59. Quines tendències abraça la narrativa de Pedrolo?

60. Què va escriure sobretot Joan Fuster?

61. D'on era Joan Fuster? Quin llibre va escriure sobre el País Valencià?

62. Quina és la temàtica de molts dels assaigs de Joan Fuster?

63. Comenta els aforismes que tens a continuació:

- La rosa, sense la literatura que li ha caigut a sobre, només seria una col petita, insípida i de colors enganyadors.
- D'altra banda, cal no oblidar que tota política que no fem nosaltres, serà feta contra nosaltres.
- Cadascú se sent humiliat per una cosa o per unes coses distintes. Conec, per exemple, algunes persones que es consideren còsmicament ultratjades perquè el seu cos no s'assembla gens a una estàtua grega.
- Cadascú en la seva òrbita i segons les seves forces, intenta procurar-se això: una vanitat satisfeta. Hi ha qui s'ho procura pel camí de la humilitat i tot.

Joan FUSTER: *Raons i paraules.*

64. D'on era originari Baltasar Porcel?

65. Llegeix aquest fragment de *Les primaveres i les tardors* i contesta les preguntes que tens a continuació:

Era cert, des de feia una estona ningú no els havia vistos. Van començar els pares, els oncles, a indagar pels inesperats racons de la sala, a guaitar per l'escala en penombra, a preguntar entre l'enfervorida activitat de la cuina. La tia Pol·lònia, faraònica amb la gran pinta que s'havia encasquetat per anar a matines, plorinyava que les criatures, desgràcia irremeiable, s'haurien perdut per la vall fosca, per la tenebra del món.

Baltasar PORCEL: *Les primaveres i les tardors* (adaptació).

- A quina època et sembla que se situa l'acció del text?
- Com és l'estil de la narració?

66. En quines etapes es divideix la novel·lística de Baltasar Porcel?

67. Digues algunes característiques de l'obra de Porcel.

68. Quins interessos de Terenci Moix surten a la seva obra?

69. Esmenta alguna novel·la de Terenci Moix.

70. Quins temes es tracten a l'obra de Montserrat Roig?

71. Et sembla que Montserrat Roig era una dona compromesa? En quines causes?

Un text de Joan Fuster i un altre de Terenci Moix

Llegeix la definició que fa Joan Fuster del mot *interès*:

Un amic em sorprèn embarcat en la lectura d'una espessa obra medieval. Atònit em pregunta:

–I això t'interessa realment?

La seva bona fe –no en dubte pas– em desconcerta. Ell llegeix una altra mena de papers: en tot cas, mai no s'interessaria per un text arcaic i avorrit. (...) Què vol dir interès? "Sentiment que alguna cosa desvetlla en nosaltres, el qual ens mou a prestar-li una atenció especial, a ésser-li favorables o desfavorables". Copie el Fabra al peu de la lletra. (...) Doncs sí. M'interessa el llibre antic i atapeït, ocupat de problemes caducs i redactat amb una retòrica abstrusa o debolida.

–I per què t'interessa?

Ara, la veritat, no sé què contestar. O hauria de contestar amb la meva autobiografia. Les afeccions intel·lectuals i l'ofici, des de fa molts anys, m'han habituat al tracte d'una literatura anacrònica i rude als antípodes de la meva personal manera de sentir el món. Però no puc evadir-me'n.

Joan FUSTER: *Diccionari per a ociosos* (adaptació).

- Quin és el tema de l'article? Per què creus que és un assaig?
- On es veu, en aquest text, l'escepticisme de l'autor?

El dia que va morir Marilyn suposa un trencament de la generació de Terenci Moix amb la generació dels seus pares.

Ens vam veure empesos a preguntar-nos per a quines coses ens estaven preparant. És a dir, el perquè de tot aquell batibull del batxillerat, la universitat, la necessitat de "fer cultura", l'acostumar-nos a pensar... La nova pregunta ens l'havia inculcada l'ordre, summament perfecte, que regia l'editorial del papà (...). En veure aquell exèrcit d'oficinistes, caps uniformes, que no se n'aixecava un per damunt de l'altre, rostres esgrogueïts, tots d'idèntica inexpressivitat, en veure l'Imperi que el papà havia forjat per a mi, vam comprendre –i va ser un sotrac massa fort– que ens volien per a allò. Fou per això que vaig sentir, com si m'entaforessin un ferro roent, la desesperació dissimulada dels esclaus de la burocràcia del papà: la vaig sentir com alguna cosa que em feia molt de mal i que només amb la meva indiferència de sempre vaig ser capaç d'oblidar.

Terenci MOIX: *El dia que va morir Marilyn* (adaptació).

- Digues quin tipus de narrador (testimoni, protagonista o omniscient) hi ha en aquest fragment. Justifica-ho.
- Els fets que es narren pertanyen al passat o al present? A quin moment de la vida del protagonista es refereixen?
- A quina condició social pertany la família del protagonista?
- Què és el que no li agrada a l'autor de la societat que l'envolta?
- Com és l'estil de l'autor?

Apliquem

Fem una guia turística

ACTIVITAT PRÈVIA: QUINA CIUTAT ÉS?

▸ Llegiu aquestes afirmacions i indiqueu a quina ciutat correspon cadascuna. Quines pistes us han servit en cada cas?

a) És un centre financer i alhora una regió administrativa que va ser colònia britànica fins al 1997.

b) Va ser fundada pel tsar Pere el Gran durant el segle XVIII.

c) Hi passa un riu que fa 776 km de llarg i desemboca al canal de la Mànega.

d) S'hi parlen més de 300 llengües i té una població d'uns vuit milions de persones.

e) Es troba al nord del país, el centre històric és Patrimoni de la Humanitat de la UNESCO des de 1996.

f) Té un clima subtropical humit amb estius càlids i hiverns suaus, i té un famós teatre de l'òpera.

g) La gastronomia inclou carn vermella, peixos, pasta i les empanades. Dels plats de carn, en destaca el rostit.

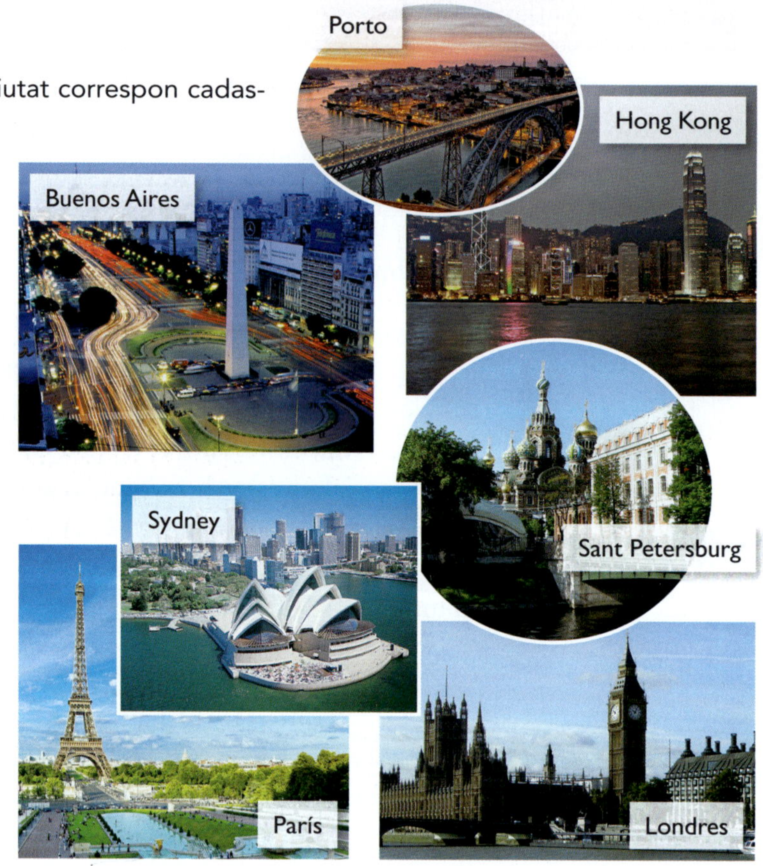

PREPAREM UNA GUIA TURÍSTICA

L'Oficina d'Informació i Turisme de la vostra localitat us envia aquesta proposta perquè participeu en la pròxima guia turística:

Benvolguts estudiants i professorat,

Estem a punt d'enllestir una nova edició de la *Guia del Patrimoni Comarcal* i ens agradaria que els estudiants dels centres educatius ens hi donéssiu un cop de mà.

Es tracta que ens envieu textos que aprofundeixin en l'interès que pot tenir per als visitants la nostra riquesa artística, monumental, econòmica i paisatgística. Valorarem que als escrits s'incloguin dades objectives, però també que sigui ben palesa la perspectiva que els joves de la comarca teniu sobre el patrimoni i que sapigueu presentar-lo d'una manera acolorida.

Tres dels vostres escrits es publicaran en la guia al costat d'altres col·laboracions d'experts i erudits del nostre entorn.

Esperem que us engresqui la idea i que us animeu a col·laborar-hi.

Cordialment,

Oficina d'Informació i Turisme

Pautes per escriure

Per tal que sorgeixin unes bones propostes, seguiu aquestes instruccions:

a) L'objecte de la descripció

Tota la classe, feu una pluja d'idees sobre quins dels aspectes de la vostra població o comarca es poden destacar. Apunteu les propostes a la pissarra, trieu les millors i repartiu-ne una per a cada grup de dos o tres alumnes.

b) Recerca de la informació i punt de vista

Recopileu la màxima quantitat de dades i classifiqueu-les segons si es tracta d'informació objectiva o subjectiva.

Decidiu des de quin punt de vista fareu la descripció perquè pugui publicar-se en una guia turística. Tingueu en compte que la informació ha de ser certa, però al mateix temps l'heu de presentar de manera atractiva. També heu de fer que els visitants coneguin fins als racons més amagats de la vostra comarca.

c) Redacció del text

- Ordeneu les informacions segons la importància que tinguin per entendre les característiques del conjunt.
- Busqueu imatges que acompanyin el text.
- Feu una primera oració ben clara i entenedora que enganxi el lector a voler saber més sobre l'element descrit.
- Aporteu informació específica sobre l'element concret.
- Transmeteu l'opinió de persones autoritzades sobre allò que descriviu.
- Afegiu-hi el vostre punt de vista.

d) Revisió del text

Per assegurar-vos que heu escrit el text amb l'adequació i la correcció necessàries, rellegiu-lo atentament, passeu-vos-el els uns als altres, i ompliu conjuntament la rúbrica següent:

	Gens	Poc	Bastant	Molt
La informació és certa i prové de fonts segures?				
La descripció és interessant i atractiva?				
La majoria de noms tenen els seus adjectius o complements del nom?				
La descripció té una estructura coherent?				
S'hi utilitzen comparacions, metàfores, metonímies, personificacions o altres recursos?				
S'hi han corregit els errors ortogràfics i tipogràfics?				

Fem-ho així

Recordeu que és important consultar **fonts segures** (com pàgines web d'institucions fiables) i textos degudament signats i identificables.

8 El text instructiu

Fil per randa!

Continguts

- Lectura
- Les instruccions
- Les instruccions orals
- Les oracions subordinades adverbials (I)
- El contacte de llengües (I)
- Les grafies *b*/*v* i *h*
- La poesia a la segona meitat del segle XX

AVALUACIÓ: El text instructiu

Per començar

Les instruccions són els textos que emprem a la nostra vida quotidiana quan ens cal saber com fer alguna cosa. Per això són textos de caràcter pràctic, directes i precisos, perquè s'entenguin a la primera amb tota exactitud. Poden anar acompanyats d'imatges per facilitar-ne encara més la comprensió, però la precisió en el llenguatge és l'element fonamental de les instruccions.

A continuació tens una recepta de cuina ben antiga, del polifacètic artista i inventor Leonardo da Vinci (1452-1519), en què la concisió i la precisió es mostren com a recursos ben efectius.

Sopa de castanyes

Colpegeu les castanyes amb un martell fins a trencar-les i bulliu-les primer amb aigua sola. Al cap d'una estona les traureu de l'aigua i pelareu totes les pells que encara hi quedin.

A continuació, les bullireu suaument durant una bona i llarga estona en un brou de gallina fins que estiguin suficientment toves per passar-les fàcilment pel sedàs.

Aleshores, escalfeu-les amb oli, mel, sal i pebre, adorneu-les amb petites fulles i ja tindreu la sopa de castanyes.

És beneficiosa contra les conseqüències de les mossegades d'aranyes salvatges, i també per mantenir unides les pàgines dels llibres.

Shelagh i Jonathan ROUTH: *Notas de cocina de Leonardo da Vinci. La afición desconocida de un genio* (traducció i adaptació).

A **Fes dues llistes separades: una dels ingredients i una altra dels estris i atuells necessaris per cuinar aquesta "sopa de castanyes".**

B **Seqüencia les diferents accions que s'han de fer per seguir la recepta: *colpegeu*, *bulliu-les*...**

C **Quins temps verbals s'empren en aquesta recepta? Justifica'n l'ús a cada oració.**

D **Consideres que el darrer paràgraf encara forma part de la recepta? Quin tipus d'aplicacions proposa? Argumenta oralment la teva resposta.**

Llegim un text instructiu

ACCIDENTS: PICADES I MOSSEGADES

Les picades són petites ferides punyents a la pell, produïdes principalment per insectes, artròpodes i/o animals marins. Les mossegades són lesions produïdes amb les dents. El procediment d'actuació per curar les picades i les mossegades és semblant. No obstant això, en cada cas existeixen una sèrie de recomanacions especials a tenir en compte.

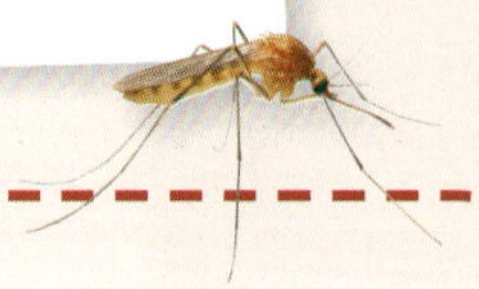

PICADA D'INSECTE

Com actuar:

- Retireu el fibló. Si feu servir unes pinces, heu de procurar no enfonsar-lo més a la pell i escampar el possible verí.
- Netegeu bé la zona amb aigua i sabó neutre.
- Apliqueu una gasa xopa d'aigua freda.
- Podeu aplicar gel sobre la picada o fins i tot un preparat farmacèutic a base d'amoníac.
- En el cas que la picada sigui a l'interior de la boca, heu de donar a la víctima gel perquè el vagi llepant o mossegant. També podeu donar-li aigua freda perquè begui petits glops.

Eviteu:

- No heu de gratar o refregar la zona afectada per la picada.

Quan és necessari acudir a un centre sanitari?

- Si presenta moltes picades.
- Si existeix la sospita que l'animal pugui ser verinós.
- Si són picades en vies respiratòries, com ara el paladar.
- Si presenta inflamació a les vies respiratòries o dificultat per respirar.

PICADA DE MEDUSA

Com actuar:

- Feu que la persona surti de l'aigua.
- Netegeu les ferides amb aigua salada.
- Si els tentacles són visibles, retireu-los de la pell amb unes pinces o uns guants.
- Apliqueu ràpidament gel embolicat amb un plàstic durant 5 minuts sobre la zona de la picada (recordeu que no heu de posar el gel directament sobre la pell).
- Si la coïssor no disminueix, torneu a aplicar el gel 5 minuts més.
- Administreu sobre la zona algun antisèptic 3 o 4 cops al dia durant 4 o 5 dies.

Eviteu:

- No heu d'utilitzar mai aigua dolça per netejar la zona, ja que s'activen les cèl·lules i augmenta la quantitat de toxina injectada.
- No heu de gratar ni tampoc refregar la zona de la picada.

Quan és necessari acudir a un centre sanitari?

- Si la persona afectada presenta tremolors, nàusees o un dolor molt intens, s'aconsella el trasllat immediat a un servei d'urgències.

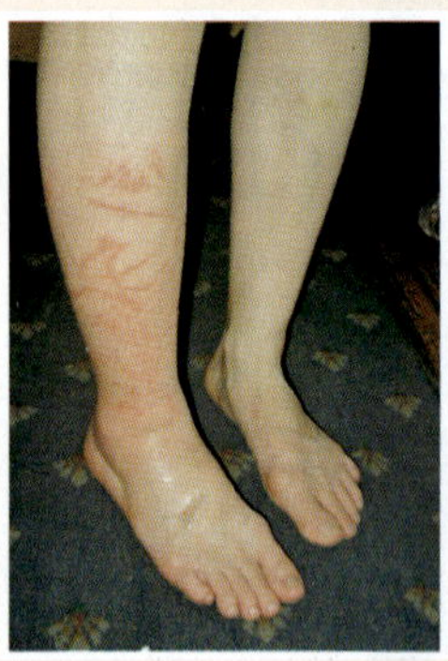

MOSSEGADA D'ANIMAL

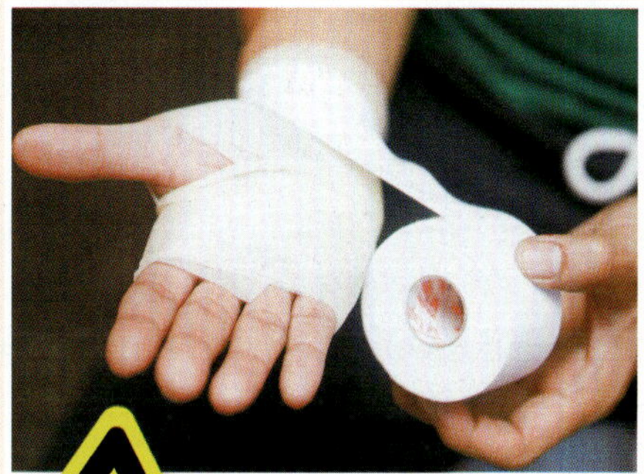

Com actuar:

- Renteu la ferida amb aigua i sabó.
- Talleu l'hemorràgia, si n'hi ha.
- Apliqueu una solució antisèptica amb clorhexidina sobre la zona afectada.
- Tapeu la ferida amb gases estèrils.
- Si és possible, comproveu si l'animal està vacunat i si la víctima està al corrent de la vacunació antitetànica.

Eviteu:

- No heu d'aplicar a la ferida pomades ni pólvores de cap tipus.

Quan és necessari acudir a un centre sanitari?

- Heu de traslladar la víctima a un centre sanitari per a la profilaxi antitetànica i l'antiràbica, si s'escau.
- S'aconsella el trasllat immediat a un servei d'urgències si la mossegada és d'un esquirol o un rat-penat (perquè són portadors de la ràbia).
- També s'aconsella el trasllat immediat a urgències si la mossegada és gran o bé afecta zones vitals com, per exemple, el coll o la cara.

Ajuntament de Castelldefels: *Guia de primers auxilis a casa* (adaptació).

ACTIVITATS

1. Llegeix els textos i digues si aquestes afirmacions són veritables o falses:

a) Podem aplicar gel sobre les picades d'insecte i de medusa. ☐

b) Si ens pica una medusa, hem de rentar les ferides amb aigua dolça. ☐

c) El preparat a base d'amoníac millora l'estat de les picadures d'insecte. ☐

d) Si ens mossega un esquirol hem d'anar al servei d'urgències. ☐

2. Digues a què fa referència el pronom *los* en l'oració: "Si els tentacles són visibles, retireu-los de la pell amb unes pinces o uns guants."

3. Indica l'ordre correcte d'actuació davant la mossegada d'un animal:

a) Tapeu la ferida amb gases estèrils.

b) Talleu l'hemorràgia, si n'hi ha.

c) Renteu la ferida amb aigua i sabó.

d) Comproveu si l'animal i la víctima estan vacunats.

- B→C→D→A ☐
- C→A→B→D ☐
- C→B→A→D ☐
- D→C→B→A ☐

4. Has tingut alguna vegada polls? Saps què s'ha de fer per eliminar-los? Investiga-ho i després escriu un text breu explicant els passos que s'han de seguir per fer-los desaparèixer.

1. Les instruccions

Definició i característiques

Els **textos instructius** indiquen el conjunt organitzat d'accions que cal fer per aconseguir un objectiu.

Aquests textos reuneixen les propietats següents:

- **Objectivitat**: tenen una finalitat clara i la intenció d'obtenir uns resultats correctes i satisfactoris.
- **Precisió**: expliquen amb exactitud les accions a realitzar. Utilitzen noms exactes per designar les parts de les coses, eines, objectes, etc. que s'han de manejar.
- **Concisió**: transmeten amb poques paraules allò que volen dir. Solen construir-se amb oracions curtes i sense descripcions, adjectius qualificatius o informacions poc rellevants.
- **Claredat**: van dirigits al receptor i, per tant, utilitzen tots els mitjans a l'abast per fer més clar el missatge: numeració, tipografia, disposició del text en el paper, il·lustracions, gestos, etc. També s'adapten al destinatari, si cal donar més detalls o explicacions.

Els temps verbals

El temps verbal típic de les instruccions és l'imperatiu. Hi ha, però, altres temps que s'utilitzen per atenuar o emfasitzar l'acte d'ordenar. Aquí tens una llista amb diferents possibilitats:

- **Imperatiu**. Indica d'una manera directa què cal fer:
  - *Remena el pollastre a dins de la cassola i afegeix-hi el sofregit.*
- **Present de subjuntiu**. Funciona com l'imperatiu, però per a negacions:
  - *No remenis el pollastre a dins de la cassola ni hi afegeixis el sofregit.*
- **Present d'indicatiu**. Expressa l'acció com si s'estigués fent en aquell moment i així atenua el grau d'imposició de l'imperatiu. S'hi pot emprar la 1a persona del plural, que crea complicitat perquè inclou emissor i receptor:
  - *Remenes el pollastre i hi afegeixes el sofregit.*
  - *Remenem el pollastre i hi afegim el sofregit.*
- **Passiva impersonal**. Presenta l'acció sense especificar-ne el subjecte i li dona un estil impersonal:
  - *Es remena el pollastre a dins de la cassola i s'hi afegeix el sofregit.*
- **Futur**. Expressa que una acció ocorrerà necessàriament i així adquireix un caràcter encara més exhortatiu que l'imperatiu:
  - *Remenaràs el pollastre a dins de la cassola i hi afegiràs el sofregit.*
- **Perífrasi d'obligació**. Similar a l'imperatiu, indica actuació obligatòria:
  - *Has de remenar el pollastre a dins de la cassola i afegir-hi el sofregit.*
- **Perífrasi de necessitat**. Afegeix a l'obligació el matís de la necessitat:
  - *Cal remenar el pollastre a dins de la cassola i afegir-hi el sofregit.*
- **Perífrasi amb condicional**. La perífrasi d'obligació o de necessitat es matisa amb l'ús del temps condicional, per atenuar l'obligatorietat:
  - *Caldria remenar el pollastre; S'hauria de remenar el pollastre.*

FEM-HO AIXÍ

Les instruccions es poden escriure en molts temps verbals, però un cop se n'ha triat un, convé ser coherent al llarg de tot el text i no canviar el temps verbal arbitràriament.

La tria del temps verbal depèn de la relació que hi hagi entre l'emissor i el receptor: com més distant i formal és la relació, més s'utilitzen les fórmules atenuades. A mesura que s'allunyen més de l'obligació, les instruccions semblen més una sèrie de consells. Ara bé, si hi ha una relació distant, però amb desigualtat jeràrquica, tornen a aparèixer les fórmules imperatives.

Estructura

Un text instructiu pot tenir dues **formes de presentació**: una llista d'ordres en punts separats o bé un text redactat.

En forma de llista d'ordres, és imprescindible l'ús de marcadors com els nombres naturals (*1*, *2*, *3*...), els ordinals (*primer*, *segon*, *tercer*...), lletres seguint l'ordre alfabètic (*a*, *b*, *c*...), guions i altres tipus de recursos tipogràfics.

L'**ordenació** de les instruccions depèn de la seva naturalesa: n'hi ha que tenen un ordre determinat i altres que no requereixen una ordenació estricta.

Les instruccions sovint van acompanyades de **seqüències explicatives i argumentatives** que les justifiquen. Fixa't en el text següent que dona consells per a l'estudi efectiu: cada instrucció té una frase que la justifica.

1. **Programa les activitats:** Utilitza una agenda per organitzar les tasques. Evitaràs encreuaments d'horaris i responsabilitats. → **Justificació**

2. **Planteja't objectius a curt termini i evita l'acumulació de feina:** Pensa en quins objectius vols assolir avui o aquesta setmana. D'aquesta manera reduiràs responsabilitats i respiraràs molt millor. En canvi, si mires molt enllà tindràs tendència a estressar-te. → **Justificació**

3. **Marca't un període per estudiar i compleix-lo:** Imposa't un parell d'hores diàries dedicades a l'estudi i esforça't a complir-les. No et passis les tardes xatejant amb els col·legues. Pots fer-ho pausadament, però amb voluntat i consciència ho aconseguiràs i això es reflectirà positivament en el teu expedient! → **Justificació**

4. **Fes exercici:** És important per aclarir la ment, desconnectar i recuperar forces per afrontar l'estudi. → **Justificació**

5. **Identifica els continguts essencials:** Comença per estudiar aquells temes que siguin els fonamentals, perquè tenen més probabilitats d'aparèixer en un examen. → **Justificació**

6. **Sigues ordenat:** Separa bé les matèries i els continguts. Si el teu escriptori és un caos, serà més difícil trobar i absorbir els continguts i disminuirà la teva efectivitat com a estudiant. → **Justificació**

7. **Estudiar és la teva feina:** Potser no tens edat per treballar, la teva feina és estudiar. Només t'aportarà beneficis! Amb bones notes, seràs més feliç i estaràs més preparat per afrontar el futur. → **Justificació**

<www.adolescents.cat> (adaptació).

FEM-HO AIXÍ

No és correcte l'ús de l'infinitiu en lloc de l'imperatiu:

✗ *Remenar la cassola.*

– *Remeneu la cassola.*

✗ *No afegir-hi el sofregit.*

– *No hi afegiu el sofregit.*

@ Amplia a la xarxa...

Per saber-ne més sobre els textos instructius, entra a: www.tiching.com/748347

Els gèneres instructius

Són textos instructius les receptes de cuina, les explicacions d'un joc, els rètols d'ordres, els itineraris de rutes, els textos sobre com fer funcionar o utilitzar un aparell, com emplenar formularis, com dur a terme un experiment científic, els plans d'evacuació, els prospectes de medicaments...

Els **consells**, les **recomanacions** i les **indicacions** són una altra mena de textos instructius que no donen ordres tan estrictes i admeten algun element de subjectivitat. Poden ser consells de salut, recomanacions de lectura, de música, d'una pràctica esportiva o indicacions d'activitats molt diverses a realitzar.

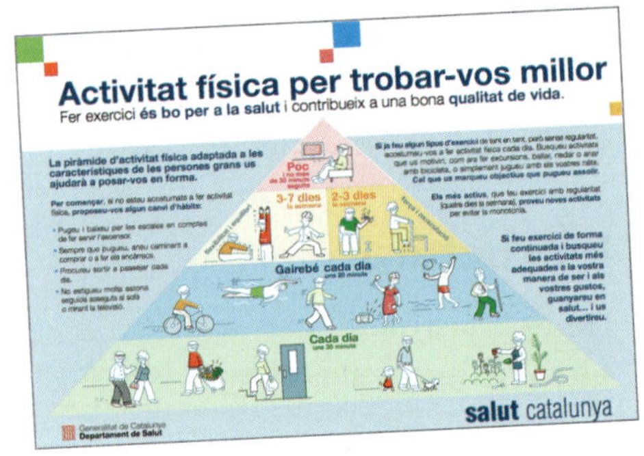

ACTIVITATS

5. Llegeix les instruccions i respon a les preguntes:

Llevataques antiòxid

Aquest producte elimina taques d'òxid i desodorant en teixits.

Instruccions d'ús

1. Preparació: col·loqueu un plat petit sota la part del teixit on hi ha la taca.
2. Aplicació: humitegeu bé la taca amb el producte.
3. Eliminació de la taca: deixeu-lo actuar 2 h, com a màxim. Tot seguit, fregueu el teixit amb un drap humit fins que desapareguin les restes de la taca.

Important

Comproveu prèviament la resistència dels colors: poseu una quantitat petita del producte en una zona poc visible i deixeu que s'assequi: si no canvia el color, el producte és segur.

Precaucions

- Mantingueu-lo lluny de l'abast de la mainada.
- No l'ingeriu i eviteu el contacte del producte amb els ulls i la pell.
- En cas d'accident, consulteu el Servei Mèdic d'Informació Toxicològica.

<http://www.dr-beckmann.es>
(traducció i adaptació)

a) Quina és l'estructura del text? Fes-ne un esquema.

b) Consideres que els apartats "Important" i "Precaucions" contenen també seqüències instructives? Argumenta la resposta.

c) Localitza dins del text:
- Marcadors d'ordre.
- Expressions que indiquen temporalitat.
- Dues ordres negatives.
- Expressions i lèxic específic.

6. El fragment següent forma part d'un manual d'instruccions. Determina si es tracta d'un text instructiu. Què t'ho fa veure?

En la fabricació d'aquest producte no hi ha hagut risc d'inhalació per als treballadors. En ser un procés en fred, no hi ha consum d'energia ni s'emeten gasos d'efecte hivernacle. Els únics residus són els envasos dels components inicials, que són reciclats. L'energia consumida en el procés de producció és de 0 kW/h.

7. Llegeix el text següent i digues de quina mena de document instructiu es tracta. Després, indica quins enunciats són descriptius i quins pròpiament instructius:

El rapte, el mort i el Marsellès, d'Albert Salvadó

Aquesta és una història que té molts elements d'interès: una trama que et va atrapant i no la pots deixar fins al final, moments de comicitat, i un misteri per resoldre a l'estil dels grans clàssics del gènere, però sense caure en la novel·la més negra. Ho passareu molt bé llegint-la! Us cal començar ara mateix: enceteu el primer capítol!

<www.bibliotecavirtual.diba.cat>

8. El text següent fa una sèrie de recomanacions seguint una estructura de pregunta-resposta i empra una bona varietat de temps verbals. Indica quins són aquests temps i quina és la funció que tenen dins del text:

– **Per què 5 racions de fruita i verdura al dia?**

Amb 5 racions diàries es garanteix una bona aportació de vitamines, minerals i fibres, alhora que s'associa amb la prevenció de múltiples malalties.

– **Es poden menjar les fruites amb pell?**

Sí, només cal rentar la fruita sota un raig d'aigua abundant just abans de consumir-la. Un bon rentat n'elimina els bacteris i qualsevol residu que pugui haver quedat adherit a la superfície.

– **Com i quan es pot menjar fruita?**

Tant abans com després dels àpats, en esmorzars, berenars, etc. En forma de peça sencera, a trossos o barrejada amb altres aliments.

– **Es pot substituir la fruita fresca per un suc?**

Els sucs de fruita es poden consumir de tant en tant, però de forma habitual no han de substituir les fruites fresques senceres.

9. Llegeix detingudament aquestes recomanacions a l'hora de prendre el sol i respon a les qüestions que es plantegen:

a) Variaria molt aquest text amb un canvi en l'ordre de les instruccions?

b) Els fragments en negreta són els més rellevants? Quin efecte creus que té que s'utilitzi tanta lletra en negreta?

c) Una de les instruccions va acompanyada de la corresponent justificació. Quina és?

d) Tots els elements de la il·lustració apareixen al text? N'hi falta algun? Quines instruccions caldria afegir-hi i on les posaries? Redacta-les.

10. Transforma les recomanacions següents per estalviar aigua en unes instruccions numerades, fent els canvis necessaris en l'estructura, els temps verbals i la redacció dels enunciats:

Recomanacions per a l'estalvi d'aigua a casa

Al bany

Si ens dutxem en lloc de banyar-nos, estalviarem molta aigua. Mentre que una banyera plena gasta uns 300 l, si ens dutxem en gastem uns 50.

També hi ha dispositius reductors del cabal per a les aixetes de les dutxes; així, podem estalviar fins el 50 % d'aigua.

Podem guardar en un recipient l'aigua que surt freda mentre esperem la calenta. Podem regar les plantes amb aquesta aigua.

Si hem de canviar l'aixeta de la dutxa, les de monocomandament són molt indicades perquè estalviarem l'aigua derivada de la cerca de la temperatura ideal.

Amb la rentadora i el rentavaixelles

Si hem de substituir electrodomèstics, els de baix consum incorporen programes d'estalvi. Aquests electrodomèstics també són grans estalviadors d'energia.

Una rentadora antiga gasta uns 200 l d'aigua, mentre que una de baix consum només en gasta 50. Cal fer-la servir amb la càrrega completa i seleccionar el programa adequat en funció del tipus de roba i de brutícia.

Amb el rentavaixelles poden aplicar-se uns criteris similars. I, si no en tenim, podem omplir una mica la pica amb aigua i sabó i rentar els plats tots de cop. Després els podem esbandir sense obrir l'aixeta al màxim.

11. Fixa't en l'esquema següent i escriu un text instructiu d'una cosa que t'agradi:

- Què vols fer i per a què (necessitat, projecte...).
- Què necessites per fer-ho (materials i eines: facilitats o què cal adquirir).
- Com ho has de fer (procés a seguir).
- Com comprovar si s'ha fet bé (avaluació).

Les instruccions orals

Les instruccions audiovisuals

Tant en els mitjans audiovisuals com a la xarxa, trobem programes i vídeos que ens donen instruccions sobre com fer una cosa. Són freqüents els programes de cuina, de manualitats, d'instal·lació d'una aplicació, etc.

Aquests vídeos tutorials són una bona combinació de text instructiu i imatge, tant fixa com en moviment.

Elements de les instruccions audiovisuals

a) **Què volem fer?** És la primera informació que se'ns presenta, juntament amb els avantatges que té, per despertar-nos una motivació.

b) **Què necessitem?** En molts casos necessitarem que se'ns expliqui quins materials i quines eines ens caldran. Si són programes o aplicacions informàtiques se'ns demanaran unes determinades condicions de l'aparell (ordinador, mòbil intel·ligent, tauleta o altres dispositius) per poder fer la instal·lació.

c) **Com ho hem de fer?** Consisteix en l'explicació, tant oral com gràfica, del procés a seguir. Són imprescindibles la precisió del lèxic, la concisió de les accions, l'entonació engrescadora de l'instructor i la claredat, la nitidesa i la comprensibilitat de les imatges.

COMPRENSIÓ AUDIOVISUAL

Ves a www.tiching.com/746998 i respon a les preguntes.

Estratègia oral

Tenir en compte l'audiència

Comunicar significa posar en comú, fer l'esforç sincer de transmetre un missatge a qui t'escolta. Per això és imprescindible que coneguis les reaccions psicològiques normals en una audiència:

- L'audiència vol ser **cuidada i tinguda en compte**, que se la prengui en consideració.
- L'audiència vol que l'orador parli de **coses interessants**, que valgui la pena escoltar.
- L'audiència vol ser **respectada i valorada**, i rebre elogis creïbles.
- L'audiència **no vol ser desqualificada ni contrariada**. Si hi ha un xoc frontal, es girarà d'esquena.

Quan dones unes instruccions, l'audiència vol que t'adaptis als seus coneixements, comprenguis que a algú li pugui costar seguir-les i t'asseguris que tothom les pot entendre.

Per preparar la teva intervenció, has de procurar obtenir aquestes informacions sobre l'audiència:

– Qui són, d'on venen i quina informació tenen.
– Per què han vingut a sentir-te.
– Quines opinions tenen.
– De què se senten orgullosos.

Expressió oral

Prepara un vídeo tutorial

▸ Feu grups de quatre i elaboreu un vídeo tutorial que doni instruccions sobre un tema concret.

Pautes per fer el vídeo tutorial

1. Escolliu el tema, cerqueu informació sobre materials i eines a fer servir, i decidiu l'escenari de l'enregistrament.
2. Decidiu com començarà el vídeo, quin títol hi posareu i si hi haurà música de fons.
3. Tingueu cura del vostre aspecte, l'expressivitat i el gest.
4. Prepareu un guió tenint en compte els aspectes següents:

Temps (minuts i segons)	Imatge/ Escenari	Veu/ Presentador	Text escrit (sobreposat)	Música
...	...	...	...	...

5. Feu un primer enregistrament i decidiu quins fragments són aprofitables i quins cal repetir; si hi haurà talls (quan, on i per què) i corregiu tot el que sigui millorable.
6. Feu l'enregistrament final i el muntatge definitiu.
7. Visioneu-lo i valoreu-lo abans de fer-lo públic i, si convé, encara sou a temps de rectificar petits detalls.

Fem-ho així

Alguns dels temes que podeu utilitzar són:

- Com es juga a...
- Com fer el pa de pessic.
- Com es toca la flauta dolça.
- Com fer una coreografia.
- Com fer una màscara de carnaval.

Pauta d'avaluació de l'expressió oral

- Han emprat un lèxic precís i comprensible? ▢
- Les instruccions han estat clares i concises? ▢
- Han usat formes verbals adequades? ▢
- La combinació text-imatge-música ha estat agradable? ▢

Repte oral

Les regles del joc

▸ Poseu-vos en petits grups i cadascú explicarà als companys com es juga a un joc de sobretaula. Sigueu sistemàtics, perquè sembla fàcil però no ho és gens; presenteu per ordre els elements del joc, les regles de funcionament, la manera de guanyar, les excepcions, etc.

Els jocs que trieu, els heu de portar a classe, perquè just a continuació de fer l'explicació, que ha de ser un monòleg sense preguntes, els companys han d'intentar jugar-hi. Si no ho poden fer, et poden fer algunes preguntes que anotaràs i respondràs totes juntes, amb un nou monòleg, i ells tornaran a intentar jugar-hi. I així fins que quedi tot ben explicat.

2. Les oracions subordinades adverbials (I)

Concepte

Les **oracions subordinades adverbials** equivalen a un adverbi o sintagma adverbial i, sovint, fan la funció de complement circumstancial. S'uneixen a l'oració principal per mitjà d'una conjunció, una locució conjuntiva, un adverbi o una locució adverbial:

– *No ha vingut* ***perquè*** *se li ha espatllat el cotxe.*
o. principal (conjunció) o. sub. adv.

– *Dona-li invitacions* ***en cas que*** *te les demani.*
o. principal (loc. conjuntiva) o. sub. adv.

– *Han anat a dinar* ***on*** *els vas recomanar.*
o. principal (adverbi) o. sub. adv.

– *Busqueu les claus* ***arreu on*** *se us acudeixi.*
o. principal (loc. adverbial) o. sub. adv.

Tipus d'oracions subordinades adverbials

Hi ha dos grans grups de subordinades adverbials: les que complementen el verb i les que complementen l'oració sencera.

- Subordinades adverbials que modifiquen o completen l'acció expressada pel verb i que poden substituir-se per un adverbi: es tracta de les oracions subordinades de **temps**, de **manera**, de **lloc** i de **quantitat** o **comparatives**.

  – *El president farà declaracions* ***quan*** *s'hagi acabat la reunió* → *demà*
  o. principal o. subordinada adverbial adverbi

  La subordinada adverbial explica un matís del verb de l'oració principal; en aquest cas, quan tindrà lloc l'acció expressada.

- Subordinades adverbials que modifiquen tota l'oració principal i que no poden substituir-se per un adverbi: es tracta de les oracions subordinades **condicionals**, **causals**, **finals**, **consecutives** i **concessives**.

  – *Anirem a Londres aquest estiu* ***si*** *el pressupost ens ho permet.*
  o. principal o. subordinada adverbial

  La subordinada adverbial explica un aspecte que afecta tota l'oració principal, ja que indica la condició que farà possible el viatge a Londres.

Per saber-ne més

Les oracions subordinades adverbials que modifiquen el verb reben el nom de **pròpies**, i les que modifiquen tota l'oració, d'**impròpies**.

Les oracions subordinades adverbials que modifiquen el verb

Les oracions subordinades adverbials de temps

Les **oracions subordinades adverbials de temps** o **temporals** expressen el moment en què té lloc l'acció del verb de l'oració principal. Fan la funció de complement circumstancial de temps i estan introduïdes per algun dels nexes següents:

> *abans de/que, sempre que, quan, mentre, ara que, cada vegada que, després de/que, des que, d'ençà que, així que, fins que, etc.*

– *Riu* ***cada vegada que*** *mira aquesta pel·lícula.* → *Riu a cada sessió.*
o. principal o. sub. adv. de temps CCTemps

Segons la relació temporal que té amb l'oració principal, les oracions subordinades de temps es classifiquen en tres tipus:

- **Anterioritat**. L'acció expressada per l'oració principal es produeix abans que la de l'oració subordinada. Els nexes més habituals són *abans que/de* i *fins que*:
  - *Explica-li la situació* ***abans d****'entrar a la reunió.*
    o. principal — o. sub. adv. de temps
- **Simultaneïtat**. L'acció expressada per l'oració principal es dona a la vegada que la de l'oració subordinada. Els nexes més habituals són *quan, mentre, cada vegada que* i *sempre que*:
  - *En Pep escolta música* ***mentre*** *s'entrena per a la marató.*
    o. principal — o. sub. adv. de temps
- **Posterioritat**. L'acció expressada per l'oració principal ocorre després que la de l'oració subordinada. Els nexes més habituals són *d'ençà que, tan bon punt* i *després que*:
  - *Farem un mos* ***després que*** *haguem anat al supermercat.*
    o. principal — o. sub. adv. de temps

Hi ha subordinades adverbials de temps que es poden construir amb un infinitiu o un gerundi:

- L'**infinitiu** s'introdueix amb la preposició *en* (també *a* en registres informals):
  - *En entrar a casa* *es va trobar la festa sorpresa.*
    o. sub. adv. (temps) — o. principal
- El **gerundi** pot anar precedit per les expressions *tot* i *bo i*, generalment en els registres formals i literaris:
  - *Ens va explicar la vida* *fent/tot fent/bo i fent la marxa del Taga.*
    o. principal — o. sub. adv. de temps
  - *Havent dinat* *farem un brindis per en Joan.*
    o. sub. adv. de temps — o. principal

Les oracions subordinades adverbials de manera

Les **oracions subordinades adverbials de manera** expressen com es realitza l'acció del verb de l'oració principal. Fan la funció de complement circumstancial de manera i estan introduïdes per algun dels nexes següents:

com, com si, tal com, segons, segons com, fins on, d'on, etc.

- *El pla ha sortit* ***tal com*** *havíem previst.* → *El pla ha sortit* *a la perfecció.*
  o. principal — o. sub. adv. de manera — CCManera
- *Camina* ***com si*** *tingués problemes d'equilibri.* → *Camina* *de tort.*
  o. principal — o. sub. adv. de manera — CCManera

Algunes subordinades adverbials de manera també es poden construir amb un gerundi i sense nexe:

- *Ha acabat la cursa* *esbufegant de mala manera.*
  o. principal — o. sub. adv. de manera

FEM-HO AIXÍ

Les oracions subordinades adverbials de temps construïdes amb un gerundi són **incorrectes** quan l'acció que expressen és posterior o indica una conseqüència de la principal:

✗ *Es va adormir al tren passant-se de parada.*

Aquestes construccions s'han de canviar per oracions coordinades:

- *Es va adormir al tren i es va passar de parada.*

Atenció!

No s'ha de confondre l'adverbi *on* de les subordinades adverbials amb el pronom *on* de les subordinades adjectives, que té antecedent i es pot substituir per *en què* o *en el qual*. L'oració amb l'*on* adverbial complementa un verb, i l'oració amb l'*on* relatiu complementa un nom:

- *Aparca on puguis.* (subordinada adverbial de lloc)
- *El restaurant on heu dinat té dues estrelles.* (subordinada adjectiva)

2. Les oracions subordinades adverbials (I)

Les oracions subordinades adverbials de lloc

Les **oracions subordinades adverbials de lloc** expressen el lloc on es realitza l'acció del verb de l'oració principal. Fan la funció de complement circumstancial de lloc i estan introduïdes per algun dels nexes següents:

on, allà on, arreu on, per on, fins on, d'on, etc.

– *Trobaràs indicacions de la ruta* ***allà on*** *el camí es divideix.*
  o. principal — o. sub. adv. de lloc

  → *Trobaràs indicacions de la ruta a la cruïlla.*
  CCLloc

– *Al Montseny hi ha restaurants* ***arreu on*** *vagis.*
  o. principal — o. sub. adv. de lloc

  → *Al Montseny hi ha restaurants a tots els racons.*
  CCLloc

Les oracions subordinades adverbials de quantitat o comparatives

Les **oracions subordinades adverbials de quantitat o comparatives** valoren la quantitat de l'acció del verb de l'oració subordinada respecte de la del verb de l'oració principal, és a dir, les comparen. Fan la funció de complement circumstancial de quantitat:

– *S'hi han lluït* ***més que*** *(no s'hi van lluir) l'altra vegada.* → *S'hi han lluït molt.*
  o. principal — o. sub. adv. de quantitat o comparativa — CCQuantitat

La majoria d'oracions compostes que contenen una subordinada adverbial comparativa tenen l'aparença d'una oració simple perquè només tenen un verb explícit. En realitat, però, l'oració de la subordinada té el mateix verb que l'oració principal, només que l'ometem per no repetir-lo:

– *En Pau estudia* ***menys que*** *no estudiava l'any passat.*
  o. principal — o. sub. adv. comparativa

– *En Pau estudia* ***menys que*** *l'any passat.*
  o. principal — o. sub. adv. comparativa

Hi ha quatre tipus de subordinades de quantitat o comparatives:

- **Igualtat**, amb els nexes *tan... com, tant... com, igual... que*:
  – *Aquests germans es barallen* ***igual que*** *les mones.*
    o. principal — o. sub. adv. comparativa
- **Superioritat**, amb els nexes *més... que, millor... que*:
  – *En Martí és* ***més*** *entremaliat* ***que*** *en Gregori.*
    o. principal — o. sub. adv. comparativa
- **Inferioritat**, amb els nexes *menys... que, pitjor... que*:
  – *Avui l'equip ha estat* ***menys*** *encertat* ***que*** *la setmana passada.*
    o. principal — o. sub. adv. comparativa
- **Proporcionalitat**, amb els nexes *com més... més/menys, com menys... més/menys*:
  – *Com* ***més*** *camino* ***menys*** *cansada estic.*
    o. principal — o. sub. adv. comparativa

Atenció!

No hem de confondre els adverbis *tan* i *tant*:

– *tan* acompanya adjectius i adverbis (*tan emocionant, tan aviat*).

– *tant* acompanya substantius i verbs (*tant soroll, estudia tant*).

ACTIVITATS

12. Destria les oracions subordinades adverbials de les que no ho són i subratlla-les:

- De seguida que arribis, truca.
- S'ha pensat que ja no li dirigies la paraula.
- L'entrenador no ha volgut fer declaracions quan s'ha acabat el partit.
- No se sap ben bé on comença la cua.
- Ajudem tant com podem.
- Li agrada estrenar roba nova.
- En acabar la reunió ja hi havia la premsa esperant-los.
- La Mariona neda com un peix.
- Sempre va pentinat com si sortís de la perruqueria.
- S'ha acabat tota la beguda que havia portat.

13. Subratlla les oracions subordinades adverbials i indica de quin tipus són:

- Ha arribat marejat com una sopa.
- Hem anat on ens has dit i estava tancat.
- L'empresa m'avisarà tan aviat com hi hagi una vacant.
- Ha trobat que l'hebreu era més difícil que el xinès.
- Com més parla més nerviosa em poso.
- Passa l'escombra tot ballant.
- Ha tornat a casa renegant com un oriol.
- Han marxat tot just abans que arribéssiu.
- Sempre fa com si sentís ploure.

14. Completa les oracions amb una oració subordinada adverbial del tipus indicat entre parèntesis:

- Estudia ... (temps).
- És avorrit ... (manera).
- És més avorrit ... (comparativa).
- Es van perdre ... (lloc).
- (temps) ..., dóna'm un cop de mà.
- Han trucat ... (temps d'anterioritat).
- Penjaré aquest quadre ... (manera).
- Iniciaran l'ascens al cim ... (lloc).

15. Substitueix els complements circumstancials subratllats per una subordinada adverbial que tingui el mateix valor i indica'n el tipus:

- Es vesteix <u>de manera vistosa</u>.
- No hauries de prendre dolços <u>tan sovint</u>.
- En Jan s'hi ha esforçat <u>molt</u> aquest any.
- <u>Aviat</u> obriran una llibreria nova al carrer.
- Aquest polític parla <u>amb arguments poc consistents</u>.
- En Quim s'entrena <u>per camins planers</u>.

16. Identifica quines de les oracions subordinades adverbials construïdes amb gerundi són incorrectes i justifica-ho. Després, reescriu-les fent els canvis necessaris perquè siguin correctes:

- Durant el sopar va menjar massa trobant-se malament durant la nit.
- Estudia escoltant música de Mozart.
- S'ha adormit recordant les anècdotes del dia.
- Es va trobar un embús de quatre quilòmetres posant-se molt nerviós.
- No he regat prou les plantes pansint-se en dos dies.
- S'ha compromès amb massa activitats atabalant-se molt.

17. Destria si les oracions subordinades següents són adverbials, adjectives o substantives i justifica-ho:

- No sabem on anirem de vacances aquest any.
- Passarem el cap de setmana a la casa de colònies on va anar la Marta.
- Anirem fins on hi ha un panell explicatiu de les excursions.
- S'ha assegut on hi ha un niu de formigues.
- Hem visitat la masia on va viure Josep Pla.

18. Indica si les subordinades adverbials comparatives següents són d'igualtat, inferioritat, superioritat o proporcionalitat:

- Com més sento aquesta cançó més m'agrada.
- Aquest país és tan influent com aquest altre.
- Un llibre de receptes és més divertit que aquesta novel·la.
- Com menys dormo més emboirat tinc el cap.
- La rentadora vella era menys eficient que la nova.

19. Completa les oracions amb *tan* o *tant*:

- Aquest actor és ... presumit com aquest altre.
- Estic ... cansat que dormiria un dia seguit.
- En Pau s'hi esforça ... o més que tu.
- Es baralla amb tothom i, després, es queda ... tranquil.
- No et posis ... de sucre, que et renyaran.

3. El contacte de llengües (I)

La sociolingüística

La llengua és una de les bases importants sobre les quals s'assenten totes les societats humanes.

La **sociolingüística** estudia les relacions que s'estableixen entre llengua i societat i les repercussions i els usos lingüístics que se'n deriven: les actituds i els prejudicis lingüístics vigents, el marc jurídic i les normes socials que en regulen els usos, la variació lingüística que s'hi manifesta, etc.

Comunitat lingüística, àmbits i normes d'ús

Una **comunitat lingüística** és un grup humà que utilitza una llengua comuna per establir la xarxa de relacions que caracteritzen una societat. La llengua es converteix així en un element de referència de la comunitat i en el mitjà a través del qual s'integren els nous membres.

La societat no constitueix un marc únic, sinó que està formada per diferents parcel·les o camps d'experiència que anomenem **àmbit d'ús**: àmbit educatiu, judicial, socioeconòmic, etc.

La tria de la llengua, la varietat o el registre lingüístic que correspon a cada àmbit d'ús ve determinada per les **normes d'ús** vigents a cada societat. Es tracta d'unes normes que regulen quan i on s'ha de parlar cada llengua o varietat, i poden ser lleis escrites o bé costums socials.

Per saber-ne més

Van trencar les **normes d'ús** vigents a l'època Enric IV d'Anglaterra, que va decidir utilitzar l'anglès i no el francès a la cort (1399), o Àngel Guimerà quan va emprar el català en un acte públic a l'Ateneu Barcelonès, on era norma utilitzar el castellà (1895).

Contacte i conflicte lingüístic

L'evolució de les comunitats humanes afavoreix el **contacte lingüístic** i fa que cada vegada sigui més habitual la presència de llengües diverses en la societat. A Catalunya, per exemple, en parlem tres-centes i es tracta d'un patrimoni lingüístic que ens enriqueix com a societat.

El **monolingüisme** és poc habitual en el món. A Europa, per posar un exemple, només tres estats poden considerar-se totalment monolingües: Albània, Portugal i Islàndia.

Parlem de **conflicte lingüístic** quan una llengua B intenta ocupar els àmbits d'ús ocupats fins aquell moment per la llengua A. El conflicte lingüístic es resol amb la substitució de la llengua A per la llengua B, o bé amb la recuperació plena de la llengua A:

Conflicte lingüístic → substitució lingüística
Conflicte lingüístic → normalització lingüística

Un cop s'ha iniciat el conflicte lingüístic sol produir-se un procés gradual de bilingüització dels parlants de la llengua A, que adquireixen un domini de la llengua B i la comencen a utilitzar en alguns àmbits. Generalment, els parlants de la llengua B es mantenen monolingües.

Per saber-ne més

Es considera **poliglot** un parlant que domina quatre llengües o més. Al llarg de la història hi ha hagut poliglots destacats: Giuseppe Caspar Mezzofanti (1774-1849), cardenal italià, dominava 39 llengües; Heinrich Schliemann (1822-1890), el descobridor de les ruïnes de Troia, 14.

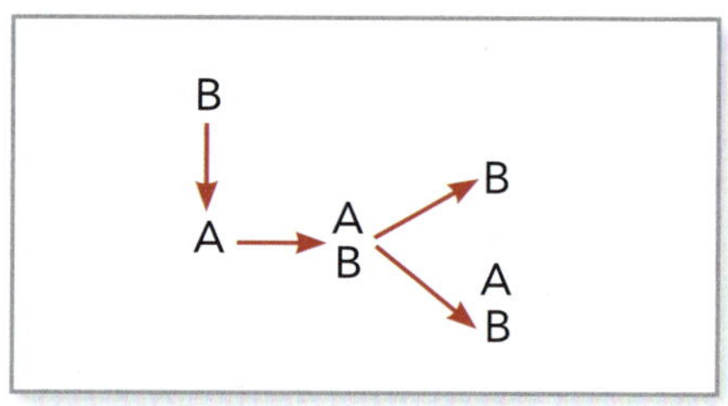

Gràfic del conflicte lingüístic.

Bilingüisme i diglòssia

El **bilingüisme** és l'ús de dues llengües per part d'un individu o d'un grup.

Podem diferenciar tres tipus de bilingüisme:

- **Territorial**: dues llengües s'utilitzen en zones diferents d'un estat.
- **Individual**: un parlant domina dues llengües.
- **Social**: dues llengües s'utilitzen en una mateixa societat.

La **diglòssia** és la utilització de dues llengües (o de dues varietats), de manera que una s'empra per als àmbits informals i l'altra per als formals.

L'aparició de la diglòssia pot suposar l'inici d'un conflicte lingüístic, perquè l'ocupació dels àmbits formals per part d'una llengua pot conduir a la substitució global de l'altra llengua.

Per saber-ne més

Un exemple de situació de **diglòssia** va ser la utilització del llatí com a llengua de cultura i poder durant l'Edat Mitjana.

ACTIVITATS

20. Llegeix els enunciats i digues si són veritables o falsos:

a) La sociolingüística estudia el grau de coneixement i l'ús de la normativa. ▢

b) Les normes d'ús són immutables i coincideixen en les diverses societats. ▢

c) Els conflictes lingüístics han desaparegut de les societats europees, perquè en tots els estats es reconeixen els drets lingüístics dels parlants. ▢

d) La diglòssia suposa el repartiment de funcions lingüístiques entre dues varietats o dues llengües diferents en una mateixa comunitat. ▢

21. Per què un conflicte lingüístic acaba amb la substitució o la normalització lingüística de la llengua inicial?

22. Llegeix el text. Amb quin concepte sociolingüístic es relaciona el comportament que s'hi descriu?

> Hi ha persones de llengua primera catalana que si, espontàniament, s'expressen en català en un grup de desconeguts i, de sobte, descobreixen que un o diversos dels participants en el grup parlen en castellà, canvien de llengua i es desfan en excuses. Talment com si necessitessin fer-se perdonar perquè els "castellans" presents no poguessin pensar-se que volien menystenir-los, sinó que, senzillament, no s'havien adonat de la seva presència, per això havien parlat "com si tothom fos de casa", sense saber que alguns dels presents "no ho eren". Sense adonar-se que, justament, aquesta voluntat de no considerar-los "de casa" pot ser encara més ofensiva.
>
> Enric LARREULA: *Dolor de llengua* (adaptació).

23. Llegeix el fragment següent. Quina era la llengua habitual al barri? Quines famílies o institucions utilitzaven el castellà?

> Com jo mateix, que vaig passar la infància en un barri o districte de València que era quasi rigorosament monolingüe en valencià. En aquell extrem o barri de València, només es parlava el castellà en dos o tres cases normals, entre elles la meua, en les de mitja dotzena de forasters, i en la família de don Marcelino Alamar. Però aquesta família no era "normal": eren els únics verdaderament rics, il·lustres en la indústria i el comerç. Quant a la meua família, els pares parlaven valencià entre ells, però com que mon pare era molt de dreta i empleat d'Hisenda, degué considerar que era millor que els seus fills es distingiren una mica de l'entorn popular. Ho comprenc perfectament. De manera que vaig créixer parlant castellà únicament a casa, amb els pares i els germans, i únicament valencià al carrer, amb la resta de la humanitat.
>
> Joan Francesc MIRA: "Llengua, infantesa" (adaptació).

24. La incorporació del francès a la Catalunya Nord es va fer introduint-hi el sentiment d'autoodi cap a la llengua pròpia. Comenta aquesta inscripció d'una escola. Quines normes d'ús es deriven de seguir-la?

4. Les grafies *b*/*v* i *h*

Les grafies *b* i *v*

La distinció entre el so de la **b** i el de la **v** es fa només en alguns parlars. A la resta la **b** i la **v** sonen igual i pot fer dubtar a l'hora d'escriure-les. Per això ens poden ser útils les normes que hi ha a continuació:

- Escrivim **b**:
  - Davant de les lletres ***l*** i ***r***: *ca**bl**ejat*, *em**br**utar*, ***br**icolatge*...
  - Quan apareix una ***p*** en la mateixa família de paraules: *ca**b**íem*, *ca**b**ut* → *ca**p***; *llo**b**a*, *llo**b**ató* → *llo**p***...
  - Darrere ***m***: *a**mb**ient*, *se**mb**lar*...
- Escrivim **v**:
  - A l'imperfet d'indicatiu de la 1a conjugació: *juga**v**en*, *toca**v**a*...
  - Quan apareix una ***u*** en la mateixa família de paraules: *bla**u*** → *bla**v**ós*; *here**u*** → *here**v**a*; *to**u*** → *esto**v**ar*...
  - Darrere de ***n***: *i**nv**entar*, *co**nv**ersió*, *besca**nv**iar*, *co**nv**idar*...
  - S'escriu *tra**mv**ia* i *circu**mv**al·lació*.

> **Atenció!**
> Si no saps com s'escriu una paraula, en els diccionaris en trobaràs la forma correcta.

La paraula *ar**b**re* s'escriu amb ***b***; i la paraula ***v**ent* amb ***v***.

Els pseudoderivats

Són mots que provenen directament del llatí i no del mot català:

Mot català amb *v* i pseudoderivat amb *b*	
*mo**v**iment* → *mò**b**il*	*cer**v**ell* → *cere**b**ral*
*lla**v**i* → *la**b**ial*	*a**v**ortar* → *a**b**ortiu*

Mot català amb *b* i pseudoderivat amb *v*	
*cor**b**a* → *cur**v**atura*, *cur**v**ilini*	*cal**b***, *cal**b**a* → *cal**v**ície*

La grafia *h*

La ***h*** és una lletra que no correspon a cap so, i que només en alguns casos es pronuncia aspirada.

- Es pot trobar en qualsevol posició:

– En posició inicial: ***h**ome*, ***h**àbil*, ***h**oritzontal*, ***h**ectàrea*...

– Intercalada: *ad**h**erir*, *co**h**esió*, *in**h**erent*, *pro**h**ibir*...

– Final: *e**h***, *o**h***, *a**h***, *ba**h***...

- S'escriu amb ***h*** el verb *haver*: ***h**em*, ***h**auríeu*, ***h**auràs*...
- La *hac* és muda fins i tot en alguns manlleus: ***h**oquei*, ***h**andbol*... Però és aspirada a ***h**a*, ***h**a*, ***h**a!*; *e**h**em*; ***H**awai*; ***h**ippy*...

> **Per saber-ne més**
> Les interjeccions per indicar que estem rient les hem d'escriure amb ***h***: *ha, ha, ha!*; *he!, he!, he!*

Paraules amb *h* i paraules sense *h*

- En català algunes paraules pensem que no porten ***h*** per influència del castellà, però sí que en porten: ***h**ivern*, ***h**armonia*, ***h**armònium*, ***h**issar*, *sub**h**asta*, ***h**am*, *a**h**ir*...
- En català hi ha algunes paraules que pensem que porten ***h*** per influència del castellà, però no en porten: *cacauet*, *coet*, *orfe*, *orxata*, *avui*, *os*, *ou*...

En català, ***h**i**v**ern* s'escriu amb ***h*** i amb ***v***.

ACTIVITATS

25. Una de les paraules de cada sèrie no està ben escrita, identifica-la i escriu-la bé:

- mòbil, movilitat, immòbil, movible
- escrivà, escriba, escrivent, escribia
- corba, curbatura, encorbar, curvilini
- nuvolositat, ennuvolat, nevulosa, obnubilar
- aprovació, probabilitat, provatura, probador

26. Completa les frases següents amb *b* o *v*:

- Han fet una ronda de circum...al·lació a la ciutat.
- La línia 5 del tram...ia travessa tota la ciutat.
- Aquell noi és ...asc, de Getaria, i la noia de la dreta és andalusa, de Còrdo...a.
- A l'Anna li agrada molt el préssec en almí...ar.
- La ga...ardina de la directora és bla...a.
- El ca...le del telèfon m'ha fet caure.
- Tots els alumnes d'esgrima estan o...ligats a enfundar el sa...re quan s'acaba la classe.

27. Completa amb *b* o *v* les paraules d'aquestes sèries:

- llop: llo...a, llo...et, llo...ató
- viu: vi...a, vi...íem, convi...ia
- nau: na...egar, na...ili, na...egable
- greu: gra...etat, gra...íssim
- festiu: festi...itat, festi...a, festi...al
- suau: sua...itat, sua...íssima, sua...itzant
- hereu: here...a, here...es
- cap: ca...ia, ca...re, ca...rà
- estrep: estre...ada, estre...ar, estre...arem
- concep: conce...re, conce...ia, conce...rà

28. Completa les oracions amb una de les dues paraules que es proposen:

- **ball/vall**
  - Van anar a classes de ... cada dia.
  - Viu en una ... on neva tot l'any.
- **abís/avís**
  - Va respondre l'... amb un missatge de text.
  - Després de la mort del pare va caure en un ... profund.
- **bull/vull**
  - L'aigua ja ..., hi tiro la pasta?
  - He d'estalviar per fer el viatge que ....
- **benes/venes**
  - Em va mostrar les ... que cobrien la ferida.
  - La sang sempre circula per les ....

29. Escriu aquestes frases al teu quadern posant la lletra *h* en les paraules que correspongui:

a) L'omicidi es va cometre a l'ospital.

b) Alesores va tornar l'armonia.

c) En aquell establiment i venen cinta adesiva.

d) Totom té invitació per entrar a la subasta.

30. Completa amb *h*, si cal, les paraules següents i escriu-les en les frases que tens a continuació:

- alco...òliques • ...am • ...ipòtesi • ...igiene
- ...ostatge • ...issar • ...orxata • ...ostes

a) Feia tanta calor que ens vam demanar una ....

b) La ... de la policia és que es tracti d'un atemptat.

c) Han creat un nou impost sobre les begudes ....

d) Els ... de l'habitació 327 han demanat tovalloles.

e) En l'atracament va agafar d'... la meva cosina.

f) Va estirar la canya amb força i va rompre l'....

g) S'han d'extremar les mesures d'... als quiròfans.

h) Tots els mariners van ajudar a ... les veles.

31. Completa les oracions següents amb les paraules proposades:

- **em/eh/hem**
  - ..., com va? Ara feia temps que no ens vèiem.
  - La gent del poble ... decidit anar a la piscina.
  - ... va dir que ... telefonaria l'endemà.
- **ho/oh/o**
  - En Carles ... sap tot.
  - ..., quina sorpresa! Un regal!
  - L'encàrrec el recolliran en Josep ... la Núria.
- **ha/ah/a**
  - ..., és clar! No vindrà perquè té una classe.
  - El bar és ... l'entrada del centre comercial.
  - La Caterina ... trobat la solució del problema.
- **hi/i**
  - En Pau i la Teresa s'han trobat ... han anat a berenar.
  - L'Antoni no ... veu gens de l'ull esquerre.

5. La poesia a la segona meitat del segle XX

Tendències estètiques en la poesia

En la poesia de postguerra es poden resseguir diverses línies estètiques. D'una banda, el postsimbolisme, que arran de la guerra es relliga amb la desfeta històrica i personal; de l'altra, l'experimentació poètica relacionada amb l'avantguarda.

En la dècada dels seixanta s'hi afegirà la denúncia de la situació política i social. El realisme històric considera la poesia com a instrument de denúncia de les injustícies i d'introduir la realitat quotidiana com a matèria poètica. Com que la poesia d'aquesta tendència parteix d'anècdotes i experiències quotidianes, utilitza principalment el llenguatge habitual de la vida diària.

Aquesta orientació de la poesia ha tingut la màxima representació internacional en el poeta angloamericà **Wystan Hugh Auden**. Segons Auden, un poema ha de ser bell, però també s'ha de comprometre amb la veritat i els problemes del món.

Wystan Hugh Auden és el màxim exponent del realisme poètic.

La poesia catalana després de la Guerra Civil

La poesia va prosseguir durant la postguerra amb els postulats anteriors. L'any 1960, però, es publicaren tres llibres de poesia (*Vacances pagades*, de Pere Quart; *La pell de brau*, de Salvador Espriu, i *Da nuces pueris*, de Gabriel Ferrater) que comportaren una renovació profunda.

Durant els anys seixanta la poesia estigué dominada sobretot pel realisme històric.

Pere Quart (1899-1986)

Ja hem parlat de la producció teatral de Joan Oliver. Aquest autor, però, també conreà la poesia, camp en el qual emprà el pseudònim de "Pere Quart".

Pere Quart va publicar els primers llibres de poemes abans de la guerra: *Les decapitacions* (1934) i *Bestiari* (1937).

En el primer d'aquests llibres, *Les decapitacions*, té un to desenfadat i enjogassat, encara que de vegades amaga una profunda reflexió sobre l'experiència humana:

Una vaca amb un vedellet als braços

Non non,
vine, son!

Dorm, petit, la mare et bressa,
cal que creixis ben de pressa;
fes-te fort
per a la mort!
¿Seràs brau
o de pau?
¿Seràs carn d'escorxador
o màrtir nacional?
Tant se val!
Per un bou
tot és prou.
Ara els somnis, vedelló.

Non non,
vine, son!

Pere QUART

Retrat de Joan Oliver.

Després de la guerra va escriure *Saló de tardor* (1947), un llibre més intimista i malenconiós que els anteriors. L'any 1960 publica *Vacances pagades*, considerada la seva obra més important.

Aquesta obra és escrita amb un estil senzill i sovint presenta expressions extretes del llenguatge col·loquial, com si els poemes fossin una conversa amb el lector.

Encara que l'obra de Pere Quart s'inscriu dins del realisme poètic, la realitat hi és presentada sovint d'una manera caricaturesca, amb la voluntat de posar en evidència l'absurditat de molts comportaments humans. Hi critica especialment l'evolució de la societat cap al consumisme, que en aquell moment començava a esdevenir un fenomen de masses.

Entre els darrers llibres de Pere Quart destaca *Circumstàncies* (1968). S'hi nota l'evolució del poeta cap a un to més amarg i desencantat, tant des del punt de vista personal com col·lectiu. Els poemes tenen de vegades un to narratiu.

Vacances pagades és l'obra més reconeguda de Pere Quart.

Salvador Espriu (1913-1985)

Ja hem parlat de **Salvador Espriu** com a dramaturg. Però és també, i sobretot, un poeta.

Per entendre la poesia d'Espriu cal tenir en compte, en primer lloc, el gran bagatge cultural d'aquest autor, especialment en el camp de les cultures antigues (l'egípcia, l'hebrea i la grega). Aquest bagatge explica, en bona part, una de les característiques principals de la seva obra: la capacitat per crear mites.

Entre els mites que va crear, el més conegut de tots és el de Sinera, que simbolitza la infància i l'adolescència del poeta i, alhora, la realitat mateixa de Catalunya, esfondrada arran de la Guerra Civil.

Situada en un marc intemporal, Sinera encarna també el destí tràgic de l'ésser humà.

La poesia d'Espriu es classifica en tres gèneres:

- **Elegíac**: presenta la mort concretada en la desaparició d'éssers estimats o en la destrucció de la Guerra Civil: *Cementiri de Sinera* (1946), *Les hores* (1952), *Mrs. Death* (1952), *El caminant i el mur* (1954) i *Final del laberint* (1955).
- **Satíric**: reflexiona sobre aspectes grotescos de la vida quotidiana i presenta els éssers humans com a simples titelles al servei de la mort: *Les cançons d'Ariadna* (1949).
- **Cívic**: molt sovint la seva poesia té una finalitat conciliadora, especialment en relació amb la Guerra Civil. Cal esmentar *La pell de brau* (1960), mite on recrea la tragèdia de Sefarad (*Sefarad* és el nom que els jueus donaven a la Península Ibèrica; per això els jueus expulsats pels Reis Catòlics reben el nom de *sefardites*; Espriu s'hi refereix també amb l'expressió "pell de brau", perquè té la forma d'una pell de brau estesa).

  A *La pell de brau*, doncs, el poeta reflexiona sobre la Guerra Civil i sobre les relacions entre Catalunya i Espanya.

  La poesia d'Espriu té generalment un to trist i pessimista. Una de les seves característiques és la capacitat de reflexionar sobre la història col·lectiva i vincular-la amb la de l'ésser humà individual.

Per saber-ne més

Sinera és el nom que resulta d'invertir l'ordre de les lletres d'Arenys, població on Espriu va passar una part de la seva infantesa.

Coberta de la primera edició de *La pell de brau*.

5. La poesia a la segona meitat del segle XX

Joan Vinyoli (1914-1984)

La vida de **Joan Vinyoli**, nascut a Barcelona, va estar marcada per una infantesa plena de penúries econòmiques en la qual els moments més feliços eren els estius passats a Santa Coloma de Farners, paisatge evocat sovint a la seva poesia.

Inicialment en la seva obra es manifesten les influències de Riba i Rilke. Després, va evolucionar cap al conreu d'una poesia existencial. Vinyoli destaca per un llenguatge propi i original. En les seves poesies parla de l'amor, el pas del temps i el mateix fet poètic. La paraula poètica és vista com l'únic recurs a què l'ésser humà es pot aferrar davant de la corrupció i la mort.

Entre les seves obres cal destacar *De vida i somni* (1948), *El callat* (1956), *Realitats* (1963), *Tot és ara i res* (1970) i *Passeig d'aniversari* (1984).

Coberta de la *Poesia completa* de Joan Vinyoli.

Gabriel Ferrater (1922-1972)

Gabriel Ferrater va néixer a Reus en el si d'una família benestant de vinaters. L'any 1938 la seva família s'exilià a França. De retorn a Catalunya es dedicà a la crítica artística, la traducció i altres tasques editorials.

L'obra poètica de Ferrater s'aplega en un únic volum, *Les dones i els dies* (1968), que recull els tres poemaris que havia publicat anteriorment: *Da nuces pueris* (1960), *Menja't una cama* (1962) i *Teoria dels cossos* (1966).

El tema fonamental de la poesia de Ferrater és la complexitat de les relacions humanes, especialment les amoroses (les dones), presentades en un espai i un temps (els dies) concrets. Ferrater és el poeta de la fugacitat del moment. La seva poesia és austera, realista, sincera i erudita, i conté algunes imatges i símbols difícils de desxifrar. Els seus poemes sovint parteixen d'anècdotes amb l'objectiu de fer-ne una reflexió moral.

Vicent Andrés Estellés (1924-1993)

Vicent Andrés Estellés va néixer a Burjassot i treballà al diari *Las Provincias*. Encara que també va escriure novel·la, és sobretot conegut com a poeta.

La poesia d'Estellés mostra predilecció per les realitats quotidianes, com ara els productes de la terra o el goig amb les petites coses. Hi predominen dues obsessions: la mort (arriba a imaginar-se fins i tot el seu propi enterrament) i l'amor (amb un ampli ventall de perspectives i gran sensualitat, des de l'amor més espiritualitzat fins al sexe expressat de la manera més crua).

En aquest poema Estellés parla d'amor en el context històric de la postguerra, en què la gent se sentia vigilada i censurada:

> Hòmens d'ordre vigilen de reüll el que escrius,
> els hòmens que s'han fet grossos en la postguerra.
> Hem pecat per això, perquè no se'ns deixava
> existir plenament, amar-nos plenament
> amb aquell impudor que la vida demana,
> aquell amor capaç de fondre tots els ploms,
> rebentar les perilles, deixar el món a les fosques.

Burjassot (Horta) és el poble natal de Vicent Andrés Estellés.

D'altra banda, Estellés es mostra compromès amb el País Valencià. A *Les homilies d'Organyà* (1981) ret un homenatge a la llengua. *Mural del País Valencià* (començat a publicar l'any 1978) és un conjunt no acabat de poemaris dedicats a enaltir la geografia i la història dels pobles valencians.

A *Horacianes* (1974) es transforma en el poeta llatí Horaci, barrejant la València contemporània amb la Roma clàssica i convertint els seus enemics en personatges romans, com ara Suetoni.

Altres obres d'Estellés són *La clau que obri tots els panys* (1971), *Llibre de meravelles*, (1971), *Recomane tenebres* (1972), *Manual de conformitats* (1977), *Cant temporal* (1980), *Versos per a Jackeley* (1983), *Vaixell de vidre* (1984), *La lluna de colors* (1986) i *Sonata d'Isabel* (1990).

Coberta d'una antologia de l'obra de Vicent Andrés Estellés.

Miquel Martí i Pol (1929-2003)

Miquel Martí i Pol va néixer a Roda de Ter l'any 1929, i a catorze anys va començar a treballar en una fàbrica del poble. La seva obra, que és essencialment poètica, es pot dividir en tres etapes:

- La primera s'emmarca dins del realisme històric. En són mostres llibres com *El poble* (1966) i *La fàbrica* (1972), on presenta la vida dels obrers que van a treballar cada dia, de les mestresses de casa i dels jubilats.

  El poeta se sent compromès amb aquesta realitat quotidiana, que és la seva i que considera, d'alguna manera, èpica.
- La segona etapa està molt marcada per la malaltia. A *Vint-i-set poemes en tres temps* (1972) i *La pell de violí* (1974) presenta temes com l'angoixa i la solitud. A partir de *Cinc esgrafiats a la mateixa paret* (1975) el poeta viu la malaltia d'una manera diferent, amb esperança, optimisme i ganes de viure. Aquesta nova actitud vitalista es pot veure a *Quadern de vacances* (1976), *Estimada Marta* (1978), *L'àmbit de tots els àmbits* (1981) i *Llibre d'absències* (1985).
- La darrera etapa està definida pel desencís i la inseguretat. El poeta reconeix que es fa vell i veu les coses amb pessimisme. En són mostres *Un hivern plàcid* (1994) i *Llibre de les solituds* (1997).

A l'obra de Martí i Pol tenen molta importància els sentits i, especialment, la vista i el tacte, com a elements que li permeten comunicar-se amb un món al qual té un accés limitat a causa de la malaltia.

Maria-Mercè Marçal (1952-1998)

Maria-Mercè Marçal va néixer a Barcelona, però va passar la infantesa a Ivars d'Urgell, d'on es considerava originària. Més endavant va tornar a Barcelona, on va morir.

Entre els seus llibres de poemes destaquen *Cau de llunes* (1977), *Bruixa de dol* (1977-1979), *Sal oberta* (1982), *Desglaç* (1984-1988), *Llengua abolida* (1973-1988) i *Raó del cos* (pòstuma, 2000).

L'obra poètica de Maria-Mercè Marçal es caracteritza per un to íntim i de reflexió personal.

La seva poesia tracta temes pròpiament femenins, com la maternitat o la relació mare-filla. També s'interessa per temes universals, com l'amor, la solitud o la mort. És una poesia de caràcter íntim i introspectiu que té sovint un to de revolta i subversió.

ACTIVITATS

32. Què s'entén per realisme poètic?

33. Quins tres llibres importants de poesia es van publicar el 1960?

34. Quin era el nom real de Pere Quart?

35. Llegeix el poema XL del *Llibre de Sinera*, de Salvador Espriu, i contesta les preguntes:

> Però en la sequedat arrela el pi
> crescut des d'ella cap al lliure vent
> que ordeno i dic amb unes poques lletres
> d'una breu i molt noble i eterna paraula:
> m'alço vell tronc damunt la vella mar,
> ombrejo i guardo el pas del meu camí,
> reposa en mi la llum i encalmo ja la nit,
> torno la dura veu en nu roquer del cant.

a) Fes l'anàlisi mètrica d'aquest poema: tipus d'estrofa i nombre de síl·labes dels versos.

b) Als últims quatre versos hi ha un acròstic. Quina paraula et surt?

c) De quin tema parla aquest poema? Justifica-ho amb expressions del mateix poema.

36. Llegeix aquest poema i respon a les preguntes:

Cants d'Abelone [IX]

> … I què faré de mi
> si ja no sé com expandir-me?
> Com aniria més enllà d'on sóc?
> I què m'espera que no sigui vent
> efímer que passa?
> Per això visc en desenfrè quiet
> parlant del foc o de la pedra o dels núvols.
>
> L'arbre de sang es ramifica, diuen,
> a les entranyes, que aquest fruit és bo.
> Per a quin fruit a mi van escollir-me,
> que moro de sentir-me'l i no poder-lo dar?
>
> Ah, no sé si mai més el silenci vespral
> [moderarà els meus batecs
> ni si mai més podré cabre en els jardins
> [de la terra.
>
> Cantaré sola allargant els braços.
> Dormiré dreta amb els ulls oberts.
>
> Joan VINYOLI

a) La poesia de Vinyoli sovint es pregunta pel sentit de l'existència. Què es planteja aquí?

b) Digues quina figura retòrica hi ha en l'expressió "desenfrè quiet".

c) Al darrer quartet Vinyoli proposa el cant i el somni com a remeis per a la buidor existencial. De quina manera ho diu?

d) Busca una metàfora al poema i explica-la.

37. Com és la poesia de Gabriel Ferrater?

38. En quin volum s'aplega l'obra poètica de Ferrater?

39. Quines obsessions predominen a la poesia de Vicent Andrés Estellés?

40. Quins temes surten a la poesia d'Estellés?

41. Llegeix aquest poema de Miquel Martí i Pol i contesta les preguntes:

Un dia qualsevol

> Un dia qualsevol foradaré la terra
> i em faré un clot profund,
> perquè la mort m'arreplegui dempeus,
> reptador, temerari.
> Suportaré tossudament la pluja
> i arrelaré en el fang de mi mateix.
> Quiti de mots, em bastarà l'alè
> per afirmar una presència
> d'estricte vegetal.
>
> L'ossada que em sustenta
> s'endurirà fins a esdevenir roca
> i clamaré, amb els ulls esbatanats,
> contra els temps venidors
> i llur insaciable corruptela.
> Alliberat de tota turpitud,
> sense seguici d'ombra,
> no giraré mai més el cap
> per mirar enrere.
>
> Miquel MARTÍ I POL

a) En el poema es presenta una metamorfosi. Quina és?

b) A quina etapa de la poesia de Martí i Pol correspon el poema?

c) Com viu la malaltia l'autor?

d) Com interpretes els dos últims versos del poema? Creus que et poden ajudar a interpretar-lo?

42. Porta a classe el poema de Maria Mercè Marçal que vulguis i explica què en destacaries i per què l'has triat.

Un poema de Vicent Andrés Estellés

Aquí treballarem un poema de Vicent Andrés Estellés. En aquest poema, Estellés posa de manifest un sentiment col·lectiu, el d'un poble. Un sentiment reivindicatiu. La rosa de paper és un símbol que pot molt ben ser la poesia.

És una consigna de resistència. El poeta és un membre més del poble i alhora la veu del poble, d'un poble que pateix la postguerra i una dictadura.

Cançó de la rosa de paper

Homenatge a José Martí[1]

Ella tenia una rosa,
una rosa de paper,
d'un paper vell de diari,
d'un diari groc del temps.

Ella volia una rosa,
i un dia se la va fer.
Ella tenia una rosa,
una rosa de paper.

Passaren hivern i estiu,
la primavera també,
també passà la tardor,
dies de pluja i de vent.

I ella tenia la rosa,
una rosa de paper.
Va morir qualsevol dia
i l'enterraren després.

Però al carrer on vivia,
però en el poble en què visqué,
les mans del poble es passaven
una rosa de paper.

I circulava la rosa,
però molt secretament.
I de mà en mà s'hi passaven
una rosa de paper.

El poble creia altra volta
i ningú no va saber
què tenia aquella rosa,
una rosa de paper.

Fins que un dia d'aquells dies
va manar l'ajuntament
que fos cremada la rosa,
perquè allò ja estava bé.

Varen regirar[2] les cases:
la rosa no aparegué.
Va haver-hi interrogatoris;
ningú no en sabia res.

Però com una consigna[3]
circula secretament
de mà en mà, per tot el poble,
una rosa de paper.

Vicent ANDRÉS ESTELLÉS: *Obra completa.*

- Fes l'estudi mètric del poema de Vicent Andrés Estellés.
- Quina paraula es repeteix constantment en el poema?
- Quina relació té el títol amb el contingut?
- En nom de qui parla el poeta?
- Què representa la rosa de paper?
- Investiga quin és el context històric d'aquest poema.

1. José Martí (1833-1895): fill de valencià, va intervenir activament en la independència de Cuba.
2. regirar: treure de lloc per buscar alguna cosa.
3. consigna: ordre.

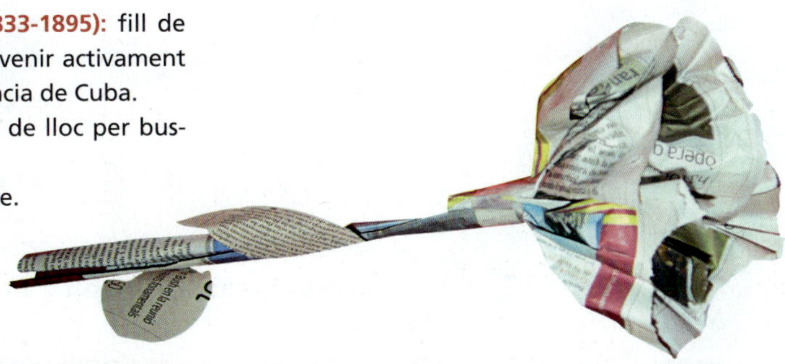

El text instructiu

Parlem de bolets

Els bolets són la part visible d'uns éssers vius que passen l'any sota terra, en unes zones del bosc que anomenem boleteres. Els grecs van dividir els bolets en dos grans grups: els comestibles i els que no ho eren.

La facilitat de confondre'ls és molt gran: per exemple, l'ou de reig, el reig bord i la farinera borda, tots tres de la família de les amanites. L'ou de reig és un dels bolets més fins i gustosos del país; el reig bord és un bolet tòxic que no mata, però que pot produir atordiment, al·lucinacions i un malestar intestinal important; la farinera borda, en canvi, és un bolet molt perillós que pot arribar a ser mortal.

L'**ou de reig** (*amanita caesarea*) pot arribar a fer uns 15 cm d'alçària, amb un barret de 8-20 cm, de color taronja vermellós viu, que amb el temps s'engrogueix. La carn és tendra, de color blanc, excepte a l'exterior del peu, on és d'un bell groc de rovell d'ou. Té l'olor suau i el gust, dolç. Creixen en boscos oberts, sovint de roures i castanyers.

El **reig bord** (*amanita muscaria*) és un bolet amb un barret d'un color vermell intens i brillant, tacat amb berrugues blanques. No fa cap olor característica. És el bolet protagonista de molts contes de fades, follets i barrufets. Solen créixer a les pinedes i als boscos de bedolls.

La **farinera borda** (*amanita phalloides*) és un bolet gros i pudent, amb un barret de color groguenc, verd oliva o completament blanc. El peu o estípit és blanc amb taques grises, amb una mena de sac o beina a la base. És abundant en els boscos de fulla caduca, com ara les rouredes.

Consells bàsics per caçar bolets

1. *Respecteu la natura.* No feu foc al bosc, no hi aboqueu deixalles i no sortiu dels camins amb cotxes i motos.
2. *Heu de conèixer les espècies comestibles.* I, sobretot, les tòxiques.
3. *No remeneu el sotabosc.* No empreu rasclets, que fan malbé les boleteres.
4. *Talleu els bolets amb ganivet.* No els arrenqueu sencers.
5. *No malmeteu els bolets que considereu dolents.* Tots els bolets fan el seu servei al bosc.
6. *No abuseu dels bolets vells ni joves.* Deixar un bolet vell és assegurar les espores. Collir-los petits impedeix que creixin.
7. *Porteu els bolets en un cistell de vímet.* En una bossa de plàstic, s'escalfen i arriben en pitjors condicions.
8. *No deixeu rastre ni senyal.* Un bon boletaire no diu on va, cull sense fer soroll i deixa el bosc tal com l'ha trobat.

Ou de reig

Reig bord

Farinera borda

Sàpiens, edició especial per a *El Periódico de Catalunya* (adaptació).

Comprensió del text

1. Llegeix aquestes afirmacions i digues si són veritables o falses:

a) Els grecs van establir una classificació entre bolets bons i bolets dolents. ▢

b) És molt difícil confondre els bolets comestibles i els que no ho són. ▢

c) Les tres classes de bolets descrites són de famílies diferents. ▢

d) L'ou de reig és un dels bolets comestibles preferits pel seu sabor. ▢

e) El reig bord és mortal. ▢

f) La farinera borda és un tipus de bolet totalment inofensiu. ▢

2. Què significa "boleteres"?

a) Les parades dels mercats en què es venen normalment els bolets. ▢

b) Els llocs on creixen els bolets. ▢

c) Les dones caçadores de bolets. ▢

d) Les caixes que estan plenes de bolets. ▢

3. Indica quin és l'ordre en què apareixen les informacions següents al text:

A	Pot ser groguenc o verd oliva i n'hi ha una varietat completament blanca.
B	És un bolet molt perillós que pot arribar a ser mortal.
C	Pot produir atordiment, al·lucinacions i un malestar intestinal important.
D	La carn és tendra, de color blanc, excepte a l'exterior del peu.

a) C→B→A→D ▢

b) C→B→D→A ▢

c) D→C→A→B ▢

d) A→B→D→C ▢

4. Quins són l'estri i el recipient recomanats per anar a collir bolets?

5. Si anessis a collir bolets i et trobessis amb exemplars de les tres amanites, en què et fixaries per descartar les que són tòxiques?

a) En el seu aspecte repulsiu. ▢

b) En el tipus de terra en què han crescut. ▢

c) En el tipus de bosc, el color del barret, la beina, l'olor... ▢

d) En la forma i distribució de la boletera. ▢

6. Llegits els dos textos, què en penses de l'activitat de collir o caçar bolets?

a) No cal disposar d'informació prèvia i pot fer-ho tothom. ▢

b) Només ho poden fer uns especialistes en la matèria. ▢

c) S'ha de tenir la llicència corresponent. ▢

d) Com a mínim, s'han de conèixer les espècies tòxiques. ▢

Expressió escrita

7. **ORTOGRAFIA** Completa amb la grafia correcta:

- El tuare... va su...erir un eni...ma molt estrany.
- Podem arribar a la pla...a amb el tra...via.
- Va patir un atac cere...ral mentre juga...a a ...oquei.
- El trànsit per la circu...val·lació era flui... .
- Un arqueòle... ha redactat el text del catàle... .
- A l'alber... hi ha...ia molta mo...ilitat de ...ent.

8. **PUNTUACIÓ** Canvia per punt i seguit les comes que calgui d'aquest text:

> La vila de Bellver de Cerdanya té una data de naixement molt precisa, el 1225, quan el comte Nunó Sanç de Rosselló i Cerdanya va atorgar-li carta de poblament i franquícies per donar entitat al castell emplaçat al puig de Talló, anomenat Bello Videre, l'objectiu era salvaguardar la frontera amb el comtat d'Urgell, Bellver es va convertir en punt principal al Baridà i aviat en capçalera de la batllia de Bellver, denominació que ha perdurat, és un lloc obligat de pas en la ruta del Segre que, des de temps remots, ha constituït el camí principal de trànsit entre una banda dels Pirineus i l'altra, Jaume I va ordenar que el camí ral entre Puigcerdà i la Seu passés per la vila, i la va eximir de la quèstia reial a canvi que s'emmurallés.

9. **REDACCIÓ** Les instruccions a vegades poden ser paròdies. Escriu unes instruccions impossibles per a una cosa forassenyada (instruccions per viatjar a Mart amb bicicleta, instruccions per fer una sopa de botons, etc.).

Et recomanem que segueixis aquest procés:

1. Planificació: fes una pluja d'idees sobre accions impossibles. Llavors, tria'n una i pensa quines accions caldria fer dins del procés.
2. Primera versió de la redacció.
3. Revisió, correcció ortogràfica i sintàctica, i versió definitiva.

9 Els textos professionals

Anem per feina!

Continguts

Per començar

Si busques feina, si necessites sol·licitar una cosa a una institució pública, si et cal deixar constància dels acords presos en una reunió, si has d'escriure una carta o un correu electrònic formals... En tots aquests casos, ara i en la teva vida professional després dels estudis, hauràs de tenir en compte les particularitats del llenguatge administratiu: respectuós, distant, concís i elegant.

Carta formal de presentació del *curriculum vitae*

Direcció tècnica
Centre ocupacional "Tots tenim capacitats"
08243 Manresa

Benvolgut/da senyor/a,

Li envio el meu *curriculum vitae* per sol·licitar ser inclòs en el programa de monitors auxiliars d'estiu del seu centre, un dels més reputats de les nostres comarques.

Com pot comprovar, he acabat el quart curs d'ESO amb bones notes i he pensat d'orientar la meva vida cap al món de l'educació en centres ocupacionals. La meva inclinació cap a aquest camp, ja present en el meu entorn familiar, m'ha portat a publicar l'article "El dret a l'autodeterminació. La discapacitat: quan menys és més", que li adjunto.

La meva vocació de servei m'ha portat també a col·laborar en activitats d'ajuda a col·lectius desafavorits des dels grups d'esplai i ONG on he estat integrat.

Per aquests motius, li agrairia tenir l'oportunitat de mantenir una entrevista amb vostè per donar-me a conèixer personalment i ampliar la informació resumida en el currículum.

Atentament,

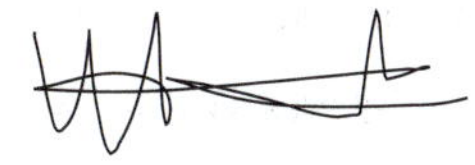

Marc Capdevila Serrano
Solsona, 19 de juny de 2006

A **Quin és el tractament i la persona gramatical amb què la carta s'adreça a la Direcció tècnica del centre? Reflecteix distància o proximitat entre l'emissor i el receptor?**

B **En el primer paràgraf, amb quina paraula es valora positivament la gestió del centre sense caure en l'adulació?**

El *curriculum vitae*

Deu anys després d'acabar l'ESO (agost de 2016)

Marc Capdevila Serrano

Carrer Puig Sobirà, 6, 2n, 25280 Solsona
Telèfon: 973.22.41.41/ Mòbil: 680.680.680
Correu-e: capnange@roc.cat
Lloc i data de naixement: Bellver de Cerdanya, 30.02.1990.
DNI: 07177117-Ç

Formació acadèmica

- 2011 Grau en Mestre d'Educació Especial, Facultat d'Educació, UdL, nota mitjana: 8,87.

Formació extraacadèmica

- 2012 Formació d'Educador de centre ocupacional: tallers per a l'autodeterminació. Departament de Benestar i Família, Generalitat de Catalunya, 50 hores.

Publicacions

- Article: "El dret a l'autodeterminació. La discapacitat: quan menys és més", revista *El poble viu*, núm. 252, 2006.
- Article: "Propostes per a un taller de fusteria en un centre ocupacional", revista *La Pissarra Digital*, núm. 37, 2011.

Activitat investigadora

- En elaboració: "Com millorar la seguretat en l'ús de les eines i els materials del taller de fusteria en un centre ocupacional".

Experiència laboral

- 2011/2014 – Centre ocupacional "La Mar Bella" (Barcelona), educador d'un grup de 6 persones amb disminució intel·lectual afectades per la síndrome de Down i la síndrome del cromosoma X fràgil.
- 2012/2015 – Centre ocupacional "La Papallona". Coordinador de la revista *Ales per volar*.
- 2014/2016 – Centre ocupacional "La Papallona" (Barcelona), educador especialitzat en la síndrome del cromosoma X fràgil.

Idiomes

- Català: llengua materna, nivell oral i escrit alt.
- Castellà: nivell oral i escrit alt.
- Anglès: 2010 nivell *Intermediate*.
- Francès: nivell oral alt (per estades a París a casa de familiars).

Informàtica

- Word: domini alt.
- PowerPoint: domini alt.
- Excel: domini alt.
- Photoshop: domini alt.
- Navegadors d'Internet: domini alt.
- Altres aplicacions.

Altres dades

- Permís de conduir tipus B i vehicle propi.
- Incorporació immediata.
- Disponibilitat total per a viatges, sortides de cap de setmana, estades de colònies i altres activitats que es derivin de la dinàmica del centre.

En acabar l'ESO (juny de 2006)

Marc Capdevila Serrano

Carrer del Turp, 328, 5è 2a, 25280 Solsona
Telèfon: 973.00.48.48
Correu-e: capnange@roc.cat
Lloc i data de naixement: Bellver de Cerdanya, 30.02.1990.
DNI: 07177117-Ç

Formació acadèmica

- 2002/2006 – Educació Secundària Obligatòria, nota mitjana: 8,2.

Publicacions

- Article: "El dret a l'autodeterminació. La discapacitat: quan menys és més", revista *El poble viu*, núm. 252, 2006.

Idiomes

- Català (llengua materna) i castellà.
- Anglès: 2006 nivell *First.*
- Francès: nivell oral mitjà (per estades a París a casa de familiars).

Informàtica

- Word, PowerPoint, Excel, navegadors d'Internet.

Altres dades

- Agrupament Escolta La font del Pi, 2000-2006.
- Col·laboració en campanyes locals d'Oxfam-Intermón.

ACTIVITATS

1. Fixa't en els diferents apartats del primer currículum i respon a les preguntes següents:

- De quines dades personals informa?
- Quins estudis acadèmics té?
- Quins mèrits extraacadèmics fa constar?
- Quants idiomes domina i a quin nivell?

2. Respon si són veritables o falses les afirmacions següents sobre el primer currículum:

- Té el grau en Mestre d'Educació Primària. ☐
- Ha col·laborat amb Oxfam-Intermón. ☐
- Té el permís de conduir tipus A. ☐
- Té una disponibilitat total per a viatges i estades de colònies. ☐

3. Compara punt per punt els dos currículums i indica com han canviat al llarg dels anys:

a) Quins apartats nous hi ha al primer currículum?

b) Quina informació del segon currículum ja no apareix al primer?

c) Quin canvi hi ha en les dades personals?

d) Com varia la manera de presentar els idiomes i els coneixements d'informàtica?

4. De quin idioma dels que domina en remarca una dimensió afectiva? Amb quin adjectiu?

5. Què significa "incorporació immediata"?

6. La carta de l'entrada és la presentació d'un dels dos currículums. De quin? Quines informacions del currículum es destaquen a la carta?

7. *Ales per volar* és el títol de la revista confeccionada en el centre ocupacional "La Papallona". Penses que és un títol encertat? Explica què et suggereix.

8. La síndrome del cromosoma X fràgil no és gaire coneguda. Què faries per informar-te'n?

1. Els textos professionals

La carta formal

Els **textos professionals** es caracteritzen per un ús utilitari del llenguatge amb l'objectiu que siguin immediatament clars, directes i de comprensió fàcil i ràpida.

En aquesta línia, les comunicacions entre empreses i institucions s'han estandarditzat en la carta formal, que segueix sempre el mateix esquema per facilitar una lectura eficaç.

Nom i adreça
del destinatari

(**Salutació**) Benvolgut/da, Apreciat/da senyor/a,

El **primer paràgraf** és breu i presenta el tema de la carta. Pot ser sagnat o no, com els altres paràgrafs, i sol començar amb alguna fórmula convencional com "El motiu d'aquest escrit és", "Em plau comunicar-vos que", etc.

El **segon paràgraf**, i en ocasions també un tercer i quart paràgrafs, desenvolupa la qüestió que es vol comunicar. Cal fer-ho de manera concisa i completa, sense allargar-se innecessàriament. La carta ideal ocupa una cara d'un full i té marges generosos. Si cal donar molts detalls, és millor fer-ho en documents annexos.

L'extensió dels paràgrafs sol ser variable, però el segon i el **tercer paràgraf** són generalment més extensos que el primer i el de la conclusió. És important que la disposició de la informació al full sigui proporcional i ajudi el lector a entendre bé el que se li diu, a trobar de seguida la informació bàsica, a organitzar-la i a retenir-la si cal.

El **paràgraf de conclusió** és fonamental per resumir o per insistir en la idea central de la carta. No s'hi han de donar idees noves que es desviïn del que s'ha plantejat als paràgrafs anteriors.

(**Comiat**) Atentament/Cordialment,

Signatura del remitent

Nom del remitent

Lloc i data

En aquesta estructura, hi ha un element mòbil: el lloc i la data, que pot anar a l'inici, entre el destinatari i la salutació, o bé al final, com a l'explicació-model que hem vist, i pot anar també alineat a la dreta.

El *curriculum vitae*

Com has vist a la lectura, un currículum ha de contenir una informació personal i professional en què es destaqui tot allò de positiu i valuós que es

Per saber-ne més

Actualment, el correu electrònic ha substituït la carta en molts àmbits, però les comunicacions oficials i formals d'una certa envergadura, entre empreses o entre institucions públiques, se segueixen fent en paper.

Per saber-ne més

Un tipus particular de carta és l'**ofici**, en el qual una administració pública s'adreça a una entitat o a un particular i, com que ho fa com a institució, no signa una persona sinó un càrrec, sense nom ni cognoms ("La cap del servei", "El secretari general").

pot oferir com a candidat per aconseguir una feina. Alguns consells per elaborar un bon currículum són els següents:

- Cal ser breu, clar i concís, amb tota la informació rellevant: l'extensió ha de ser com a màxim de dos fulls.
- Cal adaptar-lo i personalitzar-lo per al lloc de treball sol·licitat.
- No cal titular-lo "*Curriculum vitae*".
- Cal posar-hi la data en un lloc visible.
- Cal utilitzar un tipus de lletra clar i d'una mida que sigui còmoda de llegir.
- Cal fer servir paper de bona qualitat i la impressió ha de ser acurada.
- Cal evitar que el paper es malmeti, s'arrugui o es taqui.

Hi ha tres tipus de currículum, segons l'ordenació de la informació:

a) **Cronològic ascendent**: segueix l'ordre cronològic vital. És recomanable per a les persones amb poca experiència laboral, perquè s'hi destaca l'evolució positiva.

b) **Cronològic descendent**: comença per les darreres activitats i va enrere. És indicat si és llarg, perquè s'hi remarquen les darreres feines.

c) **Funcional**: s'ordenen les dades per àrees professionals. És recomanable si s'ha treballat en sectors diferents (comerç, indústria, turisme...).

La instància

La **instància** és un document administratiu en què se sol·licita a una autoritat un permís per fer alguna cosa.

A continuació tens les parts de què consta:

- DADES personals del sol·licitant.
- EXPOSA: explicació i situació del tema i exposició dels motius.
- DEMANA: afer que se sol·licita.
- DOCUMENTS APORTATS: depèn de què se sol·licita, caldrà aportar informacions que justifiquin la petició (plànols, pressupostos...).
- AUTORITAT a qui s'adreça la instància, amb el tractament protocol·lari corresponent.

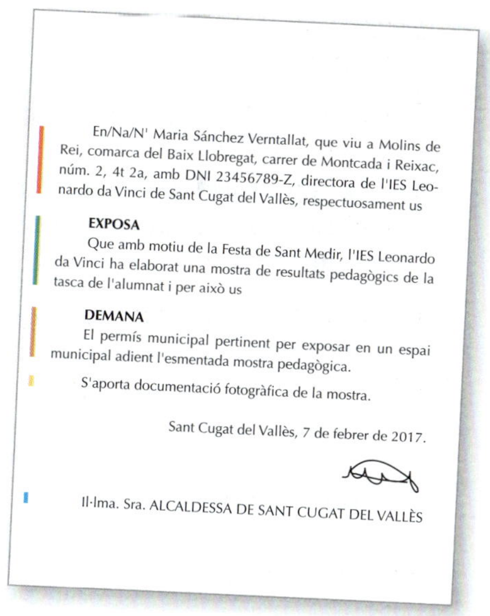

En/Na/N' Maria Sánchez Verntallat, que viu a Molins de Rei, comarca del Baix Llobregat, carrer de Montcada i Reixac, núm. 2, 4t 2a, amb DNI 23456789-Z, directora de l'IES Leonardo da Vinci de Sant Cugat del Vallès, respectuosament us

EXPOSA

Que amb motiu de la Festa de Sant Medir, l'IES Leonardo da Vinci ha elaborat una mostra de resultats pedagògics de la tasca de l'alumnat i per això us

DEMANA

El permís municipal pertinent per exposar en un espai municipal adient l'esmentada mostra pedagògica.

S'aporta documentació fotogràfica de la mostra.

Sant Cugat del Vallès, 7 de febrer de 2017.

Il·lma. Sra. ALCALDESSA DE SANT CUGAT DEL VALLÈS

Exemple d'instància.

La convocatòria i l'acta de reunió

Les organitzacions socials, econòmiques, polítiques i, en general, tota mena d'entitats, des de les esportives fins a una comunitat de propietaris o una AMPA, disposen d'òrgans de gestió que en garanteixen el funcionament: una junta directiva, una assemblea general o un secretariat permanent en són uns exemples.

Aquests òrgans es reuneixen, prenen decisions, en deixen constància escrita i, si ho consideren oportú, comuniquen els acords o les decisions preses als seus associats.

La convocatòria de reunió i l'acta de reunió són documents d'obligat ús i compliment i sempre han d'estar a disposició dels membres de l'entitat per si desitgen consultar-los.

Les parts que constitueixen tant la convocatòria com l'acta de reunió són les següents:

Convocatòria de reunió	Acta de reunió
• Dades: dia, hora i lloc de celebració. • Ordre del dia: llista de temes a tractar. • Comiat i signatura del convocant.	• Relació d'assistents i d'absents amb o sense justificació. • Qüestions tractades segons l'ordre del dia i acords presos. • Tancament de la reunió i signatures del secretari i del president.

Centre de Lectura de Sitges
Sitges, 7 d'abril de 2017.

Benvolgudes/ts,
Seguint les instruccions del president, us convoco a la propera reunió de la Junta Directiva del Centre de Lectura de Sitges:

- Dia: 14 d'abril de 2017, dijous
- Hora: 20.00 h
- Lloc: Locals del centre

ORDRE DEL DIA

1. Lectura i aprovació, si s'escau, de l'acta de la reunió anterior.
2. Repàs a l'estat de comptes del centre.
3. Proposta de cicle de conferències.
4. Proposta de sortida cultural a "La Fageda Fundació", Santa Pau (La Garrotxa).
5. Precs i preguntes.

Esperant la vostra assistència, rebeu una cordial salutació.

El secretari

Exemple de convocatòria de reunió.

ACTA DE LA REUNIÓ DE LA JUNTA DIRECTIVA
celebrada el 14 d'abril de 2017

Assistents

Hi assisteixen tots els membres de la Junta, a excepció del Sr. A, que excusa l'assistència per motius laborals. La reunió comença a les 20:10 h.

Punts tractats

1. Lectura i aprovació, si s'escau, de l'acta de la reunió anterior: s'aprova per unanimitat.
2. Repàs a l'estat de comptes del centre: el tresorer, el Sr. B, explica el bon estat de comptes, la qual cosa li permet assegurar l'adquisició anual de fons bibliogràfic. S'aprova per unanimitat aquest punt.
3. Proposta de cicle de conferències: la Sra. C proposa el cicle "Dones i literatura", dedicat a les figures d'Isabel de Villena, Caterina Albert (Víctor Català), Mercè Rodoreda i Montserrat Roig. La Sra. D proposa d'afegir-hi Maria Aurèlia Capmany. La Sra. C aclareix que no hi ha prou dates lliures. S'aprova amb tots els vots a favor i l'abstenció de la Sra. D.
4. Proposta de sortida cultural a "La Fageda Fundació", a Santa Pau (La Garrotxa): el Sr. E, vocal per a activitats culturals, exposa el programa de la sortida. S'aprova per unanimitat.
5. Precs i preguntes: No n'hi ha.

S'aixeca la sessió a les 21:35 h.

Propera reunió: Data: 21 d'abril, dijous, a les 20:00 h.
Lloc: Locals del centre.

El secretari

Vist i plau del president

9. Els *curriculum vitae* de la lectura són de tipus cronològic ascendent o descendent?

10. Tot bon currículum ha de mostrar professionalitat i, en segons quin tipus de feina, vocacionalitat, és a dir, ganes i il·lusió per la feina a realitzar.

Torna a llegir el primer currículum de la lectura i assenyala-hi els elements que indiquen la professionalitat i, si s'escau, la vocacionalitat.

11. Quina impressió dona, d'una persona que sol·licita una feina, un currículum amb faltes d'ortografia i errors gramaticals? Penseu que és important presentar-lo escrit correctament? Raoneu la vostra resposta i comenteu-la a classe.

12. El text següent és una barreja de dos documents administratius tractats en aquest tema. Llegeix-lo i, a continuació, respon a les preguntes:

Sr. Enric Vega Segovia
Regidor de la via pública
Carrer Lleida, 24, 2n 2a
Ajuntament de Tortosa

Benvolgut/da senyor/a,

EXPOSO

Que desitgem fer una manifestació per la via pública.

Com pot comprovar a les fotografies, tenim dret a demanar que acabi el malson de les obres al parc públic, perquè els arbres i tota la vegetació n'estan patint les conseqüències.

DEMANO

La nostra vocació de reivindicació i servei popular ens ha portat a fer-li aquesta sol·licitud.

Atentament,

Pere de la Cullera i tota la colla
Tortosa, 19 de juny de 2016.

- Quins són aquests dos documents?
- Quina part correspon a cadascun d'ells?
- Quins elements trobes que hi falten?
- Hi ha incongruències? Quines?

13. Prepara el teu currículum tal com el tens ara. Tingues en compte que, per suplir la manca d'una llista extensa d'activitats acadèmiques i professionals, pots posar-hi altres activitats que mostrin la teva inclinació vocacional.

14. Imagina't que has acabat els estudis (formació professional o una carrera universitària) i busques feina per primera vegada. Elabora el teu currículum (posa-hi el que t'agradaria fer a partir d'ara), revisa'l tenint en compte els consells que hem donat i, quan el donis per acabat, posa'l a la consideració dels teus companys de classe i del professor.

15. Corregeix la convocatòria de reunió següent afegint-hi els elements que hi faltin, traient els que hi sobren i reordenant el que calgui:

Club Handbol Sant Cugat del Vallès

23 de març

ORDRE DEL DIA

1. Proposta de nous estatuts.
3. Estat de comptes.
4. Precs i preguntes.
6. Informacions diverses.
5. Renovació de la Junta.

Us convoco a la propera reunió:

- Dia: 30 de març
- Hora: 21:00 h

Esperant la vostra salutació, rebeu una cordial assistència.

El president

16. @ Informa't per Internet del tractament protocolari de l'alcalde de la teva població i redacta, seguint el model, una instància sol·licitant fer una rua de carnaval que passi pels carrers que envolten el teu centre educatiu. Aporta com a document el vistiplau de la direcció. I no oblidis de fer constar l'horari en què es faria.

17. Per organitzar la rua cal fer una reunió dels delegats de classe dels diferents cursos. Com a secretari de la Junta de Delegats, prepara'n la convocatòria i, un cop acabada la reunió, aixeca'n l'acta.

Les comunicacions professionals orals

L'entrevista de feina

En un procés de selecció per a un lloc de treball, l'entrevista de feina és un pas molt important. Consisteix en un diàleg entre l'entrevistador i l'entrevistat per aprofundir en la informació que es té de la persona candidata i determinar-ne l'adequació per al lloc de treball. També serveix per veure si el lloc de treball satisfà l'entrevistat.

L'estructura de l'entrevista sol ser la següent:

a) **Introducció**: recepció de la persona candidata, salutació, conversa introductòria i aclariments sobre el procés de selecció i l'entrevista.

b) **Desenvolupament**: preguntes sobre estudis, formació i experiència professional; preguntes sobre qüestions de vida personal; condicions i aspiracions laborals i salarials desitjades...

c) **Tancament**: moment d'aclariment de dubtes i comiat.

Consells per anar a una entrevista de feina

- Sigues puntual, no facis tard.
- Vesteix de manera adequada al lloc de treball.
- Apaga el mòbil i no estiguis menjant ni xiclet ni caramels.
- Sigues amable i natural.
- Escolta bé la persona que t'entrevista i segueix totes les indicacions que et doni.
- Expressa't amb correcció, mostra't atent i sigues positiu.
- Porta a punt el teu currículum i un bloc i un bolígraf per anotar el que calgui.
- Acomiada't amb un somriure de totes les persones que t'hagin atès.

COMPRENSIÓ AUDIOVISUAL

Ves a www.tiching.com/746999 i respon a les preguntes.

Estratègia oral

L'entrenament de la veu

La veu és l'instrument principal del parlant. La principal condició perquè transmeti amb força els continguts és que hi hagi una bona connexió entre **la ment, les emocions i el cos** de qui parla, però també hi ha exercicis d'entrenament vocal:

- Alliberar la respiració amb **pràctiques d'inspiració i expiració** lentes i ràpides, sospirs i badalls.
- Pronunciar **combinacions complexes de sons** i embarbussaments: *alinear els alienats*; *tres tristos tigres*; *en Joan està bintintantungareinat, qui el desbintintantungareinerà?*
- Pronunciar un text durant uns minuts amb **un llapis travessat a les dents**, forçant la llengua i els llavis, i després pronunciar el mateix text sense aquest obstacle i sentint la precisió de la llengua i els llavis alliberats de la pressió.

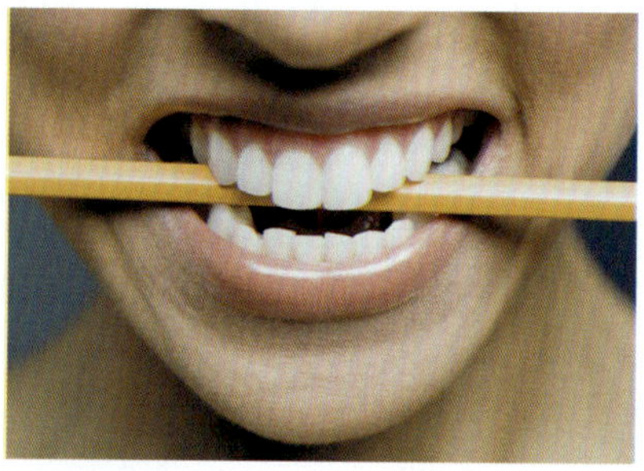

La veu és una eina important per a molts professionals (professors, comunicadors, cantants...) i, com el cos, també cal entrenar-la.

EXPRESSIÓ ORAL

El videocurrículum

- Una bona manera de promoure't és presentar-te en un vídeo on expliques el teu currículum i capacitats personals i, a més, mostres directament la teva veu, gestualitat i personalitat. El videocurrículum és una eina per diferenciar-te i personalitzar la teva sol·licitud de feina.

Pautes per fer el teu videocurrículum

1. Abans d'enregistrar-lo, fes-ne una bona preparació: què explicaràs, amb quines paraules, com vols presentar-te, a quin lloc, etc.; de les coses que has fet, destaca'n els èxits, premis i assoliments.
2. Selecciona les teves principals virtuts, perquè pots aportar-les al lloc de treball on t'incorporis. Més enllà de la formació acadèmica, són aquestes qualitats com a persona les que et faran sobresortir.
3. Fes un treball emocional per posar-te davant de la càmera. Ja tens pràctica a parlar en públic, però una càmera sempre és un repte. No et limitis pensant que ho faràs malament: tens energia per fer-ho bé.
4. Prepara els mitjans: càmera, il·luminació, decoració de fons, roba, etc. i demana a algú que en sàpiga que t'enregistri. La càmera té l'avantatge que pots repetir-ho tantes vegades com calgui.
5. Quan ja tinguis fet el guió amb paraules, hauràs de traduir-lo a imatges: pensa com explicar amb imatges i originalitat els punts forts del teu currículum i les teves aptituds.
6. Finalment, envia'l al docent, passeu-lo a classe i avalueu-lo.

Pauta d'avaluació de l'expressió oral	
• Ha fet una bona selecció dels punts forts del seu currículum, capacitats i personalitat?	☐
• Ha triat bé el lloc, la il·luminació, el vestuari, etc.?	☐
• Ha transmès bé els aspectes positius de la seva personalitat?	☐
• Ha sabut combinar el llenguatge verbal amb les imatges?	☐

Elaborar un bon videocurrículum et permetrà diferenciar-te de la resta de candidats que es presenten a un mateix lloc de treball.

REPTE ORAL

La improvisació absoluta

- Us posareu en grups de tres i el docent us donarà un tema perquè en parli el primer de cada grup durant un minut sense temps de preparació, serà una improvisació. Un cop enunciat el tema, en tres o quatre segons haurà de començar a parlar.

  Per poder improvisar així, pots aplicar recursos com comparar el tema amb un altre, classificar-lo en tipus o parts, explicar la relació que manté amb tu, etc. Uns segons abans del final del minut, el docent us avisarà perquè pugueu acabar amb una conclusió.

FEM-HO AIXÍ

Si et quedes en blanc, no desisteixis mai: dona't uns segons per pensar i continua com si res.

2. Les oracions subordinades adverbials (II)

Les oracions subordinades adverbials que modifiquen l'oració

Les **subordinades adverbials** que modifiquen tota l'oració principal no poden substituir-se per un adverbi. Es tracta de les oracions subordinades **condicionals**, **causals**, **finals**, **consecutives** i **concessives**.

Oracions subordinades adverbials condicionals

Les oracions **subordinades adverbials condicionals** expressen una condició que, en cas de donar-se, té com a conseqüència l'acció que expressa l'oració principal. Estan introduïdes pels nexes següents:

> *si, en cas que, a condició que/de, posat que, mentre, tret que, fora que, llevat que, sempre que, etc.*

- *Anirem a treballar en cotxe* (o. principal) ***si** hi ha vaga de trens.* (o. sub. adv. condicional)
- ***En cas que** l'equip visitant no es presenti,* (o. sub. adv. condicional) *guanyarà el partit l'equip local.* (o. principal)

Quan la condició que expressa la subordinada és negativa es fa servir el nexe *si no*:

- *No cal que anem a fer un tomb* (o. principal) ***si no** et ve de gust.* (o. sub. adv. condicional)

No hem de confondre el nexe de les subordinades adverbials condicionals *si no* amb el de les coordinades adversatives *sinó*:

- ***Si no** hi ha cues, podríem anar ara a la muntanya russa.*
- *No ens hem oposat al projecte, **sinó** que hi hem donat el nostre suport.*

HO TROBARÀS

Les oracions coordinades adversatives les has estudiades al **tema 5**.

Oracions subordinades adverbials causals

Les oracions **subordinades adverbials causals** expressen la causa que fa possible l'acció de l'oració principal. Estan introduïdes pels nexes següents:

> *perquè, ja que, vist que, com que, per tal com, com sigui que, atès que, a causa que, que, etc.*

- *Està molt contenta,* (o. principal) ***perquè** ha guanyat el concurs de pintura ràpida.* (o. sub. adv. causal)
- *Han clausurat la sala de concerts,* (o. principal) ***vist que** el soroll depassava els límits.* (o. sub. adv. causal)

FEM-HO AIXÍ

Com ja hem vist al **tema 5**, la conjunció *doncs* no es pot usar amb sentit causal. Quan hi pot anar *perquè* o *ja que*, no hi va *doncs*:

- *Avui no surt, perquè plou* (no *doncs plou*).

No hem de confondre la conjunció ***perquè*** de les oracions causals i la de les finals:

- *Se n'ha anat **perquè** (**a causa que**) té un mal perdre.* → causal
- *Els països es reuniran **perquè** (**a fi que**) es pugui evitar el canvi climàtic.* → final

Per distingir-les, pots substituir la conjunció per una altra de causal o final equivalent. També has de tenir en compte que les oracions subordinades adverbials **causals** duen el verb en **indicatiu**, i les **finals**, en **subjuntiu**.

Tampoc no hem de confondre la conjunció *perquè* amb la suma de preposició + pronom interrogatiu (*per què*) que trobem en algunes interrogatives indirectes:

- *L'experiment ha estat un fracàs* ***perquè*** *no ha donat bons resultats.*
- *No sap* ***per què*** *el fan anar al despatx del director.*

A la interrogativa, no hi ha la conjunció *perquè*, sinó la preposició *per* i el pronom interrogatiu *què*.

Finalment, tampoc no hem de confondre la conjunció *perquè* amb la suma de preposició + pronom relatiu (*per què*) d'algunes oracions subordinades adjectives:

- *Ha guanyat aquest projecte* ***perquè*** *era el més eficaç i econòmic.*
- *Aquest serà el projecte* ***per què*** *(= pel qual) tothom apostarà.*

Oracions subordinades adverbials finals

Les oracions **subordinades adverbials finals** expressen la finalitat amb la qual es fa l'acció de l'oració principal. Estan introduïdes per algun dels nexes següents:

perquè, a fi que/de, per tal que/de, etc.

- *Hem tapat els mobles abans de pintar,* ***perquè*** *no es taquin de pintura.*
  o. principal — o. sub. adv. final
- *Ens hem llevat a les cinc,* ***a fi d'****arribar amb temps a l'aeroport.*
  o. principal — o. sub. adv. final

Oracions subordinades adverbials consecutives

Les oracions **subordinades adverbials consecutives** expressen una conseqüència de l'acció que expressa l'oració principal. Estan introduïdes pels nexes següents:

que, de manera que, així que, fins al punt que, etc.

- *Vam perdre l'últim autobús,* ***de manera que*** *vam haver d'agafar un taxi.*
  o. principal — o. sub. adv. consecutiva

Oracions subordinades adverbials concessives

Les oracions **subordinades adverbials concessives** expressen una dificultat o una objecció a l'acció que expressa l'oració principal, objecció, però, que no és suficient per impedir aquesta acció. Estan introduïdes per algun dels nexes següents:

encara que, malgrat que, ni que, per molt que, per més que, tot i que, a pesar que/de, si bé, etc.

- *No et diré quin és el regal* ***per molt que*** *hi insisteixis.*
  o. principal — o. sub. adv. concessiva
- *Farem el viatge* ***encara que*** *plogui, troni o pedregui.*
  o. principal — o. sub. adv. concessiva

FEM-HO AIXÍ

El nexe *per a què* que de vegades es fa servir en les oracions subordinades adverbials finals és incorrecte:

✗ *Els hem preparat el sopar* ***per a què*** *puguin anar a dormir aviat.*

- *Els hem preparat el sopar* ***perquè*** *puguin anar a dormir aviat.*

És a dir, *perquè* és una conjunció amb valor causal i final, segons l'oració.

FEM-HO AIXÍ

Els nexes finals *a fi de* i *per tal de*, i el concessiu *a pesar de* perden la preposició *de* quan van seguits de la conjunció *que*:

- *A fi/Per tal d'arribar a temps...* → *A fi/Per tal que arribem a temps...*
- *A pesar de tenir els recursos...* → *A pesar que tenien els recursos...*

ACTIVITATS

18. Subratlla les oracions subordinades dels enunciats següents i indica de quin tipus són:

- Hem ordenat alfabèticament els noms a fi de facilitar la gestió.
- Canta en una coral malgrat que no té gens d'oïda musical.
- Posat que hi estigui d'acord, signarà el contracte avui mateix.
- Atès que ha estat un èxit, la campanya de recollida d'aliments es repetirà l'any vinent.
- Com que han estudiat molt, han tret unes notes excel·lents.
- Ja he llegit el llibre, per tant, sé el final de la pel·lícula.
- Per més que li truquis no t'agafarà el telèfon.
- No es trobava gens bé, fins al punt que va haver de deixar la cursa.
- El concert s'acabarà després d'aquesta cançó, tret que el públic demani bisos.
- No hem pogut entrar a casa, ja que ens havíem deixat les claus posades al pany.

19. Canvia els complements subratllats per una oració subordinada adverbial equivalent i indica'n el tipus:

- S'ha suspès la classe a causa del temporal de vent.
- S'ha fet tot a fi de bé.
- Es tornaran els diners de les entrades en cas de suspensió del concert.
- Malgrat la disminució del pressupost, la festa major ha estat un èxit.
- A causa de l'èxit d'audiència, en faran una segona part.

20. Canvia els connectors subratllats per altres d'equivalents fent els canvis necessaris si convé:

- Com que no has presentat el treball a temps no tindràs cap punt positiu.
- Per més que hi insisteixis no et deixaran passar sense entrada.
- Mentre te n'encarreguis tu estic tranquil.
- Aquí no pots pagar amb targeta de crèdit tret que l'import sigui superior a vint euros.
- Atès que ningú no s'ha presentat al concurs, s'ha declarat desert.
- El dinar ha estat exquisit, fins al punt que hi ha hagut qui ha dit que era digne d'un cinc estrelles.

21. Completa les oracions amb els nexes adients perquè la subordinada sigui del tipus indicat entre parèntesis:

- Encara no és oficial ... no han fet pública la notícia (consecutiva).
- Barreja bé els ingredients ... quedi una massa ben fina (final).
- No signis el contracte ... no veus clares totes les condicions (condicional).
- No hem pogut comprar el bitllet ... no hi havia ningú a la taquilla de l'estació i les màquines estaven espatllades (causal).
- No t'explicarà quina és la sorpresa ... insisteixis (concessiva).

22. Uneix les oracions de manera que una es converteixi en subordinada adverbial de l'altra, fent els canvis necessaris, i digues de quin tipus de subordinada es tracta (pot haver-hi més d'una opció):

EXEMPLE:

- Amb el xàfec en Pau ha quedat xop.
  En Pau s'ha hagut de canviar la roba.
- En Pau s'ha hagut de canviar la roba perquè amb el xàfec ha quedat xop. → causal

a) La Lídia estava tan cansada per la cursa!
La Lídia no podia ni parlar.

b) Potser aquest museu tanca dimarts.
Haureu de visitar el museu dimecres.

c) A en Manel no li ha agradat gens la pel·lícula.
En Manel vol tornar a veure la pel·lícula

d) Té l'objectiu que la festa sigui tot un èxit.
Supervisa tots els preparatius de la festa.

e) En Toni estava molt content per la notícia.
En Toni va sortir al balcó a proclamar la notícia.

f) T'arreglaran el rentaplats de franc.
El rentaplats encara té garantia?

g) Us agraden molt els parcs temàtics.
Aneu a Port Aventura.

23. Converteix les oracions causals en consecutives i les consecutives en causals fent-hi els canvis necessaris:

- No hem dinat perquè hem fet un esmorzar de forquilla i ganivet.
- Atès que els nens estan esverats anirem a caminar.
- Avui encara no he sortit de casa, de manera que tinc el cap com un timbal.
- Les entrades s'han venut molt de pressa, fins al punt que han programat un altre concert.
- Serem vint a dinar, així que pararem la taula gran.
- Com que ha nevat han obert totes les pistes.

24. Completa els buits amb *sinó* i *si no*:

- No et miris l'anunci ... et vols posar de mal humor.
- No ha cantat cap cançó ... que ha recitat poemes.
- No m'agrada el pop ... la música electrònica.
- No ho intentis ... n'estàs segur del tot.
- ... t'hi inscrius, no podràs córrer a la cursa.
- No ha estudiat infermeria ... biomedicina.

25. Indica si el *perquè* de les oracions és causal o final:

- S'ha entrenat molt perquè vol guanyar la cursa.
- Tindrem en compte tots els detalls perquè la cerimònia sigui un èxit.
- S'ha programat un repertori perquè tots els músics tinguin protagonisme.
- Ja cal que us abrigueu perquè aquesta nit ha gelat.
- Dos regidors s'abstindran perquè s'aprovi la moció.
- No s'enfada mai perquè té un caràcter positiu.

26. Escriu *per què* o *perquè*:

- Han col·locat contenidors més accessibles ... el reciclatge sigui més fàcil.
- Si sabés ... ha de seguir aquest tractament estaria més tranquil.
- Estan tranquils ... saben que dirigeixes el projecte.
- Els tècnics no saben ... ha fallat el mecanisme.
- El locutor ha deixat de retransmetre el partit ... s'ha quedat afònic.

27. Indica si el *què* d'aquestes oracions és un pronom relatiu o un pronom interrogatiu:

- Ningú no sap encara per què s'ha suspès el concert.
- Us agradaran molt els camins per què passareu.
- Avui inauguren aquella exposició per què estàveu tan interessats.
- El guia explicarà per què és tan important aquesta escultura.
- Demanaré a la florista per què l'hortènsia no ha florit aquest any.
- Aquest afer per què et preocupes tant se solucionarà aviat.

28. Indica si el *que* de les oracions introdueix una subordinada adverbial causal, consecutiva o comparativa, una subordinada substantiva o una adjectiva. En algun cas hi haurà més d'una oració subordinada:

- Estava tan cansat que es va adormir a mig capítol.
- S'ha pensat que li prenies el pèl amb aquesta història tan estrafolària.
- No puc conduir, que no tinc carnet.
- La fundació que dirigeix aquest cuiner s'encarrega de buscar funcions terapèutiques del menjar.
- Deixa-ho estar, que farem venir un operari del servei tècnic.
- Els botiguers afirmen que han venut més que l'any passat.

29. Completa les oracions amb *perquè* o *doncs*:

- No es troba bé ... només ha dormit dues hores.
- Està refredada, ... que es prengui un brou calent.
- Deu estar enfadat ... fa dies que no diu res.
- S'ha enfadat? ... no té raó.
- Et fa molta il·lusió: ... t'ho regalo.
- Han repetit l'auditoria ... hi havia conceptes que no quadraven.

30. Canvia l'infinitiu de les oracions subratllades per verbs conjugats fent els canvis necessaris en els nexes:

- S'ha preparat molt per tal d'aprovar l'examen.
- L'han deixat participar en l'empresa a condició de renunciar als beneficis.
- Hem deixat de visitar coses d'aquesta ciutat a fi de poder-hi tornar l'any vinent.
- A pesar de sortir amb retard vam arribar a l'hora.
- La relació entre la directiva i els sindicats és molt tensa fins al punt de semblar impossible l'acord.

3. El contacte de llengües (II)

La substitució lingüística

Actualment, al món es parlen unes 6 000 llengües. Un patrimoni cultural amenaçat fins al punt que la meitat d'aquestes llengües pot desaparèixer a finals del segle XXI. Es tractaria d'una pèrdua irreversible de la diversitat i la riquesa cultural de la humanitat.

La substitució lingüística és la darrera etapa d'un conflicte lingüístic en què els parlants abandonen la seva llengua. Si això ocorre en tot el territori, la llengua mor.

En qualsevol **procés de substitució** hi incideixen els factors següents:

- **Bilingüització**: els parlants de la llengua recessiva esdevenen competents en la llengua dominant. Es tracta d'un bilingüisme asimètric perquè només són bilingües els parlants de la llengua minoritzada.
- **Pèrdua d'àmbits d'ús**: la llengua històrica perd àmbits d'ús que són ocupats per la llengua dominant, normalment els àmbits de més prestigi.
- **Trencament de la transmissió intergeneracional**: es tracta de la fase clau, perquè la llengua desapareix de manera irreversible quan els pares deixen de parlar-la als fills.

Al llarg d'aquest procés, l'estructura lingüística de l'idioma s'ha anat afeblint amb la incorporació massiva de préstecs lèxics procedents de la llengua dominant, l'empobriment del sistema fonològic i l'adopció de calcs sintàctics provinents de la llengua forana.

Per saber-ne més

El 1898 va extingir-se una llengua romànica, quan va morir el darrer parlant de **dàlmata**, Antoni Udina.

La mort d'una llengua és irreversible. L'únic cas de recuperació conegut és l'hebreu, que havia deixat de parlar-se al segle III i només es conservava en la litúrgia, fins que va ser adoptat com a llengua oficial d'Israel.

Una llengua que no sigui transmesa acabarà per desaparèixer.

Causes de la substitució lingüística

La mort d'una llengua mai no és un fet natural, sinó que sempre està motivat per causes sociopolítiques:

- L'**absència de poder** propi per part d'una comunitat lingüística i la seva inclusió en un estat amb una llengua diferent.
- La utilització per part dels estats de tots els mitjans al seu abast per imposar la seva llengua amb **mesures repressives** i el control de l'escola i dels mitjans de comunicació.
- La pressió continuada, que fa veure la llengua pròpia com un entrebanc per a la promoció social. Neix un **autoodi** cap a tot allò que s'associa amb la cultura de la comunitat d'origen.

La normalització lingüística

La **normalització lingüística** és el procés sociolingüístic pel qual una llengua recupera els àmbits d'ús que havia perdut davant d'una altra llengua.

Perquè el procés de normalització sigui possible, han de confluir una sèrie de factors socials i lingüístics:

- Cal l'existència d'un **poder polític** que impulsi un marc legal favorable a la normalització.
- S'ha de produir un **compromís social**, amb la implicació de sectors amplis de població.
- S'ha d'abordar la **codificació** de la llengua i la creació d'un **estàndard**.

El govern sovint impulsa campanyes que promouen l'ús de la llengua en àmbits diversos.

ACTIVITATS

31. Llegeix els enunciats següents i digues si són veritables o falsos:

a) La bilingüització de només una part de la societat pot ser un indicador de l'existència d'un conflicte lingüístic. ▢

b) Perquè la normalització lingüística sigui possible cal l'existència d'un poder polític afí i la codificació i estandardització de la llengua. ▢

c) L'autoodi afecta els parlants de les llengües minoritzades que veuen la llengua pròpia com un entrebanc per al seu progrés social. ▢

d) El trencament de la transmissió intergeneracional és el darrer graó en el procés de substitució lingüística. ▢

e) Només les llengües que han iniciat un procés de substitució lingüística incorporen els préstecs lèxics d'una altra llengua. ▢

32. Explica els factors i les causes que intervenen en un procés de substitució lingüística.

33. Defineix el concepte de normalització lingüística i explica els factors que en garanteixen l'èxit.

34. Llegeix el fragment del pròleg de Joan-Lluís Lluís a la novel·la *El llibre dels finals* de Joan Bodon i contesta les preguntes:

Joan Bodon va morir, el 1975, a cinquanta-quatre anys, lluny d'Occitània. Em sembla comprensible que algú que ha conreat una llengua vulgui fugir del país d'aquesta llengua quan tot, o gairebé tot, ha esdevingut un cementiri per a aquesta llengua. El dolor d'haver de viure immergit en aquest context d'humiliació diària, acceptada gairebé unànimement per la població concernida, no us hauria donat ganes d'escampar la boira?

A més, Joan Bodon va conviure, com tants militants de llengües dites regionals de França, amb tot de paradoxes: admirava el seu pare per no haver parlat mai francès amb ningú, però ell no va parlar mai occità als seus fills. Hi veig dues raons. La primera seria el conformisme; la segona seria evitar d'haver de transmetre als fills, amb la llengua, el dolor de la seva desaparició.

a) Per què l'autor se'n va i mor lluny d'Occitània?

b) Quina és la situació de la llengua occitana a l'Estat francès?

c) Per què no transmet la llengua als fills?

35. Llegeix i comenta quina relació hi ha entre drets individuals i col·lectius i el respecte a la diversitat lingüística. Com i amb quins objectius utilitzen algunes comunitats hegemòniques els drets individuals?

Aquesta consideració es fonamenta en el dret inherent a l'individu –prescindint de tota altra consideració– a no ser discriminat per raó de la pròpia llengua. De fet, els drets individuals –lingüístics i no lingüístics– es basen en la identitat personal i s'inspiren en el liberalisme americà i francès del segle XVIII.

Els estats plurilingües han hagut de plantejar-se les pràctiques lingüístiques dels seus ciutadans dins de les fronteres territorials. I d'una manera o d'una altra, han hagut de resoldre'n la diversitat. Paradoxalment, el tema de la no-discriminació lingüística individual ha esdevingut ben sovint un recurs a favor de les comunitats lingüístiques hegemòniques en comptes de ser favorable a les minoritzades, de tal manera que no-discriminació esdevé sinònim de monolingüisme estatal. Sovint, la retòrica de la no-discriminació individual ha estat un truc utilitzat per tal de negar els drets col·lectius d'altres comunitats lingüístiques diferents a la considerada nacional.

Toni MOLLÀ: *Manual de sociolingüística* (adaptació).

36. Llegeix el text i comenta quins prejudicis lingüístics s'hi exposen. De què depèn la percepció que tenim de la sonoritat de les llengües? Unes llengües són més aptes que altres per a determinats usos lingüístics? Continuen vigents aquests prejudicis avui dia?

Tot i ésser cors, en Leccia parlava l'argot parisenc amb soltesa.

–I per què odies tant els alemanys?

–És una antipatia física, racial anava a dir... Llur llengua em repugna. El cors canta com un rierol de muntanya. Parlar de la musicalitat de l'italià és un tòpic. Els anglesos sembla que refilin. L'àrab, quan no el parlen els sidis sense educació, sona com una llengua noble, viril. L'espanyol, encara que dringui un xic massa, llatineja, i fins i tot el teu català té una certa majestat senatorial. Però l'alemany..., és una parla de militars. *Ein, zwei, drei*! Coneixes la famosa frase de Carles V? "Parli francès a la meua dona; italià a les meues amants; castellà a Déu; flamenc als meus banquers i alemany als meus cavalls...".

Joan Daniel BEZSONOFF: *Les amnèsies de Déu* (adaptació).

4. Les grafies *m/n*, *l/l·l*, *r/rr*

Les grafies *m* i *n*

En català els fonemes /**m**/ i /**n**/ es confonen a final de síl·laba; és per això que és útil tenir presents les normes següents:

- Escrivim ***m***:
  - Davant de ***p***, ***b***, ***m***: *co**m**pàs*, *co**m**pota*; *ca**mb**ra*, *peno**mb**ra*, *i**mm**ersió*, *i**mm**ens*...

    Excepcions: els compostos *be**np**ensat*, *be**np**arlat*...
  - Davant de ***f*** i en els prefixos ***circum-***, ***amfi-***: ***circum**ferència*, ***circum**flex*; ***amfi**teatre*, ***amfi**bi*...

    Excepcions: els prefixos ***con-***, ***en-***, ***in-*** davant de ***f***: ***con**ferència*, ***con**fiar*; ***en**filar*, ***en**fonsar*; ***in**finit*, ***in**flar*...
- Escrivim ***n***:
  - Davant de ***v***: *ca**nv**i*, *co**nv**idar*, *i**nv**itar*...

    Excepcions: *circu**mv**al·lació*, *tra**mv**ia*, *triu**mv**ir*...

> **Per saber-ne més**
>
> Cal tenir presents els grups ***mn***, ***mm*** i ***nn***: *alu**mn**e*, *colu**mn**a*; *i**mm**ediat*, *i**mm**ensitat*; *a**nn**ex*, *cente**nn**i*... El grup ***nm*** només es dona en els mots *ta**nm**ateix* i *e**nm**ig*.

La grafia *l·l*

La **ela geminada** (***l·l***) representa el so /l/ doblat. Tingues en compte aquestes indicacions si la vols escriure correctament:

- Escrivim ***l·l***:
  - En mots iniciats amb ***al-***, ***col-***, ***il-***, ***mil-***, ***sil-***: ***al·l**egoria*; ***col·l**ecció*, ***col·l**egi*, ***col·l**oqui*, ***col·l**ectiu*, ***col·l**aborar*; ***il·l**uminar*, ***il·l**usió*, ***il·l**egal*, ***il·l**ustrar*; ***mil·l**èsim*, ***mil·l**ímetre*, ***mil·l**enni*; ***síl·l**aba*, ***sil·l**ogisme*...
  - En mots acabats amb ***-el·la***, ***-il·la***, ***-il·lar***: *aquar**el·la***, *varic**el·la***; *clorof**il·la***, *pup**il·la***; *osc**il·lar***...

> **Per saber-ne més**
>
> Els mots següents s'escriuen amb ***l·l***: *anul·lar*, *cèl·lula*, *instal·lar*, *intel·ligent*, *lul·lià*, *medul·la*, *metàl·lic*, *pàl·lid*, *paral·lel*, *parcel·la*, *passarel·la*, *pol·len*, *pol·lució*, *rebel·lió*, *síl·laba*, *sol·licitud*, *tranquil·litat*...

> **Atenció!**
>
> Els mots següents no s'escriuen amb ***l·l***: *alumne*, *revelar*, *selecció*, *elecció*, *elaborar*, *celebrar*.

Les grafies *r/rr*

La distinció entre la **erra fluixa** o **bategant** i la **erra forta** o **vibrant** pot causar alguna confusió a l'hora d'escriure-les. Has de tenir en compte que en alguns casos la ***r*** no es pronuncia:

- Escrivim ***r***:
  - Per representar la erra fluixa entre vocals: *ca**r**a*, *pe**r**a*, *ce**r**a*...
  - Per representar la erra forta:
    a) A començament de mot: ***r**osa*, ***r**egal*, ***r**adi*...
    b) Al segon element dels mots compostos: *mata-**r**ates*, *ibero**r**omànic*...
    c) Després dels prefixos que acaben en vocal: *infra**r**oig*, *semi**r**egular*, *pre**r**omanticisme*, *anti**r**adar*...
    d) Després de consonant: *som**r**iure*, *en**r**egistrar*...
  - Per representar la erra muda:
    a) Al final de mot en els infinitius amb ***-ar***, ***-er***, ***-ir***: *balla**r***; *sabe**r***; *dormi**r***...
    b) Als sufixos ***-ar***, ***-er***, ***-or***, ***-dor***: *ametller**ar***; *clau**er***; *blanc**or***; *menja**dor***...

    Hi ha parlars del català en què aquesta ***r*** sí que es pronuncia.
- Escrivim ***rr***:
  - Per representar la erra forta entre vocals: *ba**rr**era*, *guita**rr**a*, *ca**rr**er*...

El mot *guitarra* s'escriu amb ***rr*** perquè aquest dígraf representa el so de la ***r*** forta entre vocals.

ACTIVITATS

37. Completa aquestes paraules amb *m* o *mp*:

- ate...tat
- exe...t
- te...oral
- impre...ta
- sí...toma
- te...tació
- co...tar
- so...riure
- su...tuós

38. Completa aquestes paraules amb *m* o *n*:

- circu...ferència
- i...madur
- i...fidel
- i...mòbil
- i...moble
- ga...ma
- i...mune
- ta...mateix
- i...feliç

39. Crea un verb a partir de les paraules següents:

- magatzem
- boig
- verí
- malaltia
- mut
- pitjor
- vernís
- manilles
- màscara

40. Escriu la paraula al costat de la definició:

– c...nn...x...ó: relació molt estreta.
– ...nn...c...n.........: el contrari de culpabilitat.
– p...r...nn...: sinònim de permanent.
– t......... nn...: conjunt de tres anys.
– ...nn......a: qualitat amb què naixem.

41. A-A Corregeix, si cal, aquestes paraules:

- varicel·la
- medul·la
- metàlic
- sol·lidesa
- passarel·la
- anul·lar
- colecció
- eleccions
- alegoria
- pàl·lid
- ilusió
- excelent

42. Omple els buits amb *l* o *l·l*:

– De petita m'agradava arribar al co...egi d'hora i mostrar als companys la co...ecció d'i...ustracions que havia fet el dia anterior.
– Per i...uminar aquesta cambra cal canviar la insta...ació e...ètrica.
– Un dels símptomes de la malaltia eren les pupi...es di...atades.
– Avui hem treballat a classe les cè...ules i les mo...ècules.
– La Marta ha presentat una so...icitud perquè la Genera...itat controli el nivell de po...ució de l'aire.
– L'e...ecció es farà amb un sistema de sensors inte...igents.
– En Jordi co...abora amb un co...ectiu que promou insta...ar plaques solars a les cases.

43. Completa aquestes paraules amb *l*, *ll*, *l·l* i insereix-les a l'oració que correspongui:

- **reve...ar/rebe...ar-se**
  – ... és fer conèixer allò que està amagat.
  – ... és rebutjar l'obediència a una autoritat.
- **a...umini/metà...ic**
  – ... és un metall.
  – ... fa referència als metalls.
- **cè...ula/mo...ècula**
  – ... és la unitat estructural i funcional dels éssers vius.
  – ... és un agregat d'àtoms.
- **Llu.../lu...ià**
  – ... és el nom propi.
  – ... és l'adjectiu que s'hi refereix.
- **mi...er/mi...enni**
  – ... és el conjunt de mil unitats.
  – Un ... són mil anys.
- **anu...ar/anu...ar**
  – L'anell de casat va al dit ....
  – Van ... el concert que tenien programat.

44. Escriu *r* o *rr*:

- pre...enaixentista
- i...esponsable
- pro...ogar
- afe...ar
- anti...eligiós
- i...itació
- i...esistible
- a...ítmia
- a...emangar
- a...ugar
- auto...etrat
- penja-...obes

45. Escriu el contrari d'aquestes paraules afegint-hi un prefix i fes atenció als canvis ortogràfics:

- puresa → ...
- prudència → ...
- vulnerable → ...
- pagable → ...
- real → ...
- moral → ...
- reconciliable → ...
- possible → ...
- validar → ...
- variabilitat → ...
- reflexiu → ...
- reductible → ...
- lícit → ...
- legal → ...
- racional → ...
- merescut → ...
- pensable → ...
- previsible → ...
- millorable → ...
- perceptible → ...

5. La literatura catalana actual

La literatura catalana actual

La literatura catalana més recent viu un moment d'extraordinària creativitat, amb autors de gran talla en tots els gèneres.

Teatre

Des dels anys vuitanta del segle passat han anat sorgint grups que han renovat la concepció del teatre. Tots investiguen noves possibilitats escèniques; en general, consideren que la peça teatral no ha de ser obra d'un autor aliè al posterior muntatge dramàtic, sinó el resultat d'una elaboració dinàmica entre els membres de la companyia.

Podem esmentar les companyies teatrals següents: Tricicle, que explota la tècnica del mim; Comediants, que introdueixen el teatre de carrer; La Cubana, que renova amb un estil paròdic i crític les formes tradicionals del teatre popular; La Fura dels Baus, que busca elements escènics innovadors, i Dagoll Dagom, dedicat especialment a l'espectacle musical.

Espectacle *Campanades de boda* de La Cubana. També es poden esmentar moltes altres companyies de teatre en català: els Joglars, T de teatre, el Terrat...

Lluïsa Cunillé (1961)

L'obra de **Lluïsa Cunillé**, nascuda a Badalona, sol presentar la trobada fortuïta de dos personatges en espais estranys. La trobada evoluciona cap a situacions realistes i absurdes, plenes de poesia i d'humor. Els seus personatges tenen una rica vida interior. Els seus diàlegs, reflex d'una societat grisa, banal i solitària, mostren una realitat ambigua, complexa i contradictòria.

Entre les seves obres destaquen *Molt novembre* (1993), *Accident* (1996), *Barcelona, mapa d'ombres* (2003), *Après moi, de dèluge* (2007) i *Fronteres* (2014).

HO TROBARÀS

Un altre autor de teatre de la literatura catalana actual important és Josep Maria Benet i Jornet, a qui ja hem vist al **tema 5**.

Sergi Belbel (1963)

Sergi Belbel va néixer a Terrassa. Les primeres obres demostren la influència de Samuel Beckett, amb tendència al minimalisme, i en les posteriors ofereix una visió més realista de la societat.

Una constant en la seva obra són les conseqüències del pas del temps i l'anàlisi de les relacions personals, especialment en la família. Entre les seves obres destaquen *Carícies* (1991), *Després de la pluja* (1992), *Forasters* (2005) i *A la Toscana* (2007). Sergi Belbel ha rebut molts guardons per moltes de les seves obres.

Jordi Galceran (1964)

Jordi Galceran va néixer a Barcelona. Entre les seves obres destaca *Dakota* (1994), *Paraules encadenades* (1994), *Fruita* (1994), el musical *Gaudí* (2002), *El mètode Grönholm* (2003), *Carnaval* (2005), *Cancun* (2007) i *El crèdit* (2013).

Escena d'un muntatge de la comèdia *El mètode Grönholm*, de Jordi Galceran.

Galceran destaca en la comèdia, un gènere que li permet connectar amb un públic molt ampli. Amb un llenguatge directe, explica històries relacionades amb la gelosia, el fracàs i la venjança sentimental o la futilitat del sentiment amorós. Li agrada implicar-hi l'espectador i portar-lo a conclusions que, al final, es demostren equivocades. La seva visió de la realitat és pragmàtica i escèptica.

Prosa

Joan Francesc Mira (1939)

Joan Francesc Mira va néixer a València. Ha estat professor de Filologia Grega. També ha destacat com a assagista, antropòleg, sociòleg i traductor. Entre les seves novel·les cal esmentar *Els cucs de seda* (1975), *Viatge al final del fred* (1983), *Els treballs perduts* (1989), *Borja papa* (1996), *Purgatori* (2002), *El professor d'història* (2008) i *El tramvia groc* (2013).

La narrativa de Mira destaca per la capacitat de copsar el detall, la incorporació de reflexions personals i les referències erudites.

Jaume Cabré (1947)

Jaume Cabré va néixer a Barcelona. Ha publicat novel·les com *La teranyina* (1984), *Fra Junoy o l'agonia dels sons* (1984), *Senyoria* (1991), *L'ombra de l'eunuc* (1996), *Les veus del Pamano* (2004) i *Jo confesso* (2011), premiada darrerament. En l'obra de Cabré realitat i ficció es confonen sovint.

Documentades històricament, les seves novel·les reflexionen sobre l'odi, la mort, l'amor i el desamor, l'exaltació de la bellesa, la venjança, la memòria col·lectiva, els sentiments de culpa i mal, etc.

Cabré construeix uns personatges contradictoris i plens de febleses. La caracterització lingüística adequada en cada cas els confereix el to realista.

Per saber-ne més

Cabré planteja estructures complexes i combina temps i veus narratives. Barreja els estils directe, indirecte i indirecte lliure i inclou en la narració textos com ara articles periodístics o emissions radiofòniques.

Carme Riera (1948)

Carme Riera (Palma de Mallorca, 1948) va debutar el 1975 amb el llibre de contes *Te deix, amor, la mar com a penyora*, que va tenir un gran èxit. Posteriorment, ha publicat novel·les com *Una primavera per a Domenico Guarini* (1980) o *Dins el darrer blau* (1994). També destaquen *La meitat de l'ànima* (2004), *Temps d'innocència* (2013) i la reescripció que fa de la sireneta d'Andersen a *La veu de la sirena* (2015). Ha estat guardonada amb diversos premis, el darrer, el Nacional de las Letras Españolas (2015).

Maria Barbal (1949)

Maria Barbal va néixer a Tremp. Les seves primeres narracions són de temàtica rural: les novel·les *Pedra de tartera* (1985), *Mel i metzines* (1990) i *Càmfora* (1992) i els reculls de contes *La mort de Teresa* (1986) i *Ulleres de sol* (1994). Les seves obres més recents s'ambienten a la ciutat: *Carrer Bolívia* (1999), *País íntim* (2005), *Emma* (2008) i *En la pell de l'altre* (2014). El 2015 es va fer una reedició commemorativa dels 20 anys de *Pedra de tartera*.

La prosa de Maria Barbal és depurada i precisa, i sovint explora les possibilitats literàries de les formes dialectals. Tracta temes com el pas del temps, el dolor per l'absència i la llibertat de la persona per decidir el seu futur.

La prosa de Maria Barbal utilitza tècniques narratives complexes que ens aporten punts de vista nous.

Ramon Solsona (1950)

Ramon Solsona va publicar el seu primer llibre, *Figures de calidoscopi*, el 1989. Era una obra plena d'exploracions formals i lingüístiques. Posteriorment ha publicat novel·les com *Les hores detingudes* (1993), *DG* (1998), *Línia blava* (2004) i *L'home de la maleta* (2010). Ha publicat també llibres de contes, reculls d'articles, assaig i volums de poesia satírica. Col·labora en programes de ràdio i ha contribuït en guions de sèries de televisió.

Per saber-ne més

Ramon Solsona ha utilitzat el pseudònim de Lo gaiter del Besòs per publicar poesia satírica: *Sach de gemecs* (1989) i *Botifarra de pagès!* (2013).

Quim Monzó (1952)

Quim Monzó va néixer a Barcelona. És autor d'algunes novel·les, com *L'udol del griso al caire de les clavegueres* (1976), *Self Service* (1977) i *La magnitud de la tragèdia* (1989). Tanmateix, és més conegut com a autor de contes, gènere en què ha publicat reculls com *Uf, va dir ell* (1978), *Olivetti, Moulinex, Chaffoteaux et Maury* (1980), *El perquè de tot plegat* (1993), *Guadalajara* (1996) i *Mil cretins* (2007).

L'estil de Monzó es caracteritza per la ironia i per l'elisió de qualsevol element superflu de la història. Desdobla les veus i de vegades escriu relats ja coneguts o previsibles, amb la intenció de deformar-los i pervertir la lògica que presenten.

Els contes de Quim Monzó tot sovint presenten un món angoixant i sense sortida.

Sergi Pàmies (1960)

Sergi Pàmies va néixer a París. Pàmies debutà amb el recull de contes *T'hauria de caure la cara de vergonya* (1986) i n'hi seguiren d'altres com *La gran novel·la sobre Barcelona* (1997), *Si menges una llimona sense fer ganyotes* (2006), *Cançons d'amor i de pluja* (2013) i *Confessions d'un culer defectuós* (2016). En els seus contes, una situació absurda dona peu a desenvolupaments narrats amb una gran economia de mitjans. També ha publicat novel·les com *Sentimental* (1996).

Altres autors

Altres noms d'autors importants de la literatura catalana actual són Albert Sánchez Piñol (*La pell freda*, 2002, que va publicar en català; *Victus*, 2012, i *Vae Victus*, 2015, que va escriure originàriament en castellà), Empar Moliner (*La col·laboradora*, 2012; *Tot això ho faig perquè tinc molta por*, 2016) o Albert Espinosa (*El món groc*, 2008; *Si tu em dius vine, ho deixo tot... però digue'm vine*, 2011; *Brúixoles que busquen somriures perduts*, 2013).

Poesia

Feliu Formosa (1934)

Feliu Formosa va néixer a Sabadell. Ha conreat el teatre i la narrativa, tot i que és conegut sobretot com a traductor, essencialment de l'alemany, i com a poeta. En aquest gènere, les seves obres més importants són *Cançoner* (1976), *Semblança* (1986), *Amb efecte* (1987), *Per Puck* (1992), *Immediacions* (2000), *Cap claredat no dorm* (2001), *Centre de brevetat* (2006) i *Núvols d'acer* (2008).

Amb un fort arrelament a la realitat quotidiana, la poesia de Feliu Formosa és d'una gran elaboració conceptual. El pas del temps i la reflexió melancòlica sobre aquest en són dos temes principals. La poesia de Formosa rep influències de la literatura centreeuropea i la nòrdica.

Coberta d'una antalogia de poemes de Feliu Formosa seleccionats per ell mateix.

Joan Margarit (1938)

Joan Margarit va néixer a Sanaüja (Segarra). Entre les seves obres podem destacar *El passat i la joia* (1982), *Poema per a un fris* (1987), *Edat roja* (1990), *Aiguaforts* (1995), *Joana* (2002), *Càlcul d'estructures* (2005), *Casa de Misericòrdia* (2007), *Misteriosament feliç* (2008), *Poemes d'amor* (2013) i *Des d'on tornar a estimar* (2015).

La poesia de Joan Margarit és molt reflexiva i es basa en el record i la fidelitat al detall. Medita sobre el pas del temps, els interrogants de la vida i la mort. Hi abunden els símbols i les idees abstractes, encara que és formalment senzilla.

Joan Margarit és arquitecte de formació. El gruix de la seva obra poètica és escrit en català.

Narcís Comadira (1942)

Narcís Comadira va néixer a Girona. A més de poeta, destaca com a pintor. També ha escrit obres de teatre i ha traduït poetes anglesos i italians. Entre les seves obres de poesia, destaca especialment *Rèquiem* (1984), *Usdefruit* (1995), *Lírica lleugera* (2000), *L'art de la fuga* (2002), *Formes de l'ombra. Poesies 1966-2002* (2003), *Llast* (2007) i *Lent* (2012).

La seva lírica és d'una gran perfecció formal i es caracteritza pel rigor mètric i lingüístic. Presenta temes com la pèrdua dels ideals (tant personals com polítics), el pas del temps, la nostàlgia i l'amor. De vegades es refugia en la ironia davant una realitat que no li agrada.

Pere Gimferrer (1945)

Pere Gimferrer va néixer a Barcelona. El 1963 va iniciar una carrera com a poeta en castellà que ha continuat fins a l'actualitat. El 1970 publicà el seu primer recull de poemes en català, *Els miralls*. Al llarg dels setanta publicà una sèrie de llibres, que el 1981 reuneix a *Mirall, espai, aparicions*. Darrerament ha publicat *Marinejant* (2015).

Gimferrer és un dels autors representatius del canvi de poètica que tingué lloc en el pas dels seixanta als setanta: per la seva reivindicació de Foix i Brossa, però sobretot per la seva relectura de l'avantguarda històrica i la poesia barroca.

Per saber-ne més

La poesia de Pere Gimferrer parla, principalment, de les relacions entre la realitat i la representació. En aquest sentit té un fort influx cinematogràfic.

Enric Casasses (1951)

Enric Casasses va néixer a Barcelona. De la seva obra poètica podem esmentar *Desfà els grumolls* (1994), *Calç* (1996), *Coltells* (1998), *Plaça Raspall: poema en set cants* (1998), *Canaris fosforescents* (2001), *Que dormim* (2002), *Bes Nagana* (2011), *Intent de comentar-hi el poema de Joan Maragall* (2014) i *De la nota del preu del sopar del mosso* (2015).

La poesia de Casasses juga amb els sons i té una musicalitat especial. Mostra influències molt diverses i de moltes literatures, des de la poesia medieval fins al surrealisme. Té un caràcter transgressor i sol partir d'una idea concreta, que transforma per donar-ne una visió inesperada i particular.

La poesia d'Enric Casasses és difícilment classificable perquè beu de fonts molt diverses.

Miquel de Palol (1953)

Miquel de Palol va néixer a Barcelona i va cursar Arquitectura. Ha conreat de forma prolífica tant l'assaig, com la narrativa (novel·la, relats...) i la poesia i moltes de les seves obres han rebut premis importants. Els seus últims poemaris són *Nocturns* (2002), *Aire amb cel de fons* (2012), *Dos Cors per una Bèstia* (2015).

Altres poetes

Altres poetes destacats de la literatura catalana actual són Màrius Sampere, Francesc Garriga, Gerard Vergés, Montserrat Abelló, Segimon Serrallonga, Felícia Fuster, Lluís Solà, Perejaume i Marta Pessarrodona.

ACTIVITATS

46. Posa exemples de companyies teatrals renovadores de la concepció del teatre.

47. Llegeix el fragment i contesta les preguntes:

> PROGRAMADOR INFORMÀTIC: Així vostè no sap dir-me si em troba guapo o no?
>
> MISSATGER LOCAL: Però per què li preocupa, això?
>
> PROGRAMADOR INFORMÀTIC: Perquè últimament totes les dones em persegueixen, sobretot les secretàries de l'empresa, totes em van al darrere, reclamen els meus serveis constantment, a vegades amb consultes idiotes que són falses consultes i fins i tot espatllen expressament un programa o esborren memòries o bloquegen els teclats, llavors arribo jo i elles se m'enganxen, em parlen en veu baixa, em despullen amb la mirada, m'intimiden, i això em posa malalt, em sento ridícul, i em vénen ganes de córrer, d'escapar, i d'anar a denunciar-les per persecució sexual, però no ho faig perquè no entenc res... perquè jo no em considero gens atractiu.
>
> MISSATGER LOCAL: Ara que ho diu, jo, la veritat, el trobo lletgíssim.
>
> (...)
>
> PROGRAMADOR INFORMÀTIC: Sí, corrobora la meva idea.
>
> MISSATGER LOCAL: Quina.
>
> PROGRAMADOR INFORMÀTIC: Que com més lleig es troba un més agrada als altres.
>
> Sergi BELBEL: *Després de la pluja* (adaptació).

a) Quina angoixa té el programador informàtic en aquest fragment?

b) Quins elements introdueixen humor al text?

48. Esmenta alguna característica de l'obra de Jordi Galceran.

49. Quins temes es tracten a l'obra d'Emili Teixidor?

50. En què destaca la narrativa de Joan Francesc Mira?

51. Sobre què reflexionen les novel·les de Jaume Cabré?

52. Busca més informació sobre l'obra de Carme Riera.

53. Digues algunes característiques de les obres de Maria Barbal.

54. Digues alguna característica dels contes de Pàmies.

55. Busca més informació sobre Albert Sánchez Piñol, Empar Moliner i Albert Espinosa.

56. Quins temes tracten les poesies de Feliu Formosa?

57. Llegeix aquest fragment i contesta les preguntes:

> Llençols grisos de gebre
> cobrien els bancals dels ametllers,
> però les pluges van venir com màscares
> i l'herba va esborrar els miralls del fred.
> L'aire càlid als ulls de l'hivern
> començava a mentir a les ales grises
> d'ocells erràtics dins els arbres nus.
> En una sola nit de tebiesa
> amb la fosca d'imatges al mirall
> es van obrir les flors dels ametllers.
> Tu també vas venir en un temps de fred
> i soledat: l'amor va ser un oratge
> damunt del gebre gris. Flors oblidades
> escampaven perfum de primavera
> en els àmbits glaçats, càlida neu
> d'efímeres flors blanques. Amb tristesa
> les recordo a l'hivern
> que en una sola nit les va glaçar.
>
> Joan MARGARIT

a) En aquest poema, l'esclat de la joia amorosa es presenta en un paral·lelisme amb el despertar de la natura a la primavera. Justifica-ho.

b) Com es troba el poeta, ara? Encara és viu l'amor de què parla?

58. Com és la lírica de Narcís Comadira?

59. Digues alguna característica de la poesia de Pere Gimferrer.

60. Com és la poesia d'Enric Casasses?

61. Busca més informació sobre Miquel de Palol.

62. Busca algun poema dels altres poetes que han sortit en el tema i llegeix-lo a la resta de la classe. Per què has triat aquest poema?

Fragment d'un conte de Quim Monzó i un poema de Feliu Formosa

Olivetti, Moulinex, Chaffoteaux et Maury és un llibre que reuneix quinze contes i relats de Quim Monzó.

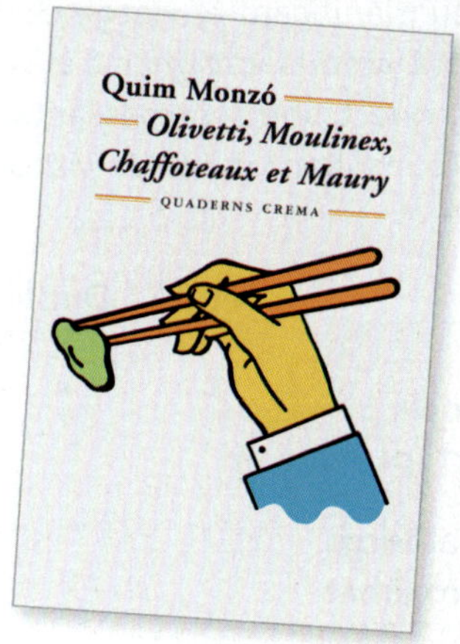

Diu el diccionari que és puntual qui fa una cosa exactament en el moment assenyalat, ço que vol dir que si quedes citat a les set, ets puntual si et presentes a les set. Fins aquí, tot clar.

El que ja no queda tan clar és com definir aquell qui, havent quedat citat a les set, a les sis ja volta per carrers propers al del lloc de trobada, i a dos quarts de set es detura al costat del quiosc de periòdics, que és el lloc acordat, més que res perquè és divendres, i els divendres els quioscs floreixen com jardins en primavera: tots els periòdics de cap de setmana apareixen de cop, i hi ha poques coses al món més distretes a l'hora d'esperar que observar lentament portades de revistes (i de llibres, que omplen els aparadors laterals).

A tres quarts de set, però, les portades ja són totes vistes i, com que encara queda un quart, cal comprar una revista o un diari, i fullejar-lo mandrosament. En llegir l'última línia de l'última columna de l'última plana (que és l'única que cal llegir: la d'entreteniments), són les set i no hi ha cap raó per a sentir-se cansat d'esperar, ja que en realitat l'espera encara no ha començat.

El tal individu, que és puntual (és a lloc exactament en el moment assenyalat) i impuntual alhora (era, també, a lloc abans d'hora: no exactament en el moment assenyalat, doncs), sóc, en aquest cas, jo.

Quim MONZÓ: "Quatre gats", dins de *Olivetti, Moulinex, Chaffoteaux et Maury* (adaptació).

- Com descriuries l'estat de la persona que espera, a mesura que passa el temps?
- Per què es pot dir que el personatge reflexiona sobre l'angoixa de l'existència?
- Quines coses són absurdes en aquest relat? Hi utilitza la ironia? Posa'n exemples.
- Quan sabem qui és el narrador del conte? Quin efecte creus que té que sigui tan tard?

El pas del temps és un tema de reflexió en la poesia de Feliu Formosa.

1

Grops i clivelles
al marc de la finestra.
Diverses capes
d'esmalt no aconsegueixen
fer oblidar el temps que passa.

2

Grops i clivelles
al marc de la finestra.
Diverses capes
d'esmalt ens fan present
l'afany de permanència.

Feliu FORMOSA

- Com creus que es reflecteix el pas del temps en aquest poema?

Apliquem

Fem una reunió per planificar el viatge de fi de curs

ACTIVITAT PRÈVIA: RECOLLIDA D'INFORMACIÓ PER AL VIATGE DE FI DE CURS

▸ Esteu planificant el viatge de fi de curs de 4t d'ESO. Ompliu el quadre següent amb la informació bàsica de cadascun dels destins proposats o d'altres que trobeu interessants. Aquesta informació la podeu obtenir fàcilment consultant guies de viatge a la xarxa:

	París	**Dublín**	**Florència**	**L'Alguer**	**Suïssa**	**Castells del Loira**
Distància i transport (preu)	...	...	...	...	...	...
Hotels o albergs i preu aproximat	...	...	...	...	...	...
Geografia i clima	...	...	...	...	...	...
Població i dades històriques	...	...	...	...	...	...
Llocs interessants per visitar	...	...	...	...	...	...
Llengua, cultura i gastronomia	...	...	...	...	...	...

Suïssa

Dublín

París

FEM UNA REUNIÓ

▸ L'equip directiu del vostre centre i la tutoria de 4t d'ESO us han enviat aquest escrit per convocar-vos a una reunió. Es tracta d'una trobada per planificar el viatge de final de curs al destí que heu hagut d'escollir a l'apartat anterior:

> Benvolgudes i benvolguts alumnes de 4t d'ESO,
>
> Com ja s'ha decidit quin serà el destí del viatge de fi de curs, ara cal concretar diverses qüestions del dia a dia de la sortida. Per parlar-ne, us proposem de convocar una reunió amb tots els alumnes de la classe, la tutoria i un representant de l'equip directiu dins de l'horari lectiu.
>
> Per fer la reunió àgil i eficaç, trieu algú per moderar-la, i algú altre que faci de secretari o secretària per estendre l'acta. Penseu també quins mecanismes de votació utilitzareu, si cal.
>
> Prèviament, elaboreu un ordre del dia tenint en compte tots els aspectes que cal tractar a la reunió.
>
> Cordialment,
>
> Tutoria i equip directiu
>
> 12 de maig de 2017

Florència

L'Alguer

Castells del Loira

PAUTES PER ESCRIURE I PARLAR

a) Feu la convocatòria de la reunió i l'ordre del dia

- Acordeu el dia i redacteu tot el que us cal per fer la convocatòria.

b) Feu la reunió

- Les reunions són un espai adequat per intercanviar idees, fer propostes, aportar opinions i prendre decisions, per consens o per majoria.
- La persona que exerceix la moderació de la reunió, que no ha de ser necessàriament qui la presideix, ha d'assegurar-se de:

  - Començar i acabar la reunió amb puntualitat. La durada màxima ideal d'una reunió és una hora i mitja.
  - Crear un clima obert i participatiu.
  - Seguir l'ordre establert.
  - Evitar que les discussions s'allunyin del punt que s'està tractant.
  - Fer participar a tothom. Ningú no pot monopolitzar la conversa ni quedar arraconat.
  - Parlar ordenadament, sense cridar ni faltar al respecte. Escoltar els altres sense interrompre'ls.
  - Tractar de forma breu els afers particulars o bé parlar-ne fora de la reunió.
  - Repassar en veu alta les conclusions i decisions preses abans de tancar la reunió. El secretari o la secretària s'ha d'assegurar que tot allò que s'ha parlat queda clar per a tothom.

- El secretari ha de tenir en compte els aspectes següents:
  - Demanar aclariments, si cal, per comprovar que ha pres nota correctament de les decisions preses.
  - Escriure les idees principals: no cal escriure-ho tot.
- Els altres participants han d'acceptar l'autoritat de la persona que modera i contribuir a la bona marxa de la reunió.

c) Esteneu acta de la reunió

- Preneu notes durant la reunió. Feu-ho uns quants de vosaltres, com si hi hagués diversos secretaris i secretàries.
- Posteriorment, contrasteu les actes que heu redactat i decidiu quina és la més completa (pot ser una combinació de més d'una).

Pauta d'avaluació de l'acta de reunió	
Heu fet una relació dels assistents i absents a la reunió?	☐
Heu seguit tots els punts de l'ordre del dia?	☐
Heu resumit tots els acords presos i de quina manera s'ha arribat a cada acord?	☐
Heu redactat un tancament de la reunió?	☐
Heu comprovat l'ortografia?	☐

FEM-HO AIXÍ

Recordeu que una convocatòria de reunió ha d'incloure almenys els elements següents:

1. La data, l'hora i el lloc.
2. L'ordre del dia.
3. El comiat i la signatura del convocant.

FEM-HO AIXÍ

Recordeu que una acta de reunió ha d'incloure, almenys, els elements següents:

1. La data, l'hora, la durada i el lloc.
2. Els assistents i els excusats.
3. Els punts tractats i els acords presos.

DICTATS PREPARATS

Per fer qualsevol d'aquests dictats, primer hauràs de fer una activitat que et servirà per repassar els continguts i assegurar-te que has assolit els coneixements que has practicat al llarg de cada tema.

Per això, et recomanem que llegeixis bé l'enunciat i que resolguis les activitats amb atenció. Consulta, si cal, els dubtes a l'apartat d'ortografia del tema corresponent.

Recorda que has de comprovar si ho has fet bé abans que te'l dictin.

TEMA 1: a/e

Abans del dictat: Llegeix aquest text. Després fes una llista amb totes les formes del plural de les paraules que hi ha en cursiva.

Segurament reconeixereu les línies principals de la trama. Una figura *romàntica* i *misteriosa*, un home *cínic* i perfectament *capaç* d'espavilar-se, resulta que en el fons és un *idealista* sense remei. En aquesta versió es tracta d'un advocat, el primer de la classe de la facultat de Dret, que ho deixa tot després d'haver treballat uns quants anys en un gran bufet per establir-se pel seu compte, que es dedica en la *mateixa* mesura a la investigació i al que convingui, i que no fa escarafalls a arreglar el cas d'un home acusat de conduir sota els efectes de l'alcohol si li paguen els honoraris adequats. En resum, l'heroi *tenebrós* de les novel·les de quiosc. En un episodi *memorable*, l'advocat se'n va de l'*oficina* amb vestit formal i condueix fins a una festa d'aniversari a Palm Springs.

James SALTER: *L'última nit* (adaptació).

TEMA 2: o/u

Abans del dictat: Completa els buits del text amb la grafia adequada.

El s...roll de dalt era cada cop més feble. Ara n...més se sentien passes am...nt i avall i una rem...r de c...nversa. La Ploramiques i jo ens miràvem sense saber què fer. De sobte, va entrar en Quirze jove, c...rrent com si vingués a amagar-se o com si el perseguís algú, es va asseure al c...stat nostre i va c...mençar a menjar amb avidesa fins que va tenir la boca plena i les galtes inflades. Semblava que l'haguessin atrapat espiant alg...na cosa i ara v...lgués dissimular, per si algú entrava a la c...ina a c...mprovar si hi era i què feia.

Emili TEIXIDOR: *Pa negre* (adaptació).

TEMA 3: síl·laba, diftong, hiat

Abans del dictat: Separa en síl·labes les paraules dels fragments subratllats i marca els diftongs i els hiats.

El call, és a dir, <u>el carrer o barri dels jueus, és on vivia i s'organitzava la comunitat jueva</u>. Els seus habitants, en la seva doble condició de jueus i mercaders, estaven sota la protecció reial. Els calls funcionaven autònomament dels municipis i <u>eren una ciutat dins d'una altra</u>. Els jueus escollien els seus propis magistrats i consellers: una mena de senat format per <u>membres de les famílies més poderoses, riques i influents</u>, que elaborava i feia complir els estatuts d'ordre intern per regir la comunitat.

Manuel FORCANO: *Els jueus catalans* (adaptació).

TEMA 4: accentuació

Abans del dictat: Completa el text següent amb el singular de les paraules entre parèntesis.

Per ... (*desgràcies*), va semblar que la fugida de l'encarregat destarotava per complet el pare, que fins aleshores s'havia mantingut relativament ... (*serens*), ja que en comptes de córrer al seu darrere o, si més no, no impedir que Gregor el perseguís, va agafar amb la ... (*mans*) dreta el ... (*bastons*) de l'encarregat, que s'havia descuidat en un ... (*racons*) amb el barret i l'abric, va arreplegar el gruixut diari de la taula amb la ... (*mans*) esquerra i, picant de peus i agitant el ... (*bastons*) i el diari, es va posar a empaitar Gregor perquè tornés a la seva ... (*habitacions*).

Franz KAFKA: *La metamorfosi* (adaptació).

TEMA 5: accent i dièresi

Abans del dictat: Posa accent o dièresi a les paraules que ho necessitin.

I aixi vaig arribar per primera vegada a l'Emporda, el pais de la Valeria. Un raco de mon extremament bonic. Es l'adjectiu que m'agrada posar-li. Res de qualificatius grandiloquents. Res d'espectacular, magnific, res de salvatge, unic, res de grandios, majestuos, meravellos. L'Emporda es bonic, molt bonic potser li escau tambe enlluernador, en el sentit que es un paisatge que s'instal·la a la teva retina i no et deixa veure res mes durant força temps despres que n'hagis marxat. La Valeria agraia els meus elogis com si els rebes ella mateixa, mes satisfeta encara. La recordo contemplant la plana des del cim de Sant Pere de Rodes.

Sílvia SOLER: *Petons de diumenge* (adaptació).

TEMA 6: s/ss/c/ç/z

Abans del dictat: Completa el text següent amb una d'aquestes paraules. Ves alerta perquè en sobren dues.

vernís • pensar • assimilar • envernissar • sencera
força • pinzell • asseure • camisa • sucava • fressa.

El Pepitu el va deixar entrar, remugant; tenia molta feina, no es podia entretenir. Volia ... aquella taula ... abans de dinar. A la tarda allà hi tocava un pic de sol que l'estavellava. Seieu, seieu; mentrestant jo aniré fent. I el Bernat va deixar caure la cartera buida a terra i es va .... No hauria sabut dir quina ... el va empènyer cap a la fusteria. I ara no sabia com fer-ho per anar-se'n. Vós direu, va dir el Pepitu. I, al vigilant, mentre s'arremangava les mànigues de la ..., li va sortir sense ...: què en saps de la Ció? El fuster continuà treballant com si no ho hagués sentit. Al damunt del cargol hi tenia un pot de ..., hi ... el ..., el feia anar amunt i avall, amunt i avall, fins que la fusta engolia tota la pintura.

Sílvia ALCÀNTARA: *Olor de Colònia* (adaptació).

TEMA 7:

• p/b, t/d, c/g

Abans del dictat: Omple els buits del text amb una paraula de la mateixa família de la que hi ha entre parèntesis.

La tasca prodigiosa que han fet les llengües, sense cap ... (*exceptuar*), no ha culminat amb les obres mestres de la literatura i del pensament ... (*filosofia*), sinó amb una altra de molt més ... (*esplèndid*) encara: la de fer possible el desplegament de la ... (*humà*); és a dir, ser el factor decisiu per a l'emergència del simbolisme que ens fa éssers ... (*pensar*), cosa que ens permet un grau altíssim de cooperació i d'organització social. Entre d'altres factors de què ens podrien parlar els ... (*biologia*), el llenguatge ens ha fornit elements d'una importància cabdal i, per això, jo em ... (*poder*) considerar *Homo sapiens* i no pas *Australopithecus robustus*.

Jesús TUSON: *Mal de llengües* (adaptació).

• g/j, tg/tj, ix/x, tx/ig

Abans del dictat: Omple els buits del text amb la grafia que correspongui:

Què ve... ara? Un missa...er que aparca la moto damunt la vorera. Truca a un dels timbres de l'escala, al cap d'una estona se'l veu que belluga els llavis cap a l'intèrfon, se sent el zumze... escandalós de la porta quan l'hi obren, el missa...er l'empeny, entra. Passa un nen cap a la dreta, amb una mo...illa més gran que no pas ell. De cop, apare... un estol de cotorres cridaneres. N'hi ha un centenar, potser més. Volen cap a l'esquerra, fins a l'esplanada que fa el carrer quan es troba amb l'avinguda; de sobte, quan els ...iscles ja minven, es revifen perquè ara torna tot l'estol, fins a la rambla, i allà, definitivament, els ...iscles es dispersen i s'allunyen. De l'escala, ara en surt el missa...er, es guarda el talonari a la bu...aca de la ...aqueta blau fosc i deixa un sobre marró a la ca...a metàl·lica de la moto.

Quim MONZÓ: "Miro per la finestra",
dins de *Mil cretins* (adaptació).

TEMA 8: b/v, h

Abans del dictat: Llegeix aquest text i corregeix els errors ortogràfics que hi trobis.

No he pogut fer res, senyor inspector. Res de res... La cosa a estat així: ja arribàvem a la parada de la Ciutadella; allí ens avien de rellebar. De sobte, vet aquí que el trambia s'atura i Atanasi diu que el trambia s'ha abariat, que el millor és que tothom baixi i s'espabili com pugui, perquè la cosa és greu i n'i ha per estona. La gent ha començat a malehir, però a la fi, el trambia ha quedat vuit. A mi, Atanasi hem diu: "Baixa i telefona el inspector perquè vinguin a apariar el cotxe".

Jesús MONCADA: *Històries de la mà esquerra* (adaptació).

TEMA 9: m/n, l·l/l/ll, r/rr

Abans del dictat: Completa els buits del text amb la grafia adequada.

Per la pantalla retroi...uminada del Teo, els missatges de l'Anna co...en amb la di...igència que no té la seva veu. De tant en tant, una vib...ació diferent desencadena una disculpa del noi seguida d'una ...àfega de teclejos, amb els dits entre...açats a l'esquena del mòbil. Al final pre... un botó definitiu i els dits li torne... a la cal...a. Ja el porto sense desbloquejar, perquè em rat...a un munt estar introdui...t co...tínuament la clau.

L'Anna ja se n'havia merave...at el primer dia: un pic de vuitanta-cinc paraules per minut, senceres i a...b accents. L'Anna sent un estre...iment al ...òbul te...poral.

Marta ROJALS: *L'altra* (adaptació).

CODI DE LLICÈNCIA *
VSZL32WACAHP

edubook
activa l'aprenentatge

1 Entra a la web: **activa.vicensvives.com**

2 Introdueix el **codi de llicència** del teu llibre

Introdueix la llicència

3 **Segueix els passos** i accedeix al teu compte d'Edubook

* Llicència gratuïta vàlida per un any des de l'activació
En cas que la disponibilitat i l'activació de la llicència no siguin possibles per algun motiu, l'usuari no podrà fer cap reclamació a EDUBOOK per aquest concepte.

- Les activitats que conté aquest llibre han de fer-se en un quadern a part.
- Els espais inclosos són merament indicatius i tenen una finalitat didàctica.

Aquest llibre ha estat imprès en paper ecològic reciclable i amb tintes exemptes d'elements pesants solubles. Directiva Europea 88/378/UE, norma revisada EN/71.

En el moment de la impressió d'aquest llibre els editors han fet tot el possible per assegurar que les adreces web que hi ha proposades siguin les correctes i no es fan responsables si hi ha alguna variació o imprecisió a les pàgines web indicades. Els Titulars del © i l'Editorial no es fan responsables del contingut de cap lloc web esmentat en aquest llibre.

Primera edició, 2016

5 6 7 8

Dipòsit Legal: B. 8.209-2016/ ISBN: 978-84-682-3599-8/Núm. d'Ordre V.V.: OH04.